教育部人文社会科学重点研究基地

（国家人权教育与培训基地）项目

总顾问　徐显明
总主编　张　伟

从父母责任到国家监护

——以保障儿童人权为视角

夏吟兰　主编

中国政法大学出版社

2018・北京

文库编委会

总顾问
徐显明

总主编
张 伟

学术顾问（以姓氏拼音为序）

班文战　常　建　陈佑武　陈振功　樊崇义　龚刃韧　韩大元

李步云　李君如　刘海年　刘小楠　柳华文　陆志安　齐延平

曲相霏　单　纯　舒国滢　宋英辉　孙世彦　汪习根　王灿发

夏吟兰　杨宇冠　张爱宁　张晓玲　张永和

国际特邀顾问

Bård A. Andreassen（挪威奥斯陆大学挪威人权中心教授）

Barry Craig（加拿大休伦大学学院校长）

Bert Berkley Lockwood（美国辛辛那提大学教授）

Brian Edwin Burdekin AO（瑞典罗尔·瓦伦堡人权与人道法研究所客座教授）

Florence Benoît-Rohmer（法国斯特拉斯堡大学教授）

Gudmundur Alfredsson（中国政法大学人权研究院特聘教授）

执行编委

张　翀　李若愚　闫姿含　石　慧

"人权文库" 总序

　　"人权"概念充满理想主义而又争议不断，"人权"实践的历史堪称跌宕起伏、波澜壮阔。但不可否认的是，当今世界，无论是欧美发达国家，还是发展中国家，人权已经成为最为重要的公共话语之一，对人权各个维度的研究成果也蔚为大观，认真对待人权成为了现代社会的普遍共识，尊重和保障人权成为了治国理政的重要原则。正如习近平总书记所强调的："中国人民实现中华民族伟大复兴中国梦的过程，本质上就是实现社会公平正义和不断推动人权事业发展的进程"。

　　——人权之梦，是实现民族伟大复兴中国梦的应有之义。改革开放四十年以来，中国政府采取了一系列切实有效的措施，促进人权事业的进步，走出了一条具有中国特色的人权发展道路。在沿着这条道路砥砺前进的过程中，中国人权实践取得了举世瞩目的成就，既让广大人民群众体会到了实实在在的获得感，也向国际社会奉献了天下大同人权发展的"中国方案"。

　　——人权之梦，是我们对人之为人的尊严和价值的觉悟和追求。过去几年来，中国政府加快推进依法治国的重大战略部署，将"人权得到切实尊重和保障"确立为全面建成小康社会的重要目标，建立和完善保障人权的社会主义法律体系。《民法总则》《慈善法》《反家庭暴力法》《刑事诉讼法》《民事诉讼法》等一系列法律陆续出台或得到修订，中国特色人权发展道路的顶层设计被不断丰富和完善。

　　——人权之梦，是人类历史发展的必然趋势和时代精神的集中体现。1948年《世界人权宣言》颁布以后，人权事业的普及、发展进入了新的历史阶段。1993年第二次世界人权大会通过的《维也纳宣言和行动纲领》，更是庄严宣称："所有人的一切人权和基本自由……的普遍性不容置疑。"我国于1991年发表了第一份人权白皮书《中国的人权状况》，其序言里指出："享有充分的人权，是长期以来人类追求的理想。"2004年"国家尊重和保障人权"被写入《宪法》，2007年，人权又被写入《中国共产党章程》。自2009年以来，中国先后制定并实施了三期国家人权行动计划，持续加大人权保障力度。

今年适逢我国改革开放四十周年和《世界人权宣言》颁布七十周年，中国政法大学人权研究院决定着手策划出版"人权文库"丛书。文库着眼国内外人权领域，全面汇集新近涌现的优秀著作，囊括专著、译著、文集、案例集等多个系列，力求凝聚东西方智慧，打造成为既具有时代特色，又具备国际视野的大型人权丛书，为构建我国人权话语体系提供高品质的理论资源。这套丛书的筹备和出版得到了中宣部的大力支持，并有赖其他七家国家人权教育基地和国内学界多位专家学者的积极参与，同时还要感谢中国政法大学出版社的倾力相助。

此刻正值一年中收获的季节，文库的第一本著作即将面世，"九万里风鹏正举"，我们期待并且相信"人权文库"将会硕果累累，"人权之梦"终将照入现实。

是为序。

文库编委会　谨识
2018年9月

序

夏吟兰[1]　　李丹龙[2]

2014 年 7 月，"以保障儿童人权为导向，构建国家监护制度研究"课题获国家人权与培训基地项目立项（项目编号 14JJD820017）。2017年 7 月，项目组形成最终研究成果：《从父母责任到国家监护——以保障儿童人权为视角》。

一、研究背景及基础

自 2004 年将"国家尊重和保障人权"写入《宪法》以来，我国党和政府为落实尊重和保障人权的宪法原则相继采取了重大举措。2009年之后，我国 3 次制定《国家人权行动计划》，2012 年修订的《刑事诉讼法》将"尊重和保障人权"写入总则，党的十八届三中全会《中共中央关于全面深化改革若干问题的决定》（以下简称《决定》）在推进法治中国建设的措施中特别强调要完善人权司法保障制度，国家尊重和保障人权。这些重大举措均标志着我国的人权事业、人权保障、人权研究进入了崭新的历史阶段。

儿童是国家的未来，人类的希望。对儿童人权的保障水平反映了一个国家的人权发展状态与水平，保障儿童人权是我国人权事业的重中之重。我国于 1991 年批准了联合国《儿童权利公约》，并随后颁布了《中华人民共和国未成年人保护法》《义务教育法》《预防未成年人犯罪法》等一系列法律法规，发布了《中国儿童发展纲要》，全面保障儿童人权。构建起以宪法为基础，以未成年人保护法为核心，以婚姻法、收

---

〔1〕　夏吟兰，女，中国政法大学人权研究院教授，博士生导师，法学博士。

〔2〕　李丹龙，女，中国政法大学民商经济法学院博士研究生。

养法、刑法等基本法为基本依据，以义务教育法、预防未成年人犯罪法等专门性法规为主要内容的保障儿童人权法律体系。但是，不能忽视的是，现实中仍有留守儿童、孤儿、遗弃儿以及罪犯子女等困境儿童监护缺失，针对儿童的暴力、性暴力、虐待及性虐待时有发生且情节恶劣的情况。目前，儿童人权保护的状况凸显出我国法律在儿童保护方面的不足，主要包括：①缺乏对儿童监护监督制度，不能及时发现困境儿童问题；②现有的法律规定得不到落实，受到侵害的儿童无法获得及时有效的救助，甚至危及生命；③现有的法律规定缺乏体系化、制度化建构，法律规定存在空白，已有规定不到位、不具体，甚至不易操作，这些都亟须完善；④我国的儿童监护制度滞后于国际社会对儿童权利保障发展的进程和要求，儿童国家监护的理论研究及制度设置缺乏，有必要根据《儿童权利公约》，借鉴外国法的相关规定及理论研究，建立具有中国特色的儿童国家监护制度。

本项目被批准后，项目负责人数次召集课题组成员开会讨论，确立项目研究的理念与重点、研究视角与方法、研究提纲与分工。2016 年 9 月前，项目组完成了对相关学术研究成果、调研报告、实证研究的梳理，对国内外相关立法、政策、规定的搜集整理和归纳，同时开展了中国未成年人监护制度及权利保障现状的实证调查，完成了阶段性的学术论文与调研报告。2017 年 7 月，项目组形成最终研究成果《从父母责任到国家监护——以保障儿童人权为视角》论文集，并撰写了《人权视角下儿童国家监护制度的构建立法建议书》。

亲权是近现代大陆法系各国普遍适用的父母对子女在人身和财产方面权利义务的总称。在子女本位的立法理念下，亲权已由传统的父母对未成年子女的控制、管理权力转变为父母照顾、抚养、保护未成年子女的权利和义务。因此，德国等一些国家将"亲权"改称为"父母照顾权"，英国等一些国家将"亲权"改称为"父母责任"。目前，国内在编纂《民法典婚姻家庭编》的讨论中对此概念也尚未达成一致，故本项目对此亦不做统一，保留了对此概念的争论态势，不同论文中使用不同概念，但其含义均为父母有抚养、教育、保护未成年子女的权利和义务。另外，在本项目成果中所称未成年人（子女）与《儿童权利公约》中所称儿童均指18周岁以下者，为避免重复及赘言，每位作者在不同语境下使用了不同用语，但内涵相同。

儿童最大利益原则是本项目的重要价值取向，也可以说是构建儿童国家监护的基石。《儿童权利公约》第3条第1款规定："关于儿童的一切行动，不论是由公私社会福利机构、法院、行政当局或立法机构执行，均应以儿童的最大利益为一种首要考虑。"儿童最大利益原则是指，凡是涉及儿童的事情均应以儿童的最大利益为重，将儿童的利益放在首要的位置，一切以最有益于儿童为出发点。该项原则的确定旨在确保儿童全面和有效地享有《儿童权利公约》所列的每一项权利。为了进一步阐释儿童最大利益原则的内涵，儿童权利委员会通过了《第14号一般性意见：儿童将他或她的最大利益列为一种首要考虑的权利》，从而对该原则进行了详细的分析和阐述。根据该一般性意见，儿童最大利益原则被认为是"一项实质性的权利"、"一项基本的解释性法律原则"以及"一项行事规则"。其一，"实质性权利"主要是指当不同层面、不同类型的利益发生冲突，需要进行权衡时，儿童有权利将他们的最大利益列为首要的评判依据。对此，国家有义务保障儿童的这项权利得以实现。其二，"基本的解释性法律原则"是指儿童最大利益原则应该是解释法律时应首要遵循的基本原则。即当对一条法律存在一种以上的解释时，首先应该选择的是优先保障儿童最大利益的解释。其三，"行事规则"是指当国家需要作出一项涉及儿童的决定的时候，必须考虑到其可能对儿童造成的影响，以儿童最大利益为标准进行判断和衡量。因此，儿童最大利益原则是进入不同的国度、法律制度、文化背景的一把钥匙，它要求国家从保障儿童最大利益出发来实现儿童的各项权利。我国未成年人保护法及相关法律对于儿童最大利益原则均未作规定，而是将儿童最大利益原则转化为儿童利益优先原则，我国2006年修订的《未成年人保护法》明确规定，"未成年人享有生存权、发展权、受保护权、参与权等权利，国家根据未成年人身心发展特点给予特殊、优先保护，保障未成年人的合法权益不受侵犯"。

二、研究的主要内容及主要成果

本项目主要从以下六个方面进行研究：①我国对《儿童权利公约》的批准与实施：通过对《儿童权利公约》的重要原则及内容进行高度凝练，探究批准该公约对我国儿童权利保障的意义。②对我国现行法律体系中关于儿童人权的法律保障进行梳理：明确《未成年人保护法》与《儿童权利公约》的关系，评析我国儿童权利保障、儿童监护的现况，并进行法律审视。③各国儿童国家监护制度的比较研究：通过对大陆法系亲权制度与英美法系监护制度的比较研究，总结世界儿童国家监护制度的发展趋势。④对我国未成年人监护制度的反思：简述我国现在未成年人监护制度的状况，评价其在现行法律制度中的地位，回应困境儿童监护问题。⑤探讨国家监护制度的公法化路径：探究私法公法化、家庭自治与国家干预的重要理论问题，为未成年人监护制度公法化之价值取向与方式提供理论依据。⑥构建具有中国特色的儿童国家监护制度，全面保护儿童人权。

本项目主要取得了两项重要成果。

项目的第一个成果是项目组按照项目评审书的计划，已经全面、高质量地完成了《申请评审书》约定的研究任务。在项目研究期间，课题组以课题的名义公开发表 9 篇学术论文，其中在核心期刊发表 4 篇（已出刊），内容包括对我国现行未成年人监护制度的反思，对大陆法系及英美法系部分国家及地区儿童监护制度的比较研究以及在中国构建儿童监护制度的思考等，引起社会各界特别是理论界对于未成年人监护制度以及构建国家监护制度的关注及讨论，对于深化我国对儿童国家监护制度的实证研究及理论探讨均具有重要的理论价值及社会价值。课题组还向有关单位提交了两篇高质量，具有前瞻性、战略性、可操作性的研究报告及决策咨询建议：①向中国法学会提交了《对民法总则监护制度的修改建议》立法咨询意见；②向最高人民法院提交了《宜兴冷冻胚胎继承案件裁判咨询意见》。

项目的第二个成果是培养了一支关注、研究儿童人权的学术团队，特别是青年学者及法律工作者。这支研究团队来自全国各地不同的大学及研究机构，其中青年学者占多数，他们的加入为今后持续关注、研究儿童人权注入了新鲜血液，项目的研究也为青年学者拓宽了视野，提供了更宽广的发展平台。

三、研究成果的主要特点

本项目的研究成果首次从人权视角、传统民法视角以及社会法视角对国家监护制度进行了多维度、多学科、体系化的思考研究；项目成果对构建我国儿童国家监护制度提出了具有重大创新性的立法思路、立法理念和切实可行的措施体系；在研究方法方面，注重比较研究、注重通过调研获取一手资料，注重成果的原创性。本研究成果立足法学超乎于法学，综合运用哲学、社会学、伦理学、人类学等学科思维、原理与方法，拓展研究视野，更新研究观念，深化研究水准，丰富研究成果。

1. 准确定位《儿童权利公约》与我国儿童权利保障之间的关系。以儿童人权为视角，以《儿童权利公约》为基础，对构建我国的儿童国家监护制度进行全方位、多维度的探讨。《儿童权利公约》规定的基本原则、实体权利内容、保障实施机制是国际社会以最全面的方式对儿童权利予以全方位保护所达成的共识。我国作为《儿童权利公约》的缔约国，作为国际社会负责任的大国负有保护儿童人权的国际义务和国家责任。《儿童权利公约》不仅为构建我国儿童监护制度指明了方向，还为构建儿童国家监护制度确立了人权法基础。

2. 科学把握儿童国家监护的制度价值和社会功能。通过梳理论证从"家庭主义到个人主义再到国家主义"的儿童监护发展演进规律，对儿童监护制度私法公法化价值、家庭自治与国家干预的比例原则两个重大理论问题的讨论，明确了设立儿童国家监护的制度价值及社会功能，为儿童监护制度打破私法藩篱、明晰国家责任，提供理论依据。

3. 实证调研掌握儿童监护状况的第一手资料。关注留守儿童、流浪儿童、受暴儿童等困境儿童群体，通过实证调研比较全面地反映目前我国儿童监护状况。项目组分别对儿童家庭暴力问题、离婚案件中的儿童抚养问题、留守儿童问题以及儿童救助保护中心采取问卷调查、实地走访调查、焦点小组面谈、案例抽样分析等方法进行实证调研。对调研结果由个别到一般，由实务到理论进行抽象分析研究，并分别撰写了四个调研报告。这四个调研报告立足国情、坚持问题导向，为儿童国家监护制度的"落地"打下"必要性"的实证基础。

4. 广泛的比较法研究拓展研究方法与研究视野。项目组广泛搜集域外的相关立法、判例，组织翻译了欧盟家庭法委员会倡导的《关于父母责任原则框架》以及组织撰写的《欧盟国家父母责任国别报告》（14个国家）。项目成果中有5篇比较法论文，对欧美等国家的监护制度及比例原则进行比较分析，呈现出国际社会通过公权力介入家庭，关注儿童人权，保护儿童利益的共同趋势。通过对相关国际人权公约及各国相关立法、判例的比较研究，从比较法的角度为完善我国儿童监护制度，构建儿童国家监护制度提供理论支撑，开拓研究视域。

5. 提出建构具有中国特色的儿童国家监护制度立法建议。立法建议顺应人权保护与社会治理的现实需求，明晰儿童国家监护的价值取向及其位阶定序，统筹考量监护制度安排，以我国的本土文化、本土资源为发力点，对儿童国家监护的制度框架、规范路径、适格主体、主要措施提出明确具体的立法建议，以期构建一个具有中国特色的国家儿童监护制度，全面保障儿童人权。

本项目形成的研究成果，对构建我国的儿童国家监护制度提供了科学论证和理论支持，对完善我国的儿童监护制度、更好地保障儿童健康成长具有重要的社会现实意义，对正在进行的民法典的编纂工作提供了重要参考和极具价值的立法建议。让国家监护制度为所有孩子托底，让每个儿童的人权能得到法律的保障，是构建儿童国家监护制度的真正动力与终极目的。

目 录

引 言

一、我国未成年人监护制度及其反思

二、域外未成年人监护制度之比较研究

三、国家监护制度的价值取向与规范路径

四、调研报告

五、立法建议

引　言

我国对《儿童权利公约》的批准与实施

孙 萌[1] 何 飞[2]

《儿童权利公约》是迄今为止缔约国数量最多的核心国际人权公约，该公约为保障儿童权利提供了被广泛认可的国际法根据。目前，我国对于儿童权利的研究已经十分深入，但是以实施国际人权公约为视角，对儿童权利保障的探讨还比较薄弱。本文旨在通过对儿童权利的国际标准以及中国履行《儿童权利公约》的实际情况的研究，来分析中国保障儿童权利的成就和不足，从而进一步推进中国履行该公约的实践，完善对于儿童权利的保障。

一、《儿童权利公约》的诞生

回顾保障儿童权利的历史进程，国际社会对于儿童权利的重视源于一战。战争所带来的巨大的灾难，让数以万计的平民在战争中丧生，民不聊生，无家可归。而作为人类社会中最为弱小、最为孤立无援的群体——儿童更是遭受了巨大的蹂躏和摧残。作为社会的未来和希望，将儿童权利具体化、条文化和制度化首先被提上了日程。1924年，国际联盟制定并通过了第一个保护儿童权利的国际文件——《儿童权利宣言》，但是该宣言所保护的权利内容非常局限，主要聚焦于贩卖奴役儿童、虐待儿童、滥用童工、拐卖诱骗儿童等方面，更多地把儿童作为社会弱者来看待和保护，而不是将其作为一个权利主体，对其基本人权进

---

〔1〕 孙萌，女，中国政法大学人权研究院副教授，硕士生导师，法学博士。
〔2〕 何飞，男，中国政法大学人权研究院硕士研究生。

行保障。

第二次世界大战作为人类历史上又一次惨绝人寰的灾难，让整个国际社会认识到保障人权对于维护世界和平的重要意义。正是对于和平和人权的追求，促使以"维护国际和平与安全、促进可持续发展、保护人权、维护国际法"为使命的联合国得以建立。联合国大会在 1948 年 12 月 10 日通过的《世界人权宣言》（以下简称《宣言》）成了各国维护世界和平、保障人权和自由的重要依据。《宣言》第 25 条第 2 款特别强调了儿童作为权利主体应该受到平等的保护，不受到任何歧视性的待遇。自此，儿童权利在国际人权文件中进一步被重视，他们不再单纯地作为成年人、父母或者家庭的附属品而出现，而被认为是独立的权利主体。

1959 年 11 月 20 日，联合国大会修订并通过了新的《儿童权利宣言》，它反映了整个国际社会在权利意识方面的进步以及对儿童权利的深刻关注。《儿童权利宣言》宣示了 10 项基本原则，以保障儿童的人身自由和生存权、姓名权、国籍权、活动权、教育权等权利。由于该宣言不具有法律约束力，因此，制定一部全方位保护儿童人权的国际公约逐渐成为国际共识。

1966 年 12 月 16 日联合国大会通过的《公民权利和政治权利国际公约》和《经济、社会及文化权利国际公约》不仅在世界范围内产生了广泛而深远的影响，而且进一步确认了儿童作为人权的主体，也为日后《儿童权利公约》的编纂奠定了基础并提供了参考范本。

1978 年，波兰政府向联合国人权委员会第 34 次会议提交了一项关于"制定专门的有约束力的《儿童权利公约》"的提案建议，并于次年向人权委员会提交了《儿童权利公约草案》。此后经过近十年的磋商和探讨，《儿童权利公约》最终突破种种阻挠，于 1989 年获得正式通过。此后，联合国还通过了关于《儿童权利公约》的三个议定书，进而丰富了儿童权利的保障内容和救济方式。它们分别是联合国大会于 2005 年 5 月 25 日第 54/263 号决议通过的《〈儿童权利公约〉关于儿童卷入武装冲突问题的任择议定书》和《〈儿童权利公约〉关于买卖儿童、儿童卖淫和儿童色情制品问题的任择议定书》以及于 2011 年 12 月 19 日通过的《〈儿童权利公约〉关于设定来问程序的任择议定书》。

二、《儿童权利公约》的原则和内容

（一）《儿童权利公约》的基本原则

《儿童权利公约》作为关于儿童权利保护的最重要的国际法文件，不仅为各国保障儿童权利提供了具体的国际标准，还为各国建立儿童权利保障体系发挥了重要指引作用。该公约关于儿童权利保障的"无歧视原则""儿童最大利益原则""生存与发展原则""尊重儿童意见的原则"等四项基本原则，已成为各国履行公约的基本原则，并在世界范围内发挥着最为广泛的作用。1991 年联合国儿童权利委员会将这四个方面确认为儿童权利保护的一般性原则，并要求各国的国别报告按照这四个方面的框架进行提交。[1]

1. 无歧视原则。无歧视原则是国际人权公约中最为常见的原则之一。《世界人权宣言》以及联合国核心国际人权公约，如《经济、社会、文化权利国际公约》《公民权利和政治权利国际公约》《消除一切形式种族歧视国际公约》《消除对妇女一切形式歧视公约》《残疾人权利公约》等公约都规定了无歧视或者禁止歧视原则。

无歧视原则主要是指，权利主体平等地享有权利，不因任何个体的差别而区别地享有权利。对此，《儿童权利公约》第 2 条规定："①缔约国应尊重本公约所载列的权利，并确保其管辖范围内的每一儿童均享受此种权利，不因儿童或其父母或法定监护人的种族、肤色、性别、语言、宗教、政治或其他见解、民族、族裔或社会出身、财产、伤残、出生或其他身份而有任何差别。②缔约国应采取一切适当措施确保儿童得到保护，不受基于儿童父母、法定监护人或家庭成员的身份、活动、所表达的观点或信仰而加诸的一切形式的歧视或惩罚。"

值得注意的是，《儿童权利公约》规定的无歧视原则不仅禁止因权利主体"儿童"间的差异而带来的歧视，而且还禁止因"父母或监护

---

[1] UN Doc. CRC/C/5 (1991).

人"的其他个体差别所带来的歧视，这一主体范围的扩大主要是考虑到儿童作为无/限制行为能力人可能无法自主行使和实现人权的特殊情况，以确保无歧视原则在儿童权利保障中得到切实的落实。

2. 儿童最大利益原则。《儿童权利公约》第 3 条第 1 款规定："关于儿童的一切行动，不论是由公私社会福利机构、法院、行政当局或立法机构执行，均应以儿童的最大利益为一种首要考虑。"这条规定被总结为儿童最大利益原则，也是整个《儿童权利公约》最具影响力的原则之一。

儿童最大利益原则是指，凡是涉及儿童的事情都以儿童的最大利益为重，将儿童的利益放在首要的位置，一切以最有益于儿童为出发点。该项原则的确定旨在确保儿童全面和有效地享有《儿童权利公约》所列的每一项权利。由于该原则本身具有非常大的灵活性和自主性，因此，各个国家在实际适用该原则时存在着一定程度的差异。实践中，关于儿童最大利益原则的解释和适用是非常复杂的，需要结合具体情境进行判断。"首要考虑"则表明儿童的最大利益在进行各种利益平衡当中应予优先考虑和选择。由于儿童自身的特殊性所造成的弱势地位，国家在进行决策时，只有将儿童的最大利益作为首要考虑的因素和依据，才能保证儿童的人权不被无情地侵蚀和践踏。

为了进一步阐释儿童最大利益原则的内涵，儿童权利委员会通过了《第 14 号一般性意见：儿童将他或她的最大利益列为一种首要考虑的权利》对于该原则进行了详细的分析和阐述[1]。根据该一般性意见，儿童最大利益原则被认为是"一项实质性的权利"、"一项基本的解释性法律原则"以及"一项行事规则"。首先，"一项实质性权利"主要是指当在不同层面、不同类型的利益发生冲突，需要进行权衡时，儿童有权利将他们的最大利益列为首要的评判依据。对此，国家有义务保障儿童的这项权利得以实现。其次，"一项基本的解释性法律原则"是指儿童最大利益原则应该是解释法律时应首要遵行的基本原则。即当对一条

---

〔1〕 儿童权利委员会：《第 14 号一般性意见：儿童将他或她的最大利益列为一种首要考虑的权利》。

法律存在一种以上的解释时，首先应该选择的是优先保障儿童最大利益的解释。最后，"一项行事规则"是指当国家需要作出一项涉及儿童的决定的时候，必须考虑到其可能对儿童造成的影响，以儿童最大利益为标准进行判断和衡量。因此，儿童最大利益原则是理解不同的国度、法律制度、文化背景的一把钥匙，它要求国家从保障儿童最大利益出发来实现儿童的各项权利。

对于缔约国在实施儿童最大利益原则方面所应承担的义务，儿童权利委员会也有明确的规定和阐述。儿童权利委员会认为根据《儿童权利公约》第3条，缔约国必须履行以下三类义务：①缔约国有义务确保其国内公共机构在执行每一项行动中，尤其在执行与儿童有直接或者间接的联系的行动，或其行动过程或者结果会对儿童产生直接或者间接的影响时，无论是行政还是司法程序的任何方面，都尽可能切实地贯彻儿童最大利益原则；②缔约国有义务确保所有涉及儿童的司法和行政决定以及政策和立法均应优先考虑儿童最大利益原则；③缔约国有义务确保私营部门所作出的决定并因此采取的相关行动，包括其所提供的相关服务，或其他任何私营实体或机构在作出会对儿童产生影响的决策时，将儿童最大利益原则列为首要的评判和考虑因素。[1]

《儿童权利公约》在其实体权利以及相关程序性的规定中，也广泛地体现了儿童最大利益原则[2]：①公约第9条第1款涉及儿童与父母分离的条文规定："缔约国应确保不违背儿童父母的意愿使儿童与父母分离，除非主管当局按照适用的法律和程序，经法院审查，判定这样的分离符合儿童的最大利益而确有必要。"②第18条第1款涉及父母和家庭责任的条文规定："缔约国应尽其最大努力，确保父母双方对儿童的养育和发展负有共同责任的原则得到确认。父母或视具体情况而定的法定监护人对儿童的养育和发展负有首要责任。儿童的最大利益将是他们

---

〔1〕 儿童权利委员会：《第14号一般性意见：儿童将他或她的最大利益列为一种首要考虑的权利》。

〔2〕 儿童权利委员会：《第14号一般性意见：儿童将他或她的最大利益列为一种首要考虑的权利》。

主要关心的事。"③第 20 条涉及丧失家庭环境和替代照料的条文规定："暂时或永久脱离家庭环境的儿童，或为其最大利益不得在这种环境中继续生活的儿童，应有权得到国家的特别保护和协助。"④第 21 条涉及儿童的收养制度的条文规定："凡承认和（或）许可收养制度的国家应确保以儿童的最大利益为首要考虑。"⑤第 40 条第 2 款中的程序性保障的条文规定："要求独立公正的主管当局或司法机构在其得到法律或其他适当协助的情况下，通过依法公正审理迅速作出判决，并且须有其父母或法定监护人在场，除非认为这样做不符合儿童的最大利益，特别要考虑到其年龄或状况。"除此之外，《〈儿童权利公约〉关于买卖儿童、儿童卖淫和儿童色情制品问题的任择议定书》（序言和第八条）以及《〈儿童权利公约〉关于设定来问程序的任择议定书》（序言及第 2、3 款）也提及了儿童最大利益原则。

3. 生存与发展原则。生存权和发展权作为最基本的人权，在各种国际人权文件中都有所规定。《儿童权利公约》第 6 条对生存与发展原则规定如下："①缔约国确认每个儿童均有固有的生命权。②缔约国应最大限度地确保儿童的存活与发展。"生存与发展原则包含了生存与发展两个部分，其中，生存是指儿童作为基本的人权主体，享有存活和基本生命不受侵害的权利。因儿童在社会中处于弱势地位，自身无法保障生命安全不受侵害，因此，需要缔约国制定特殊的措施加以保障，也需要加强儿童的父母、法定监护人或者其他对儿童负有责任的人在保障儿童生命权方面的责任意识。发展权的范围更为广泛，作为一项基本原则，它要求缔约国能够为儿童的发展创造良好的环境和机会，提供最大程度的帮助和支持。

《儿童权利公约》不仅仅以原则的形式强调生存与发展对于儿童的重要性，而且还在具体条款中进一步阐释了生存和发展的内容。例如，第 24 条有关健康权的规定："缔约国确认儿童有权享有可达到的最高标准的健康，并享有医疗和康复设施，缔约国应努力确保没有任何儿童被剥夺获得这种保健服务的权利。……缔约国应致力采取一切有效和适当的措施，以期废除对儿童健康有害的传统习俗。"第 27 条有关适当生活水准权的规定："缔约国确认每个儿童均有权享有足以促进其生理、心理、精神、道德和社会发展的生活水平。父母或其他负责照顾儿童的人负有在其能力和经济条件许可范围内确保儿童发展所需生活条件的首要责任……"第 28、29 条有关教育权的规定："缔约国确认儿童有受教育的权利，为在机会均等的基础上逐步实现此项权利……"第 31 条有关闲暇和玩耍权利的规定："缔约国确认儿童有权享有休息和闲暇，从事与儿童年龄相宜的游戏和娱乐活动，以及自由参加文化生活和艺术活动。缔约国应尊重并促进儿童充分参加文化和艺术生活的权利，并应鼓励提供从事文化、艺术、娱乐和休闲活动的适当和均等的机会。"以上有关实体权利的规定都与落实关于儿童保障的生存和发展原则息息相关。

4. 尊重儿童意见的原则。《儿童权利公约》第 12 条规定："缔约国应确保有主见能力的儿童有权对影响到其本人的一切事项自由发表自己的意见，对儿童的意见应按照其年龄和成熟程度给以适当的看待。为此目的，儿童应特别享有机会在影响到儿童的任何司法和行政诉讼中阐述见解，以符合国家法律的诉讼规则的方式，直接或通过代表或适当机构陈述意见。"在 2002 年举行的关于儿童问题的联合国大会第二十七届特别会议上，缔约国重申承诺并致力于实现《儿童权利公约》第 12 条有关于尊重儿童意见的有关规定。[1]

尊重儿童意见被视为儿童量身定制的一项比较独特的人权原则，该原则包括如下两个基本含义：首先，儿童作为人权主体有权表达自己的观点和意见，尤其是在涉及儿童自身的事件时，更应该对儿童的意见给予足够的关注。但是考虑到儿童的特殊性，其并不像成年人一样具有充分的自主权和决断力，因此，对于儿童所表达意见应给予与其"年龄和成熟程度相适当的看待"。而随着儿童的成熟程度提高，理解和判断能力加强，儿童的意见则应该在评判其利益方面获得更重的分量。为了确保每一个有主见的儿童有权对影响其本人的一切事项自由发表意见，缔

---

〔1〕 联合国大会第二十七届特别会议通过了关于《适合儿童生长的世界》的决议，A/RES/S-27/2.

约国有义务承认儿童表达意见的权利，并非由儿童首先证明其能力[1]，并有义务评估儿童是否有"主见能力"，不能仅仅以年龄来推定儿童没有表达自己意见的能力，或者限制儿童行使表达意见的权利。

其次，"自由发表自己的意见"，强调了儿童有权决定是否发表意见，或者发表怎样的意见，不受任何影响或者压力。儿童作为社会弱势群体，其权利的享有往往需要依靠其父母或者法定监护人的帮助，但是从另一种角度来说，这也会直接影响其真实意愿的表达。如何给儿童创造安全自由且受到尊重的环境，让儿童了解到各种事实、备选办法以及负责听取儿童意见的人及儿童的家长或者监护人可能因此作出的决定及其后果，如何保证最终传达出来的是儿童"自己的意见"而不是别人的意见，这是缔约国在正确施行这一条时所必须考虑到的因素。

儿童权利委员会为了推进第 12 条的有关内容在各缔约国的施行，2009 年在其第 51 次会议通过了《第 12 号一般性意见：儿童表达意见的权利》，以加强各国政府、各利益相关方、非政府组织对于第 12 条意义和影响的认识，并对各国通过立法和政策保障儿童实现表达意见的权利提供指导[2]。

（二）《儿童权利公约》的内容

《儿童权利公约》包括序言以及 54 条正文，该公约在其正文中详细、全面地规定了儿童应当普遍享有的基本人权，不仅包括各项公民权利和政治权利，还涵盖了广泛的经济、社会和文化权利，具体体现在公约的第 1 条至第 41 条的规定之中。此外，公约还规定了公约的监督机构以及国家报告机制等监督机制。

1. 实体权利。关于在《儿童权利公约》中规定什么类型的权利，该公约的编纂会议曾就此产生过争议。经过讨论，公约以儿童作为一个完整的人为定位，采纳了综合性的权利编纂方法，既规定了儿童作为人所应有的权利，也规定了儿童的特殊权利。根据儿童权利委员会的意见，其将《儿童权利公约》中所规定的权利分为如下几个类别。

---

[1] 儿童权利委员会：《第 12 号一般性意见：儿童表达意见的权利》。
[2] 儿童权利委员会：《第 12 号一般性意见：儿童表达意见的权利》。

（1）公民和政治权利。根据《儿童权利公约》，儿童享有生命权（第6条），除具一般意义上的权利内容之外，公约特别规定了对未满18岁人所犯罪不得判以死刑或无释放可能的无期徒刑。出生登记的权利和姓名权（第7条），儿童享有出生后立即登记，并有自出生之日起获得姓名的权利。国籍权（第7条），儿童享有获得国籍及不受干扰的权利。思想、信仰和宗教自由的权利（第14条），儿童享有并表明思想、信仰和宗教自由的权利，缔约国应尊重父母或其法定监护人以符合儿童能力的方式指导儿童行使其权利。隐私权和名誉权（第16条），儿童的隐私、家庭、住宅或通信不受任意或非法干涉，其荣誉和名誉不受非法攻击。表达自由（第13条），儿童具有通过各种媒介，寻求、接受和传递各种信息和思想的自由。结社自由及和平集会自由的权利（第15条）。获取信息的权利、发表意见的权利等权利（第17条），儿童有权获得促进其社会、精神和道德福祉和身心健康的信息和资料。对此，缔约国应鼓励大众传播媒介散播有益于儿童的多元化信息和资料，鼓励儿童读物的著作和普及；注意于少数群体或土著居民的儿童在语言方面的需要；并保护儿童不受可能损害其福祉的信息和资料之害。有权不受酷刑或其他形式的残忍、不人道或有辱人格的待遇或处罚的权利［第37条（1）项］，所有被剥夺自由的儿童应受到人道待遇，其人格固有尊严应受尊重，并应考虑到用其年龄段所需的方式加以对待。人身自由权［第37条（3）项］，不得非法或任意剥夺任何儿童的自由。对儿童的逮捕、拘留或监禁应符合法律规定并仅应作为最后手段，期限应为最短的适当时间。

（2）关于家庭环境和照料的权利。享有家庭环境和照料的权利属于儿童的特殊权利，《儿童权利公约》对于这类权利的保障包括：儿童享有双亲的指导的权利（第5条），儿童有权得到双亲或其监护人帮助其行使权利的指导；享有双亲养育的权利（第18条第1~2款），儿童有权享有父母的养育，有权享有国家提供的服务和设施，对此，国家应协助家庭抚养儿童的责任。不与父母分离的权利（第9条），儿童享有不与父母分离的权利，在司法因素产生分离的情况下，需尊重儿童的最大利益和意见，且保障儿童知情权以及与父母一方见面和联系的权利，违反儿童最大利益原则的情况除外。家庭团聚的权利（第 10 条），除受国家安全、公共秩序、公共卫生或道德或他人的权利和自由的限制，儿童及其父母有进入或者离开国家进行家庭团聚的权利。追索赡养费的权利（第 27 条第 4 款），儿童享有追索抚养费的权利，并提供国际协助。丧失家庭环境后被照料的权利（第 20 条），暂时永久脱离家庭环境的儿童，有权享有类似其原家庭环境的照顾和其他形式的照料。被收养的权利（第 21 条），在尊重最大利益原则的前提下，儿童享有被收养的权利。儿童享有不被非法移转和不使返回的权利（第 11 条），对此，国家通过国际协定，禁止儿童非法转移和不使返回的权利。免于受凌辱和忽视的权利（第 19 条），儿童享有不受身心侵害和剥削的权利，国家采取一切措施，保护并建立社会方案及通过司法程序予以救助和救济。要求对于安置的定期审查的权利（第 25 条），出于照料、身心健康等目的被国家安置的儿童有权要求国家对安置情况进行定期监督的权利。

（3）基本的健康保健权和社会保障权。基本的健康保健和社会保障权，主要包括儿童的存活与发展的权利（第 6 条第 2 款）。健康与保健服务的权利（第 24 条），儿童有权享有可达到的最高标准的健康，并享有医疗、康复设施及保健服务。对此，缔约国应努力降低婴幼儿死亡率；发展初级保健；消除疾病和营养不良现象，提供充足的营养食品和清洁饮水，减少环境污染的危险和风险；确保母亲得到适当的产前和产后保健；向父母和儿童介绍有关儿童保健和营养、卫生和环境卫生及防止意外事故的基本知识，开展预防保健、对父母的指导以及计划生育教育和服务。享受社会保险与托儿服务和设施的权利（第 26 条，第 18 条第 3 款），儿童有权受益于社会保障、包括社会保险，并应根据其国内法律采取必要措施充分实现这一权利。国家在提供福利时应酌情考虑儿童及其家庭的经济情况和环境，以及儿童的要求。缔约国应在父母和法定监护人履行其抚养儿童的责任方面给予适当协助，应确保发展育儿机构、设施和服务，并确保就业父母的子女得到托儿服务和设施。享有适当生活水平的权利（第27条第1~3款），儿童有权享有足以促进其生理、心理、精神、道德和社会发展的生活水平。对此，父母及其监护人负有确保儿童发展所需生活条件的首要责任，国家在需要时提供物质援助和支助方案，协助儿童追索赡养费。

（4）教育、休闲和文化活动的权利。《儿童权利公约》关于儿童的这类权利的规定包括：享有受教育的权利（第29条），儿童享有平等的受教育权，对此国家应该提供免费义务小学教育；发展不同形式的中学教育，包括普通和职业教育；根据能力以一切适当方式使所有人均有受高等教育的机会；使所有儿童均能得到教育和职业方面的资料和指导；采取措施鼓励学生按时出勤和降低辍学率。此外，缔约国应确保学校执行纪律的方式符合儿童的人格尊严及本公约的规定。国家确保对儿童的教育应符合《儿童权利公约》所倡导的目的，并尊重教育机构的自由及确保其履行国家的最低标准；休闲、娱乐和文化活动（第31条），国家尊重并促进儿童充分参加文化和艺术生活的权利，并鼓励机会均等。

（5）特殊儿童的权利。《儿童权利公约》还对特殊的儿童的权利进行了保障。这包括以下几种：①处于紧急情况下的儿童：难民儿童、武装冲突下的儿童。②触犯法律的儿童：青少年司法（第40条）；被剥夺自由的儿童，包括任何方式的拘留、监禁或置于关押地点［第37条（b）、（c）、（d）项］；对青少年的判刑，特别是禁止判处死刑和无期徒刑［第37条（a）项］；身心康复和重新融入社会（第39条）。③处于被剥削境地的儿童，包括身心康复和重新融入社会（第39条）：经济剥削，包括童工（第32条）；吸毒（第33条）；色情剥削和性侵犯（第34条）；其他形式的剥削（第36条）。④买卖、贩运和诱拐（第35条）。⑤属于少数人或土著居民的儿童（第30条）。

2. 监督机制。为了监督《儿童权利公约》的实施，公约不仅建立了由专家组成的条约机构，而且还通过公约第44条建立了国家报告机制，要求各缔约国在加入公约的2年后提交首次报告以及此后每隔5年提交定期报告，用以介绍国家在实施《儿童权利公约》的情况、措施以及成就和困难，从而为开展国际对话提供基础。其中，首次报告和定期报告的内容主要包括国家制度框架、保障儿童权利的法律制度、儿童权利的状况以及保障和实现公约所确认的儿童权利的情况。尽管部分内容有些重叠，但是，首次报告的内容更加翔实，特别是要根据《儿童权利公约》逐条介绍国家保障有关儿童权利的情况，从而为今后的人权对话打下基础。而定期报告则更注重缔约国在首次报告或者前一次报告后对于人权保障的发展和问题，尤其应关注对于前一次结论性意见的执行和落实情况等，意在体现国家在儿童权利保障方面的新变化和新情况，从而配合条约机构对缔约国实施公约的持续性的有效监督。

为了进一步提高对儿童权利的保障并提供国际救济途径，联合国大会于2011年通过《〈儿童权利公约〉申诉机制任择议定书》，旨在为权利受到侵害的儿童提供个人来文申诉机制。该议定书于2014年生效，目前共有26个缔约方。[1]

三、我国对《儿童权利公约》的批准及其意义

（一）我国对《儿童权利公约》的批准

截至2017年9月1日，《儿童权利公约》在世界范围内已经拥有196个缔约方。中国于1990年8月29日签署《儿童权利公约》，成为第105个缔约国。1991年12月29日，全国人大常会批准了《儿童权利公约》，后相继批准了《〈儿童权利公约〉关于儿童卷入武装冲突问题的任择议定书》和《〈儿童权利公约〉关于买卖儿童、儿童卖淫和儿童色情制品问题的任择议定书》两个议定书。1992年4月1日，《儿童权利公约》正式对中国生效。

我国一贯重视儿童权利的保护，在1989年第44届联合国大会审议并通过《儿童权利公约》时，中国是该决议草案的共同提案国之一。[2]自批准《儿童权利公约》以来，中国通过制定、修订与儿童权

---

〔1〕访问网址：https：//treaties.un.org/Pages/ViewDetails.aspx？src=TREATY&mtdsg_no=IV-11&chapter=4&clang=_en#EndDec，访问时间：2017年9月1日。

〔2〕参见我国提交的首次儿童权利的缔约国报告：UN.Doc.CRC/C/11/Add.7，第1段。

利有关国内立法、政策等措施积极履行相应的国际法律义务。

（二）我国批准《儿童权利公约》的意义

1. 敦促我国革新国内相关的制度。为了签署和批准《儿童权利公约》，我国立法机关陆续制定或颁布了一系列以保障儿童权利为主题或者涉及儿童权利的法律法规，以符合《儿童权利公约》相关规定。其中，关于儿童权利的专门立法包括：《未成年人保护法》《义务教育法》《收养法》《残疾人保障法》《母婴保健法》《妇女权益保障法》《残疾人教育条例》《儿童社会福利机构基本规范》《预防未成年人犯罪法》《最高人民法院关于办理未成年人刑事案件的若干规定》《人民检察院办理未成年人刑事案件的规定》《公安机关办理未成年人的违法犯罪案件的规定》《未成年犯管教所管理规定》《幼儿园管理条例》《禁止使用童工的规定》。涉及儿童权利的相关立法包括：《疫苗流通和预防接种管理条例》《城市生活无着的流浪乞讨人员救助管理办法》《法律援助条例》《艾滋病防治条例》《娱乐场所管理条例》《乳品质量安全监督管理条例》《互联网上网服务营业场所管理条例》《公共文化体育设施条例》《营业性演出管理条例》等。尽管我国没有出台一部专门的对应《儿童权利公约》的法律，但我国在立法上几乎涵盖了该公约所规定的各项权利。因此就总体而言，《儿童权利公约》促使我国更加注重对儿童的全面保护。

2. 为我国儿童权利的发展指引了方向。从《日内瓦宣言》到《儿童权利宣言》再到《儿童权利公约》，儿童权利的国际保护不断发展，对儿童权利的研究也不断深入，《儿童权利公约》作为儿童权利保护研究的最新成果与集大成者，为我国保障国内儿童权利提供了国际标准，也为我国的相关实践指明了前进的方向。具体而言，《儿童权利公约》的指导意义表现在如下几个方面：

第一，将儿童权利保护纳入人权保护的范畴。《儿童权利公约》明确规定了儿童作为权利主体的地位，并将儿童权利分为两类，一类是作为人所享有的基本权利，诸如生存权、人格权、平等权、隐私权等与成人一致的权利；另一类是基于其特殊身份而享有的权利，包括受抚养权、受教育权、家庭成长权、参与权等，旨在给予儿童特殊保护。《儿童权利公约》不再将儿童权利作为单纯救济型权利和被动性实现的权利，而是将儿童视为与成年人一样的人，对其人权进行平等保障。《儿童权利公约》对于儿童权利保障的理念和模式，引导中国立法采取相同的价值取向和保障模式，将儿童权利纳入人权体系予以保障。

第二，《儿童权利公约》以最全面的方式对儿童权利进行了规定，丰富了我国立法对于儿童权利的保障内容。在联合国所通过的其他公约或文件中，虽然也有对儿童权利进行保护的内容，[1] 但是《儿童权利公约》对于儿童权利的保障是最系统的。公约对于儿童权利的全面保障，为我国完善国内的儿童法律保护体系提供了参照标准，也为国家附加了保障义务。而为了履行《儿童权利公约》，我国必须通过立法来弥补儿童权利的空白，进而完善儿童权利的保障。

第三，《儿童权利公约》的基本原则为缔约国提供了行动指南。儿童最大利益原则、无歧视原则、儿童的生存与发展原则以及儿童参与原则"是在各国文化、政治、经济发展不同背景下，经过多年交锋而最终妥协的结果，且目前已被国际社会所接受"，[2] 这四项原则对于中国关于儿童权利的立法、执法、司法均具有鲜明的指导性意义。

3. 加入《儿童权利公约》有利于我国完善国际人权形象。一个国家儿童的状况如何，标志着这个国家的文明程度和现代化进程[3]。儿童人权是一个重要的窗口，透过这个窗口可以窥视一个国家最基本的人权状况。加入《儿童权利公约》，体现了我国尊重和维护人权的决心，对在国际上树立新的人权形象具有重大意义。从 20 世纪 90 年代初开

---

〔1〕 例如《公民权利与政治权利国际公约》第 24 条专门对儿童权利进行了规定："①每一儿童应有权享受家庭、社会和国家为其未成年地位给予的必要保护措施，不因种族、肤色、性别、语言、宗教、国籍或社会出身、财产或出生而受任何歧视。②每一儿童出生后应立即加以登记，并应有一个名字。③每一儿童有权取得一个国籍。"

〔2〕 王雪梅："从《儿童权利公约》看我国的儿童保护立法"，载《当代青年研究》2007 年第 10 期。

〔3〕 韦禾："儿童的权利一个世界性的新课题——中国履行《儿童权利公约》研讨会综述"，载《教育研究》1996 年第 8 期。

始，中国在人权问题上进行了重大外交战略调整[1]，更加主动和积极地参加国际人权活动。一方面，我国于1991年主动发布了第一份人权白皮书——《中国的人权状况》，第一次向世界介绍我国的人权的基本立场和实践，有助于国际社会正确地了解中国的人权状况。另一方面，在20世纪90年代左右，我国先后签署和批准了《消除妇女歧视公约》（1980年）、《消除种族歧视公约》（1981年批准）、《禁止酷刑公约》（1986年）、《儿童权利公约》（1990年）、《经济、社会及文化权利国际公约》（1997年）。我国加入《儿童权利公约》的时间和第一份人权白皮书发布的时间非常接近，均是在我国处于外交战略调整期的时候。加入《儿童权利公约》和发布人权白皮书一道，共同见证了我国在人权问题上由消极接受态度向积极参与态度的转变，同时打开了与国际社会沟通、交流的渠道，在国际社会上为我国树立了新的人权形象。

4. 促进了儿童权利保护领域的国际合作。加入《儿童权利公约》的另一重大意义在于促进了我国在儿童保护领域的国际合作，我国以该公约为基础，积极参与有关儿童生存、保护和发展的全球性和区域性国际合作和交流活动。我国向儿童权利委员会提交的第二次缔约国报告中写明，2001年5月，中国政府在北京成功地主办了第五次东亚及太平洋地区儿童发展问题部长级磋商会议，为即将召开的联合国儿童问题特别联大做筹备工作，并为顺利通过指导本地区未来10年儿童发展的战略文件《北京宣言》作出了重要贡献。2001年11月，中国政府还在广州举办了亚欧执法机构保护儿童福利会议，来自亚欧38个国家和3个国际组织的240多名代表与会，就保障妇女儿童权益的经验和做法、在信息技术和经济全球化条件下各国侵害妇女儿童权益犯罪的新特点和规律，以及如何进一步加强国际合作，建立依法保障妇女儿童权益机制等方面达成了共识[2]。我国向儿童权利委员会提交的第三、四次合并的

---

〔1〕 罗艳华："中国参与国际人权合作的历程与展望"，载《思想理论教育导刊》2005年第1期。

〔2〕 参见我国向儿童权利委员会提交的第二次缔约国报告：UN. Doc. CRC/C/83/Add. 9，第14段。

缔约国报告中指出，自 1979 年以来中国与联合国儿童基金会已开展了 30 多年的合作。2006～2010 年合作方案中，双方在儿童知识倡导和政策开发、卫生营养、基础教育和儿童发展、艾滋病防治、水和环境卫生、儿童保护、儿童政策研究和知识宣传、儿童权利规划与促进等领域开展合作[1]。

在与国际社会的合作交流中，我国尤其注重南南合作。2010 年 11 月，在北京举行了亚太地区儿童权利国际合作高级别会议，来自包括我国在内的亚太地区 28 个国家以及联合国系统和区域组织的政府部长及高官等 150 名代表出席会议[2]。值得注意的是，会议以协商一致的方式通过了《亚太地区儿童权利南南合作北京宣言》（以下简称"北京宣言"），宣言重申了各国在《儿童权利公约》《关于儿童卷入武装冲突问题的任择议定书》《关于买卖儿童、儿童卖淫和儿童色情制品问题的任择议定书》《消除对妇女一切形式歧视公约》和其他相关人权文件所体现的承诺，分析了亚太地区儿童现状，确立了加强南南合作的目标，分享了促进儿童权利实现的经验，并提出了后续行动和未来磋商建议。在宣言中，各国还承诺支持建立统一数据库，分享亚太地区各国在促进儿童权利方面的知识，从而密切合作、更充分地实现亚太地区所有儿童的权利。为敦促各国履行宣言中的承诺，各国同意于 2013 年在印度召开部长级会议，评估并进一步推动儿童权利问题的进展。

2013 年 5 月，为准备 10 月在印度德里召开的第二届儿童权利南南合作高级别会议，第二届儿童权利南南合作高级别会议准备会议在北京召开[3]。此次准备会议为德里的第二届会议敲定最终的会议组织方案，并将德里会议讨论议题确定为：城市化背景下的儿童权益、青少年权益

---

〔1〕 参见我国向儿童权利委员会提交的第三、四次合并缔约国报告：UN. Doc. CRC/C/CHN/3-4，第 17 段。

〔2〕 参见"亚太地区将建立统一数据库促进儿童权利保护"，访问网址：http://news. xinhuanet. com/politics/2010-11/06/c_ 13594410. htm，访问时间：2016 年 6 月 1 日。

〔3〕 参见"第二届儿童权利南南合作高级别会议准备会议在北京召开"，访问网址：ht-tp://www. unicef. cn/cn/index. php? m = content&c = index&a = show&catid = 53&id = 19367，访问时间：2016 年 6 月 1 日。

以及儿童早期发展三方面内容。"儿童权利南南合作高级别会议"是一个大型的针对儿童的区域性会议，该会议得到了联合国儿童基金会支持，我国自始至终积极支持会议的召开，而会议通过的"北京宣言"成为促进亚太地区的儿童权利发展的指导性文件。我国在促进区域性儿童权利问题的国际合作上，始终坚定不移地在做"促进者"，而这些都是建立在对《儿童权利公约》的批准和实施基础之上的努力和进步。

四、《儿童权利公约》在我国的实施

《儿童权利公约》要求缔约国"应采取一切适当措施确保儿童得到保护"，在其第4条中规定，"缔约国应采取一切适当的立法、行政和其他措施以实现本公约所确认的权利。关于经济、社会及文化权利，缔约国应根据其现有资源所允许的最大限度并视需要在国际合作范围内采取此类措施。"与大多数核心人权公约一样，《儿童权利公约》同样为缔约国确立了"全面的执行义务"[1]，此种"全面执行的义务"体现在以下四个方面：一是在实现手段上，要求缔约国采取各种措施以实现公约所确认的权利，包括立法、行政，乃至采取国际合作的方式。二是在权利内容上，要求缔约国全面实现公约所确认的所有权利，而不仅仅是公约确认的经济、社会和文化权利或者公民权利和政治权利其中一类权利，需要注意的是公约考虑到缔约国的资源不足可能妨碍某些国家充分执行经济、社会和文化权利；当缔约国"逐步实现"此种权利时，必须能够表明它们业已"根据其现有资源所允许的最大限度"执行了公约规定，并视需要开展了国际合作[2]。三是在实现范围上，儿童权利委员会认为，缔约国一旦批准《公约》，即有义务不仅在其管辖范围内予以实施，而且有义务通过国际合作促进全球范围内的执行[3]。四是在实现程度上，要求缔约国无论其经济状况如何，都必须采取一切可能的措施，努力实现儿童权利，同时特别关注处境最为不利的群体[4]。

---

〔1〕 参见儿童权利委员会的第5号一般性意见：UN. Doc. CRC/GC/2003/5，第5段。
〔2〕 参见儿童权利委员会的第5号一般性意见：UN. Doc. CRC/GC/2003/5，第7段。
〔3〕 参见儿童权利委员会的第5号一般性意见：UN. Doc. CRC/GC/2003/5，第7段。
〔4〕 参见儿童权利委员会的第5号一般性意见：UN. Doc. CRC/GC/2003/5，第8段。

为此，儿童权利委员会援用和赞同了经济、社会和文化权利委员会的观点，"甚至在明显缺乏可得资源的情况下，缔约国仍有义务努力争取保证在这种条件下尽可能广泛地享有有关的权利"[1]。

作为儿童权利的缔约国，我国承担着对公约"全面的执行义务"，有义务全面实现公约确认的各项权利。作为国际人权公约，《儿童权利公约》与一般的公约不同的地方在于，它在国际和国内层面均为国家设定了义务。一方面，将《儿童权利公约》在国内全面落实；另一方面，就履行《儿童权利公约》的情况接受国际监督。

（一）国际层面的实施

《儿童权利公约》与大多数其他核心人权公约一样，确立了若干机制以敦促缔约国履行公约，包括缔约国报告制度、个人来文制度、调查程序。其中，缔约国报告制度由公约本身所确立，个人来文制度和调查程序由《〈儿童权利公约〉关于设定来文程序的任择议定书》所设立，我国未签署、批准该任择议定书。因而，对于我国而言，我国所承担的形式上的人权义务仅限于缔约国报告义务。截至目前，我国已向儿童权利委员会提交了四次缔约国报告。

1. 初次报告。《儿童权利公约》于1992年4月1日对我国生效后，我国1995年3月27日向儿童权利委员会提交了初次缔约国报告。这份国家报告首先对公约在我国的实施情况进行了一般性介绍，简述了我国为实现公约确认的权利所采取的措施，包括制定或修改立法、制定国家政策、设立工作小组、促进对公约内容的宣传等措施，并提出了我国所面临的问题和困难。为详尽介绍中国保障儿童权利的状况，报告对公约每一条在中国的实现情况，以及与之相对应的国内立法、政策进行了阐述。以公约第3条为例，该条规定了儿童最大利益原则，报告列举了《宪法》《未成年人保护法》中与该原则相对应的规定，并介绍了我国对该原则的实施情况。[2]

---

〔1〕 参见经济、社会和文化权利第3号一般性意见：UN. Doc. HRI/GEN/1/Rev. 6，第11段。

〔2〕 参见中国提交的首次缔约国报告，UN. Doc. CRC/C/11/Add. 7。

儿童权利委员会在 1996 年 5 月 28 日和 29 日举行的第 298 至 300 次会议上审议了我国的初次报告，并通过了结论性意见。委员会首先对中国提交报告所采取的态度表示欢迎，并赞赏了报告中所体现的自我批评、坦率承认存在困难的态度。委员会注意到我国在提高儿童生活水平、降低婴儿死亡率、提高适龄儿童入学率、修订国内相关法律法规等方面所做出的努力和所取得的成就，对此给予了积极的评价。与此同时，委员会也注意到我国实现公约中的权利存在的困难，包括封建传统的流毒、儿童人口众多且分布广、经济和社会发展欠佳等。委员会同时还就我国实现儿童权利过程中所存在的问题表达了严重的关切，包括儿童待遇在农村与城市之间的差距、重男轻女的习俗和观念、儿童登记制度的缺陷、公民权利和各项自由的落实情况、失学儿童等现象和情况，并针对这些情况，提出了一些建议。[1]

2. 第二次报告。2003 年 6 月 27 日，我国向儿童权利委员会提交了第二次定期报告，报告分为三个部分，分别包含中国大陆地区执行公约方面的有关情况及进展、中国香港特别行政区执行公约的有关情况、中国澳门特别行政区执行公约的有关情况。第二次报告特别重视委员会针对我国的第一次结论性意见中所提出的意见和建议，并就这些意见和建议在本次报告中进行了反馈。本次报告首先对公约在本报告期的执行情况进行了概要性说明，还阐述了依据委员会的一般性意见和建议所采取的行动和措施。在此基础上，报告分别就基本原则、公民权利与自由、家庭环境和替代性照料、基本健康和福利、教育、休闲和文化活动、特殊保护措施在我国的执行情况进行了说明。以无歧视原则为例，本次报告在第一次报告的基础上，进行了补充介绍，包括我国宪法、法律对该原则的规定，我国为实现民族之间的平等采取的一系列措施，推动了少数民族地区经济、社会、文化的快速发展。

儿童权利委员会在 2005 年 9 月 19 日至 20 日举行的第 1062 至 1065

---

[1] 参见儿童权利委员会审议中国首次缔约国报告的结论性意见：《儿童权利委员会第十二届会议审议缔约国根据〈公约〉第 44 条提交的报告——儿童权利委员会的最后意见：中国》，UN. Doc. CRC/C/15/add. 56。

次会议上审议了中国提交的第二次定期报告，并于 2005 年 9 月 30 日举行的第 1080 次会议上通过了结论性意见。委员会对我国采取的后续措施及取得的进展表示赞赏，注意到我国在减少贫困方面取得的成就，以及我国在报告期批准的《经济、社会、文化权利国际公约》和《跨国收养方面保护儿童及合作的海牙公约》的两个公约。与此同时，委员会也就我国执行公约的情况表达了关切并提出了建议，尤其关注委员会以前的建议的落实情况，委员会对那些尚未得到充分处理的建议和意见表示关切，并再次敦促我国尽一切努力落实委员会关于首次报告的结论性意见中尚未得到落实的各项建议，譬如，再次敦促我国重新审议并撤销一切适用其管辖之下所有地区的对《公约》作出的保留。委员会逐条就《儿童权利公约》中确认的权利的落实情况进行审查，指出了我国大陆地区、香港地区、澳门地区在实现这些权利过程中存在的问题，并给出了大量的意见和建议[1]。总体而言，相比第一次审查报告，委员会在本次审议的结论性意见中，更加详细地审查了我国提交的报告，并给出了细致的建议和意见。

3. 第三次、第四次合并报告。中国在 2010 年 7 月 16 日向儿童权利委员会提交了本应于 2009 年提交的缔约国第三次和第四次合并定期报告。报告的撰写遵循了儿童权利委员会通过的缔约国定期报告的格式和内容的一般准则，对其内容要求和格式要求对《儿童权利公约》在该两个报告期内的执行情况进行了说明。报告分为九大章节内容，相比前两次报告，增加了"色情剥削和性侵犯"这一章节[2]。在本次报告中，我国高度重视上次结论性意见中委员会提出的意见和建议，对这些意见和建议的落实进行了详细、细致的说明，包括落实的情况、存在的问题和挑战、不足之处等。

委员会在第六十四届会议（2013 年 9 月 16 日至 10 月 4 日）审议了中国的报告，并提出了关于中国第三、四次合并定期报告的结论性意

---

〔1〕 参见儿童权利委员会审议中国第二次缔约国报告的结论性意见：《审议缔约国根据〈儿童权利公约〉第 44 条提交的报告结论性意见：中国》，UN. Doc. CRC/C/CHN/CO/2。

〔2〕 参见中国提交的第三、四次合并的缔约国报告，UN. Doc. CRC/C/CHN/3-4。

见。委员会在其结论性意见中就以下问题表达了关切：计划生育政策、户口制度、资源投入不足与资源分配的不平等、教育问题、与儿童相关的数据收集、数据统计问题、商业对儿童权利的影响、尊重儿童意见原则、最大利益原则、针对儿童的暴力问题、针对儿童的性剥削及性虐待问题、对女童及残疾儿童的歧视问题等[1]，并针对性地提出了一些建议。

与初始报告和第二次定期报告不同，针对此第三次和第四次合并定期报告的结论性意见，中国第一次提出了"对结论性意见提出的意见"，针对委员会的结论性意见进行了评论，就某些问题进行了澄清。

（二）国内层面对人权义务的实施

1. 立法与儿童权利保护。《儿童权利公约》在中国的实施时同样也面临着国际法在国内的适用问题。尽管中国的法律并没有明确规定国际法在国内法中的地位，但是实践中一般认为，我们国家对国际法的适用援用的是"采纳"与"转化"兼容并蓄的方式，而对于国际人权法则采取了转化的方法，来履行相关人权义务。因此，《儿童权利公约》所保障的权利内容主要散见于以宪法为核心的法律体系之中。

2011年1月24日，时任全国人大常委会委员长吴邦国宣布，中国特色社会主义法律体系已经形成，这标志着我国法制体系的建设迈上了一个全新的台阶。与之相对应，我国对儿童权利保护的法律体系也已确立和完善。在宪法层面，我国《宪法》第33条规定了"国家尊重和保障人权"，《宪法》第二章所规定的公民基本权利，绝大部分同样适用于儿童。这为保障儿童人权提供了根本法的基础。此外，我国《宪法》第46条规定，"中华人民共和国公民有受教育的权利和义务。国家培养青年、少年、儿童在品德、智力、体质等方面全面发展"。《宪法》第49条规定，"婚姻、家庭、母亲和儿童受国家的保护。夫妻双方有实行计划生育的义务。父母有抚养教育未成年子女的义务，成年子女有赡养

---

〔1〕 参见儿童权利委员会审议中国第三、四次合并缔约国报告的结论性意见：《委员会第六十四届会议通过的关于中国第三和第四次合并定期报告的结论性意见》，UN. Doc. CRC/C/CHN/CO/3-4。

扶助父母的义务。禁止破坏婚姻自由，禁止虐待老人、妇女和儿童"。在法律层面，我国的《未成年人保护法》《预防未成年人犯罪法》《儿童社会福利机构基本规范》《义务教育法》《收养法》等是专门对儿童权利保护的法律；《残疾人保障法》《母婴保健法》《妇女权益保障法》《残疾人教育条例》等法律涉及对儿童权利的保护。在行政规章层面，《公安机关办理未成年人的违法犯罪案件的规定》《未成年犯管教所管理规定》《幼儿园管理条例》《城市生活无着的流浪乞讨人员救助管理办法》《禁止使用童工的规定》《法律援助条例》《疫苗流通和预防接种管理条例》《艾滋病防治条例》《娱乐场所管理条例》《乳品质量安全监督管理条例》《互联网上网服务营业场所管理条例》《公共文化体育设施条例》《营业性演出管理条例》等落实了宪法、法律对儿童权利的保护。在我国的司法实践中，最高人民法院和最高人民检察院出台了一系列与保障未成年人权利相关的司法解释，例如《最高人民法院关于办理未成年人刑事案件的若干规定》《人民检察院办理未成年人刑事案件的规定》《最高人民法院关于审理未成年人刑事案件具体应用法律若干问题的解释》等。此外，我国还存在大量的地方性法规以保障儿童权利。

在缔结国际公约层面，儿童权利委员会在审查我国的缔约国报告中曾提出建议希望我国尽可能广泛加入国际公约以更好地履行《儿童权利公约》，为此，我国自加入《儿童权利公约》后，先后加入和批准了《经济、社会和文化权利国际公约》《〈儿童权利公约〉关于买卖儿童、儿童卖淫和儿童色情制品问题的任择议定书》《〈儿童权利公约〉关于儿童卷入武装冲突问题的任择议定书》《禁止和立即行动消除最恶劣形式的童工劳动公约》《跨国收养方面保护儿童及合作公约》《残疾人权利公约》等，并将上述公约转化为国内法予以落实，从而完善对于儿童权利的保障。

2. 行政执法与儿童权利保护。立法从规范层面上确认了儿童的权利，行政执法是立法实现的途径和保障，没有执法，立法就只是纸面上的权利，立法保护儿童权利的目的也无从实现。

为了落实《儿童权利公约》和国内相关立法，中国政府制定、颁布了一系列保护儿童相关的条例、规章，并建立了多重保护儿童行政屏障，为儿童权利的实现提供了强有力的保障。

我国尤为注重国家政策对经济发展、提高国民生活水平的重要性，每隔五年我国均会出台一个"国民经济和社会发展五年规划纲要"。自加入《儿童权利公约》以来，我国历次发布的五年规划纲要均对儿童权利保护进行了规划[1]。在第八个、第九个五年规划纲要中，儿童权利放置在"教育事业"中进行保护，侧重保障儿童的受教育权；在第十个五年规划纲要中，除了保障儿童的受教育权，还侧重对儿童权利的社会保障；在第十一个、十二个五年规划纲要中，对儿童权利的保护单独设置一章，更加注重从儿童的发展权、参与权、儿童的优先原则方面保护儿童权利，儿童权利保护的重要性得到空前的凸显。从各个五年规划纲要中对儿童权利的规定来看，儿童权利在各个五年规划纲要中的重要性不断提升，并且不断向《儿童权利公约》的标准和要求看齐。

除此之外，我国还单独出台了一系列专门的国家政策或国家行动计划。1992年2月，国务院颁布了首个以儿童为主体的专门性国家规划——《九十年代中国儿童发展规划纲要》，纲要以国民经济和社会发展的实际情况为基础，借鉴了《儿童权利公约》以及世界儿童首脑会议通过的《儿童生存、保护和发展世界宣言》和《执行九十年代儿童生存、保护和发展世界宣言行动计划》，为90年代我国儿童事业的发展提出了十项具体的奋斗目标和贯彻落实的措施。为落实该规划纲要，国家相关部门和全国所有的省、自治区、直辖市以及地市和几乎所有的县市都相继制定了本地区的儿童发展规划和实施方案。在总结《九十年代中国儿童发展规划纲要》的成功经验的基础上，我国于2001年和2011年先后颁布了《中国儿童发展纲要（2001～2010年）》和《中国儿童发展纲要（2011～2020年）》。相比首个发展规划纲要，此后的两个发

---

〔1〕 2006年修订《未成年人保护法》时加入规定："国务院和地方各级人民政府领导有关部门做好未成年人保护工作；将未成年人保护工作纳入国民经济和社会发展规划以及年度计划，相关经费纳入本级政府预算。"直接从法律的角度确立了中央人民政府将未成年人保护工作纳入"国民经济和社会发展规划"的责任。

展纲要对我国儿童事业发展提出了更高的要求，每一项目标都匹配有实施策略、措施，在落实策略、措施上更加详细、充实。尤为需要注意的是，此后的两个发展纲要，都体现了《儿童权利公约》中保障儿童权利的基本原则：《中国儿童发展纲要（2001~2010年）》将"坚持儿童优先原则，保障儿童生存、发展、受保护和参与的权利，提高儿童整体素质，促进儿童身心健康发展"作为纲要的总要求；《中国儿童发展纲要（2011~2020年）》明确将依法保护原则、儿童优先原则、儿童最大利益原则、儿童平等发展原则、儿童参与原则视为发展纲要的基本原则，从而与《儿童权利公约》的原则保持一致。总的来说，从这三个专门针对儿童的发展纲要来看，我国不断提高落实《儿童权利公约》的目标要求，反映出我国儿童权利保护实践的不断提升。

在落实国务院出台的这些行动计划过程中，中国教育、卫生、文化等政府部门以及中华全国青年联合会（以下简称"全国青联"）、中华全国妇女联合会（以下简称"全国妇联"）、中国残疾人联合会（以下简称"中国残联"）等社会团体也相继制定了一系列的规划，如《中国教育改革和发展纲要》《残疾人事业"九五"计划纲要》《中国2000年消除碘缺乏病规划纲要》《中华人民共和国腹泻病控制规划》《全国儿童急性呼吸道感染防治规划纲要》《中国营养改善行动计划》《九十年代中国儿童文化艺术事业发展纲要》《反对拐卖人口行动计划（2013~2020年）》等，这些纲要、行动计划围绕国务院颁布的三个《儿童发展纲要》的目标和要求，将三个《儿童发展纲要》的目标和要求变得更加具体，成为各有关部门的工作目标。

另外值得一提的是我国2009年出台的第一个以人权为主题的国家规划——《国家人权行动计划（2009~2010年）》，该行动计划单独设立一节以保障儿童权利，重申"儿童最大利益原则"作为落实该行动计划的基础，保障儿童的生存、发展和参与的权利，着重从完善未成年人法律政策体系、保障儿童健康权、促进儿童参与、禁止雇用童工、预防和打击拐卖儿童犯罪、强化司法中的未成年人权利保护、保护弱势儿童权利、保护女童权利方面提出要求和规划，以全面实现《中国儿童发展纲要（2001~2010年）》规定的目标。2012年6月，在总结第一个行动计划的经验的基础之上，中国出台了第二期的国家人权行动计划——《国家人权行动计划（2012~2015年）》，新一期"人权行动计划"同样规定了对儿童权利的保护，相比第一个行动计划，增加了受保护权利的规定，着重从保障儿童健康权、加强校车和校园安全管理、保障儿童享有闲暇和娱乐的权利、保护儿童参与权利、消除对女童的歧视、保护儿童人身权利、禁止使用童工和对儿童的经济剥削、完善未成年人刑事案件诉讼程序方面落实儿童权利。此外，新一期"人权行动计划"新增了"实施和监督"部分。为保障的实施落实，第二个"人权计划"增加了由国务院新闻办公室和外交部牵头的国家人权行动计划联席会议机制对行动计划实施、监督和评估，此外还加强了公众和社会组织的公众参以及新闻媒体的宣传监督等。值得引起关注的是，相比第一期行动计划，第二期行动计划更加侧重体现"依法推进"原则，这展示了国家人权行动计划和相关法律法规的相辅相成，分别从政策和法治建设两方面一起推进中国社会进步和人权事业发展的价值和作用。"国家人权行动计划"的重要意义在于从人权的角度保障了儿童的权利，国家以文件的形式重申了儿童权利也归属于"人权"这一范畴。

上述发展规划、行动计划体现了我国履行《儿童权利公约》的决心和措施，这与《儿童权利公约》第4条为缔约国确立的人权义务是相一致，即"缔约国应采取一切适当的立法、行政和其他措施以实现本公约所确认的权利。关于经济、社会及文化权利，缔约国应根据其现有资源所允许的最大限度并视需要在国际合作范围内采取此类措施。"

3. 司法与儿童权利保护。刑事司法层面，《儿童权利公约》规定了一系列保护儿童权利的条款，其中第37条规定，儿童享有不受酷刑或其他形式的残忍、不人道或有辱人格的待遇或处罚，在量刑方面，对未满18岁的人所犯罪行不得判以死刑或无释放可能的无期徒刑；禁止非法或任意剥夺任何儿童的自由；尊重被剥夺自由的儿童的人道待遇权及其人格固有尊严，被剥夺自由的儿童应同成人隔开；被剥夺自由的儿童均有权迅速获得有效的法律救济。第40条规定了卷入到刑事司法程序中的儿童应当享有的待遇或权利：禁止溯及既往地适用法律；推定无罪的权利；与家人保持联系的权利；获得法律援助的权利；获得快速、公正审判的权利；不得强迫做口供或认罪的权利；获取上级法院复查的权利；以其所知晓的语言参与诉讼的权利；隐私权；等等。

与《儿童权利公约》的上述规定相对应，我国在刑事诉讼制度中确立了少年司法制度、未成年人犯罪记录封存制度、预防未成年人犯罪制度等。从 1984 年上海长宁区少年法院建立第一个少年法庭起，宣告了中国少年司法制度的诞生。经过近 20 年的探索与发展，中国少年司法制度在侦查、起诉、审判和处罚以及矫治少年犯罪刑事案件方面形成一套具有中国特色的独特的少年司法制度[1]。在办理未成年人刑事案件上，我国刑事诉讼法对犯罪的未成年人实行教育、感化、挽救的方针，坚持教育为主、惩罚为辅的原则。我国设有少年刑事法庭，并要求由熟悉未成年人身心特点的审判人员、检察人员、侦查人员承办。此外刑事诉讼法还要求，人民法院、人民检察院和公安机关办理未成年人刑事案件，应当保障未成年人行使其诉讼权利，保障未成年人得到法律帮助。在办理未成年人刑事案件的过程中，还对公安机关、人民检察院、人民法院提出更加严格的要求，要求根据情况对未成年犯罪嫌疑人、被告人的成长经历、犯罪原因、监护教育等情况进行调查。审判过程中严格保护未成年人的隐私，要求不公开审理。在拘留场所方面，要求对被拘留、逮捕和执行刑罚的未成年人与成年人应当分别关押、分别管理、分别教育。在我国，对于某些特定类型的犯罪，为了保护未成年人，人民检察院可以作出附条件不起诉的决定。基于个人档案在我国对于个人而言影响重大，为保护未成年人，我国法律规定，对于被判处 5 年有期徒刑以下刑罚的，应当对相关犯罪记录予以封存。在刑罚适用上，我国《刑法》第 40 条规定，对于犯罪的时候不满 18 周岁的人和审判的时候怀孕的妇女，不适用死刑。而对于不满 14 周岁的未成年人，我国刑法规定不负刑事责任。在审判制度上，《预防未成年人犯罪法》第 45 条

---

〔1〕 张美英："论现代少年司法制度——以中德日少年司法为视角"，载《青少年犯罪问题》2006 年第 5 期。

规定，对于已满 14 周岁不满 16 周岁未成年人犯罪的案件，一律不公开审理；对于已满 16 周岁不满 18 周岁未成年人犯罪的案件，一般也不公开审理；对未成年人犯罪案件，新闻报道、影视节目、公开出版物不得披露该未成年人的姓名、住所、照片及可以推断出该未成年人的资料。

在民事领域，为充分落实《儿童权利公约》，我国民事诉讼中亦充分考虑保护儿童的权利。以离婚诉讼为例，鉴于离婚案件对儿童的权利影响甚大，在离婚案件中我国法律要求法官在审理案件时充分考虑儿童的权利与利益。《最高人民法院关于人民法院审理离婚案件处理子女抚养问题的若干具体意见》规定了"从有利于子女身心健康，保障子女的合法权益出发"作为解决离婚案件中抚养问题的原则，在具体规则上，该意见规定，2 周岁以下的子女，一般随母方生活。我国《婚姻法》第 36 条规定，"离婚后，哺乳期内的子女，以随哺乳的母亲抚养为原则。哺乳期后的子女，如双方因抚养问题发生争执不能达成协议时，由人民法院根据子女的权益和双方的具体情况判决"。此外，为充分保障儿童权利，我国法律规定要求抚养费给付至子女 18 周岁为止，在某些特殊情况下，甚至还可以要求继续延长抚养费的年限。而这些与《儿童权利公约》第 3 条所确立的儿童最大利益原则是一致的。此外，在离婚案件中我国法律亦规定要考虑子女的意见，《最高人民法院关于人民法院审理离婚案件处理子女抚养问题的若干具体意见》第 5 条规定，"父母双方对 10 周岁以上的未成年子女随父或随母生活发生争执的，应考虑该子女的意见"。《未成年人保护法》第 52 条规定人民法院审理离婚案件，涉及未成年子女抚养问题的，应听取有表达意愿能力的未成年子女的意见。这与《儿童权利公约》第 12 条规定的儿童参与原则也是相一致的。

（三）我国实施《儿童权利公约》的特色

1. 注重通过发展经济来推动和落实儿童权利。经济的发展和社会的进步对于落实儿童权利至关重要，《儿童权利公约》要求缔约国在落实经济、社会及文化权利时，应根据其现有资源所允许的最大限度并视需要在国际合作范围内采取此类措施。委员会也多次指出发展经济、克服贫穷对于保障儿童权利的重要性，例如在落实幼儿期儿童权利的一般性意见中，委员会促请缔约国落实有系统的战略，减少幼儿期的贫穷，克服贫穷对儿童福祉的不利影响。应采取一切可能采取的办法，包括对儿童和家庭的"物质援助和支助方案"，以确保幼儿拥有与权利相符的基本生活水准[1]。

中国一直注重经济发展在改善人权状况中的根本性作用。自中华人民共和国成立以来，我国历来重视国民经济和社会的发展，每隔5年颁布一个"国民经济和社会发展五年规划纲要"，为国民经济发展远景规定目标和方向。而自改革开放以来，我国一直奉行"以经济建设为中心"的基本路线，始终把解决人民的生存权和发展权问题放在首位，并取得了举世瞩目的成就，人民的生活实现了从贫困到温饱、再到小康的历史性飞跃，国民的生存权和发展权得到了极大的改善。注重通过发展经济、社会来改善民生、提高我国的人权状况也体现在我国的人权白皮书中，中国在第一份人权白皮书中阐明解决吃饱穿暖、实现生存权是中国人民长期争取的首要人权，也是中国政府一项长期而紧迫的任务[2]。为解决贫困地区儿童权利的落实问题，我国出台了《国家贫困地区儿童发展规划（2014~2020年）》，要求"进一步采取措施，促进贫困地区儿童发展是切断贫困代际传递的根本途径，是全面建成小康社会的客观要求，也是政府提供基本公共服务的重要内容"。

为落实《儿童权利公约》中确认的权利，我国投入了大量的资源以保障母婴安全、保障儿童健康、保障儿童教育、关爱特殊困难儿童等。实践证明，经济发展、社会进步对于促进儿童权利的实现起着至关重要的作用。以我国的教育事业为例，《中国教育事业发展状况》[3]的统计数据指出，建国初期到1978年，文盲率由1964年的33.58%下降到1982年的22.81%；基本普及小学教育，学龄儿童入学率达到

---

〔1〕 参见儿童权利委员会第7号一般性意见：CRC/C/GC/7/Rev.1，第26段。

〔2〕 参见中国第一份人权白皮书：《中国的人权状况》，国务院新闻办公室1991年11月发布，第20段。

〔3〕 参见《中国教育事业发展状况》，访问网址：http://www.gov.cn/test/2011-10/31/content_29930.htm，访问时间：2016年6月3日。

95.5%。改革开放以来，教育事业进入快速发展时期，义务、高等、职业等教育方式都得到迅速发展。2008 年，普通高等学校在校学生 2021 万人，比 1978 年增加 1935 万人。1978~2008 年累计毕业普通本专科毕业生 3521 万人，研究生 210 万人，分别比前 29 年增加 3243 万人和 208 万人。教育普及程度明显提高，已接近中等收入国家平均水平。2008 年，高等教育毛入学率达到 23.3%；高中阶段毛入学率 74%；初中阶段毛入学率 98.5%；全国小学净入学率达到 99.5%；文盲率降至 6.67%。2008 年，高中阶段（包括普通高中、成人高中、中等职业教育）在校生人数 4546 万人，比 1980 年增加 2825 万人。适应我国经济发展进程要求的职业教育得到迅速发展，2008 年中等职业教育在校生达到 2057 万人，每年有近 500 万中等职业教育毕业生进入劳动力市场。从上述数据，可以看出，我国教育事业的发展状况与我国的经济发展、社会进步的步调是相一致的。

2. 重视儿童的生存权、发展权和教育权。《儿童权利公约》既确认了儿童的经济、社会、文化权利，也确认了儿童的公民权利与政治权利。该公约要求缔约国全面履行公约义务，实现《儿童权利公约》中确认的所有权利。由于每个国家的国情不同，侧重实现的权利可能不一样，但这并不免除缔约国全面履行公约的义务。就中国而言，我国的人权行动计划，不论是首期人权行动计划还是第二期人权行动计划，均始终坚定人权不可分割、相互依存、相互联系的立场，行动计划既对经济、社会和文化权利作出了发展规划，也对公民权利和政治权利作出了发展规划。因此，我国推进儿童人权事业建设的发展是较为全面的。

结合我国对儿童事业的发展规划来看，我国对儿童权利的保障立足于中国国情，更加侧重解决一些紧迫性强、影响重大的问题。从我国业已颁布的针对儿童的三个规划来看，尤为重视儿童的生存权、发展权、教育权。《九十年代中国儿童发展规划纲要》提出了 10 项目标，其中第 1、2、3、4、9 项目标关系到儿童的生存权，第 5、6、9 项目标关系到儿童的教育权，第 7 项目标关系到儿童的发展权。《中国儿童发展纲要（2001~2010 年）》从儿童与健康、儿童与教育、儿童与法律保护、儿童与环境四个领域，提出了 2001~2010 年的目标和策略措施。总目标为："保障儿童生存、发展、受保护和参与的权利，提高儿童整体素质，促进儿童身心健康发展。儿童健康的主要指标达到发展中国家的先进水平；儿童教育在基本普及九年义务教育的基础上，大中城市和经济发达地区有步骤地普及高中阶段教育；逐步完善保护儿童的法律法规体系，依法保障儿童权益；优化儿童成长环境，使困境儿童受到特殊保护。"《中国儿童发展纲要（2011~2020 年）》从儿童与健康、儿童与教育、儿童与福利、儿童与社会环境、儿童与法律保护五个领域规定了主要目标和策略措施。总目标设定为："完善覆盖城乡儿童的基本医疗卫生制度，提高儿童身心健康水平；促进基本公共教育服务均等化，保障儿童享有更高质量的教育；扩大儿童福利范围，建立和完善适度普惠的儿童福利体系；提高儿童工作社会化服务水平，创建儿童友好型社会环境；完善保护儿童的法规体系和保护机制，依法保护儿童合法权益。"因此，无论是总目标还是战略规划，我国对儿童权利的保障均较为侧重于生存权、发展权和教育权，这是我国儿童权利状况所决定的，同时也与我国人权保障的总体战略目标一致。

综上所述，《儿童权利公约》首次全面确立了对于儿童人权的保障，彰显了国际社会对于儿童独立人格价值的尊重。该公约为保障儿童权利提供了系统的国际标准，为各国建立和完善儿童权利保障体系指明了方向。中国于 1991 年批准《儿童权利公约》后，通过立法、行政和司法措施履行该公约所规定的各项义务，为促进儿童的生存和发展创造了积极的条件，营造了良好的社会环境，从而全面提升了对于儿童权利的保障水平。

一、我国未成年人监护制度及其反思

父母责任与监护人职责不履行的实证研究

毋国平[1]

我国现行制定法主要运用监护制度对未成年人进行保护，它被规定于《民法总则》第二章第二节[2]。而且，根据全国人大常委会的说明，即使在总则生效后，《民法通则》仍不必然废止[3]。据此，除非《民通意见》中关于"监护制度"的第 10~22 条被《民法总则》吸收或细化，否则其仍可被适用[4]。此外，由最高院等四部委发布的《关于依法处理监护人侵害未成年人若干问题的意见》（以下简称"意见"）也是对未成年人监护制度进行调整的重要依据。

根据通说[5]，我国民法制度中并未区分"监护"与"父母责

---

〔1〕 毋国平，男，山西大学法学院讲师，法学博士。

〔2〕 尤其是《民法总则》第 26、27、29、31、32、34~36、38、39 等条。从纵向比较的角度来看，原《民法通则》第 16 条的内容转化为《民法总则》第 26 条的内容，第 18 条的内容被转化或细化为第 34 条以下的内容。

〔3〕 可参见全国人民代表大会常务委员会副委员长李建国于 2017 年 3 月 8 日在第 12 届全国人大第 5 次会议上《关于〈中华人民共和国民法总则（草案）〉的说明》。

〔4〕 比如《民通意见》第 22 条关于"委托监护"的规定，就可能继续发挥作用。不过，根据其字义（"具有监护资格的人之间"），《民法总则》第 30 条的"协议监护"显然并不能等同于"委托监护"。因此，这里可能产生的适用问题是：第 22 条是否可单独发挥继续发挥作用，还是仅可以被类推适用于"协议监护"。如果是前者，就等于承认基于第 22 条，还存在着一种独立的委托监护，且不与新法相冲突，是其补充（除非认为新法关于监护方式的规定是封闭式的）；如果是后者，就等于否定掉了其独立性，而使其法律思想在新法的适用中首先发挥决定性的作用。

〔5〕 可参见余延满：《亲属法原论》，法律出版社 2007 年版，第 450~454 页。

任"〔1〕（在不同视角下或曰"亲权"〔2〕），这一点也可通过《民法总则》第 27 条第 1 款的表述得出。尽管《民法总则》第 26 条第 1 款规定了父母对未成年子女的"抚养、教育和保护"，但显然不能仅凭此就认为，制定法中已包含关于"父母责任"之独立且成熟的规定。就国家监护而言，尽管《民法总则》第 32 条包含着国家民政部门作为可能监护人的内容，但仅此而已。对于国家监护制度所要求的详尽性和实践性而言，规定也极不充分。

因此，考虑到《民法总则》的实际态度，"父母责任"仍应被作为理论层面的概念，而父母"监护"更符合制定法。不过，即使不考虑制度逻辑，至少基于行文说明之便利，本文仍采"父母责任"这一概念，而将父母之外的其他人对未成年人的照顾称为"监护"。

一、本文的目的及方法

本文的目的是为国家监护制度之建构提供部分预备工作。就此而言，本文在性质上服务于立法，而非法律适用。因此，文中尽管可能使用已包含于上述现行法源中的概念，其目的却在于立法所需的归纳工作，而非对此等概念进行适用性解释，更不是对现行有效法的漏洞进行填补。

该预备工作主要集中在与法律规范建构密切相关的事实部分。详言之，首先要对"父母责任"之履行可能存在的障碍性事实进行实证考察，并归纳出典型事实。因为，归纳是立法者典型的思维方式〔3〕。在该层面，虽为描述相关事实也需要使用种类概念，但对于制度构建而言，因为它并未经过法律思想的"萃炼"，故暂且将其算作"个别"概念。于此，其所表达者乃较为纯粹的"生活类型"〔4〕，该类型思维乃具体个别之实存与更抽象实存之间的过渡思维，而立法活动正是首先为

---

〔1〕 关于"父母责任"及其与其他概念之间的关系，代表性观点可参见夏吟兰："比较法下的父母责任"，载《北方法学》2016 年第 1 期。

〔2〕 关于"亲权"概念，代表性观点，可参见杨大文主编：《亲属法》，法律出版社 2004 年版，第 233 页。

〔3〕 ［德］考夫曼：《法律哲学》，刘幸义等译，五南图书出版公司 2000 年版，第 85 页。

〔4〕 林立：《法学方法论与德沃金》，学林文化事业有限公司 2002 年版，第 115 页。

此等"生活类型"所指引。

其次，以制度建构之目的，进一步形成特定的规范性概念，以作为指称这些个别事实或概念的工具。该工作则以建构更抽象的法律概念为目的，其中，不应仅简单满足于对既存事实的描述，也不应仅在外部形式体系中形成与表述相关概念，还应考虑到规范体系建构的价值要求与形式要求，即"内部体系"[1]。后者是对生活事实进行"加工"，并形成法律概念的"本质观点"[2]。进而，形式性的外部体系与实质性的法律价值又最终服务于特定领域之实践问题的解决。因此，在本文的主题内，必须对未成年人保护过程中所要面对的法律问题以及应遵循的法律价值进行简要讨论，它是实证研究与概念建构必须依赖的前提。

于此，尤其应考虑既存制定法法源中已经规定的事实情形以及使用的术语。这些法源内容对于后文的实证考察与归纳尤其重要。而且部分考察内容也可以被视为对《民法总则》第36、39条所包含术语的具体化或曰解释。但如上文所述，这里的目的在于服务立法，而非法律适用。

此外，构建制度所需解决的问题具有不同的性质。本文仅尝试提出具有法律性质的问题，从而有意回避其他性质的问题。就后者而言，比如，国家监护制度中相关监护机构之运作所必需的条件（"配套措施"）如何满足，就不在本文所说的前提性问题之列。但这并不是说，国家监护制度建构就可以不考虑它。相反，法律制度的实效性可能对它有相当的依赖。正如富勒所言，脱离实效考量的法律甚至是"不道德的"[3]。

二、作为分析前提的实践问题与价值考量

（一）国家监护制度建构中的基本问题

在建构针对未成年人的国家监护制度时，在法律层面应思考如下

---

〔1〕 关于法律规范的"外部体系"与"内部体系"之划分，参见［德］拉伦茨：《法学方法论》，陈爱娥译，商务出版社2003年版，第316页以下。

〔2〕 ［德］考夫曼：《法律哲学》，刘幸义等译，五南图书出版公司2000年版，第186页。

〔3〕 ［美］富勒：《法律的道德性》，郑戈译，商务印书馆2007年版，第47页。

问题：

第一，"父母责任"内容应如何？通常且典型的父母责任之违反或不履行有哪些表现？对后一问题之回答，构成监护介入未成年人保护的事实性基础。而且，对该问题的回答构成实证考察与归纳的主要目的。

第二，只有当父母责任之违反或不履行达到一定程度后，才需要其他主体之监护的介入。据此，在逻辑上自然要提问：是先采取我国现行法中的个人监护，还是直接采取国家监护？从我国现行立法、司法及社会实践来看，必须优先考虑其他个人监护的可能性[1]。

因此，与本文主题相关的问题是：通常且典型的个人监护职责之违反或不履行有哪些表现？对后一问题之回答，不仅构成国家监护介入未成年人保护的基础，而且也是实证考察与归纳工作的主要内容。

第三，当监护人违反或不履行其职责达到一定程度后，便需要国家监护的介入[2]。"国家监护"这一概念可能有多种意义。如果仅将其界定为"国家的代位监护"，则在上述特定情形出现时才能谈及"国家监护"及其介入；如果还在"国家监督与帮助义务"的意义上界定它[3]，则在上述所有三种情形中都能谈及"国家监护"及其介入。比如，在父母违反或不履行其责任时，无论个人监护或国家代位监护是否介入，国家都可以用对该父母进行监督或提供帮助的方式介入。在该广义的界定中，这也是一种"国家监护"的方式。本文主要狭义性地使用"国家监护"一词。

从比较法角度来看，德国法规定了"国家支持"[4]。它意指在父

---

〔1〕《民法总则》第 27 条第 2 款对此已经予以明确。据此，个人监护中可成为监护人的不仅包括未成年人近亲属，也保护符合特定条件的"其他个人或者组织"。而且，至少就近亲属而言，这当然符合我国的家庭生活实践；就"其他个人"而言，符合我国传统的情谊观念。因此，在立法的价值考量层面，即使国家监护不直接介入，也不成问题。

〔2〕 当然，这里还会涉及个人监护人的范围，以及个人监护人与国家监护介入的方式、实施、责任与消灭等问题，但已非属本文的事实问题之范围。对于此等问题，就现行有效法而言，可参见《民法总则》第二章第二节的相关规定。

〔3〕 关于"国家监护"这一概念的两个所指，可参见叶承芳："未成年人国家监护制度之反思与重构——以监护监督与代位监护机制设计为中心"，载《人民论坛》2013 年第 23 期。

〔4〕 ［德］施瓦布：《德国家庭法》，王葆莳译，法律出版社 2010 年，第 355、360~364页。

母无法顺利完成抚养子女工作的情形下，国家提供的帮助或干预。其中，帮助措施优先于干预措施。当子女在身体、精神或心灵上的最佳利益受到危害，且父母无意或不能避开危险时，国家就可采取干预措施。此时并不要求父母有过错。

第四，在思考上述所有问题时，应进行规范及体系思考，从而使相关思考能够符合法律规范性与技术性要求；还应进行后果考量，从而符合法的实效性要求。

综上所述，这里的法律问题便是：从父母责任向国家监护逐步推进的过程中，所需要的事实要件为何？"事实问题"正是为此提供预备素材，进行一定程度的解答。

（二）基本的法律价值考量

在相应的规范体系构建中，基本的价值考量至少包括：

第一，子女利益最大化。在婚姻家庭法的实践中，未成年子女利益最大化原则的主导地位越来越为司法实践[1]与学理讨论[2]所认可。毋庸赘言，上述所有建构行为都应遵循该原则。

第二，"父母责任"优先于"个人监护"。就未成年人的保护而言，"父母责任"乃其常态，个人监护与国家代位监护乃其变态。故在父母能够正常履行其责任的情形下，非常态保护并无介入的正当性。即使在父母违反其照顾职责时，也应首先考虑亲权对子女利益最大化的有效性，而不应径直剥夺其亲权。

德国法[3]也将父母照顾置于优先地位，因为父母比其他任何人或机构更加关心子女的最佳利益。父母照顾的独立性和自我责任也受到宪法的优先保护。就此而言，父母照顾既是一种自由权，也是针对国家干涉其照顾的防御权，国家不能滥用其监督职能排除父母权利。与之相

---

〔1〕 司法实践中相关判决越来越采用"未成年子女利益最大化"这一原则作为论据。可参见吴晓芳主编：《婚姻家庭、继承案件裁判要点与观点》，法律出版社2016年版，第206～211、228～235、224～246页收录的判例。

〔2〕 可参见李松晓："子女利益最大化原则视角下的惩戒权研究"，载《黑龙江社会科学》2014年第4期。

〔3〕 ［德］施瓦布：《德国家庭法》，王葆莳译，法律出版社2010年，第260～264页。

对，国家职能处于从属地位。国家机关的职责主要在于监督父母责任的履行，并在必要时为父母照顾提供支持。但是，国家行使监督和支持职能时不应损害父母照顾的优先性。

第三，差异原则。可从上述原则中进一步推导出差异原则。由于父母责任对子女保护的优先性，故对亲权的限制或剥夺应更严格于对监护权之剥夺。这也意味着，同一情形虽然可蕴含监护权之剥夺，却并不蕴含亲权之剥夺[1]。

第四，"个人监护"优先于"国家代位监护"[2]。基于既存的立法、司法、社会习惯及文化传统，个人监护应优先于国家代位监护。

第五，"国家帮助"贯彻未成年人保护过程之始终。国家应在必要时对父母责任与个人监护职责的履行提供必要帮助，而不是对于任何违反或不履行行为都径直限制或剥夺亲权和监护权，一如上述。

（三）服务于上述前提的实证考察与概念建构

事实归纳及相应的概念形成应服务于上述法律价值考量。基于上述价值考量，法律对父母责任的剥夺，与国家对父母或监护人仅进行干预与提供帮助时所应满足的事实情形，以及与对个人监护的剥夺所应满足的事实情形，皆不应等同。对事实的实证考察与概念建构应有助于在制度层面确立这种差异。

三、对相关事实的实证考察与归纳

（一）初步说明

在对父母责任与其他人监护职责的不履行事实进行实证考察与归纳时，应注意以下两点：

第一，在很大程度上，父母或监护人不履行的事实状况大致相似。

---

〔1〕 但是，在未区分父母责任与监护的框架下，《民法通则》第36条只是简单使用了"严重危害"这一术语。

在我们看来，如果能够认识到父母与其他个人与未成年人之关系的本质不同，便可自然地思考"严重危害"指所指应有差异。后文将尝试表明这一差异。

〔2〕 这里设想的是如下保护顺序：父母责任优先于个人其他个人监护，而国家监护应居于最后位置。在德国法中，单就国家"干预"与"帮助"之间也体现了一种次序思想。可参见［德］施瓦布：《德国家庭法》，王葆莳译，法律出版社2010年版，第355页。

因此，我们主要以父母不履行或违反作为考察对象，但考察结果也适用于其他监护人。

第二，在相关事实中，有些在司法实践中数量不多，但在生活中却较为常见；有些则在现实生活中也不多见。本文并不过多考虑相关事实的出现频率，而赋予它们相同的分析比重。因为，制度建构具有规范性和理想化的特质，它不仅关心是否有此事实，更关心该事实是否值得调整。即使相关事例在现实生活中可能只有区区数件，但对法律调整而言也可能事关重大。否则，法律中就不用出现"例外性"规定了。因此，事实比重意义有限。就此而言，在概念形成中，本文主旨还是偏重于规范面向，而有意远离社会实证学面向。

（二）父母未尽到其责任的事实归纳

通过实证考察[1]与资料整理，父母不履行或违反其父母责任的行为通常有[2]：

（1）父母双方死亡。根据法律规定，"死亡"尚包括拟制死亡，只要该父母双方事实上不履行其照顾责任。

（2）父母双方不具有履行父母责任所需要的行为能力。

（3）父母双方不完全具有履行父母责任所需要的行为能力。

在上述三种情形中，我们使用法律概念来描述事实情形。这里涉及如下思想：就初步而言，可分别将此三者等同于一般意义上的无行为能力或限制行为能力之判断。

（4）父母双方罹患重大疾病，或身有残疾，致使完全或基本失去劳动能力的。在该情形中，父母客观上丧失的不是行为能力，而是劳动

---

〔1〕 笔者曾在山西省的几个乡村对本文主题所涉问题进行过调研。但正如前文所言，本文目的着重于规范层面的概念形成，而非社会实证层面的事实及其比重之罗列。故此处仍只基于有限的调研活动类型化出部分事实，即为已足。事实上，若结合既有的其他资料考察事实，便会发现各地的事实情形大同小异，只在不同事实出现的比重上存在差异。

〔2〕 其中的若干情形已经被规定在四部委发布的"意见"第1条之中，并被称为"监护侵害行为"。据此，父母与其他监护人实施的性侵害、出卖、遗弃、虐待、暴力伤害行为，教唆、犯罪利用行为，胁迫、诱骗、利用乞讨行为，以及"不履行监护职责严重危害未成年人身心健康的行为"，都应受到"意见"的调整。对于这些事实情形，下文将重新进行事实类型化，以服务于不同的价值考量与法律后果设计。

能力。

（5）父母双方收入较低，无力承担当地一般生活水平所需的费用，家庭生活十分困难，致使无力抚养未成年子女的。在实证调研中，通常的"低收入家庭"尽管生活可能困难，但在抚养子女方面还是力所能及。这里涉及的极端情形是：即使享有最低社会生活保障金，生活也十分困难到无力抚养未成年子女的程度。

（6）父母双方长期在外打工，无法亲自抚养和教育子女的。在这种情形下，父母只是无法"亲自"照顾未成年子女，但并不意味着他们就无力或无法照顾。

（7）父母对子女自害其利益的行为束手无策的。比如，生活中子女沉溺于游戏、逃学或从事违法犯罪行为，父母却无力管教。

（8）父母双方遗弃子女，构成犯罪的。

（9）父母对子女实施犯罪行为或通过诱骗、胁迫手段利用子女进行犯罪行为的。

（10）父母双方对子女实施虐待，构成犯罪的。

（11）父母双方被强制戒毒，或因犯罪而暂时或永久失去人身自由的。

（12）父母性格暴躁，对子女经常谩骂殴打的。

这一情形通常发生在父母对子女的管教中。从比较法角度看，《德国民法典》第 1631 条使用了"非暴力教育"来表述子女的权利，并列举了"体罚""心灵伤害""其他侮辱性的教育措施"来列举性地界定"暴力教育"[1]。"体罚"无须达到刑法意义上的虐待程度，但对子女轻微的影响也不属于体罚。"心灵伤害"应谨慎解释，以避免不当的国家干涉，它主要指可被子女感知的、但没有发生身体影响的严重行为。"其他侮辱性的教育措施"指子女无法感知的、因此没有造成心灵伤害的侮辱性行为，但该行为自身由于其客观特征而具有侮辱性。

（13）父母利用子女进行轻微违法行为的（比如赌博）。

---

〔1〕〔德〕施瓦布：《德国家庭法》，王葆莳译，法律出版社 2010 年，第 322~323 页。

（14）父母利用子女乞讨的。

（15）父母经常赌博的。

（16）父母经常吸毒的。

（17）父母的忽视行为，比如，对因各种原因导致子女自害其利益的行为或遭受的外部欺凌有意置之不理的。比如自愿辍学、轻微违法、犯罪、不符合社会公德的不道德行为。

（18）父母擅自处分子女个人财产的，或者因过错利用子女个人财产或导致其价值减少的。比如侵夺、擅自实施的消耗性使用、未尽相应的管理义务导致财产受损等。

（19）父母要求处于义务教育阶段的子女辍学的。

（20）父母一方死亡或不具备履行责任的行为能力，而另一方存在上述（2）~（19）情形的。

（21）另外，父母不和也可能对未成年子女的健康成长造成不利影响，在日常生活中也较为常见。但似乎难以将此类情形归入上述的不履行事实之中，对此并不排除在必要时国家监督和帮助的介入。对于该情形，下述概念建构不做考虑。

（三）其他监护人未履行其责任的事实归纳

其他监护人不履行其职责的事实情形与父母不履行大致无异。监护人家庭不和的，也可能产生（21）所述的结果。当然，就（21）之事实特征而言，监护人必须是两人以上（但不一定为夫妻关系）。

据此，监护人不履行的事实有：

同上述（1）~（20）情形。

同时可根据生活事实，将上述（21）的情形转换为（21A）：监护人家庭不和可能对被监护人的健康成长造成不利影响的。

四、基于上述事实情形的法律概念建构

（一）初步说明

在实证考察及归纳各种事实的基础上，还应进一步形成规范概念。这些规范概念不仅可以简化并便利规范体系的陈述，而且应该服务于前述特定的价值前提。

据此，父母责任作为未成年人保护的常态，不到不得已时不得剥夺，法律应以限制或提供国家监督与帮助为主；即使剥夺，也应有撤销剥夺、恢复亲权之可能。监护则应差别对待：不仅对个人监护进行剥夺的情形可以更为广泛，而且可以更少地考虑撤销剥夺、恢复监护的可能性。就此而言，基于特定的价值前提，概念建构与特定的法律后果相联系。

（二）对父母未尽其责任之事实的概念建构

1. "父母责任的客观绝对不能履行"。首先可形成"父母责任的客观绝对不能履行"这一概念。它意指基于某些特定事态，父母在客观上完全无法履行其责任的情形。前述事实归纳中第（1）、（2）种情形应毫无疑问地包含于其中[1]。此外，根据（20），当父母一方死亡，另一方父母出现（2）所述之情形时，也可归入该概念之所指。

该概念服务于如下价值考量：必须首先判断父母绝无可能履行其对子女之责任的情形。在这种情形下，无从谈起父母责任的限制、剥夺和恢复。在法律后果设计上，必须让其他个人监护或国家监护介入[2]。

如此，可将"父母责任客观绝对不能履行"这一概念的外延界定为：父母双方死亡；或者父母双方不具有履行父母责任所必需的行为能力；或者父母一方死亡，另一方不具有履行父母责任所必需的行为能力。

2. "父母责任的客观相对不能履行"。基于前述实证归纳，可继续形成"父母责任的客观相对不能履行"这一概念。它指基于特定事态或行为，父母在客观上"无法完全"履行其父母责任的情形。这与上述"完全无法"履行的情形并不相同。

本文主张将前述事实情形中的（3）~（7）归入其中，其共性是：一方面，父母并未完全失去甚至完全具有履行责任的能力，也有积极履行父母责任的意愿与行为；另一方面，受并非完全能够由他们控制的外部条件制约，而无法完全履行父母责任。根据生活事实，这些外部条件

---

〔1〕 在制定法中，《民法总则》第39条第1款第2、3项属于此种情形。

〔2〕 至于其他个人监护与国家监护之间顺位关系的条件，另见后文。

包括：父母自身的身体条件、竞争能力或教育能力、不可避免的社会经济发展趋势等。当下"留守儿童"的情形也可被囊括其中[1]。此外，前述（20）中的相应情形也应被考虑。

如此，可将"父母责任的客观相对不能履行"这一概念的外延界定为：父母双方不完全具有履行父母责任所需之行为能力的；父母双方完全或部分失去劳动能力或收入较低无力抚养未成年子女的；父母对子女自害利益的行为无能为力的；父母一方死亡或不具有履行父母责任所需的行为能力，另一方存在上述情形的。

这一概念建构的价值考量是：尽管父母因各种难以克服的客观原因而无法完全履行其责任，但不能因此限制或剥夺其对未成年子女的照顾，这里体现的实际上是"将父母照顾作为子女利益最大化之常态"的思想。就此而言，不应径直由其他监护强制性介入。根据《民法总则》第36条第1款第2项的规定，在这种情形下，父母应该通过委托监护的方式将其对子女的照顾职责托付给他人行使。此外，《未成年人保护法》第16条也对父母施加了"委托"的义务。从理论上讲，为了保护处于这种情势中的未成年人利益，国家应通过帮助的方式促进父母责任之履行。根据《民法总则》第36条的规定，法律在父母未进行委托的情况下，"撤销其监护资格"，并采取临时监护措施与制定监护。本文认为，基于上述价值考量，当出现这种"相对客观不能"时，其他帮助方式应优先于这种更严格的干预措施。

这样，可以考虑如下法律后果设计：首先，国家在必要时应以如下方式介入，对父母责任之履行提供必要的帮助。比如，借鉴成熟经验并考虑我国国情，以社会保障形式进行的经济帮助，或提供能力或心理辅导，等等。其次，应允许基于父母意志的"第三人参与"[2]，这样至少可以避免强制性的父母责任之直接剥夺。最后，作为一个"兜底"

---

〔1〕 关于留守儿童及其产生的监护问题，可参见王乙竹、贺连成："中国农村留守儿童监护权问题及立法建议"，载《法制与社会》2015年第17期。

〔2〕 关于"第三人参与"的概念，可参见〔德〕施瓦布：《德国家庭法》，王葆莳译，法律出版社2010年，第343页。

措施，可以考虑在提供必要帮助仍无法实现子女利益最大化时，使其他监护介入[1]。

3. "父母责任基于过错的重大违反"：核心意义。前述两个概念所指者皆为不可归责于父母的客观事由导致其不能履行照顾责任的情形。这里形成的"父母责任基于过错的重大违反"概念则指父母虽在客观上完全能履行父母责任，但因为过错而重大违反其父母责任的行为。

首先，前述（8）~（10）应确定地被视为重大违反情形[2]。一方面，应将父母对子女直接实施与利用子女实施犯罪这两种情形进行同等评价。如此，构成犯罪的、直接性的虐待、遗弃、性侵害、出卖、伤害行为属于重大违反；同样，教唆、利用未成年人实施违法犯罪行为的，也做同等判断。

前述情形（11）中，父母虽然没有对子女实施犯罪行为，只是自己因强制戒毒、犯罪而失去人身自由，但本文仍将其界定为"重大违反"。因为在这种情形下，他们事实上已经不可能履行父母责任，所以，即使要求国家提供帮助，也无法改变其不能直接履行父母责任的这一事实，这与前述"相对客观不能"的情形并不相同，故最好的调整方式是变更监护人。这也意味着，如果父母虽然自己实施犯罪，但不影响其为履行父母责任而所需的行动自由（比如缓刑或假释），便不属于这里的"重大违反"。此外，前述情形（20）中的相应内容也应被考虑。

依前所述，"父母责任基于过错的重大违反"意指：父母双方直接对子女或利用子女实施犯罪的；父母因犯罪等原因在一定时期内事实上丧失人身自由，从而无法履行父母责任的；父母一方死亡或不具有履行父母责任所需的行为能力，另一方有前述情形的。

这一概念所服务的价值考量是：基于子女利益最大化考量，对未成

---

〔1〕　就此而言，结合这里讨论的内容，《民法总则》第 36 条第 2 款的规定至少显得有些粗糙。

〔2〕　对于此等违反情形及其撤销监护资格后果，可同时参见四部委的"意见"第 35 条第 1、6 项以及第 4 部分内容。但是，也有不同：本文明确将构成犯罪作为唯一确定的要件事实，而"意见"则使用了"严重损害""情节恶劣"等字眼，似乎并不以是否构成犯罪自身作为决定性要件，而是在此之外另行设置了认定标准。

年子女实施犯罪或利用其犯罪的，应剥夺其责任履行资格。此外，如果父母任意地置子女利益于不顾，将自己置于罪犯地位的，也可做同等评价。不过，如果父母对未成年子女具备履行责任的条件，还是应将父母责任置于相对优先的地位。

如此，法律后果设计上，就应考虑在此等情形发生时，父母责任资格应被暂时性地直接剥夺，个人监护或国家监护应强制性介入。即使要恢复父母责任资格，应综合考量相关因素（比如子女意愿、悔过、客观可能性、对子女健康成长之影响等）作出判断。在一些对子女伤害极其严重的犯罪情形（比如性侵害），也可以考虑资格的永久剥夺。

4."父母责任基于过错的重大违反"：流动形态。考虑到抽象概念自身的局限，有必要考虑一些流动形态。亦即，一些不属于前述确定情形的事实可能变得很严重，以至于可被视为"重大违反"，并将资格剥夺的后果归之于它；相反，它们也可能不那么严重，从而在后果考量上不能违反父母责任的优先性原则；当然，还可以认为它们极其轻微，从而在法律层面不做调整。简言之，它们在价值上更具有"流动考虑"的必要性。

这主要指前述事实情形（12）~（18）包含的事实形态。为了反映上述价值考量，可以使用"足够严重"（或诸如此类的语词）来表达相应的思想。据此，如果这几种情形"足够严重"到可剥夺父母照顾责任的程度，则便属于"父母责任基于过错的重大违反"；如果并未达到这样的程度，则属下述之"父母责任基于过错的非重大违反"甚或不进行法律调整。

显然，这里发挥决定性作用的是法律权衡，不确定术语"足够严重"（或诸如此类的语词）所表达者正是此意。而根据法律方法论的一般要求，该权衡必须基于特定的抽象行为类型，并在个案中具体进行。立法所能提供的只能是此等抽象行为类型，以及能容纳若干典型考量的价值术语。

如此，可继续将"基于过错的重大违反"之意义进行如下补充：当父母的非犯罪性暴力伤害、利用行为、自身的不良行为、对子女的忽视行为以及对子女个人财产的侵害行为达到足够严重程度；当父母一方死亡或不具有履行父母责任所需的行为能力的，另一方有上述情形的，构成"重大违反"。该补充内容与上述核心意义共同构成该概念的所指。或者可用另一模糊表述"未成年子女的根本利益受到根本侵害"作为判断"足够严重"的标准。我们看到，模糊性表述无论如何是不可避免的。在这里，既存的法律规范内容可以提供借鉴[1]。

既然被判断为"重大违反"，则法律后果设计将与前述内容保持一致，毋庸赘述。

在这里，结合我国家庭生活之传统与既存之司法实践，有必要对情形（18）进行特殊说明。在传统视角下，父母与未成年子女之间难以有"你的""我的"这样清晰的财产权之界分观念，因此也很少谈及父母对未成年子女的财产侵犯。但是，随着个人财产权观念对家庭生活的影响，以及父母在特定情形下的利益博弈，既存司法实践中出现了对子女财产权的保护。在一起地方法院的案例中[2]，父母一方为了自己的利益，以自己与未成年子女为共同债务人向第三人借款，在无力偿还的情形下导致未成年子女的财产被查封，法院认定该行为严重侵害未成年子女的合法权益，并根据父母另一方的申请撤销了其照顾子女的资格（监护资格）。在另外的案例中[3]，对于父母擅自处分子女财产的行为，虽然没有涉及父母照顾资格的问题，但法院都认为父母应承担责任。考虑到这种司法实践的转向，在这里有必要在概念建构时考量父母对子女个人财产侵犯的情形。

---

〔1〕 比如，四部委的"意见"第35条第2、3项规定了"忽视行为"，且分别以"导致未成年人面临死亡或者严重伤害危险，经教育不改"与"长达6个月，导致未成年人流离失所或者生活无着"为补充条件，这可视为对"足够严重"的进一步解释。再如，该条第5项规定了"利用行为"，并以"经公安机关和未成年人救助保护机构等部门3次以上批评教育拒不改正，严重影响未成年人正常生活和学习"作为补充条件，第4项部分规定了"自身不良行为"，以"拒绝将监护职责部分或者全部委托给他人，致使未成年人处于困境或者危险状态"作为补充条件，它们同样可被视为对"足够严重"的进一步解释。

〔2〕 （2017）渝0112民特903号判决。

〔3〕 分别参见（2016）最高法民申字2472号判决与（2014）最高法民申字第308号判决。

5. "父母基于过错的非重大违反"。与前述情形相对，还可形成"父母基于过错的非重大违反"这一概念。它意指：当父母的非犯罪性暴力伤害、利用行为、自身的不良行为以及对子女的忽视行为，尚未达到足够严重程度时；当父母要求处于义务教育阶段的子女辍学的；父母一方死亡或不具有履行父母责任所需的行为能力的，另一方有前述情形的。

该概念建构服务的价值考量是：在此等情形下，尽管父母过错导致对子女利益的侵害，也不应径直剥夺父母责任履行资格。与此相连，在法律后果设计上，当仅构成"非重大违反"时，不应径直剥夺亲权，而应首先限制其亲权，并且（或者）在国家监护层面提供监督和帮助。

（三）其他监护人未尽到责任之事实的进一步抽象

监护人未尽到监护职责的情形一如前述。不过，遵循前述"差异原则"，由于其他监护人与未成年人的亲近关系不同，所以就其他监护人而言，可以在考虑国家为监护人提供帮助的同时，对更多的情形设计监护剥夺的法律后果。这与剥夺父母亲权时应采取更谨慎的态度并不相同。这样，对前述概念的影响是：在概念语词形式上虽可继续部分使用，但其外延却可以基于该价值考量而变化。

1. "监护职责的客观绝对不能履行"。除主体不同之外，其所指情形及法律后果与前述"父母责任的客观绝对不能履行"并无区别，于此不再赘述。

2. "监护职责的客观相对不能履行"。该概念之所指与前述"父母责任的客观相对不能履行"亦无区别。应补充者乃是：可将情形（21A）归入该概念之中。这是因为，基于父母与未成年子女之间更为密切的天然关系，父母之间的不和通常不为法律所考虑；但监护人与被监护的未成年人之间缺少这种关系，或达不到如此密切的程度，故该情形可以为法律更多地考虑。

在法律后果上，因为前述"差异原则"，在设计上可以有如下选择：其一，可以考虑为此等监护人履行监护职责提供国家帮助。其二，也可以考虑直接更换个人监护人或让国家代位监护直接介入。当然，也可以同时规定在帮助无效的情形下，才进行更换或介入。立法者还可将"未成年人利益最大化原则"作为让适用者权衡的标准，并使之成为规范陈述的内容。

3. "监护职责基于过错的违反"及其划分可能性。在监护职责中，基于差异原则，可以不用考虑前述在父母责任中进行的"重大违反"与"非重大违反"之区分，而形成"基于过错的违反"这个单一性概念：只要监护人出现前述相关的过错情形时，便径直剥夺其监护资格，更换个人监护人或由国家代位监护直接介入。当然，立法者也可以考虑该区分。是否进行区分，说到底也是一个立法价值衡量问题。

显然，如果仅形成"监护职责基于过错的违反"这一概念，可将前述（8）~（19）以及（21）的情形归入该概念的外延之中。此时，在法律后果设计上，就应该直接剥夺这些其他监护人的监护资格，而由国家承担监护职责。

作为另一种可能性，如果立法者选择区分对待，则法律后果又有所不同。对于"重大违反"监护职责的（包括可能的"流动形态"），可以考虑直接剥夺监护资格；对于"非重大违反"监护职责的（包括可能的"流动形态"），则可以考虑对这些有过错的监护行为进行法律干预，然后再行剥夺监护资格，代之以国家监护。

结　语

若要建构一个法律制度，在方法论角度上，首先应对相关的事实素材进行归纳，并在更大的体系约束下（如果存在）形成相应的法律概念。以此为基础，制度建构才能展开。而相应的概念形成不仅应以生活事实为基础，同时应服务于特定的法律价值。

以该方法论为指引，在我国的制度框架下，基于本课题研究之目的，可分别围绕父母责任（监护）、其他个人监护以及国家监护考察相关事实。一方面，基于特定价值，此三者构成效果递变关系；另一方面，这也意味着，国家监护必须以父母责任与其他个人监护之未履行为其构成前提。就此而言，要建构国家监护制度，首先应归纳父母责任与其他个人监护之未履行的事实情形，并形成相应概念。

通过考察，本文归纳出了父母责任与个人监护不履行的典型生活事实。在此基础上，形成了父母责任的"客观绝对不能履行""客观相对不能履行""基于过错的重大违反""基于过错的非重大违反"四个概念；形成了其他个人监护职责的"客观绝对不能履行""客观相对不能履行""基于过错的违反"三个概念，并指出基于立法价值衡量，最后一个概念可被进一步区分的可能性。通过这些基于特定法律价值的事实归纳与概念形成，以期为国家监护制度的构建有所助益。

儿童最大利益原则在亲子关系
认定裁判中的适用
——行为能力制度视域下的一种观察

郝　佳[1]

一、问题的提出

2016 年 6 月 17 日，我国首例代孕所生子女监护权纠纷案二审宣判。该案的争点是，在生父死亡的情形下，代孕所生未成年子女的监护权应当由谁来行使，是与其有血缘关系的祖父母，还是仅与其形成抚养事实而无血缘关系和孕生关系的生父的配偶。一审判决最终以代孕非法为由，否认了生父配偶的监护权，依据《民法通则》第 16 条[2]，认定监护权应由祖父母行使。而二审中，同样是依据《民法通则》第 16 条，生父配偶最终获得了未成年子女的监护权。二审法院改判的一个重要理由是，由生父配偶行使监护权，更符合该未成年子女的最大利益。"联合国《儿童权利公约》第 3 条确立了儿童最大利益原则，我国作为该公约的起草参与国和缔约国，亦应在立法和司法中体现这一原则，法院在确定子女监护权归属时，理应尽可能最大化地保护子女利益。就本案而言，无论是从双方的监护能力，还是从孩子对生活环境及情感的需求，以及家庭结构完整性对孩子的影响等各方面考虑，将监护权判归陈

---

[1]　郝佳，女，西北政法大学民商法学院副教授，法学博士。

[2]　特别说明：本案审理判决之时，《民法总则》尚未颁布，故对于本案之分析皆以《民法通则》为依据。后文论述中遇有结合《民法总则》论证之处，会在文中明确指出。

某更符合儿童最大利益原则"。[1]

在审理涉未成年人案件中适用儿童最大利益原则系《儿童权利公约》(以下简称《公约》)对缔约国的要求。《公约》第3条规定:"关于儿童的一切行动,不论是由公私社会福利机构、法院、行政当局或立法机构执行,均应以儿童的最大利益为一种首要考虑。缔约国承担确保儿童享有幸福所必需的保护和照料,考虑到其父母、法定监护人或任何对其负有法律责任的个人的权利和义务,并为此采取一切适当的立法和行政措施。"[2] 原则之下,公约并未明确提供适用原则的具体标准,即在具体案件的审理过程中,尚无据以裁判的可操作性规范。

"法律原则之于法律规范,有如内容之于形式。"法律原则并不包含对于特定案件类型作出处置的明确指示,而需要由司法或者立法进行界定[3]。原则之下具体标准的缺失,直接导致在类似前述案件中,即便审判人员有对儿童最大利益原则的内心确认,亦无法据此作出判决。成文法体制下,任何判决的作出都应当于法有据。因此,笔者试图借本文寻找一种在既有法律框架之下,得以适用儿童最大利益原则,进而有效解决亲子关系认定纠纷的路径。

二、儿童的民法表述——行为能力欠缺者

(一)儿童与未成年人的概念

儿童,根据《公约》第1条的规定,系指18周岁以下的任何人,除非对其适用之法律规定成年年龄小于18周岁。即对儿童的界定是以年龄为标准的。一方面,18周岁是划分儿童与成人的普遍标准;另一方面,若缔约国法律对成年年龄规定低于18周岁,则依该法律规定的年龄来界定儿童。

对"除非对其适用之法律规定成年年龄小于18周岁"应作这样的理解,缔约国法律规定成年年龄低于18岁的,依该法律规定年龄作为儿童年龄上限,缔约国法律规定成年年龄高于18岁的,儿童的年龄上

---

〔1〕 上海市第一中级人民法院(2015)沪一中少民终字第56号判决书。

〔2〕 联合国人权事务中心译:《人权国际文件汇编》,第159页。

〔3〕 朱庆育:《民法总论》,北京大学出版社2013年版,第44页。

限依然适用公约所规定的 18 周岁，即就低不就高，这意味着，无论缔约国法律对成年年年龄作何规定，18 周岁以上之人无适用儿童最大利益原则的可能。那么，尽管 19 周岁之人在台湾地区的法律上被认定为未成年人，但其不是公约所认定的儿童，对其也不应适用儿童最大利益原则。

我国《民法通则》规定，18 周岁为成年年龄，18 周岁以下者为未成年人。故此，在我国域内，儿童标准与公约规定的儿童标准重合，即为 18 周岁以下的任何人，即未成年人。至此本文据以论述的基础得以确定——儿童即我国民法上所称的未成年人。凡涉及未成年人的案件，均应适用儿童最大利益原则。

此外，《民法通则》还规定了劳动成年者，即年满 16 周岁未满 18 周岁以自己的劳动收入为主要生活来源的人。[1] 劳动成年一方面意味着其在法律上拥有了完全行为能力，另一方面也说明其较之于未成年人有自立、自足、自理的基本能力，是有别于未成年人而与成年人同质的一类民事主体。属于《公约》第 1 条所说的法律规定成年年龄小于 18 周岁的情形，因此，劳动成年者不是公约所指的儿童，对其不适用儿童最大利益原则。

（二）作为行为能力欠缺者的未成年人

理智地形成意思的能力，在民法典中称为行为能力。[2] 我国民法主体制度对于自然人的设置，以年龄和心智进行划分，可以分为完全民事行为能力人和非完全民事行为能力人。非完全民事行为能力人即行为能力欠缺的自然人。对非完全民事行为能力人，根据行为能力欠缺程度的不同又区分为限制民事行为能力人和无民事行为能力人。未成年人即属此类行为能力欠缺者。根据《民法通则》的规定，10 周岁以上 18 周岁以下的未成年人是限制民事行为能力人，10 周岁以下的未成年人是

---

〔1〕《民法通则》第 11 条第 2 款规定，"16 周岁以上不满 18 周岁的公民，以自己的劳动收入为主要生活来源的，视为完全民事行为能力人"。

〔2〕［德］迪特尔·梅迪库斯：《德国民法总论》，邵建东译，法律出版社 2000 年版，第 409 页。

无民事行为能力人。[1]

行为能力系与权利能力相对应的概念。权利能力聚焦于行为人作为民事权利义务主体的资格，行为能力则关注民事主体亲自为取得或担负义务行为之资格。[2] 权利能力人人享有，所有自然人不分年龄、精神状况，均作为平等的民事主体参与民事活动。行为能力各有差异，虽为民事主体但是否可依一己之力取得权利或负担义务则需依照其年龄和精神状况而定。未成年人与成年人权利能力平等，但行为能力欠缺，如果不加区分地对二者采取同样的规范，则必然导致未成年人在民事活动和交往中利益的威胁和缺损。因此，民法为行为能力欠缺者设置了特别的规范。

第一，未成年人与成年人享有平等的权利能力，即具有平等的参与民事活动的资格。但囿于行为能力的欠缺，未成年人或者无法理智地形成意思，或者无法理智地形成全部的意思。要使未成年人能够真正平等参与民事活动，即需补齐其行为能力的欠缺。于是，民法设置了亲权和监护制度，由亲权人或者监护人代理未成年人为超出其行为能力边界的民事活动，补齐未成年人所欠缺的行为能力，使其得以无碍地参与民事活动。

第二，对未成年人所为法律行为的效力作出保护性的限制。无民事行为能力人实施的法律行为无效；限制民事行为能力人实施的欠缺相应行为能力的法律行为欲发生效力，需得其法定代理人的追认；未成年人所为的纯获利益无负担行为有效。此类措施均是为了保护未成年人免遭其从事的行为所产生后果的损害。

可见，民法行为能力制度中针对未成年人的相关规范设计，一方面是为了保证交易的安全，另一方面更是为了保证未成年人作为民事活动主体的地位，实现其权利能力并防止其在民事活动中受损。因此，可以说，民法行为能力制度恰恰是儿童最大利益原则在民法中的落实。

---

[1] 《民法总则》已变更了限制行为能力人的年龄下限，由10周岁降低到8周岁。

[2] 余棨昌讲述、吴一鸣点校：《朝阳法科讲义》（第四卷·《民法总则》），上海人民出版社2014年版，第33页。

三、亲权而后监护[1]——民法补足行为能力的内在逻辑

如前所述，传统民法为保护未成年人权利能力主体资格，维护其合法权益，在行为能力制度的基础上衔接了亲权与监护制度。

亲权系父母基于其身份，对于未成年人子女以教养保护为目的之权利义务之集合。[2] 亲权取得的途径有二，一是依事实取得，即依出生之事实而取得，未成年人的本生父母即为未成年人的亲权人；二是依法律行为取得，即收养，养父母完成法定收养程序，与未成年人形成收养法律关系即获得亲权。

作为一种权利义务的集合，亲权的主要内容有二，一是财产照管，二是人身照护。前者既包括以财产价值之保存和增加为目的的对未成年人的财产的管理和处分行为，也包括作为未成年人的法定代理人，代理未成年人的民事交易行为或追认未成年人民事交易行为的效力。后者包括对于未成年子女心身之保护和身体之教养。[3] 父母作为亲权人，应当首先具有行使亲权的能力，这既要求父母具备完全民事行为能力，又要求父母具备实际履行能力；其次，在行使亲权时还应以为子女利益考虑为准则，即奉行儿童最大利益原则。由此，当父母丧失行使亲权的能力，或者其照护行为不利于子女利益时，亲权将面临灭失的境地。[4]

父母亲权灭失（或停止）的情形主要包括：其一，死亡。亲权由

---

[1] 20世纪以来，亲权和监护越来越多地受到了学界的批判，认为其忽视了未成年人和其他行为能力欠缺者的主体地位，具有歧视性效果。如德国在1992年《关于修订监护法和保佐法的法律》中就宣告废除了禁治产人制度，以照管人替代监护人。1980年1月1日通过《关于父母照顾权的修订法案》后，又用"父母照顾权"取代亲权概念。本文认为，亲权和监护自有其存在的历史背景，对其概念的解读应当依附于其所关涉的具体制度。从保护性限制的角度看，亲权和监护恰恰是民法在承认主体行为能力会有欠缺的客观现实的基础上，肯认未成年人主体地位，为实现其与成年人平等的权利能力而做出的特别设置。因此，本文仍然沿用了亲权和监护的概念。

[2] 史尚宽：《亲属法论》，中国政法大学出版社2000年版，第658页。

[3] 参见史尚宽：《亲属法论》，中国政法大学出版社2000年版，第664~665页。

[4] 传统民法将亲权的灭失分为绝对灭失和相对灭失。绝对灭失是指未成年子女死亡或成年，此时，亲权自动灭失，未成年子女主体性灭失或者取得完全民事行为能力。相对灭失是指亲权人死亡、丧失或者被剥夺亲权或者收养关系终止时，亲权灭失。本文主题相关的是亲权相对灭失的情形。

父母双方共同行使。一方死亡，该方亲权灭失，他方亲权依然存在。双方死亡，则双方亲权灭失。其二，父母丧失行使亲权的能力。如父母一方或双方丧失或者被限制行为能力。其三，亲权之行使不利于或者损害了未成年子女利益。如父母实施侵害未成年人子女身体的情形。其四，收养关系解除或者终止。

当父母亲权均灭失（或停止）时，未成年子女将处于无亲权保护的境地。此时，按照传统民法的设计，监护制度即刻补位，即须为处于无亲权保护境地的未成年人设定监护人，补齐其行为能力，保护其合法权益。监护，谓为不在亲权下之未成年子女，为身体财产之照护所设私法上之制度。[1] 监护人之产生，分为指定监护人、法定监护人和选定监护人三种。指定监护人是指由亲权人以遗嘱形式指定的监护人。法定监护人是指亲权人无法行使亲权或者死亡又无遗嘱指定监护人时，依照法律规定所确定的监护人。选定监护人是指由亲属会选定的监护人或者由法院选任的监护人。此三种监护人的确定，指定监护为先，法定监护次之，选定监护为最次。

如上所述，依照传统民法的设计逻辑，未成年人的监护系亲权的延续，是对亲权缺失的补位。未成年人首先处于亲权的保护之下，只有当亲权缺位或者亲权人不当履行时，监护才作为"替补队员"出现，实现未成年人民法保护的"无缝对接"。

我国《民法通则》未采传统民法旧例区分亲权和监护，但是，其在未成年人监护条款的表述上明确表达了"亲权而后监护"这一传统民法的逻辑。《民法通则》第16条规定，未成年人的父母是未成年人的监护人。未成年人的父母已经死亡或者没有监护能力的，其祖父母外祖父母、成年的兄姐、愿意承担监护责任的关系密切的其他亲属、朋友担任监护人。前述监护人缺位时，由未成年人父母所在的单位或者未成年人住所地的居民委员会、村民委员会或者民政部门担任监护人。该条款所蕴含的逻辑是父母对于未成年人的照护是首位的，只有父母缺位之

---

〔1〕 史尚宽：《亲属法论》，中国政法大学出版社2000年版，第693页。

后才由其他监护人补位。

四、"亲权而后监护"在闵行代孕案中的适用

亲权和监护的形式分离与实质分野决定了亲子关系纠纷与监护权纠纷的本质性差异。亲子关系纠纷涉及的是亲权问题，而监护权纠纷涉及的是监护问题。沿循这一逻辑，不难看出，闵行代孕案关涉两大问题，一是亲权的确认，二是监护权的归属，并且，只有当亲权缺位时，才会进行监护权归属的判定，即这两个问题是有顺位的，亲权优先，监护权次之。

（一）闵行代孕案中亲权之确认

亲权由父母双方共同行使，一方死亡的，由另一方单独行使。本案中未成年人的父亲已经死亡，显然无法再作为行使亲权的主体。此时，该未成年人的亲权人应当是其母亲。这是本案的复杂之处。本案中，未成年人有三位母亲：提供了卵子的基因母亲、提供了子宫的孕生母亲、对其实施了抚养照顾的抚养母亲。此三人中，只能有一人为未成年人法律上之母亲，进而成为行使亲权之主体。

获得亲权的法律途径有二，一曰事实，即指出生；二曰法律行为，多指收养。因此，对于亲权关系的判定，需以有无出生之事实，或是否完备收养这一法律行为而作出。

1. 抚养母亲与代孕所生子女亲权关系辨析。抚养母亲与该未成年子女之间无出生联系，双方之间既没有基因血缘上的联系，也没有身体孕育的事实，因此，抚养母亲不会因出生而取得亲权。根据《收养法》第 15 条的规定，收养应当向县级以上人民政府民政部门登记。收养关系自登记之日起成立。本案中抚养母亲并未进行收养登记，故而欠缺收养法律行为的成立要件，该行为不成立，其无法依据收养取得亲权。另，亲权之取得原因，为法律之规定。[1] 即取得亲权的途径或者依据需有法律的明确规定，因此，抚养母亲欲以未成年子女生父配偶的身份取得亲权，也会因缺乏法律上之依据而不能获得支持。故，该抚养母亲

---

[1] 史尚宽：《亲属法论》，中国政法大学出版社 2000 年版，第 658 页。

并非本案未成年子女之亲权人。

在抚养母亲与代孕所生子女的亲权关系的认定上,二审法院作出了与一审完全不同的判断,认可了抚养母亲与代孕所生子女之间的父母子女关系。在确认生父身份后,二审法院认为"缔结婚姻之后一方的非婚生子女,如果作为非生父母的夫或妻一方知晓并接受该子女为其子女,同时与该子女共同生活达相当期限,并对该子女履行了抚养教育之义务的……亦可形成有抚养关系的继父母子女关系"〔1〕 根据《婚姻法》第27条,在形成有抚养关系的继父母子女之间适用有关父母子女的相关规定,进而判定抚养母亲与代孕所生子女为形成抚养关系的继母子女关系,适用父母子女关系的相关规定,取得对该子女的监护权。笔者赞同二审对继子女概念的扩张适用,将其适用于非婚生子女系秉持儿童最大利益原则的结果。但是,需要指出的是,《婚姻法》第27条所规定的形成抚养关系的继父母子女关系成立的逻辑前提是其生父母与继父母之间的配偶关系,即此类亲子关系的存续以配偶关系的存续为前提,那么,配偶关系的解除,也会使得此类亲子关系宣告终结。〔2〕 继父母子女关系较之于生父母子女关系的实质性区别即在于二者成立的法理逻辑前提不同,生父母子女关系的成立以血缘为基础和前提,仅主体的死亡才会导致亲子关系的消灭;继父母子女关系以婚姻关系为前提,则婚姻关系的消灭即可导致继父母子女关系的消灭。继父母子女关系消灭,形成抚养关系的继父母子女关系自然无所依存。对于该继父母而言,若要维持该亲子关系,可采收养途径。本案中,代孕所生子女的生父已经死亡,故其与抚养母亲的婚姻关系终结,则即便抚养母亲与代孕所生子女之间可以确认形成抚养关系进而适用父母子女关系的规定,其既已形成的亲子身份关系也会因该婚姻关系的终结而终结。

综上,纠纷发生之时,抚养母亲无论是通过出生这一法律事实还是

---

〔1〕 上海市第一中级人民法院(2015)沪一中少民终字第56号判决书。

〔2〕 最高院民一庭在《民事审判指导与参考》第41辑"徐某、唐某要求确认监护权案"中表达了相同的观点:"继父母与继子女之间的身份关系因其父或母与其继母或父之间的婚姻关系的产生而产生,因其婚姻关系的消灭而消灭。"参见吴晓芳主编:《婚姻家庭继承案件裁判要点与观点》,法律出版社2016年版,第256页。

通过法律拟制，均无法成立与代孕所生子女的亲子身份关系。

2. 基因母亲、孕生母亲与未成年人亲权关系辨析。基因母亲与孕生母亲均与未成年人有出生联系。此时要判断何者可依出生而取得亲权，则应当探究立法确定此种途径之本意。首先，将出生作为获得亲权的途径，是法律对于父母子女间血缘联系的生物学特征的肯认。早期生物技术所限，对血缘联系的判定只能依据单纯的孕生事实。DNA 检测比对技术的出现使得抛开孕生直接判断血缘联系成为可能。所以，在现代意义上谈出生这一亲权取得途径，应当首先指血缘联系。其次，人工生殖技术使孕生与血缘联系相分离，一个孕育了婴儿的母亲可能与该婴儿毫无血缘联系，同理，该婴儿的父亲也可能与其毫无血缘联系。这里，出生所指的一方面是孕生行为，另一方面是成为父母，形成父母子女关系的意思。非婚姻关系当事人的供卵者、供精者、代孕母亲，无论他们是以盈利为目的为此行为，还是单纯的助人情谊行为，较之于受供者或者委托人，其最为典型的特征是没有成为将来所生婴孩之父母，与其形成父母子女关系的意思。可见，成为父母，与将来所生婴孩形成父母子女关系的意思，才是获取亲权的"出生"途径的最本质判定要素。本案中，基因母亲和孕生母亲均系以自己的身体作为交易对价而取得经济收益，没有成为将来所生婴孩母亲的意思，所以，两者皆无法依据出生而获得本案未成年子女之亲权。

由此，本案未成年子女处于亲权缺位状态，应当为其确定监护人，以补齐其行为能力，保护其合法权益。

（二）闵行代孕案中监护权之归属

至此，本案脉络即已清晰，问题集中为两名处于亲权真空状态的未成年人确定监护权人。根据《民法通则》第 16 条的规定，亲权真空情形下，应当适用该条第 2 款的规定，在未成年人的祖父母外祖父母、兄姐、愿意承担监护责任的关系密切的其他亲属、朋友间确定监护人。本案中，抚养母亲作为愿意承担监护责任的关系密切的朋友来主张监护权当无疑议。

由于《民法通则》第 16 条并未在三项监护权利人中作出顺位的安

排，即便是在《最高人民法院关于贯彻执行〈中华人民共和国民法通则〉若干问题的意见》中，也并未对指定监护人的顺位进行强制性的规定——人民法院指定监护人时，可以将《民法通则》第16条第2款中的第1~3项……规定视为指定监护人的顺序。前一顺序有监护资格的人无监护能力或者对被监护人明显不利的，人民法院可以根据对被监护人有利的原则从后一顺序有监护资格的人中择优确定。因此，在确定最终监护权时应秉持儿童最大利益原则作出判定，综合其身体状况、经济收入和与未成年子女的联系等因素判定。本案中抚养母亲有稳定的收入，自未成年子女出生到案件审理时已经为抚养事实5年，与子女间形成了紧密的情感联系，无其他不利于子女成长的因素。而祖父母年事已高，同时多次表示获得监护权后，将会把孩子交由姑姑抚养，显然在监护能力和意愿上都逊于抚养母亲。此时，依儿童最大利益原则，抚养母亲可以关系密切的朋友身份取得监护权。[1]

五、规范之外的思考——原则何以直接适用

本文是在严格的规范主义的法律适用逻辑下得出的结论。法律原则的首要意义在于指导立法，即在法律规范的设计过程中，应当最大限度地体现法律原则。"亲权而后监护"的未成年人行为能力制度的设置即是儿童最大利益原则在民事法律制度中的体现，新近颁布的《民法总则》也依然坚持了这一逻辑。由此，在司法实务中秉持这一制度设计，即是对儿童最大利益原则的实现。

对比两审判决，均适用了儿童最大利益原则，得出的结论却截然相反。究其原因，最为直接的在于二者法律路径选择的不同。一审中，虽然坚持了"先亲权而后监护"的逻辑，但其忽略了抚养母亲依然可以

---

[1] 需要说明的是，《民法总则》第27条在坚持亲权与监护的内在分野的同时，对其他监护人的确定作出了与《民法通则》第16条不同的规定。在《民法总则》第27条第2款明确规定了其他监护权利人的顺位，根据该条的规定，其他监护权利人中祖父母、外祖父母为第一顺位，兄姐为第二顺位，其他愿意担任监护人的个人或者组织。这意味着，只有前一顺位监护权人丧失监护能力，明显不利于被监护人时才会考虑下一顺位监护权人取得最终的监护权。结合本案，如果发生在《民法总则》颁布实施后，则抚养母亲与祖父母根本不在同一顺位，因而不存在监护能力的比较，直接适用《民法总则》第27条的结果应当是祖父母取得监护权。

作为关系亲密的朋友主张监护权，没有进一步的适用儿童最大利益原则对双方的监护能力作出比对。二审在儿童最大利益原则的适用上有创造性的突破。二审对一般意义上的"继父母"概念做了扩大的解释。一般认为所谓继父母子女关系应当是指因父母一方死亡或者父母离婚后再婚的，子女与父或母的再婚配偶之间所形成的亲属关系。[1] 即继子女应为"前婚所继"。按照这一标准，非婚生子女将无法作为"继子女"而获得《婚姻法》第27条的适用。二审判决打破了"前婚所继"的一般性认识，依据《婚姻法》第25条关于非婚生子女与婚生子女法律地位相同的规定，将第27条扩大适用到非婚生子女，这显然是更广泛意义上儿童最大利益原则在个案中的适用。遗憾的是，二审判决忽略了继父母子女关系产生的逻辑前提——婚姻关系，即依据《婚姻法》第27条确定形成抚养关系的继父母子女关系应当以婚姻关系的存续为前提。本案中，婚姻关系因生父的死亡而终止，继父母子女关系也无从存续。两审均以儿童最大利益为根本考量和初衷，但选择的法律路径不同，且在具体规范的适用中均出现偏差，进而直接导致了判决结果的不同。

那么，两审的不同，从根本上看，一方面是由法律原则的特性所决定的，法律原则仅仅指示法律论证的方向，而不提供确切的裁判结论；另一方面，适用法律原则的途径不同亦会导致裁判结果的不同。如前所述，在规范层面适用法律原则，由于存在法律规范这一确定性中介，进而使得最终的裁判结论也必然具有确定性；在事实层面直接适用法律原则，则会因裁判者对于事实认定的主观差异而导致裁判结果的不确定性。

那么，在规范层面之外，有无原则得以直接适用的空间？结合本案，在判定儿童最大利益之时，究竟是以规范为通路还是沿循事实的路径，实是本案两审对于学界提出的根本性诘问。对此，笔者认为，应从以下两个角度去思考。

第一，原则是一种"优化命令"，即对于原则，不仅是在事实上，而且是在法律上，不同情形之下的实现程度各不相同，原则的意义在于

---

[1] 彭诚信："确定代孕子女监护人的现实法律途径——'全国首例代孕子女监护案'评析"，载《法商研究》2017年第1期。

提供在法律与事实上尽其最大可能追求实现的标准；规则的适用或者不适用，具有确切性，而不是如原则般或多或少地实现。[1] 由此可以看出，原则的不确定性特性与裁判结果的特定性需求之间存在着必然的矛盾，这一矛盾的解决一般来说需要由规范介入其中来完成。因此，原则需要通过规范来适用于具体案件，除非，就原则本身并无规范的设置。此时，裁判的过程将会求助于自由裁量，即裁判者对于事实的主观理解，而这一理解应当是在原则指引下的理解。即只有在法律没有明文规范的情形下，原则才有直接适用的空间。

第二，法律原则在司法裁判中的功能和地位不同于法律规范。司法裁判中，法律原则可以作为裁判的理由，但不能作为裁判的依据使用。这决定了，法律原则在裁判中的适用归根结底还是需要由法律规范来完成。可以说，在存在相关法律规范的情形下，法律原则的适用是第二位的，即在法律适用层面，规范优于原则。

结合本案，在既存法律规范——"亲权而后监护"的行为能力制度的前提下，一方面，无适用法律原则的空间和前提；另一方面，儿童最大利益原则本就蕴含其中，在具体裁判过程中，仅能在解释依据上述行为能力制度规范所作裁判的理由的意义上适用该原则。简言之，若法律规范的制定过程中秉持了儿童最大利益原则，法律规范本身体现了儿童最大利益原则，那么忠实、准确地适用法律即是对儿童最大利益原则最为适当的落实。而规范适用的错误往往带来法律原则在个案中的落空。如前述一审判决中，本以遵循了"亲权而后监护"的审理逻辑，但忽略了抚养母亲可以作为有监护意愿的关系密切的朋友来主张监护权。这一环节的缺失，导致对争议双方监护能力、未成年人成长环境的对比考量丧失司法适用的空间，儿童最大利益原则没有得到最终的贯彻。

具体而言，笔者认为，对于本案，最为恰当的处理方案即为严格执行"亲权而后监护"的审理逻辑，由于本案未成年人处于亲权真空状

---

[1] Robert Alexy, Theorie der Grundrechte, 1944, S. 75 ff. 转引自朱庆育：《民法总论》，北京大学出版社 2013 年版，第 45 页。

态,随即可适用《民法通则》第 16 条第 2 款的规定,对祖父母和抚养母亲的监护能力进行比较,以儿童利益最大化原则为旨向,判定监护权的归属。

论留守儿童的父母责任回归

——以实证分析与国家监护为视角

吕春娟[1]

农村留守儿童现象，是我国经济与社会发展进程中一种阶段性的"痛"，也是一个备受关注的社会问题。目前全国有6000多万留守儿童，数以亿计的父母家人，每时每刻地体会着这种痛。虽然《民法通则》与其司法解释乃至《未成年人保护法》为儿童权益的保障确立了相应的法律依据，但是伴随我国经济社会的飞速发展，社会关系亦呈现复杂化，现有的法律法规也无法完全解决当前社会呈现的新问题。留守儿童这个弱势群体问题显现颇多，他们普遍缺乏最基本的亲情抚慰，缺乏适当的教育，缺少心理疏导，而且经常遭遇意外伤害。一直以来，我们的社会大众认为家庭属于私领域，留守儿童问题理所当然可由家庭私力解决，将国家公权力排除在外。因此，观念的落后加之制度的缺陷致使留守儿童问题愈渐明显，亟待解决。

近年来，我国政府强调要"重视""关注"留守儿童，并致力于建立宏观的"服务体系"，但是哪些部门承担主要责任，哪些部门承担辅助责任，责任边界不清晰。全国民间公益组织也建立各种"留有儿童家园"，对其捐赠；有的地区在学校、社区、乡村设置专业社工岗位，为留守儿童服务；乡村社会涌现"爱心爸妈"关爱留守儿童，然而，深入留守儿童这个群体的具体生活，我们才发现他们的一些问题依然呈无

---

[1] 吕春娟，女，兰州财经大学法学院教授，法学博士。

解状态。

留守儿童纵然得到了千万种关爱与帮助，但始终绕不开"家"这个概念，他们渴望的是相对完整、随时可感触到有父母陪伴的家。要实现该愿望，途径一：要解决留守孩子的问题，必须先解决父母的问题，留守儿童跟随父母进城。"农民工市民化"是破解留守儿童难题的重要途径，平等入园、入学是实现教育权利的前提条件；途径二：根据"十三五"规划，我国要均衡发展中小城市和小城镇，农村剩余劳动力返回家乡，可有效解决亲子分离的困扰，这无疑需要国家的顶层设计。

无论留守儿童跟随父母进城抑或父母返回家乡工作，都需要国家与政府逐步、长期、循序渐进的努力，不具备上述条件与父母团圆的留守儿童只能留在家中，这部分留守儿童家庭结构不完整，家庭功能不健全，监护人的监护能力不足，很难履行监护责任，更无法承载家庭教育。父母对留守儿童的监管责任无疑是首要的，但当父母监护缺位时，留守儿童的监管该如何体现？本文以问题意识为导向，基于父母责任与国家监护的密切关系，阐述留守儿童父母责任的回归之必要，在此基础上论证国家监护的必要性以及具体监护职能。

一、我国留守儿童数量概况

伴随我国经济的飞速发展及社会转型，农村剩余劳动力进而大规模向城市转移，受城乡二元制下的户籍制度和教育制度的掣肘，进城务工的农民工无法长期与未成年子女一起生活，保护管教他们。这些未成年子女留在原户籍地由父或母以及祖父母（外祖父母）或委托其他亲属或朋友照顾、管理和保护。这些被迫留守下来的未成年人就成了一个"新的群体"——留守儿童。[1] 这个群体也是我国社会转型过程中产生的一个特殊的弱势群体。

（一）全国留守儿童总体数量概况

从 20 世纪 80 年代初到 2015 年，我国流动人口规模与增长速度，

---

〔1〕 2016 年 2 月 14 日国务院《关于加强农村留守儿童关爱保护工作的意见》，本意见界定了留守儿童的内涵："留守儿童是指父母双方外出务工或一方外出务工另一方无监护能力、不满 16 周岁的未成年人。"本文中儿童与未成年子女属于同一概念，基于前后语言的搭配习惯表述有所不同。

都是史无前例的，在流动人口大幅增加的背景下，青壮年流动人口的子女迅速涌现。[1] 2010年，全国18岁以下留守儿童数量达6973万人，其中农村留守儿童规模高达6103万人，比2005年增加242万人，增长4.1%。[2] 遗憾的是，有关留守儿童的最新信息依旧是上述2010年的统计结果，对于近5年流动人口的急剧变化以及相应的留守家庭成员的最新情况存在统计信息上的缺失，进而解决留守儿童问题毫无疑问是一个瓶颈，亟须突破。

（二）留守儿童抽样调查数量概况

如上所述，虽然全国对留守儿童的统计缺乏进一步跟进，但是李克强总理极为关注留守儿童问题，他向全社会发出了特别告诫，"决不能让留守儿童成为家庭之痛，社会之殇"。总理的担忧和告诫，再一次把从根本上解决留守儿童问题提到了议事日程上来。为了解决留守儿童现实存在的问题，本课题组以甘肃省某县和福建省泉州市某区为对象，以2015年为抽样时间节点，分别对8479、223名留守儿童进行了问卷调查。

甘肃某县：2015年上半年在册留守儿童8479人，占在校人数的17.1%。在留守儿童中，父母共同外出的占留守儿童总数的10%；父母一方外出的占留守儿童总数的90%。很明显，九成父母选择一方外出，另一方留家。

泉州某区：据2015年初统计，在册留守儿童223人，占在校人数的1.07%。在留守儿童中，父母共同外出的占留守儿童总数的55.3%；父母一方外出的占留守儿童总数的44.7%，父母一方外出比双方外出比例高出10个百分点。

上述一南一北两个地区因地域、经济发展速度差异，留守儿童数量有明显差异，一致的是，父母一方外出的比例均高于双方外出，凸显近

〔1〕 段成荣："解决留守儿童问题的根本在于止住源头"，载《武汉大学学报（人文科学版）》第69卷第2期。
〔2〕 段成荣："解决留守儿童问题的根本在于止住源头"，载《武汉大学学报（人文科学版）》第69卷第2期。

年来父母对儿童的关注度提升。

二、留守儿童问题表征

从调查情况看，无论是经济发达地区泉州，还是经济欠发达的甘肃某县，对留守儿童而言，都存在着共同的安全隐患、情感支撑缺乏、亲子疏离引发的家庭教育缺失、学校教育缺乏针对性等问题。

（一）人身安全无法保障

留守儿童面临摔伤、溺水、车祸、食品安全、性侵等造成伤者诸多甚至出现群死群伤的安全威胁。但是近几年媒体报道中涉及留守儿童安全的事件已经远远超出了前述的范围。从公开新闻报道看，贵州毕节一个地方，近年来发生数起留守儿童恶性事件[1]。与这些极端事例相比，留守儿童更多的是受到同龄或者略高年纪人的伤害，公开报道的校园暴力受害对象大多集中在留守儿童这个群体。这些关涉留守儿童安全的种种问题"不仅刺激着普通人的神经，拷问着社会的良心，更是严重冲击着社会道德底线"（李克强总理语）。

从泉州某区调查情况看，有 42.2% 的受访者表示"有时有"受到欺负或者人身伤害，7.4% 的受访者表示"时常有"被伤害。调查被伤害的原因时，（图 1）有 25.2% 的受访者表达了因父母不在身边，缺乏安全感，因自己胆小怕事，易被其他同学欺负。从另一方面看，同龄人挑衅欺负低年纪或者弱势者的比例高达 36.8%。

---

〔1〕 2012 年 11 月 5 名留守儿童在冷雨夜躲进垃圾箱生火取暖，结果因一氧化碳中毒死亡，最大的 13 岁，最小的 9 岁；2013 年 12 月，5 名留守儿童在放学路上被农用车撞死；2014 年 4 月，曝出至少 12 名小学留守女生被教师性侵，最小者仅 8 岁。摘自"留守儿童：在泪水中结束一生"，访问网址：http://blog.sina.com.cn/s/blog_1533fd0040102w87s.html，访问时间：2015 年 6 月 15 日。

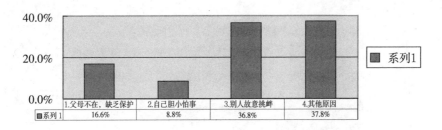

图1　被别人欺负或伤害的原因

（二）情感交流受阻

留守儿童多存在性格内向、孤僻、倔强，与人交往少等现象。在不开心时，都会出现一些"想早点独立""想让父母安慰自己""觉得没有人关心自己""觉得别人看不起自己或自己不如别人"等想法，有些男孩子还甚至想离家出走……从泉州地区调查可知，因父母外出造成亲子分离，孩子经常想念父母的人占比55.2%；有11.2%的受访者表示父母外出对自己有很大的负面影响；有74%的受访者表示心里话最想和父母倾诉，可是父母不在身边无法达成此愿。

从心理学角度而言，儿童成长中应该和父母亲近，甚至向父母撒娇都属于必要行为。因父母外出导致儿童丧失了与父母亲近、撒娇，甚至倾诉问题的机会，情感交流出现的一系列问题，将会成为他们成长过程中缺失的一个关键环节，其结果是孩子缺乏对爱的认知，甚至埋下恨的种子，成年之后，外界环境一旦发生变动，极易引发极端事例。

（三）行为习惯缺乏正确引导

两个地区的调查显示，留守儿童在行为习惯与道德习惯方面，与正常同龄人有明显差别，生活习惯较差，主要表现在懒散、不讲究个人卫生；缺乏礼貌待人常识；学习方面课堂违纪行为频繁，学习没有计划性，学习兴趣不高，拖欠或不做家庭作业，撒谎欺骗老师和监护人；荣辱意识欠缺，不在乎同学、监护人及周围人对自己的评价。个别留守儿童甚至有抽烟、沉溺网吧、赌博等不良行为。如图2和图3：

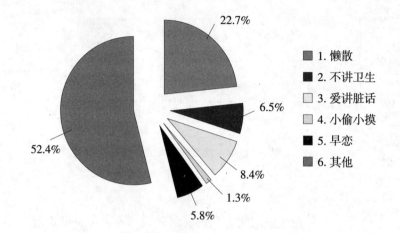

图2 主要的不良生活行为习惯

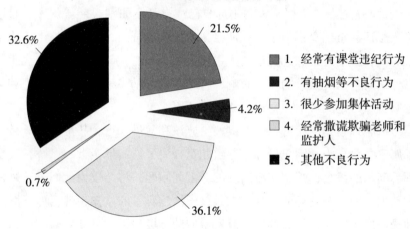

图3 不良道德行为习惯

常言道，孩子是父母的"镜子"，父母的行为，无论是生活习惯抑或道德规范，都无形地影响着孩子人生观、世界观的形成。因此，孩子对父母的模仿、学习尚未在学术研究中得到应有的重视。由广东一高校教师黄灯撰写的颇受关注的一篇文章"一个农村儿媳眼中的乡村图景"恰当地指出了这个问题，留守儿童在成长过程中因缺乏模仿、学习的机会，待他们成年之后，可能会迷茫，对整个世界感到不知所措。

（四）学校教育的困境以及缺乏针对性

我国宪法规定受教育权既是公民的基本权利，也是基本义务，儿童的健康成长与接受良好的教育密不可分，这个过程需要家校配合，共同努力，才能保证儿童顺利完成九年制义务教育。与此同时，《义务教育法》第 12 条规定："适龄儿童、少年免试入学……"同时对政府与父母的保障责任均有详细规定。[1] 但是根据《农村教育布局调整十年评价报告》显示，从 2000 年到 2010 年，中国农村平均每天消失 63 所小学、30 个教学点、3 所初中，几乎每过 1 小时，就要消失 4 所农村学校。"村村有小学"的乡村办学面貌被彻底打破。调查显示，撤并前后，农村学生上学平均距离从 1.6 公里延长至 4.0 公里。上学距离拉长，引来了"辍学潮"。[2]

这对于家庭教育缺失的留守儿童无疑是雪上加霜，坚持接受义务教育的留守儿童更加珍惜学校教育在他们成长过程中的作用。然而，在现行教育体制下，留守儿童即便是能完成九年义务教育，就两地调查的情况而言，当前农村教育忽视乡村社会和乡村儿童作为价值主体对教育的个性化需求，教育呈现城市化倾向，片面追求知识教育和升学率，结果是对农村留守儿童这个特殊社会群体特定需求的关怀缺失。道德教育、安全教育、心理健康教育、法制教育等相关课程的开设要么流于形式，要么开设不足。教育方式也不契合留守儿童的生活实际，沿袭传统方法，略显陈旧落后，留守儿童难以从中获取相应正确价值观的指引，无从形成完备的安全知识与法制意识等。

三、留守儿童问题产生之原因分析

（一）父母监护缺位是留守儿童问题的主观原因

《中国留守儿童心灵状况白皮书（2015 年）》显示，17 岁以下的留守儿童总数约为 6100 万人，他们中 15.1% 的孩子 1 年没有见过父母

---

〔1〕 地方各级人民政府应当保障适龄儿童、少年在户籍所在地学校就近入学。父母或者其他法定监护人在非户籍所在地工作或者居住的适龄儿童、少年，在其父母或者其他法定监护人工作或者居住地接受义务教育的，当地人民政府应当为其提供平等接受义务教育的条件。具体办法由省、自治区、直辖市规定。县级人民政府教育行政部门对本行政区域内的军人子女接受义务教育予以保障。

〔2〕 参见赖竞超："中国留守儿童报告——从被忽视，到顶层设计 三十年两代人留守史"，载《南方周末》2016 年 3 月 25 日，新闻版。

（921 万），有 4.3% 的孩子甚至和父母已有 1 年没有联系（262 万）。[1]因父母与孩子共同生活的时间太少，导致父母对孩子的了解窄化到模式化的问候甚至盘问，缺乏天然充分的亲子互动，反复的叮嘱又会引发孩子的厌烦。于是多数留守儿童与自己的父母沟通不畅，关系较僵，越走越远，在他们的身上，家从不可感触逐渐演变为家庭概念的淡薄。

我国《民法通则》第 16 条和第 18 条对未成年人的监护做了规定。除此之外，《未成年人保护法》《婚姻法》《预防未成年人犯罪法》《义务教育法》等都有相关监护的规定。其中《预防未成年人犯罪法》专门有父母或者其他监护人不允许未满 16 周岁的未成年人脱离监护单独居住，不得放任不管，不得迫使其离家出走，放弃监护职责之规定。通观这些法律，无不例外规定父母是未成年人的首位监护人，其他依次为其他亲属及组织；保护、照顾及教育未成年人是监护人的基本职责，同时管理未成年人的财产，作为法定代理人代理未成年人进行民事活动和诉讼活动等，但当前农村留守儿童的监护现状大多是由祖父母（外祖父母）或者亲友代位监护，监护人由于身体健康不佳或者精力不济等原因，难以达到法律法规关于临时监护人监护职责的规定，导致无法充分有效地完成监护职责，相应地，留守儿童的成长进而就出现前述的若干情形。[2]

（二）教育工作的错位是留守儿童问题的客观原因

一方面留守儿童主要生活在偏远农村地区，受限于农村地区安全措施的匮乏，多数具有安全隐患的自然环境并无安全提示标语与防范救助设施，缺乏安全教育与安全意识的留守儿童，外出玩耍而导致意外伤亡的结果也是在意料之中。另一方面教育部门在各项考核机制下，重点保证升学率，安全教育不被关注和重视，更有胜者，教师竟然沦为留守儿童的施暴者。就一般规律而言，年龄甚小的儿童被性侵后第一时间想告

---

〔1〕 参见《中国留守儿童心灵状况白皮书（2015 年）》。

〔2〕 甘肃某县监护人的情况以及监护表现：留守儿童监护人文化程度普遍低，小学文化程度占 60%，监护人教育孩子的知识来源于自己摸索的占 48.7%，从长辈那里学来的占 24%，而通过家庭教育培训班或家长学校学习的占 2%，近 30% 的监护人很少或从不主动与孩子聊天，关心最多的是孩子的学习，其次是生活情况，过问孩子情绪问题的只占 10%。

诉父母，但是父母远在外地，加之加害人的威胁哄骗，受害人不敢告诉他人，此种情形下，自然为加害人公然屡次就范创造了充分条件。现行教育体制框架内，专门的安全教育指标考核体系缺乏，在安全人员配备和安全专业知识培训等方面，缺乏明确的政策支撑和资金投入。

（三）城乡二元体制的定位是留守儿童问题的根本原因

第一，城乡差距进一步扩大。1985~2006 年，城乡居民人均年收入比从 1.73：1 扩大到 3.27：1。其结果是人口的大规模迁移，我国经历的浩大人口大迁移堪称世界之最，尤其在四川、重庆等省份则有 30% 以上的农村劳动力离开了土地。[1] 年轻的农村父母为了生计离乡在外，留下了家里的老人和孩子。"上有老下有小"的现实窘迫，农村有限的经济来源，繁华大都市的机会，都推着他们往外走。但是，这些农村父母在城市赚取的收入又无力负担未成年子女在城市接受教育的高额费用。

第二，户籍制度的限制，农民工无法平等享受工伤、医疗、养老等城市居民的福利，原本就不高的薪水报酬结合这些负担及其经济压力，将子女留在农村老家则是出于无奈的一个选择。

第三，就工作性质而言，这些留守儿童的父母因文化层次普遍不高，在城市的工作常处于变动之中，换工作进而换地方、搬家就成为生活常态，孩子与其随父母在城里颠簸不定，还不如留在农村稳定安居，留守儿童留在农村就成为必然之举。

第四，城市接纳包容性不够。根植于经济因素的差距，农民工子女和城市孩子在家庭教育、穿着打扮、生活习惯、兴趣爱好等方面存在很大差异，造成城市孩子的优越感增强而轻视农民工子女，同时加剧了农民工子女内心不如城市孩子的自卑心理。自然而然，一些农民工孩子就主动放弃在城市念书的机会。

四、留守儿童问题之解——父母责任回归，国家监护补充

"抚育作用所以能使男女长期结合成夫妇是出于人类抚育作用的两

---

〔1〕 任运昌主持国家社会科学基金项目"西部农村留守儿童教育问题的社会学研究"的调研结果。

个特性：一是孩子需要全盘的生活教育；二是这教育过程相当的长。孩子所依赖于父母的，并不是生活的一部分，而是全部。""在一个简单的社会里，生活上所需的知识、技术、做人的态度，至少得有一个家庭才可以学到这些资格。"[1] 费孝通先生强调双亲抚育，凸显儿童的成长过程中，任何人都不能代替双亲在家庭中的陪伴和教育，解决留守儿童问题之首要是加强父母监护责任，国家监督在立法层面细化父母责任且监督其有效履行。

（一）父母责任的法源学理分析

"父母责任"的概念来源于1989年的《英国儿童法》，该法中将父母责任界定为："法律赋予父母关涉子女人身与财产方面的权利义务乃至责任。"[2] 可见，该法强调父母责任是父母对子女人身与财产的照顾与保护的权利义务。早在1765年，英国的布莱斯通这样表述父母责任："父母养育未成年子女的义务属于自然法则，该义务不仅源自于父母的天性，而且也源自于父母将子女带至人间这一自然恰当的行为。基于此，子女有充分的权利要求自己的亲生父母尽抚养之责"[3] 日本学者我妻荣从亲子关系的角度来论述父母责任："现代亲子关系的核心内容是父母对子女的哺育、监护、教育的职责。"[4] 我国学者杨大文教授对此也有这样的表述："把子女养育成社会健全的人是父母的天职，亲权的内容就是为实现此天职的目的所涉及的必要事项。"[5]

从国际法层面来看，我国于1991年12月29日批准的《儿童权利公约》中有对父母责任完整的规定，其中第18条规定，"父母或视具体情况而定法定监护人对儿童的养育和发展负有首要责任"；"父母或其他负责照顾儿童的人负有首要责任，在其能力和经济条件许可范围内确保儿童生活发展所需的生活条件"。

---

〔1〕 费孝通：《乡土中国》，世纪出版集团，上海人民出版社2011年版，第443页。

〔2〕 Children Act 1989，part1，section3.

〔3〕 See Brenda M. Hoggett, *Parents and children, the law of parental responsibility*, london Sweet & Maxwell 1993, p. 6.

〔4〕 ［日］我妻荣：《亲族法》，法律学全集第23卷，有斐阁1974年版，第316页。

〔5〕 杨大文：《亲属法》，法律出版社2004年版，第56页。

从国别法层面来看，起源于罗马法和日耳曼法的父母责任制度，经历了"家族本位""亲本位""子女本位"三个阶段，逐渐从受制于封建家庭伦理制度的狭隘思想中脱离，子女的需求已然成为家庭的重心。大陆法系国家将父母对未成年子女的权利义务统称为"亲权"（Parental Power），意在强调父母的权利，具体在各国，含义则不同。比如在日本，父母通常被赋予享有未成年子女人身与财产的管理权利与义务，尽管该权利义务在民法中依照字面意思被理解为父母权利，一般来讲，在保护与促进儿童利益层面，通常是指父母权利而非任何权威，在此而言，父母权利其实与儿童福利的父母责任是同义语。《日本家庭法》对父母权利义务规定有两层含义：其一，照顾子女的权利义务；其二，管理子女的任何财产。父母（包括养父母）必须基于婚生子女的利益共同行使其对未成年子女的权利与义务[1]；葡萄牙法规定，葡萄牙《宪法》1976年就规定了父母子女关系准则即夫妻平等享有保护教育子女的原则，且父母照顾权属于双亲，不可由单方行使，相应就确立了未成年子女与其父母不可分离的原则，该立法确立了特别视角，区别于传统的父母子女关系，尤其是父母通过保护与教育子女来实现照顾子女的权力，双亲抚育具有明显的社会价值，该抚育从属于社会与国家的保护，具有不可替代性，也可称之为双亲的教育。未成年子女的利益明显成为父母实践照顾权期间所遵循的指导准则。[2]

英美法系国家一般将父母对子女的亲权以及第三人对子女的监护权统一称为"监护"（Custody），意在强调父母与第三人的保护义务。新西兰法律规定将父母责任称为（Parental Authority），其主旨是父母对子女的照顾与保护，2004年《儿童照顾法案》中主要规定父母的监护（Guardians）包括父母对子女的智力、精神、身体、社会、文化以及其他个人能力的发展负责，并且决定或者帮助子女决定关涉其重大利益的

---

〔1〕 See Japanese family law, p. 142, by Satoshi Minamikata Soka University.

〔2〕 See Portugal family law, p. 168, by Guilherme de Oliveira University of Coimbra.

事项。[1]

《英格兰和威尔士》家庭法中父母责任则是 Parental Responsibility，该法规定，只要是基于婚姻期间或者所生子女、收养子女（包括同性夫妇），相应地父母责任就合法取得。《1989 儿童法案》通过使用父母责任这一概念，强调了两种观念：一是"一旦成为父母，就永远是父母"。二是即使在父母分居后，对有关决定儿童事务的表面责任认为取决于父母。[2]

在美国法上，父母责任有 Parental Authority 和 Parental Power 两种表达，无论何者为先，父母有权监护自己的子女，可以在子女利益范围以内自由做出他们认为恰当的决定。现代立法以及法院都抛弃了传统的父亲是子女首要监护人的观念，平等地将父母责任赋予父母。[3]

尽管两大法系有关父母责任的立法体例有略微差异，但都渐趋强调父母对子女的照顾和保护，必要时引入公权力的介入，保护子女权益。在欧盟立法与海牙公约中，直接采用"父母责任"[4]一词，强调父母对子女负有相应责任，强调对子女的保护。

在国内法层面，2015 年实施的《南京市未成年人保护条例》第 19 条规定：父母对未成年子女负有保护、教育和抚养的首要责任；父母或者其他监护人应当根据未成年人不同阶段的生理和心理发育特点，正确实施教育。

无论是国际立法，抑或国别立法，以及国内地方立法，父母责任遣词虽然有别，但是一致的是，父母责任其实质是由照料儿童生活的父母

---

[1] See New Zealand family law, W. R.（Bill）Atkin Faculty of Law, Victoria University, Wellington, pp. 83~85.

[2] See England and Wales family law, by Rebecca Probert Professor in Law, University of Warwick, UK & Maebh Harding Assistant Professor, UK. p. 135.

[3] See family law, p. 227. By Harry D. Krause.

[4] 鉴于司法实践的需要，1996 年，海牙制定了《关于父母责任和保护儿童措施的管辖权应适用法律、承认执行和合作公约》，2003 年，欧盟制定修改了《布鲁塞尔条例》，欧盟理事会颁布了《关于家事与父母责任案件管辖权及判决承认和执行的规则》，2002 年，欧洲议会制定了《有关亲子关系及父母责任白皮书》，欧洲家庭法协会制定的《关于父母责任欧洲家庭法原则》一书，对父母责任进行统一立法或者制定法律示范原则。

为了更好地保障儿童健康发展的过程中产生的。

（二）国家监护的内涵分析

儿童，不仅是我国宪法保护的对象，而且亦是国家保护的对象之一。早在 13 世纪初期到 15 世纪后期形成的衡平法理论也认为："国家是少年儿童的最高监护人，而不是惩办官吏"。[1] 国家有责任保护儿童，帮助父母顺利履行抚养与教育儿童的义务。由此，父母责任是第一位责任，国家则是补充责任。其根本原因在于"深信家庭作为社会的基本单元，作为家庭的所有成员、特别是儿童的成长和幸福的自然环境，应获得必要的保护和协助，以充分负起它在社会上的责任，确认为了充分而和谐地发展其个性，应让儿童在家庭环境里，在幸福、亲爱和谅解的气氛中成长。"[2] 正如我国学者所言："家庭仍是当今社会的基本单元，国家是为家庭服务的最大组织，政府的职能是保护人民利益，而个体是生活于家庭之中的。只有千千万万家庭和睦稳定，才能有国家的稳定和强大。历史悠久的家庭制度，仍是人类迄今为止最成功的社会实践。"[3]

如上文所述，我国的留守儿童成为社会变迁的受害者，由于父母外出，父母能力的局限性以及留守家庭功能的弱化，留守儿童的心理健康、安全保障、教育权都无法充分实现，此时，国家必须积极介入家庭领域，保障父母责任的具体落实。换言之，国家监护职能则为必须。一般而言，国家监护的理论包含以下内涵：一是强调国家是儿童的最终监护人，其应当承担起保护儿童的责任，并且应进行积极履行该职责；二是强调国家监护应当高于父母责任，认为当儿童的父母缺乏保护子女的能力，或者有能力而不履行及不适当履行监护职责的情形下，国家可以超越父母责任，对儿童予以强制性干预和保护；三是主张国家在担当儿

---

〔1〕 肖建国：《中国少年法概论》，中国矿业大学出版社 1993 年版，第 112 页。

〔2〕 联合国 1989 年《儿童权利公约》之序言［EB/OL］，访问网址：http：//www. un. org/chinese/children/issue/crc. shtml，访问时间：2016 年 9 月 14 日。

〔3〕 蒋月："论儿童家庭和国家之关系"，载《中华女子学院学报》2014 年第 1 期。

童父母的角色时，必须遵循儿童利益本位原则。[1] 国家监护体现家国一体理念，国与家相辅相成，不可分割。针对当前我国留守儿童数量巨大之困境，国家更应积极地承担起其"家长"责任，为留守儿童的家庭提供必要的扶助，必要时直接替代父母承担责任，以此促进留守儿童权益的保障。

（三）国家监护的前置——父母责任的履行不能或不当

如前所述，父母对未成年子女的照顾、抚养、教育等责任是非经法定情形不可抛弃与转让的义务，是必须履行的法定义务。假如有不当履行或者不全面履行情形发生，国家公权力就需介入。正如德国法上规定的："父母在行使抚养和教育子女的自然权利，应当在一定限度内实现子女的最佳利益，并根据自己的判断选择适当的手段。不能通过所谓的国家教育，将父母变成用以实现政治目标的手段。"[2]《德国民法典》第 1666 条第 1 款规定："父母滥用其地位导致子女人身与财产受到危害，且父母无力或无意避开此种危险时，家庭法院必须采取措施剥夺父母的照顾权。"[3] 同时，美国亦有一整套救济的手段：其一，强制报告义务。知情的医护人员、教育工作者、社工等必须向有关机构报告。其二，调查安置。根据强制报告或其他知情人的举报，有权机构可以对父母进行调查，受虐儿童暂时被安置在儿童庇护机构或紧急收养家庭。其三，司法审判。法庭可依法全部或部分终止父母责任，将儿童安置在永久性收养家庭中，情节严重的追究父母的刑事责任。[4]

我国一直以来无论立法抑或司法均将父母假设为未成年子女最佳利益的维护者。《未成年人保护法》第 10 条规定：父母或者其他监护人应当创造良好、和睦的家庭环境，依法履行对未成年人的监护职责和抚养义务。第 12 条规定：父母或者其他监护人应当学习家庭教育知识，

---

〔1〕 参见姚建龙："国家亲权理论与少年司法——以美国少年司法为中心的研究"，载《法学杂志》2008 年第 3 期。

〔2〕［德］迪特尔·施瓦布：《德国家庭法》，王葆莳译，法律出版社 2010 年版，第 321 页。

〔3〕 陈卫佐译注：《德国民法典》，法律出版社 2006 年版，第 516 页。

〔4〕 夏吟兰："比较法视野下的'父母责任'"，载《北方法学》2016 年第 1 期。

正确履行监护职责，抚养教育未成年人。

但是，近年司法实践中备受关注的父母不履行或不当履行抚养义务，导致未成年子女被饿死家中、性侵亲生女儿、虐待子女的案例屡见不鲜。因此，削弱父母权利，强化国家对父母责任予以监督的理念逐渐被国家机关认同。典型如 2014 年 12 月 18 日最高人民法院、最高人民检察院、公安部、民政部联合发布《关于依法处理监护人侵害未成年人权益行为若干问题的意见》。该意见首次以法律的形式列举了父母具有不正当行使监护权的情形之时，有关组织（国家监护的执行主体）就可以提起撤销监护权之诉，同时，配备了报告制度与处置措施，彰显了国家机关对父母责任的有效监督。同时，农村留守儿童健康关爱工作需要政府以及相关部门[1]联合动态监管，相关部门在工作中一旦发现辖区内农村留守儿童脱离监护单独居住生活或失踪、监护人丧失监护能力或不履行监护责任、疑似遭受家庭暴力、疑似遭受意外伤害或不法侵害等情况，必须第一时间向监管部门报告，从而高效地终止留守儿童合法权益被侵犯之状态或有效地预防留守儿童权益被侵犯之可能。

（四）国家监护职能之一——国家立法细化父母责任，监督父母责任的履行

1. 提升父母责任的立法层级。我国《婚姻法》第 21 条至第 38 条规定了父母和子女之间的权利义务，其中第 21 条规定，"父母对子女有抚养教育的权利义务"，第 23 条规定，"父母有保护和教育未成年子女的权利和利益"，上文所述留守儿童的现状无法实现父母亲自监护的权利。因此，将《婚姻法》的规定具体化并予以加强实属必要。

2016 年 9 月 1 日实施的《重庆市家庭教育促进条例》（以下简称《条例》）。《条例》共 7 章 44 条，对家庭教育主体、内容、方式等进行了明确，并突出了政府对家庭教育的保障作用，明确政府将家庭教育指导服务纳入城乡公共服务，建立家庭教育培训制度，运用各种媒体宣传家庭教育知识，为未成年人家庭开展家庭教育指导活动等，是我国大

---

〔1〕 此处相关部门应该包括：县级以上人民政府有关部门、司法机关、人民团体、社会组织、居民委员会、村民委员会、企业事业单位、妇女联合会。

陆地区首部关于家庭教育的地方性法规。[1] 尽管《条例》层级较低，但是它的颁行为父母责任确立了法律的样本依据，也为以后我国婚姻法修改将父母责任明确立法奠定了良好的实施基础。[2]

2. 立法建立家庭责任评估制度。根据《民法通则》《未成年人保护法》等规定，国家适时制定《留守、流动儿童保护条例》，增加外出打工人员家庭责任评估制度，村委会或社团组织通过评估，认为父母一方或双方不宜外出的，应当劝阻，并辅以必要的帮扶手段，切实保障儿童不因贫困或父母不负责任而失去监护。

3. 立法完善委托监护制度。因家庭生活需要必须外出务工的父母，无法亲自履行监护职责从而导致儿童事实上无人监护，政府和社会服务机构应当为这类父母提供短期照料或委托代养服务，即委托监护制度。虽然《未成年人保护法》[3] 与《民通意见》[4] 都有委托监护的概括规定，但这些规定概括简单，委托监护采用何种形式？受托人的任职资格有无要求？委托人与受托人之间的权利义务如何？委托监护人能否转委托？能否因履行监护职责收取报酬？均缺乏规定，立法的缺失无疑导致留守儿童的监护权得不到全面实现。因此，完善监护制度有以下几个

---

〔1〕 《条例》第 3 条明确家庭教育直接主体是父母或其他监护人；《条例》第 4 条明确家庭教育的原则为家庭尽责、学校指导、社会参与、政府推进；《条例》第 10 条规定，父母或者其他监护人应当对未成年子女进行社会公德、家庭美德、生活技能、行为习惯和身心健康教育，以及法律、法规规定的其他教育；《条例》第 12 条规定，父母或者其他监护人应当言传身教，以健康的思想、良好的品行，教育和影响未成年人健康成长；《条例》第 13 条还要求，父母应当与未成年子女共同生活，依法履行监护职责。父母未与未成年子女共同生活的，应当委托有监护能力的其他成年人或者机构教育未成年子女；并通过各种方式与未成年子女及其他监护人和学校联系交流，了解掌握未成年子女的生活、学习和心理状况，定期与未成年子女团聚。

〔2〕 该《条例》与最高院《意见》之缺陷均在于立法位阶过低，效力有限，且有些措施及程序尚需完善，应在未来修改婚姻法时，在亲子关系法中建构起一套有关父母责任丧失、转移及恢复的完整制度。参见夏吟兰："比较法视野下的'父母责任'"，载《北方法学》2016 年第 1 期。

〔3〕 《未成年人保护法》第 16 条规定："父母因外出务工或者其他原因不能履行对未成年人监护职责的，应当委托有监护能力的其他成年人代为监护"。

〔4〕 《民通意见》第 22 条规定："父母因外出务工或者其他原因不能履行对未成年人监护职责的，应当委托有监护能力的其他成年人代为监护。"

方面的问题需要明确。

第一，委托监护的方式需要明确。委托监护协议可选择口头或者书面方式签订，受托人可由留守儿童的祖父母、外祖父母、亲属、委托人的朋友以及学校个人或者组织担任。委托人作为留守儿童的父母依照儿童利益最大化原则选择受托人。

第二，受托人的资格需要明确。受托人因担负抚养教育留守儿童的重大义务，必须具备履行监护职责的能力或资格。具有如下情形的个人或者组织，不得担任受托人：① 65 岁以上且身体衰弱，无力监管留守儿童的；②同时接受了两名留守儿童的监护委托；③有赌博、酗酒、家庭暴力倾向等不良习惯，可能影响留守儿童身心健康的；④学校软、硬件设施达不到监管留守儿童条件的；⑤具有其他不利于留守儿童身心健康的情形。

第三，明确委托人与受托人的义务以及职责。委托人选任受托人不当，导致留守儿童疏于照顾、身心受损的，国家机关要对委托人予以警告、训诫；情形严重的在一定时间禁止接触、会面留守儿童，社会福利机构对留守儿童进行代管；受托人则负有与委托人相当的抚养、教育义务，（非经委托人同意认可，受托人不得擅自将留守儿童转委托）管理保护留守儿童的人身财产，代理留守儿童进行民事活动，如果留守儿童的合法权益受到损害或者与人发生争议时，受托人则有权代理其进行诉讼（诉讼范围委托人和受托人可以约定）。

第四，加强对受托人的动态监督。委托人不与留守儿童在一起生活，监督受托人是否合理、完全履行监护职责存在困难。此时留守儿童的其他亲属、同学、学校、村民委员会、居民委员应该负有监督受托人履行监护职责的义务，一旦发现受托监护人怠于或疏于履行监护义务，可以联系留守儿童的父母反映情况，委托人根据情形严重与否选择与受托人协商或者重新选任更合适的受托人。

第五，明确受托人有取得报酬的权利。受托人接受委托承担了教育、照管、保护留守儿童的义务，同时因监护职责不当或者不完全而需要承担相应责任，在委托监护这个权利义务不对等的关系中，唯有根据受托人承担监护职责的范围、期间、难易程度等综合因素来合理确定委托费用，才可平衡受托人承担片面义务的状态，督促其正当全面履行监护责任，从而为保障留守儿童身心健康奠定基础。

（五）国家监护职能之二——政府各部门明确分工保障父母责任的履行

2016 年 2 月 14 日国务院发布的《关于加强农村留守儿童关爱保护工作的意见》（以下简称《意见》），主旨在于从源头上改变"儿童进不了城，父母回不去乡"的无奈现实，提出了解决农村留守儿童问题的顶层设计，力争要实现"到 2020 年儿童留守现象明显减少"的目标，从根源着手解决留守儿童的监护教育问题。

第一，《意见》明确要求乡镇、村（居）委会、学校、妇联等组织通过法治宣传、监护监督、定期走访、全面排查、加强家访、家庭教育指导等一系列方式方法，强化父母的监护意识和责任。

第二，政府亟须调整宏观经济政策与完善社会保障制度。留守儿童问题是城乡二元结构加剧和行业地域经济发展差异的结果。留守儿童问题是与农民工相伴而生的现象，唯有解决了农民工的问题，留守儿童的监护教育问题才可迎刃而解。因此，打破城乡、地域经济差距和行业差距，打破城乡二元结构的现状是必要之举。深化户籍制度改革，放宽城镇落户条件；提高居住证的含金量，使留守儿童随父母迁入居住地，依法享有居住地义务教育、就业、医疗等基本公共服务；发展中西部地区中小城市和小城镇，让大量农民能够在本村、临近城镇等就业半径比较短的地区就业；通过互联网让农村中的创业人才就近在城镇创业，形成中小企业在城镇的集中，带动周边农民"不离土离乡"地就业，白天去城镇上班，晚上骑车或者坐公交就能回家，这样的农村家庭既可以有外出打工挣钱的能力，又能保持家庭的完整。从而最终实现儿童与父母在一起，充分享受父母监护的权利与愿望。

（六）国家监护职能之三——增加留守儿童的福利

第一，积极推进留守儿童信息采集制度。民政部于 2016 年 2 月首次设立未成年人（留守儿童）保护处。明确保护处的主要职责是"开发管理未成年人保护和留守儿童、留守妇女信息系统……"目前为止，从公开报道的数据知悉湖北无人监护留守儿童超 1.1 万人，福建全省农村留守儿童超 10 万人，江苏留守儿童达 24.2 万人，安徽安庆留守儿童超 10.4 万人，湖南娄底市农村留守儿童总人数约为 4.5 万人，其中主要为 6 至 13 岁儿童，甘肃兰州市农村留守儿童有 3719 名。[1] 唯有全国的留守儿童的数据统计得以及时更新，才能真正解决留守儿童的相关问题。

第二，积极推进留守儿童平等受教育的权利。国家要积极促进《义务教育法》《未成年人保护法》的贯彻落实。妥善审慎地推进留守儿童与城市儿童平等地入园、入学，保障留守儿童接受九年义务教育的入学率和巩固率。同时，要积极会同有关部门，落实好对农村留守儿童的关爱政策，政府对农村幼儿园、学校加大建设经费的投入，确保每一个适龄儿童入园、入学，保障留守儿童都能接受义务教育。

结　语

儿童是希望，也是祖国的未来，留守儿童作为我国的一个特殊群体，其相关问题虽然已经引起国家与社会大众的广泛关注，国家和社会也为保障留守儿童权益进行了积极探索与有益的尝试，但是欲将彻底地解决农村留守儿童的相关问题，首要的是父母监护责任的到位履行，国家则担当"守夜人"角色，为父母监护责任的落实保驾护航。本文通过对我国留守儿童的现状与共性问题进行梳理，分析留守儿童相关问题之原因并提出了问题核心，借鉴国外未成年人父母监护责任的先进经验，立足我国基本国情与当代农村生活结构现状，对保障留守儿童权益提出一些建设性的意见，提倡家国一体，国家不仅监督保障父母责任的顺利履行，非常之时，留守儿童还享有获得国家保护、要求国家履行义务的权利。

---

〔1〕"全国留守儿童摸底：部分省份上万留守儿童无人监护"，载《新京报》2016 年 8 月 28 日，第 A09 版。

被忽视的差异

——民法总则草案"大小监护"立法模式之争的盲区[1]

刘征峰[2]

在当下的民法典编纂运动中，分阶段分步骤的立法模式已经渐成共识。从 2014 年底全国人大常委会将"启动民法典编纂"列入 2015 年工作计划到"制定民法总则"进入全国人大常委会 2016 年工作计划，民法典编纂工作的推进程度超过了学者们的预期。法工委民法室起草的《中华人民共和国民法总则（草案）》（以下简称法工委草案）与学者稿之间存在诸多方面的差异，学界对于总则的具体内容构成仍然缺乏共识。[3] 是否应当在总则中统一规定对未成年人的照顾和监护成为总则起草过程中出现的一项重要的争论点。对此，学界大致形成三种观点：第一种观点认为，应当区分父母照顾（多数学者在此仍然使用了已经过

---

〔1〕 本文原载《现代法学》2017 年第 1 期。

〔2〕 刘征峰，男，中南财经政法大学法学院讲师，法学博士。

〔3〕 目前《民法总则》的学者建议稿草案主要有五个版本：一是杨立新教授领衔团队的人大版；二是孙宪忠教授领衔团队的社科院版；三是中国法学会民法典编纂项目领导小组版；四是龙卫球教授领衔团队的北航版；五是李永军教授领衔团队的法大版。以上草案均可在中国法学创新网（http://www.lawinnovation.com）检索。

值得注意的是，相比原民法室室内稿（2015 年 8 月 28 日），2016 年 7 月 6 日由全国人大常委会发布的《民法典·总则（草案）》在监护之前增加了一款条文，以强调了父母对未成年子女的抚养、教育和保护的义务，但仍然坚持了原稿的基本立场。

时的亲权概念）[1] 和对未成年子女的监护，只在总则中规定对未成年子女的监护，即"小监护概念，分别规定"模式；第二种观点认为，不应当区分父母照顾和监护，应采用"大监护概念"，并在总则中进行统一规定，即"大监护概念，统一规定"模式；第三种观点认为，应当区分父母照顾形成的监护和父母照顾之外监护，并只在总则中规定父母照顾之外的监护，即"大监护概念，分别规定"模式。第一种观点的代表性草案为杨立新教授领衔团队的人大版草案（以下简称人大版草案）。第二种观点的代表性草案为法工委草案、龙卫球教授领衔团队的北航版草案（以下简称北航版草案）、孙宪忠教授领衔的社科院版草案（以下简称社科院版草案）和中国法学会民法典编纂项目领导小组版草案（以下简称法学会版草案）。第三种观点的代表性草案为李永军教授领衔团队的法大版草案（以下简称法大版草案）。不难发现，第二种观点占据了主流。这在很大程度上是由于学界对于这一问题已经形成了对《民法通则》的路径依赖——未能正确认识父母照顾和监护之间的差别及其在民法典中的合理位置。另外，我国民法学界与家庭法学界的长期独立发展使得民法学者对于家庭法的现代性发展较为陌生。我国并没有形成日本学界"所有的民法学者都涉及了家族法领域，而专攻家族法的学者非常之少"的现象。[2] 易言之，民法学者所熟稔的家庭法概念在

---

〔1〕 亲权的概念为大陆法系家庭法之传统概念，现已经逐渐被废止。以德国为例，在修订后的《德国民法典》用父母照顾（elterliche Sorge）的概念取代"亲权"（elterliche Gewalt）的概念之后，亲权概念这一术语的使用在某种程度上来说是被禁止的。参见陈卫佐译注：《德国民法典》（下册），法律出版社 2010 年版，第 487 页。对这两个概念内涵的考察，同见陈惠馨："比较研究中德有关父母离婚后父母子女间法律关系"，载陈惠：《亲属法诸问题研究》，月旦出版公司 1999 年版，第 254 页。在瑞士，情形与德国完全类似，修订后的《民法典》用父母照顾（Sorge）的概念替代了亲权（Gewalt）的概念。在瑞士学者 Heinz Hausheer 等人看来，这一概念与父母责任（parental responsibilities）为同义词。See Heinz Hausheer, Stephan Wolf and Corneilia Achermann-Weber, National Report on Parental Responsibilities: Switzerland, http://ceflonline.net/wp-content/uploads/Switzerland-Parental-Responsibilities.pdf, last visit on November 22, 2015. 我国学界对于亲权概念本身的陈旧性仍然缺乏清晰的认识，在相关研究中仍然继续使用亲权的概念。如无特殊说明，本文均使用父母照顾的概念。

〔2〕 ［日］星野英一：《现代民法基本问题》，李诚予、岳林译，上海三联书店 2015 年版，第 423 页。

很大程度上并未得到更新。

事实上，"大小监护"立法模式之争的本质并不指向同一内容在民法不同部分之间的划分问题，而是指向对于存在根本性差异的两类制度的认识问题。如果不厘清二者之间的根本性差异，"大小监护"立法模式之争就会陷入无意义的"名称之争"和"位置之争"。本文意图回答与此相关的三个重要问题：为什么应当区分的宪法和人权公约基础、如何区分的理念基础以及如何体现区分的制度设计。对这三个问题的回答能很好地论证作为当下主流的"大监护概念，统一规定"立法模式的弊端。

一、差异的根源：宪法和人权公约层面的结构性区分

（一）父母子女关系属于人权和基本权利的范畴

在20世纪，宪法对于家庭法的塑造远超民法的其他部分。这是由于家庭法所规制的家庭关系往往具有根本性，事关人的基本权利。在大陆法系，20世纪相继发生的家庭法改革基本上可以被界定为"合宪性改革"。尤其是，宪法中确定的平等原则催生了20世纪家庭法改革的两条主线——婚姻法中的夫妻平等和亲子关系法中婚生子女和非婚生子女的平等。就亲子关系而言，毋庸置疑的是民法中规定的父母子女关系必须与宪法的规定及其形成的客观价值秩序相符合。[1] 部分国家在宪法中直接就父母子女关系作出了规定。以德国《基本法》为例，该法第6条第2款规定，"抚养和教育子女为父母之自然权利，亦为其至高义务"。我国《宪法》第49条亦有类似的规定，即"父母有抚养教育未成年子女的义务"。亦有部分国家宪法虽然没有直接就父母子女关系作出规定，但是确立了家庭应受保护的原则。以《爱尔兰宪法》为例，该法第41条第1款第1项规定："国家承认家庭作为自然的、原初和基本的社会单位和道德实体拥有不可让与和不被侵犯的权利"。从以上规定

---

〔1〕 在波兰法学家 Stanislawa Kalus 和 Magdalena Habdas 看来，宪法中规定若干家庭法的原则的主要意义在于向立法者表明家庭法的价值论基础。See Stanislawa Kalus and Magdalena Habdas, *Family and Succession Law*: *Poland*, Alphen aan den Rijn: Wolters Kluwer, 2014, pp. 20~21.

中，我们不难发现，父母与子女之间的关系经常被冠以"自然"的名号，但是绝不能将宪法所保护的父母子女关系等同于血缘关系。自然（血缘）意义上的父母可能并不会受到宪法的特殊保护。另外一方面，我们也绝不能将宪法所保护的父母子女关系等同于民法意义上的父母子女关系。尤其是，不能等同于父母与婚生子女之间的关系。质言之，宪法所保护的父母子女关系既不等同于单纯的血缘关系，也不同等同于民法意义上的父母子女关系。它比前者的范围要窄，而比后者范围要广。德国联邦宪法法院在判例中正确地指出："《基本法》第6条第1款所保护的家庭是父母和子女所形成的生活、教育和抚养的各种形式的共同体。"[1] 欧洲人权法院在判例中确认了类似的观点，指出"如果缺乏其他的事实和法律上的因素，单纯的父母子女之间的生物学联系并不足以形成公约第8条项下的家庭生活"。[2] 但与德国联邦宪法法院相类似的是，欧洲人权法院亦没有完全采纳形式化的父母子女概念——缔约国私法所确立的法律上的父母子女关系。在 *Różański v. Poland* 案中，欧洲人权法院认为，"单纯的法律上父亲身份的存在这一事实并不能提供驳回申请人获得父母责任的充分理由"。[3] 很明显，无论是德国联邦宪法法院还是欧洲人权法院，在解释宪法或者人权公约中基本权利的保护范围时既没有完全选择形式主义的路径，也没有完全选择功能主义的路径，而是选择了一种混合的路径。不过，这样混合路径仍然是偏向于功能主义的，尤其是父母与子女实际的生活事实。

从上面的分析中，我们可以得出这样的结论：虽然宪法使用了"自然的"用语，但既非仅仅保护血缘关系亦非绝对保护血缘关系。宪法和人权公约之所以使用这样的表述，很大意义上是由于基本权利和人权被理解为"自然权利的现代性表达"。[4] 宪法和人权公约中的父母子女

---

〔1〕 BverfGE 18, 97, 106; BverfG FamRZ 2003, 816, 822.

〔2〕 See *e. g. Schneider v. Germany*, no. 17080/07, § 80, 15 September 2011; *Hülsmann v. Germany (dec.)*, no. 33375/03, 18 March 2008.

〔3〕 See *Różański v. Poland (dec.)*, no. 55339/00, 10 March 2005.

〔4〕 ［美］约翰·菲尼斯：《自然法和自然权利》，董娇娇等译，中国政法大学出版社2005年版，第160页。

关系与民法中的父母子女关系的非重合性实际上为宪法和人权公约推动亲子关系法的发展创造了条件。从更为宽泛的角度来看，宪法和人权公约中所指涉的家庭关系与私法中所指涉的家庭关系的非重合性实际上为司法机构的法律审查工作创设了空间。具有解释权的司法机构（人权法院）可以通过解释宪法（人权公约）来推动家庭法的发展。这就不难理解为什么荷兰学者玛莎·安托克斯卡娅声称"欧洲人权法院通过《欧洲人权公约》演绎出了一整套家庭法典"。[1] 在这一含义上，人权公约和宪法所保护的"父母子女关系"决定了民法中具体规则的演进。民法需要将已经动态调整的价值秩序外化为概念和规则体系。如果民法调整父母子女关系的规则与已经动态调整的价值秩序不相符合，那么民法的相关规则就面临违宪或者违反人权公约的风险。

需要注意的是，宪法和人权公约中所保护的父母子女关系所指向的权利形态仍然是消极自由权。这意味着，它的存在首先是用以对抗国家的。毫无疑问，立法权、司法权和行政权都应当受到约束。在经历了极权国家的教训之后，人们普遍认识到人权和基本权利之重要性。它与人的尊严密切相关，而父母子女关系构成人之尊严的重要方面，存在获得宪法和人权公约保护的必要性。宪法和人权公约为这一关系冠以"自然"的名号无非是为了强调这一关系的根本性和重要性。不过，宪法和人权公约对于父母子女关系的保护并不是绝对的。父母也绝不能从宪法和人权公约的条款中推导出其对子女的绝对权力。在传统观点中，"家庭的内在结构是权力体系，而外在的结构是由家父所代表的市民社会中的独立法律主体"。[2] 而现在，家庭并不消解人的人格尊严——尤其是妇女和子女的人格尊严——已经成为一项共识。由于未成年人子女在自我保护能力上的欠缺，国家的监督和干预成为必要。不过，对基本权利的干预需要受到比例原则的限制，特别是干预的理由必须相关、必要而

---

〔1〕 〔荷〕玛莎·安托克斯卡娅：《比较家庭法：与时俱进?》，王淇译，载〔英〕埃辛·奥赫绪、〔意〕戴维·奈尔肯：《比较法新论》，马银剑、鲁楠等译，清华大学出版社2012年版，第275~276页。

〔2〕 See William E. Conklin, *Hegel's Laws: The Legitimacy of a Modern Legal Order*, Stanford: Stanford University Press, 2008, pp. 199~200.

且充分。

（二）监护在宪法和人权公约上的基础

在法儒萨维尼眼中，家庭法基本属于自然的制度，人为的制度只是作为例外和补充形态存在的。[1] 萨维尼在分析了罗马法上五种人为扩张的家庭法制度——夫权、奴役权、庇主权、受役状态、监护和保佐——之后，认为当代法中只有监护作为人为扩张的制度得以保留，其他制度均已经消亡。[2] 萨维尼的分析至少表明，作为人为制度的监护与作为自然制度的父母子女关系之间是存在明显的区分的。如果将萨维尼的分析进行现代性转换，那么可以说"父母子女的关系指涉基本权利和人权，而监护则指涉一种人为扩张的制度，并且这一制度的基础是基本权利和人权的非绝对性"。这并不表明，监护制度总是以限制父母的基本权利和人权的形态存在的。一个典型的例外是，在父母双方均已死亡的情况下，法律确定未成年子女的监护人实际上并没有对父母的权利构成限制。此时，监护制度的意义在于补充，而非限制。追溯其宪法和人权公约上的根源，"人人都有权获得基本的社会保护"这项社会权确立了监护制度的正当化基础。具体来说，是已经普遍化的"儿童应受特别保护"的原则。在另外的情形中，监护制度是限制父母权利的产物。在有关的宪法和人权诉讼中，父母经常质疑监护的正当性。这实际上表明，在对父母权利的限制同时构成监护设立前提的情况下，监护作为一种人为的制度必须要存在充分的基础。虽然监护不完全等于国家监护，但是"现代国家通常认为，对需要照顾的人提供充分保护不仅是国家的任务，同时也是一项公共任务"，[3] 故而整个监护制度中均存在公共权力的参与。特别是，司法机构和社会福利机构与监护制度的运行存在密切关联。从这一角度来看，监护制度主要涉及公共机构对于父母权利的干预或者补充。在监护扮演补充功能的情况中，父母权利仍然处于中心

---

〔1〕　参见朱虎：《法律关系与私法体系》，中国法制出版社 2010 年版，第 145 页。

〔2〕　［德］萨维尼：《当代罗马法体系》（第一卷），朱虎译，中国法制出版社 2010 年版，第 276~283 页。

〔3〕　BverfGE 10, 302, 311.

地位。例如，父母可以通过遗嘱的方式指定监护人。不过即使是这种情况，法院亦会在监护制度中扮演重要角色。

通过以上的分析，我们不难发现，一方面，父母子女关系受宪法和人权公约的保护，父母对子女的权利（对外）和义务（对内）具有基本权利和人权的内涵。因而，父母子女关系具有优先性。另外一方面，这一权利的非绝对性以及子女有权获得国家保护这一积极社会权为监护制度确立了宪法和人权公约上的基础。但是，这两项基础的存在都是有前提条件的，即父母不能行使权利（事实上的不能和法律上的不能）。于后者而言，国家的干预应当提供相关且充分的理由，并接受比例原则的检视。

二、信任与不信任：制度设计的基本理念差异

（一）父母子女关系中的信任假设

父母子女关系所具有的人权和基本权利内涵直接决定了民法在父母子女关系制度设计方面的理念基础。这一理念基础可以简单归纳为"国家应当信任父母"。这一假设的基础在于"父母比其他任何人或机构都更关心子女的最佳利益"。[1] 在日本早期有关于父母对子女权利和义务性质的学说争论中，公的义务说和私的义务说为两种截然对立的学说。[2] 前一种观点虽不至于赞同柏拉图那种极端的儿童公育思想，但是却赞成一种类似于信托关系的解释。即父母照顾的本质是国家作为委托人将照顾儿童这一公共（社会）的责任委托给作为受托人的父母。基于信托结构的解释的合理性在于，"虽然相对于父母终止其与子女的关系而言，受托人可以通过辞职的方式更为容易地终止其与受益人的关系，但是从外部自由的角度来看，二者几乎完全一致——一方不能利用他人或者他人的财产来实现他人没有表达的目的"。[3] 质言之，这种理解与儿童最大利益原则之间存在契合。不过，这里可能存在与父母子女

---

[1] BverfGE 61, 358, 371.

[2] 参见张玉琳："论父母对未成年子女之财产照顾权"，台湾政治大学法律学研究所1996年硕士学位论文。

[3] Arthur Ripstein, *Force and Freedom*：*Kant's Legal and Political Philosophy*，Massachusetts：Harvard University Press, 2009, p. 73.

关系的人权和基本权利内涵不相称的风险。尤其是，不能从中得出"只要国家机关觉得父母没有最大限度地追求或达到子女最佳利益，就应该或可以立即进行干涉"的结论。[1] 易言之，父母子女关系的人权和基本权利内涵指向了父母在抚养保育子女方面的自主性和空间。这项传统意义上的自由权要求国家不能随意进行干涉，更不能让父母变成实现"政治目标的工具"。[2] 国家只应当设定最低的标准，而这些标准的依据在于儿童所享有的基本权利。宪法中规定的对父母权利的国家监督（staatliches wächteramt）原则要求"国家必须扮演好儿童基本权利保护人的角色"。[3] 在更多的情况中，国家应当首先扮演的是一种支持角色。此为国家在保护父母子女关系方面的积极义务。法院和社会福利机构的首要角色是为陷入困境中的父母提供支持。在 *Kutzner v. Germany* 一案中，欧洲人权法院指出，"除非存在严重的虐待或遗弃的事实，否则缔约国国内的行政和司法机关就应当采取进一步的支持措施，而不是径直将子女带离他们的父母"。[4] 这一意见同样应当适用于立法机关。即立法机关在进行制度设计时，必须给予父母充分的信任，而不是轻易限制或者剥夺父母的权利。"如果存在可行的替代性措施，那么完全切断父母子女关系的极端措施就是违背比例原则的。"[5] 《德国民法典》第 1666a 条亦作出了类似的规定，即只有在"危险不能以其他方式，亦不能通过公共救济免除时，始得准许采取与子女脱离父母家庭有关的措施"。很明显，父母子女关系的人权和基本权利内涵中包含了具体制度设计上的信任假设。这不仅是因为功利化的证明——即数据上的统计结

---

〔1〕 [德] 迪特尔·施瓦布：《德国家庭法》，王葆莳译，法律出版社 2010 年版，第 321 页。

〔2〕 [德] 迪特尔·施瓦布：《德国家庭法》，王葆莳译，法律出版社 2010 年版，第 321 页。

〔3〕 Dieter Schwab, Peter Gottwald and Saskia Lettmaier, *Family and Succession Law：Germany*, Alphen aan den Rijn：Wolters Kluwer, 2012, p. 98.

〔4〕 *Kutzner v. Germany*, no. 46544/99, §§74-75, ECHR 2002-I.

〔5〕 See *e. g. Gnahoré v. France*, no. 40031/98, § 59, ECHR 2000-IX；*Johansen v. Norway*, judgment of 7 August 1996, Reports of Judgments and Decisions 1996-III, pp. 1008~1009, § 84.

果表明父母通常为子女利益的最佳维护者，更是由于父母子女之间的纽带是"自然"的。

值得注意的是，现代家庭法对于父母权利有进一步削弱的趋势。这种削弱主要表现在两个方面：一是扩张了子女的自我决定范围，并强调对子女意愿的尊重；二是强化了对父母履行责任的国家监督。尤其是，父母在教育、医疗决定和宗教教育等方面的权利被不断削弱。以英国为例，Templeman 法官在 *Re B*（未成年）（监护：绝育手术）一案[1]中认为，对未满 18 周岁的儿童进行绝育手术当且仅当在取得高等法院法官许可的情况下进行。在德国，修订后的《民法典》第 1631c 条已经明确规定："父母不得允许子女绝育，子女自己亦不得绝育。"与此相对，实务界和学界"对于未成年女儿是否有权在未征得其父母同意的情况下就行堕胎的问题仍然缺乏定论"。[2] 此外，德国 1980 年颁布的《关于父母照顾权的修订法案》（Gestz zur Neuregelung des Rechts der elterlichen Sorge）将剥夺未成年子女自由的移送划入了监护法院批准的范围。这些现象表明，过去被视为父母权利理所应当包含的那部分内容实际上已经出现了松动。但从另外一个角度来看，"给予父母信任"的思想基础并没有发生改变。特别是，"不能因为子女可以被安置在一个更好的生活环境中就剥夺父母对子女的权利"。[3] 换言之，此中并不存在设定监护时的那种"更优"考虑。

"信任假设"作为父母子女关系制度设计的思想基础最为明显的表现在于国家无须常设类似于监护监督人的角色来监督父母履行其义务。法律也不需要在正向细化父母权利义务的具体内容，而只需要在反向设立父母权利义务的边界。这一边界的核心在于"子女的福利原则"（welfare principle，Kindeswohl）。伴随着 1989 年联合国《儿童权利公

---

〔1〕 [1988] AC 199 at 205.

〔2〕 Dieter Schwab, Peter Gottwald and Saskia Lettmaier, *Family and Succession Law*: *Germany*, Alphen aan den Rijn: Wolters Kluwer, 2012, p. 34.

〔3〕 *K. and T. v. Finland* [*GC*], no. 25702/94, § 173, ECHR 2001– VII.

约》在全球范围内的普遍签署，[1] 子女福利原则逐渐成为一项普遍化的原则，并相继内籍化为各国家庭法的立法原则。[2] 不过，对这一原则的理解绝不能绝对化。虽然儿童利益是立法者的首要考虑，但是立法者在进行制度设计时同样应当考虑父母的利益，保持干预措施的适当谦抑性。原则上，应以法律的负面规定为准。例如，父母不能违反适龄未成年子女应当接受国民教育的强制性规定。但是，不能从子女福利原则这一抽象原则中推导出什么是最优的教育，并以此为由限制父母的权利。质言之，国家不能以抽象的评价代替具体的对子女利益的现实危害作为干预父母权利的标准。[3]

即使是在父母的行为遭致国家干预的情况下，国家也不能完全按照剥夺监护人资格的标准剥夺父母的权利，而应当确保干预符合比例原则（包含适当性原则、必要性原则和均衡性原则三项子原则）。[4] 即使父母已经被限制或者剥夺部分权利，相关的限制和剥夺也应当根据父母状况改善而逐渐减少。尤其是，权利受到限制或者剥夺的父母在家庭团聚

---

〔1〕 截至 2014 年 9 月，联合国所有的 194 个会员国均签署了《联合国儿童权利公约》。索马里和美国虽然签署了该公约，但尚未完成国内立法机关的批准生效程序。See Status of Convention on the Rights of the Child, https://treaties. un. org/pages/viewdetails. aspx? src = treaty&mtdsg_ no =iv-11&chapter=4&lang =en#EndDec, last visit on January 2, 2014.

〔2〕 在内籍化这一原则的过程中，各国在术语的使用上并不完全相同。部分司法域（如比利时、保加利亚、匈牙利和葡萄牙）仅仅使用了"儿童的利益"这一概念，而非"儿童的最大利益"的表述。也有部分司法域（如英格兰、威尔士、爱尔兰、奥地利、瑞士和德国）使用了"儿童的福利"这一表述。在对待确立这一原则的地位时，各国法律的规定亦存在较大的差别：在部分司法域（如法国、德国、匈牙利、西班牙、瑞士）为指导性原则；在另外一些司法域（如英格兰、威尔士、芬兰、爱尔兰、挪威、葡萄牙和瑞典）则为首要性或者最重要原则；还有一些司法域（如意大利和立陶宛）则将儿童利益作为排他性原则。See K. Boele-Woelki, F. Ferrand, C. González Beilfuss et al. , *Principles of European Family Law Regarding Parental Responsibilities*, Oxford: Intersentia, 2007, pp. 36~37.

〔3〕 BverfGE 2008, 492.

〔4〕 Vgl. Michael Stürner, Der Grundsatz der Verhältnismäßigkeit im Schuldvertragsrecht: zur Dogmatik einer privatrechtsimmanenten Begrenzung von vertraglichen Rechten und Pflichten, Tübingen 2010, S. 23.

方面具有重要的利益。这既是父母的权利也是国家的义务。[1] 易言之，除非存在极端情况，国家不应立即完全丧失对父母的信任而采取与比例原则不相符的措施。故而，信任假设不仅贯穿对父母的监督和限制，也贯穿对父母权利的恢复。

（二）监护中的不信任假设

与父母子女关系中的信任假设相比，监护制度的基本假设为"不信任"。故而，相对于父母，法律有必要设置更多的约束性措施，来保护被监护人的利益。在德国法上，这些约束性措施包括但不限于：确立直接的行为禁止、设置需要法院批准的行为、强化信息报告义务、选任监护监督人以强化监督。毫无疑问，监护制度完全是以儿童最大利益为导向的，这与父母子女关系中的利益平衡思想存在明显的区别。虽然亲子关系法逐渐迈向了个人主义视角，但是我们仍然可以从中观察到不少"有机伦理体"理念的身影。例如，根据《德国民法典》第 1649 条的规定，父母可以将为子女财产的适当管理和子女的抚养所不需要的子女财产收入用于自己的生计和对其他未成年的未婚兄弟姐妹的抚养。这一规定的被认为是为了家庭内部生活标准的均衡[2]并进而维护家庭的和平。[3] 在监护中，我们完全看不到这样的理念基础。监护完全是人为设计的纯法律制度。尤其是法律对财产上的监护有必要设置详尽的规则来确保监护人不会侵害被监护人的财产利益。在《德国民法典》中，仅直接约束监护人的条文就有二十余条。这种约束既有程序上的，即法院和监护监督人的监督。也有实体上，尤其是确立禁止和需要批准的行为。与德国类似，《法国民法典》亦确立了监护人委员会来监督和指导监护人行使监护权的规则。[4] 这种限制同样分为绝对禁止和需要法院

---

〔1〕 See *e. g. Eriksson v. Sweden*, 22 June 1989, Series A no. 156, pp. 26~27, §71; *Margareta and Roger Andersson v. Sweden*, 25 February 1992, Series A no. 226-A, p. 30, §91; *Olsson v. Sweden* (no. 2), 27 November 1992, Series A no. 250, pp. 35~36, §90; and *Hokkanen v. Finland*, 23 September 1994, Series A no. 299-A, p. 20, §55.

〔2〕 BayObLG FamRZ 1975, 219, 220; DIJuF-Rechtsgutachten JAmt 2012, 397, 398; Palandt/Götz Rn. 1.

〔3〕 RGRK/Adelmann Rn. 4; DIJuF-Rechtsgutachten JAmt 2012, 397, 398.

〔4〕 Voir les articles 449-450 du Code Civil.

许可两类。无独有偶,《葡萄牙民法典》同样设立了对监护人的约束机制,不仅使被监护人的财产管理和处分权利受到限制,相关的法律代理权同样受到限制。[1]《荷兰民法典》亦强化了对未成年人监护人的监督,设置了针对监护人的诸多行为限制。[2] 该法典明确区分了父母的财产照管行为和监护人的财产照管行为,强调只有部分对监护人的限制措施适用于父母。[3] 在希腊,《民法典》确立了法院和监督委员会的双重监督机制。[4] 该法典甚至规定,监护人处理未成年人财产和继承关系需要获得法院和监督委员会的双重认可。[5] 在日本,存在与德国类似的双重监督模式,即法院和监护监督人共同对监护人的行为进行监督。监护监督人可由父母遗嘱设定,亦可由法院在需要时或在被监护人亲属或监护人本人的请求下选任。[6] 为了确保监督的效果,民法还规定"监护人的配偶、直系血亲及兄弟姐妹不得担任监护监督人"。[7] 在墨西哥,《民法典》不仅设置了对监护人行为的直接限制(确立大量需要法院批准的行为),还确立了监护人对法院的信息报告义务。[8]

从以上比较法视角的分析中,我们不难发现,在监护制度"不信任"理念的主导下,对于监护人的约束强度要远远高于父母。由于监护中并不存在与"父母是子女利益的最佳维护者"类似的假设,就需要公权力(尤其是法院)的介入来确保监护人不会损害子女的利益。由于监护关系是纯粹的法律关系,并不存在监护人与被监护人关系的人权和基本权利内涵,故而法律采纳一种功利主义的路径是不存在问题的。"不信任假设"对于监护制度目的之实现不仅是必要的而且被证明是有效的。综上,信任与不信任成为父母子女关系和监护制度差异的理念基础,相关的制度设计毫无疑问应当围绕这一理念基础上的差异展开。

---

[1] Ver artículos del Código Civil: 1936-1941.

[2] Art. 1: 342 lid 1, 344-357 en 370 BW.

[3] Art. 1: 253k BW.

[4] Άρθρο 1590 AK.

[5] Άρθρο 1623-1625 AK.

[6] 日本民法第 848 条、849 条。

[7] 日本民法第 850 条。

[8] Artículos 579, 590-605, Código Civil Federal.

三、对现有草案的检讨

（一）"大监护概念"的弊端

在现有的6部《民法总则》草案中，除了人大版草案，其余5部草案均采用了"大监护概念"。采用"大监护概念"最为明显的弊端在于，这一概念可能模糊父母子女关系的人权和基本权利内涵。虽然在"大监护概念"之下，可以进行一定的区分（如法定监护、指定监护和意定监护），但是这样的区分实际上并不能有效凸显父母与子女关系的人权和基本权利内涵。根据杨立新教授的考察，我国在制定《民法通则》时，之所以采用了"大监护概念"，是由于错误借鉴了英美法中的监护制度。[1] 蒋月教授亦提出了类似的见解，即我国弃用"亲权"而转向普通法系的监护概念是中华人民共和国成立后的历史产物，并延续到了《民法通则》。[2]《民法通则》对普通法这一概念的错误借鉴成为我国目前家庭法概念体系混乱的重要原因。这种混乱表现在司法实践中经常混淆抚养权、直接抚养权、监护权以及随某某共同生活等概念。而现阶段，六部草案中的五部草案均沿袭了《民法通则》的模式，表明我国学界对此问题仍然缺乏深入的研究和清晰的认识。

就法工委版草案而言，其在框架上基本复制了《民法通则》的规定。但该草案对《民法通则》中的原有规定进行了适当的修订和细化。尤其是细化了监护人的具体义务以及监护人撤销机制。[3] 虽然存在这些修订和细化，但由于该草案采用了"大监护概念，统一规定"模式，并没有对父母担任监护人和与其他人担任监护人的义务进行区分，而只作出了概括性的规定。此一概括性约定并不能恰当地体现前述"信任与不信任"的理念差异。由于没有坚持此项理念，草案并没有强化对监护人的监督，既没有设定对监护人行为的直接约束机制，也没有确立在比较法上较为普遍的财产清册制度和信息报告制度。更为关键的是，草案

---

〔1〕 杨立新："《民法总则》制定与我国监护制度之完善"，载《法学家》2006年第1期。

〔2〕 参见蒋月、韩珺："论父母保护教养未成年子女的权利义务：兼论亲权与监护之争"，载《东南学术》2001年第2期。

〔3〕 参见原法工委民法室草案第30、32条。2016年7月6日公布草案第33、34条。

对于父母和非父母监护人资格的撤销和恢复设置了同一标准，未能体现出差异化原则。[1] 如前文所述，监护制度的目的在于一定条件下补充和替代父母照顾，然而这种替代的前提条件与监护人的撤销是存在本质上的区别的。国家撤销父母的照顾权本质上属于国家对父母人权和基本权利的干预，这种干预是需要受比例原则的检视的。比例原则要求国家干预的首要方式不是剥夺父母的照顾权，而是提供支持和帮助，除非父母的行为对子女产生了即刻而明显的危险。事实上，由于国家进行干预过程中需要进行利益平衡（最为宽松形式的比例原则形态）[2]，径直剥夺父母对子女的照顾权并非常态。此间体现的是一种以权利为基础的思维模式，而非只考虑儿童利益的纯功利化的思维模式。

事实上，无论是我国加入的《经济、社会及文化权利国际公约》《儿童权利公约》还是我国宪法本身都没有绝对化父母子女关系中的儿童权利。被学者时常援引以作为儿童最大利益原则论据的《儿童权利公约》第 3 条第 1 款只使用了"首要"（primary）这一表述，并没有将其绝对化。而《经济、社会及文化权利国际公约》和我国宪法均在强调保护儿童的同时保护家庭。[3] 并且，我国宪法还特别强调了父母扶养教育未成年子女的义务。故而，父母子女关系在我国同样具备人权和基本权利的内涵。法工委草案忽略这一内涵及其派生的差异化原则是不妥的。

就北航版草案而言，虽然该草案已经注意到了"信任与不信任"的理念差异，将未成年人父母担任监护人的情形排除在需要设置监护监督人的情形之外，[4] 但是由于采用了"大监护概念和统一规定"模式，无法从根本上贯彻这一理念。例如，未将父母担任监护人的情形排

---

〔1〕 参见原法工委民法室草案第 32、34 条。2016 年 7 月 6 日公布草案第 34、35 条。

〔2〕 Shazia Choudhry and Jonathan Herring, *European Human Rights and Family Law*, Oxford: Hart Publishing, 2010, p. 33.

〔3〕 参见 Article 10 of International Covenant on Economic, Social and Cultural Rights,《中华人民共和国宪法》第 49 条。

〔4〕 参见北航版草案第 54 条。

除在需要制作财产清册的规定之外。[1] 从比较法的角度来看，几乎没有国家规定父母需在履行监护职责之前制作和提交财产清册。这是违反基本的逻辑常识的。因为一般而言，父母的照顾权始于子女出生，此时制作财产清册的并无实际意义（为胎儿所设定的继承保留份额除外）。并且，此时制作财产清册也是与信任假设完全背道而驰的。在德国，父母需要制作财产目录只是以例外形态存在的——即父母只需就处于其管理之下的子女因死因处分取得的财产价值超过 15 000 欧元且被继承人无另行指示的财产制作目录。[2] 此外，该草案在规定财产监护的职责、监护人报酬的取得、监护人的辞任和撤销等内容时均未能充分反映"信任与不信任"这一思想基础。[3]

就法学会版草案而言，其监护一节的规定与法工委版草案较为接近，但在内容上不及法工委版草案。该草案在监护资格的撤销、恢复和监护职责的内容等方面均未能体现出"信任与不信任"的理念差异及相应的区分原则。[4] 不过，该草案特别强调了由非自然人（居民委员会、村民委员会和民政部门及其设立的救助保护机构）担任监护人时的监督，[5] 但并没有将其扩展到父母之外的其他监护人。

就社科院版草案而言，该草案在内容上相对细致，但该草案在监护权、监护职责和监护的撤销方面均未体现出"信任与不信任"的理念差异及相应的区分原则。[6] 另外，该草案沿袭《民法通则》第 18 条的规定，特别强调监护的权利属性实际上是不妥的。[7] 这是由于除了父母照顾之外，其他人对子女的监护更多地是一种义务，而非权利。因为监护本身是不具有父母权利所有具有的那层人权和基本权利内涵的。正是由于监护的义务性质，《德国民法典》才特别强调"任何一名德国人均

---

〔1〕 参见北航版草案第 52 条。

〔2〕 § 1640 BGB.

〔3〕 参见北航版草案第 52、53、55 条。

〔4〕 参见法学会版草案第 24、31 条。

〔5〕 参见法学会版草案第 34 条。

〔6〕 参见社科院版草案第 42、43、46 条。

〔7〕 有学者考察认为，《民法通则》之所以这样规定，是出于"方便监护人履行义务"之故。参见裴桦："亲权与监护立法之比较"，载《甘肃政法学院学报》2004 年第 5 期。

应承担家事法院的选定其为监护人的监护"。[1] 这属于有公法性质的公民义务。[2] 德国联邦宪法法院认为，该项义务不应当被归入《基本法》第 12 条第 2 款所规定的"一般传统的、针对所有人员的公共服务"，因为它仍然是一项以公共利益为目标的自愿性行为，义务人也可以进行一定的自我安排。[3] 但是，这并不能否认其强烈的义务属性。《德国民法典》除了规定违反义务的民事责任外，还明确了法院的处罚权。[4] 事实上，法院的处罚权不仅局限于"拒绝承担监护义务"的情形，而且贯穿整个监护监督过程。[5] 而在针对父母的法院措施中，并不存在此项措施。这是由于在父母子女关系中，相关措施的最终目的是在保护未成年子女利益的情况下实现对父母子女关系的修复，而不是对父母进行处罚。适得其反的是，在某些情况下，对父母进行金钱处罚会恶化子女的生存状况。这些差异实际上印证了前文所提出的观点——父母子女关系的权利内涵主要体现在基本权利和人权层面，但监护中并不存在这一内涵。社科院版草案强调监护的权利实际上是不妥的。权利在监护制度中只具有零星的意义，例如费用和适当报酬的求偿权，但该版草案并未就此进行规定。

就法大版草案而言，该草案虽然认识到了"信任与不信任"的理念差异及相应的区分原则，但仍然沿袭了《民法通则》中所使用的"大监护概念"。根据草案第 37 条的规定，在亲属编没有作出特别规定的情况下，亲权形成的监护应当准用总则中的规定。这样，似乎有本末倒置之嫌，因为通常而言，父母照顾权形成在前，监护只是补充和替代父母照顾权。不过这并不是关键。从立法科学性的角度来看，监护中的人身部分准用父母照顾的规定，而父母照顾中的财产部分准用监护的规定似乎更为合适。[6] 这是由于，法律往往正面规定父母在人身照顾方面的内

---

〔1〕 § 1785 BGB.
〔2〕 MüKoBGB/Wagenitz BGB § 1785 Rn. 1.
〔3〕 Siehe BVerfGE 10, 302, 312.
〔4〕 §§ 1787, 1788 BGB.
〔5〕 § 1837 BGB.
〔6〕 Siehe z. B. §§ 1643, 1837 BGB.

容，而从反面规定财产监护的内容。易言之，前者在正面范围较广而后者在反面范围较广。范围较窄的准用范围较广的存在科学性。不过法大版草案的真正问题是总则中规定非亲权形成的对未成年人监护的体系性弊端，这是下文我们将要详述的问题。

（二）现有草案的体系性弊端

总则模式是潘得克吞体系的一项重要标志，但却不是所有大陆法系民法典的标志。在大陆法系具有代表性意义的《法国民法典》《奥地利民法典》《瑞士民法典》《意大利民法典》，以及最近的《荷兰民法典》都没有设置统一的总则。准确地说，设置总则反映了潘得克吞体系的精髓——体系和抽象化思维。[1] 不过，对潘得克吞体系的这一根本性特征的争议并没有伴随《德国民法典》的颁布而停止。学者们对于总则模式的批判往往夹杂着对体系思维和抽象思维的批判。[2] 维亚克尔恰当地指出了争论的关键，即"法典是否需要维持其学术性特征"。[3] 因为"法学一旦自认为是体系性的，就会以形成总则为其不可放弃的任务"，[4] 如果法典具有较强的潘得克吞学术性特征，设置总则似乎是不可避免的选择。当然，体系化的特征及其反映——被广泛诟病的概念金字塔——并非完全是基于学术上的影响，其本身就具备一定的优点，即体系的科学价值。正是在此思维的作用下，法学才从作为学问的 Rechtsgelahrtheit、Jurisprudenz 转向了作为科学的 Rechtswissenschaft。[5] 它

---

〔1〕 在海因·克茨看来，潘得克吞法学派在"一般理论"方面的努力及其成果"《德国民法典》总则部分"在德国之外具有独一无二的魅力。参见 [德] K. 茨威格特、H. 克茨：《比较法总论》，潘汉典、米健、高鸿钧等译，法律出版社 2003 年版，第 223 页。

〔2〕 对批判和支持总则模式观点的归纳，参见 [德] 克劳斯-威廉·卡纳里斯：《民法典总则的功能及其作用的限度》，陈大创译，载张双根等主编：《中德私法研究》总第 10 卷，北京大学出版社 2014 年版，第 88～91 页。

〔3〕 [德] 弗朗茨·维亚克尔：《近代私法史：以德意志的发展为观察重点》（下册），陈爱娥、黄建辉译，上海三联书店 2006 年版，第 467 页。

〔4〕 [德] 弗朗茨·维亚克尔：《近代私法史：以德意志的发展为观察重点》（下册），陈爱娥、黄建辉译，上海二联书店 2006 年版，第 467 页。

〔5〕 参见郑永流："法学方法抑或法律方法"，载郑永流主编：《法哲学与法社会学论丛》，中国政法大学出版社 2003 年版，第 20～21 页；[德] 扬·施罗德："19 世纪的德国法律科学：理论及其与法律实务的联系"，载米健主编：《中德法学学术论文集》（第二辑），中国政法大学出版社 2006 年版，第 103 页。

与概念的精确、逻辑的严密和体系的美学（公理体系）都密切相关。从更为实际上的角度来看，它避免了法典连篇累牍的重复并确保了法典的安定性。[1]

就我国当下的民法典编纂而言，对是否需要设置总则这一问题的争议似乎已经暂时被搁置。总则模式不仅取得了学界的支持，而且得到了立法机关的认可。"先编制民法总则，再整合其他民商法律为民法典"的思路已经开始实施。[2] 故而，当下我们真正面临的问题是民法总则应当规定哪些内容。就本文的内容而言，涉及的问题是对未成年人的父母照顾和监护是否应当规定在总则。

要对这一问题进行回答，仍然必须回溯总则的功能和定位问题。一般而言，总则被认为是概念金字塔的顶端，整个民法典的最高抽象。潘得克吞体系下民法典的本质是"一个协调的、按抽象程度逐级划分的概念系统"，[3] 总则在此理想模式下被认为是"最小公因式"。不过，现实的情况并非如设想的那般完美。在潘得克吞的故乡，围绕那些内容应当进入总则的争论仍然不绝于耳。实际上，《德国民法典》总则的内容并不完全是"提取公因式方法"（Klammertechnik）的产物，部分内容完全是以非计划性和非必然性的形式存在的。除了在"法律行为"这一议题上取得较大的共识之外，[4] 对总则其他部分都或多或少存在争论。事实上，根据齐特尔曼的考察，总则并非是适用一种标准的产物。与此相对，它是两种标准（事实及法律效果）混合的产物。[5] 总则之

---

〔1〕 ［德］卡尔·拉伦茨：《德国民法通论》（上册），王晓晔、邵建东、程建英等译，法律出版社 2003 年版，第 34 页。

〔2〕 参见 "全国人大常委会 2016 年工作要点"，载《中国人大杂志》2016 年第 9 期。

〔3〕 ［德］迪特尔·施瓦布：《民法导论》，郑冲译，法律出版社 2008 年版，第 19 页。

〔4〕 维亚克尔认为，事实上只有"法律行为"章才包含了真正的"一般性"规则。参见［德］弗朗茨·维亚克尔：《近代私法史：以德意志的发展为观察重点》（下册），陈爱娥、黄建辉译，上海三联书店 2006 年版，第 466~467 页。恩斯特·齐特尔曼提出了类似的观点，他指出："法律行为制度是总则的本质部分"。参见［德］恩斯特·齐特尔曼：《民法总则的价值》，王洪亮译，载张双根等主编：《中德私法研究》（总第 10 卷），北京大学出版社 2014 年版，第 76 页。

〔5〕 ［德］恩斯特·齐特尔曼：《民法总则的价值》，王洪亮译，载张双根等主编：《中德私法研究》（总第 10 卷），北京大学出版社 2014 年版，第 72~79 页。

所以是这两种标准混合的产物，根本上是由于民法分则部分采用了不同的构造技术，即梅迪库斯所言的"生活事实的相似性"在第四、五编中的决定性以及"法律后果的相似性"在第二、三编中的决定性。[1]但事实上，总则的风格是偏向于财产法的，即主要是以"法律后果的相似性"为标准进行类型化和抽象化的产物。这就造成了总则在最后两编一定程度的不适性。这种不适性在家庭法中尤为明显。余延满教授的考察印证了这一观点，即《德国民法典》中的总则部分基本不适用于亲属法。[2]由此观之，像新近的《荷兰民法典》那样，不设置统一的总则而只设置财产法总则似乎更为合适。不过，我们当下的民法典编纂并没有采用这一并轨模式，而仍然坚持了传统潘得克吞体系的单轨制模式。这样，我们的民法总则仍然无法避免汉斯·尼佩代说批判的那种"混合性特征"。[3]既然总则并不是完全基于法律后果抽象的产物，[4]而是一种混合产物，那么将父母照顾与监护的内容放置在总则一编并不存在实质性障碍。不过，这样可能带来体系上的不均衡。首先，家庭法的相当大部分内容将被抽空，而总则编则有内容过于庞大的嫌疑，无法体现总则"一般性特征"。[5]这样，潘得克吞体系的典型特征将被弱化，而趋近于《法国民法典》所代表的法学阶梯体系。

齐特尔曼指出："就总则中是否应当规定配偶间关系、父母子女关系以及监护人与被监护人的关系是存在疑虑的，不过多数人主张这些规则应当继续与家庭法的财产法放在一起"。[6]多数人之所以会有这样的主张与潘得克吞体系的另外一项贡献密不可分——对家庭法的体系化认

---

〔1〕［德］迪特尔·梅迪库斯：《德国民法总论》，邵建东译，法律出版社2001年版，第20~21页。

〔2〕参见余延满：《亲属法原论》，法律出版社2007年版，第45~48页。

〔3〕Vgl. Hans Carl Nipperdey, Das System des Bürgerlichen Rechts, abgedruckt in: Zur Erneuerung des Bürgerlichen Rechts, München u. Berlin 1938, S. 95 ff.

〔4〕［德］迪特尔·施瓦布：《民法导论》，郑冲译，法律出版社2008年版，第33页。

〔5〕［德］迪特尔·梅迪库斯：《德国民法总论》，邵建东译，法律出版社2001年版，第22页。

〔6〕［德］恩斯特·齐特尔曼：《民法总则的价值》，王洪亮译，载张双根等主编：《中德私法研究》（总第10卷），北京大学出版社2014年版，第82页。

识。虽然这一认识可以最终追溯至普芬道夫的自然法思想，并反映在《普鲁士一般邦法》之中，[1] 但其最终成熟于萨维尼，[2] 并集中反映在潘得克吞法学的产物——《德国民法典》之中。对家庭法的体系化认识成为《德国民法典》区别于《法国民法典》的一项重要标志。从这一角度来看，至少应当坚持这样一项原则——即家庭法有必要保持相对的完整性。在那些不设置统一总则的民法典（如《意大利民法典》《西班牙民法典》《荷兰民法典》）中，家庭法的内容被放置在"人法家庭法"（或"人法"）一编中进行集中处理。略有差别的都是，《意大利民法典》的这一编内容包含了法人的内容，而《荷兰民法典》则将有关于法人的内容单独成编。在那些设置统一总则的民法典（如《德国民法典》《希腊民法典》《日本民法典》《韩国民法典》《格鲁吉亚民法典》《俄罗斯民法典》我国澳门特别行政区"民法典"）中，维持家庭法的体系完整性成为一种范式。这些民法典均未在总则就父母照顾（亲权）的内容进行详细规定。这其中的部分法典只是在规定人的行为能力时会简单提及父母照顾权（亲权）[3] 或者作为其组成部分的法定代理权。[4] 就监护而言，这七部民法典中只有《俄罗斯民法典》

---

〔1〕　See Franz Wieacker, *A History of Private Law in Europe*, translated by Tony Weir, with a foreword by Reinhard Zimmermann, Oxford: Clarendon Press, 1996, pp. 264, 296.

〔2〕　萨维尼在《当代罗马法体系》一书中从法律关系的角度对此问题进行了详细的讨论。参见［德］萨维尼：《当代罗马法体系》（第一卷），朱虎译，中国法制出版社 2010 年版，第 259~275 页。在 Wolfram Müller-Freienfels 教授看来，萨维尼在此议题上的贡献表现为"将独立的家庭法从简单的外部系统化转向了真正的内部系统化"，See Wolfram Müller-Freienfels, "The Emergence of Droit de Famille and Familienrecht in Continental Europe and the Introduction of Family Law in England", 28 *Journal of Family History* 38 2003. Janet Halley 教授和 Kerry Rittich 教授从比较法的角度恰当地评价了萨维尼的贡献，他们指出，"从 19 世纪开始，尤其是伴随着在萨维尼影响之下的德国法律学说在全世界的传播，家庭法逐渐以独立法律论题的面貌出现"。See Janet Halley & Kerry Rittich, "Critical Directions in Comparative Family Law: Genealogies and Contemporary Studies of Family Law Exceptionalism", 58 （4） *The American Journal of Comparative Law* 753 2010.

〔3〕　例如，根据我国澳门特别行政区《民法典》第 113 条规定，未成年人之无行为能力，根据相关条文规定，以亲权弥补；不能以亲权弥补时，则以监护权弥补。

〔4〕　例如，根据《韩国民法典》第 5 条的规定，未成年人实施法律行为，需经法定代理人的同意。《日本民法典》第 4 条、《格鲁吉亚民法典》第 15 条有类似的规定。

在总则中详细规定了对未成年人的监护，但仍将部分内容置于家庭法中。[1] 从这些立法例所反映的状况来看，持"大监护概念，总则中统一规定"模式的四部民法总则草案似乎已经背离了德国法族的传统。

事实上，支持"采纳大监护概念，并在总则中统一规定对未成年人的监护"的观点是缺乏充分依据的。与此相对，这一主张在体系上存在诸多的弊端。这种弊端首先表现在背离了潘得克吞体系对于总则的定位，不仅使总则背离了抽象性和一般性特征，而且使得总则内容过于庞大。尤其是上述四部草案采用"大监护概念"的情况下，父母子女关系的相应内容实际上已经超越了对权利主体的规定，而将其扩展到了特殊化的父母子女关系。由此，总则对于权利主体的规定所出现膨胀使其更为趋近于"法学阶梯"模式。其次，在总则部分过多规定父母子女关系造成家庭法相当大部分的内容被抽空，背离了对家庭法的体系化认识，并破坏了家庭法的完整性。即使是采纳了"小监护概念和分别规定"模式的人大版草案和采纳了"大监护概念，分别规定"模式的法大版草案实际上也未能坚守家庭法的体系性认识。虽然监护并不属于狭义的家庭关系，但是监护的前提确实与家庭关系密切相关，即子女无父母或者父母对子女的相关权利被剥夺。先规定父母照顾，再规定无父母照顾（事实上无或者法律上无）状况下的监护不仅能恰当反映二者在宪法和人权公约上的基础差异，也是符合二者产生的逻辑顺序的。因而，在家庭法中统一规定对未成年人的监护是更为恰当的选择。虽然有学者主张中国民法典的编纂应当导向实用主义，超越严格的体系化思

---

[1] 《俄罗斯民法典》第31~40条。参见黄道秀译：《俄罗斯联邦民法典》（全译本），北京大学出版社2007年版，第46~49页。

维，〔1〕但这并不表明体系及其所代表的形式主义完全没有价值。〔2〕从认识论的角度来看，科学合理的体系至少有助于我们更为清晰地理解概念和规则的区分及其关联。既然我们当下的民法典编纂已经确定了潘得克吞的体系框架，那么像在"总则中统一规定大监护"的观点及其实践无疑是背离我们所选择的体系框架及其所隐含的理论假设的。

结　语

通过以上的分析，我们不妨作出这样的总结：各个版本的民法总则草案在"大小监护"立法模式上的差异及其背后所隐含的学术争论实际上表明现阶段很多观点主张仍然落入《民法通则》的思维窠臼，未能清晰认识到《民法通则》与当下起草的《民法总则》之间的区分。现有六个版本草案中的多数草案都表现出了过度受制于《民法通则》的倾向。就当下《民法总则》的起草思路而言，存在修补《民法通则》还是完全另立门户的争论。〔3〕一方面，我们必须意识到完全抛弃《民法通则》所带来的法秩序动荡所产生的巨大成本。但另外一方面，我们又应当对《民法总则》与《民法通则》之间的关系存在清晰的认识。尤其是，《民法通则》的制定具有特殊的历史背景，决不能将其等同于《民法总则》。〔4〕当下的民法典编纂为我们提供了修正《民法通则》漏

〔1〕　参见马江："中国民法典的制定因超越严格体系化思维"，载郑永流主编：《法哲学与法社会学论丛》（五），中国政法大学出版社 2002 年版，第 240~281 页；薛军："中国民法典编纂：观念、愿望与思路"，载《中国法学》2015 年第 4 期。

〔2〕　根据马克斯·韦伯的观点，以德国民法典为代表的形式理性是具有积极意义的。这种意义不仅表现在其对社会经济发展所提供的服务，而且表现在其普世性特征之上，易于成为法律继受的对象。正如苏永钦教授所指出的那样，"正是民法这样纯粹、技术性的语言，才有可能抽离各种社会的生活条件和世界观，放之四海皆准"。参见［美］哈罗德·J.伯尔曼：《法律与革命》（第一卷），贺卫方、高鸿钧、张志铭等译，法律出版社 2008 年版，第 536 页；苏永钦：《走入新世纪的私法自治》，中国政法大学出版社 2001 年版，第 13 页。

〔3〕　代表性的论文如：薛波、雷兴虎："制定《民法总则》不宜全面废弃《民法通则》"，载《宁夏社会科学》2016 年第 1 期；朱启超、许德风："论我国民法典总则的制定"，载《浙江社会科学》1999 年第 5 期；房绍坤："关于民法典总则立法的几点思考"，载《法学论坛》2015 年第 2 期。

〔4〕　参见史际春："我国民法通则与外国传统民法总则的比较"，载《社会科学》1986 年第 7 期；梁慧星："关于中国民法典编纂问题"，访问网址：http://www.iolaw.org.cn/showArticle.aspx? id=4200，访问时间：2016 年 4 月 10 日。

洞和错误的机会，而"大监护概念"正是当时错误借鉴普通法系概念所留下的问题。由于它未能充分反映出父母子女关系的人权和基本权利内涵，也未能体现出"信任与不信任"的理念差异，在此次民法典编纂中应对其进行修正。此外，考虑到总则与通则定位和功能差异，不宜沿袭《民法通则》的做法，在总则中就未成年子女的照顾和监护问题作统一规定。

完善我国未成年人监护立法的思考[1]

曹思婕[2]

监护起源于罗马法，是一项古老的法律制度，但在我国，作为一项正式法律制度，监护制度只有一百余年的历史。我国古代把父母将未成年子女托付给他人照顾的行为称为托孤，不过，这仅仅是一种民间习俗，并没有上升到国家法层面。1903年，汪荣宝、叶澜编纂的辞书《新尔雅》，在"民法"类词条中使用了"后见人"一词，[3] 其含义与对未成年人的监护相近。直到1911年，监护才第一次出现于《大清民律草案》，随即《民国民律草案》和《中华民国民法》开始沿用这一称谓，标志着中国近代民法中正式确立起监护制度。改革开放以来，1986年第六届全国人民代表大会第四次会议通过的《中华人民共和国民法通则》第二章第二节对监护作了专门规定，[4] 其中未成年人监护制度体现在第16条。从此，针对未成年人监护的立法保持了30年不变。未成年人监护制度的设立不仅关涉未成年人健康成长，而且蕴含着国家尊重和保障人权的宪法要求。当前，我国的家庭结构，未成年人的生存发展环境，对未成年人保护的诉求，都发生了新变化，现行的未成年监护立法与保护未成年人的理念和现实要求越来越不相适应，在此背景下，完善未成年人监护立法已成为一项迫切任务。

---

〔1〕 本文原载《理论探索》2016年第4期。
〔2〕 曹思婕，女，中国政法大学民商经济法学院博士研究生。
〔3〕 参见汪荣宝、叶澜编：《新尔雅》，上海文明书局1906年版，第32页。
〔4〕 江平主编：《民法学》，中国政法大学出版社2011年版，第65页。

一、未成年人监护面临的主要现实问题

近年来，农村留守儿童面临的监护缺位问题，未成年人不断遭受侵害的案例，由代孕引发的新型父母子女关系下监护权的归属问题，不但成为突出的社会问题，引起政府和社会各界的广泛关注，而且急切需要通过完善立法加以回应。

（一）未成年人遭受监护人侵害问题需要通过完善立法提供保障

现实生活中，我国相当程度地存在着由于未成年人的监护人不履行监护职责致使未成年人的身心受到严重伤害的问题，这一问题近年来尤为突出。其中，最让人痛心的莫过于"南京虐童案"，该案被公之于众后立即引发社会的强烈关注。但该案绝非个例，近年来，未成年人遭受监护人虐待、遗弃、侵害的案例不断被媒体曝光：如10岁男孩被继父关羊圈3年案、1岁女婴被后妈虐待致死案、父母动用铁链"管教"女儿等。根据我国现行法律规定，未成年人的监护人作为承担保护、照顾、教育和关爱未成年子女的义务人，应当是子女利益最直接的维护者。但残酷的现实是，未成年人的监护人歧视、虐待、侵害、遗弃未成年人甚至剥夺未成年人生命的案例时有发生。有的未成年人的监护人并没有把未成年子女置于与自己平等的地位，没有把未成年子女视为独立的权利主体；有的未成年人的监护人对未成年子女没有履行应有的尊重、照顾和保护义务，相反却将未成年子女视为自己的私人物品，肆意打骂、侮辱、欺骗、遗弃，导致未成年子女身心遭受极大的摧残。未成年人受到监护人侵害逐渐增多的事实让我们深思：未成年人的监护职责如何才能够得到切实有效的落实，在监护不力的情形出现时怎样才能最大限度地保护未成年人的最佳利益，等等。事实证明，监护不力对未成年人造成的伤害有时甚至比监护缺位更为可怕、令人担忧。造成未成年人遭受监护人侵害的原因固然复杂，但现行立法的监督机制不具体，监护人不履行监护职责的制裁措施不明确，导致未成年人长期忍受监护不力的侵害而得不到及时有效的救助，无疑是重要原因。为此，十分有必要通过立法，规范和约束未成年人的监护人的监护行为，加大对未成年人监护的监督保障力度。

（二）留守儿童面临的监护缺失需要通过完善立法填补

留守儿童现象是指父母双方或一方外出打工或工作，由留在农村的父母一方或祖辈或同辈或其他亲属、朋友作为未成年人的监护人来保护和照顾未成年人。在社会转型的大背景下，越来越多的农村剩余劳动力向大中型城市转移。受城乡二元结构的影响，农民工外出打工时，多数情况下会选择把未成年子女留在农村，致使未成年子女处于由他人监护甚至无人监护的状态，这可以说是目前未成年人监护面临的最严重的现实问题。全国妇联 2013 年 5 月发布的《中国农村留守儿童、城乡流动儿童状况研究报告》，根据《中国 2010 年第六次人口普查资料》样本数据推算，全国有农村留守儿童 6102.55 万，占农村儿童 37.7%，占全国儿童 21.88%。与 2005 年全国 1% 抽样调查估算数据相比，五年间全国农村留守儿童增加约 242 万。2014 年 5 月，中国青少年研究中心组织实施了"全国农村留守儿童状况调查"，调查在河南省、安徽省、湖南省、江西省、重庆市、贵州省等 6 个劳务输出大省（直辖市）的 12 个县（市、区）进行，共调查四至九年级农村留守儿童 4533 人（占 61.7%）、非留守儿童 2731 人（占 37.2%）。[1] 在此基础上形成的《中国留守儿童心灵状况白皮书（2015 年）》显示，我国 17 岁以下的留守儿童总数约为 6100 万人，其中 15.1% 的孩子一年没有见过父母，4.3% 的孩子甚至和父母已有一年没有联系。[2] 这一系列数据足以说明留守儿童的监护问题是中国社会的普遍问题。现实中，对留守儿童的监护主要采取单亲监护、隔代监护、上代监护和同辈监护四种方式，但无论哪种方式的监护都存在着自身无法避免的弊端。这些监护使得留守儿童缺乏父母应有的关怀与爱护，进而造成留守儿童心理和人格的缺陷。有效落实对留守儿童的监护，不仅直接关系到农村未成年人的身心发展，而且影响到中国的教育事业、人才成长和社会进步。目前，学界对

---

〔1〕 "2015 年中国农村留守儿童现状调查报告"，访问网址：http://bg.yjbys.com/diaochabaogao/19840.html，访问时间：2016 年 1 月 1 日。

〔2〕 "'致 2016 中国教育'：留守儿童需要可感触到的家"，访问网址：http://www.edu.cn/edu/ji_chu/ji_jiao_zhuan_ti/liushouertong/201512/t20151230_1353044.shtml，访问时间：2016 年 1 月 1 日。

留守儿童监护问题的研究还处于起步阶段，相关政策的刚刚出台，立法上还是空白。2016年2月4日，国务院印发的《关于加强农村留守儿童关爱保护工作的意见》是我国第一部系统保护农村留守儿童的行政文件。该《意见》明确留守儿童监护以坚持家庭尽责和政府主导作为基本原则，这是国家对留守儿童切身关怀迈出的关键一步，2016年全国"两会"关于留守儿童监护问题的提案也备受关注。留守儿童的成长理应给予特殊关注，面临的监护缺失急切需要立法回应。

（三）新型父母子女关系下的监护权归属需要通过完善立法加以明确

现代社会生活丰富多彩，家庭关系复杂多样，由代孕引发的未成年人监护问题已成为现实。2015年10月23日至24日央视一套的《今日说法》栏目连续播出"私人订制龙凤胎（上、下）"揭示了在上海市闵行区人民法院受理的一场旷日持久的未成年人监护权争夺案。富商（男）突发疾病身亡，留下了一对龙凤胎。富商刚刚过世，其父母与富商妻子便展开了争夺龙凤胎儿女抚养权的"持久战"。这对龙凤胎的身世之谜也在监护权的争夺中层层揭开：事实是富商的两个年仅3岁的孩子竟然不是与其妻所生。孕育孩子的卵子和子宫是由富商的妻子分别购买其他两位女性的卵子和子宫孕育而成，即该对龙凤胎是代孕所生，富商妻子并非这对儿女的生母。与此同时，这对孩子的身上拥有着巨大的遗产份额。因此在富商病逝后，使得富商的妻子和富商的父母竞相争夺这对孩子的监护权。最终，在监护人的选择上，上海市闵行区法院经过实地调查、多重考虑，依照现行民法规定，将这对龙凤胎的监护权判给了富商的父母。关于该案，学者们纷纷发表见解。大多数学者认为该案之所以会引起纠缠不休的孩子监护权的争夺战，主要根源于孩子享有巨额财富，即富商父亲遗留给了两个孩子价值不菲的遗产。如果孩子未享有遗产份额，可能根本无人愿意承担监护责任。但笔者认为，代孕孕育出的子女，无论是存在积极的监护权争夺还是消极的无人监护状况，其监护权本身就是一种新的法律疑难。而代孕孕育的子女必然引发未成年子女的监护权归属问题。随着时代的发展，代孕行为已悄然走入我们的现代生活中。2015 年 12 月 27 日通过的《中华人民共和国人口与计划生育法修正案》最终删除了"禁止以任何形式实施代孕",这使得我国目前对于代孕行为的态度处于不加禁止又不予否认的模棱两可的状态。不禁止实施代孕是符合我国国情、现代科技发展和现代家庭生活的现实选择。但代孕不仅仅是简单的生育行为,而且是关涉家庭稳定和人类延续的社会问题。正是由于代孕行为的存在和一定范围内的普及,由此产生的新型父母子女关系,势必对我国现行的未成年人监护制度提出新的挑战。并且其他新类型的父母子女关系也将随着生活的发展和时代的变迁逐渐浮出水面。因此,面对新型父母子女关系,破解监护权困扰,明确监护权归属,是立法应承担的使命。

二、目前未成年人监护立法存在的明显缺陷

回归到立法本身,深刻反思我国未成年人监护立法,在立法理念、立法体系和具体规定方面存在的缺失亦应引起必要重视:

（一）立法理念滞后

从现行立法看,一方面,我国对未成年人的监护规定仅停留在对未成年人的照顾层面,法律规定侧重从血缘亲子、亲情人伦的视角规范父母对未成年子女的照顾义务,并没有把实现未成年人利益最大化作为未成年人监护立法的首要目标,全面且适当的监护未成年人。如对于没有父母或父母监护不能的情形,《民法通则》第 16 条只是笼统地对有监护能力的人担任监护人列出了顺序。该条规定中,一是没有规定究竟何谓监护能力,而监护能力不仅是成为未成年人的监护人的关键条件,而且监护能力的有无以及监护能力的大小是决定监护人优先顺位的关键因素。监护能力规定的疏漏无疑给未成年人监护人资格的认定带来诸多困难。二是排列的监护顺序过于僵化,不仅没有将特殊情形的未成年人指定监护人考虑其中,而且从现实出发,该条规定是否能够切实保障未成年子女的利益并未予以充分考量。因此,该条规定缺乏具体的适用情形和客观的司法判定标准,有"纸上谈兵"之嫌。又如《民法通则》第 18 条规定了"监护人应当履行监护职责",《未成年人保护法》第 50 条规定"公安机关、人民检察院、人民法院以及司法行政部门,应当依法履行职责，在司法活动中保护未成年人的合法权益"。但这些条文都具有极强的概括性，没有规定具体怎样做才是有效的履行职责。监护职责的细化应当是法律对监护范围的明确规定，也是对监护人监护行为的规范和约束。未成年人的监护人的监护职责规定的抽象、模糊，必然导致在未成年人监护的司法实践中很难对"依法履行职责"做出明确且适当的判定。另一方面，我国对于未成年人的监护仍然停留在私法领域，家庭观念、自治意识主宰和贯穿着整个未成年人监护的立法。无论是《民法通则》还是《婚姻法》都强调父母及家庭成员对未成年人的职责，忽视了国家和政府对未成年人监护的应有职责。现行立法缺少关于国家监护的规定。未成年人是国家发展、社会延续的不竭动力，国家监护实则是他们健康成长的有力保障。国家有义务和责任成为未成年人监护的隐形力量和最终救济途径。在父母监护、家庭监护缺位或监护不力时，国家机关运用国家公权力履行对未成年人的监护职责是必要且正当的。

（二）体系体例散乱

我国立法关于未成年人监护的规定过于笼统、抽象、分散和简单。到目前为止，从体系体例上看，我国并没有一部统一的关于未成年人监护的法律，也没有在某一部法律里单列一章专门规定未成年人监护。关于未成年人监护的法律规定主要散见于《民法通则》第二章第二节监护的第 16 条、第 18 条的规定和《最高人民法院关于贯彻执行〈中华人民共和国民法通则〉若干问题意见（试行）》的相关规定；《中华人民共和国婚姻法》（以下简称《婚姻法》）第三章家庭关系的第 21、23、26、27、28、29 条以及《中华人民共和国未成年人保护法》（以下简称《未成年人保护法》）第二章家庭保护、第三章社会保护、第四章司法保护中的相关规定。从内容上看，现行立法对未成年人监护的规定并不全面、深入、具体、细致。《民法通则》的相关规定仅是原则性的法律条文，主要起倡导性、指引性作用，而《婚姻法》侧重于以家庭关系规定夫妻关系、子女关系以及他们之间的财产关系和人身关系，对于未成年人监护的具体情形没有涉及。《未成年人保护法》则是从家庭、学校、社会、司法四个方面对未成年人的保护作出规定，有关未成年人的监护没有明确。

（三）具体规定存在缺陷

第一，监护种类缺失。依据目前法律规定，未成年人监护有法定监护和指定监护两种。设立这两种监护的目的是为对未成年人进行永久监护。但司法实践一再证明，现有的监护类型已不能满足我国社会的现实需求。如当未成年人暂时没有监护人或当监护人对未成年人造成侵害还未来得及指定适当监护人时，自然需要通过临时监护对未成年人加以保护。南京于2015年出台了困境未成年人寄养家庭评估标准。[1] 这正是在我国立法没有明确规定未成年人临时监护的情势下，各地根据具体实践做出的应急措施。又如当未成年人的父母临终前可能因出于保护未成年子女利益的考虑，会做出与法定监护顺序不同的人担任未成年人监护人的意思表示，这种情形尚未被我国法律所承认。但此种做法已经存在于现实生活中，恰恰类似于我国古代的托孤这一监护制度的雏形。

第二，未成年人监护缺乏国家公权力的介入。我国现行立法没有国家监护的规定。虽然《民法通则》第16条明确了未成年人住所地的居民委员会、村民委员会对担任监护人有争议时的职责，但根据宪法规定，居民委员会、村民委员会属于基层群众性自治性组织，并不行使国家权力。社会形态的更替发展、人民生活的日益丰富，未成年人的成长与发展已不局限于家庭的看护和照管。未成年人监护也不仅仅是其父母或家族的责任。家庭是社会的基本组成单位，国家有责任为家庭营造和谐的生活氛围，有义务为实现未成年子女的最大利益提供帮助。当现行的未成年人监护立法仍囿于民法领域私法自治的空间时，必然突显出针对未成年人监护立法的滞后性。如在我国贫困地区，父母双亡的未成年子女很多时候处于无人监护的境地，即使父母的亲属自愿抚养未成年子女，也因经济困难等客观条件使孩子长期处于监护不力的状态，此种情况势必需要国家履行监护职责。国家公权力介入未成年人监护，并不是

---

〔1〕 "困境儿童需要一个临时庇护所"，访问地址：http://news.xinhuanet.com/comments/2015-06/30/c_1115766350.htm，访问时间：2016年1月1日。

要取代家庭或亲属对于未成年子女的保护和照顾，而是当未成年人利益在家庭监护中得不到保障时，国家有权作出违背父母或家庭成员意愿的决定，给予未成年子女充分的保护以实现他们的最佳利益。

第三，未成年人监护监督和责任追究存在立法空白。现行立法对监护人的监护职责并没有采用列举加概括的方式，同时也没有系统的针对未成年人监护人的责任追究机制。未成年人监护监督和责任追究机制对保障未成年人的监护人认真履行职责具有指引、预防、警示和惩罚的作用。《民法通则》第 18 条规定了监护人的监护职责及民事责任，但仅是笼统的规定。该规定主要起法律的倡导性作用，不能有效规范和约束未成年人监护人的监护行为。一是对于未成年人监护的报告和撤销机制现行立法局限于抽象的法律条文，如《民通意见》第 14 条、第 20 条。二是没有规定未成年人的监护人对监护事项的登记与公示制度，这无形中为未成年人的监护人滥用监护权提供了无人监督的空间。并且，现实生活中监护行为本身多种多样、并非千篇一律，监护人的监护行为是否有利于未成年人的利益需要个案分析，现行的法律规定对监护人侵权行为的认定缺乏一般的客观标准，使得监护职责是否适当履行的司法案件更多的由法官通过行使自由裁量权予以衡量。缺少对监护行为的监督和监护人的责任追究机制，给未成年人监护不力、监护中的侵权埋下了隐患，直至导致一些未成年人辍学出走、流浪乞讨、违法犯罪的严重问题。

三、完善未成年人监护立法的基本思路

法律的发展应该与社会的发展进步相适应。针对我国未成年人监护面临的突出现实问题和立法缺失，笔者提出如下完善立法建议：

（一）实现未成年人监护立法理念的转变

完善未成年人监护立法的基本前提是要树立尊重未成年被监护人意愿和利益的立法理念，充分体现子女本位的思想。监护人不仅要做到对未成年人的照顾和保护，而且要实现未成年人的利益最大化。无论监护人的选任、监护人监护行为的适当性标准、监护事务执行的范围，还是监护监督机构的设立、监护监督报告机制的建立等都应以保护和实现未

成年人的最佳利益为核心。基于此，在立法理念上，要实现从对未成年人的基本照顾到未成年人利益最大化的转变；从全部依赖于家庭监护转向以家庭监护为主、政府监护为辅；从注重财产监护转变为兼顾身心健康与财产管理；从侧重基层组织的义务履行转变为确立国家责任的政府职能；从依赖收养关系转向全面健全监护体系。总之，未成年人监护只有突破私法领域的束缚，以实现未成年人的最佳利益为原则，建立人权保障的现代未成年人监护立法理念，才能从根本上全面构建我国的未成年人监护制度体系，系统有效地回应未成年人监护面临的现实难题。

（二）形成完整统一的未成年人监护法律体系

目前，我国民法学界对未成年人监护立法的体例编排见仁见智，大致分为两种意见：一种意见是，将未成年人监护全部纳入民法典中的总则编中。坚持此种意见的理由是，沿袭原有《民法通则》的立法体系，易于认同和理解。现行监护制度主要体现在《民法通则》第二章里，而未成年人监护作为监护的一种形式，由民法典统一调整保持了监护制度的系统化，若将未成年人监护纳入婚姻法中则太过庞大。另一种意见是，通过民法典的总则编规定监护的共性内容，其中包括未成年人监护的原则性规定，而未成年人监护立法的具体内容则由婚姻法详细规定。未成年人监护立法要形成民法典总则编和婚姻法科学分工、有机互补、有序结合、统一协调的架构。笔者赞同此观点。具体来说，民法典总则编中的监护制度应当规定最基本的内容，即监护的概念、原则、监护人与被监护人的法律关系；监护人的权利；监护人的义务；监护的分类设立（包括监护能力）；监护人的变更与撤销；监护终止；监护人职责以及监护监督。而有关未成年人监护的具体规定应全部纳入婚姻法。民法典总则编和婚姻法共同规定未成年人监护制度有诸多优势：一是在婚姻家庭法回归民法典的大趋势下，监护制度必然在民法典的民法总则中有所体现。但目前我国的婚姻家庭法律制度并不完善，许多内容有待制定和充实，未成年人监护作为特殊身份权制度的具体体现和家庭人伦理念的缩影，是其中之一。二是突显婚姻法的亲子关系特质。民法虽博大精深但并不能包罗万象、事无巨细。未成年人监护是我国监护制度的重要组成部分，它既蕴含着监护制度的共性又有其自身的独特性，将其完全纳入民法典总则编，与总则篇的基本定位不相协调。相反，由婚姻法规定未成年人监护制度可以具体体现出婚姻家庭关系中亲子关系的特质，是恰如其分的明智选择。三是强调未成年人监护制度的重要地位。在婚姻法中具体规定未成年人监护制度，不但有利于我国未来未成年人监护制度的完善和发展，而且使得我国监护制度的整体编排井然有序、详略得当。

（三）充实丰富未成年人监护立法的具体内容

第一，构建全面系统的未成年人监护类型。应在保留原有的未成年人监护类型的基础上，增设临时监护和遗嘱监护，增设这两种监护类型既是适应当今世界未成年人监护制度发展的必然要求，也是对目前我国社会特别是农村留守儿童监护缺失的填补和对监护不力的纠正。临时监护是指当未成年人的监护出现监护缺失或监护不力时及时指定、选任监护人或在法律规定的情形下由相关机构如学校等担任未成年人的临时监护人。遗嘱监护是指未成年人的监护人以设立遗嘱的方式为未成年人指定监护人，通常是父母为其子女以合法有效的遗嘱指定监护人。临时监护的设立，要充分发挥民政部门的职责，赋予民政部门在全国各地统一设立承担未成年人临时监护职责的儿童临时监护所等，给流离失所的儿童或暂时失去监护人的孩子设置一个安全、信赖的场所，把他们遭受的侵害减少到最小程度，让他们真切感受到社会的关怀，这也是国家责任在未成年人监护中的具体体现。遗嘱监护的设立，可以在汲取我国古代托孤这一民间习俗的优点和借鉴国外如法国、德国、日本、美国遗嘱监护有益经验的基础上，制定适合我国实际的遗嘱监护制度。未成年人监护类型中，遗嘱监护多数是父母对自己未成年子女善意履行最后的人身财产照顾义务的方式，也是亲子关系的一种表现形式，它会日益成为我国家庭关系中对未成年人保护和照顾的重要形式。

第二，尽快完善代孕关系的监护立法，建立健全制约、监管机制。代孕关系下的未成年人监护制度应当在明确代孕合法形式和合法程序的前提下，以保护未成年子女最佳利益为指导原则来权衡监护权的归属。

在监护权难以确定的情形下应发挥国家公权力的介入作用，以充分保护未成年子女的权益。在法律明确禁止以非法获利为目的的代孕行为的同时，对代孕行为加以规范，使之合法化，不仅是确保不能生育的父母依法实现自己的生育权，行使自己的监护权的有效途径，更是法律维护安定的社会秩序和实现人类繁衍的重要之举。

第三，适当引入国家监护。毫无疑问，家庭监护始终是人类社会保护和照顾未成年人的普遍形态，但适应未成年人监护制度发展的世界潮流，我国应当在充分尊重家庭自治的前提下，适当引入国家监护，发挥政府对未成年人的保护功能。现代未成年人监护制度是实现了从传统家庭本位向家庭本位为主、兼顾国家责任转变的制度，也是从私法自治向公法适度介入转变的制度。在英国，英国衡平法就有关于"国家是少年儿童最高监护人"的理念和相关判例。法国自 20 世纪 60 年代，逐步确立起国家监护制度以解决亲属监护的不足。在德国，社会化、公法化的未成年人监护道路已经开辟。在美国，未成年人更是处于国家监护的严格保护之下。[1]《纽约家事法院法》（FCA）第 10 条规定，儿童保护程序的目的是要建立帮助儿童免除伤害或虐待，并帮助保护儿童身体、心理和情感健康的程序。其目的是提供适当的法律程序，以确定在何种情况下，国家可以通过其家事法院代表儿童利益进行违背父母意志的干预，以适当满足儿童利益的需要。[2] 美国对未成年人的国家监护规定的详略得当，对国家介入家庭监护的时间、情形和目标予以全面考虑，力求在法律层面严格约束未成年人的监护人的行为，以最大限度地保护未成年人利益。鉴于世界各国对未成年人国家监护的成功经验，应对现实生活中未成年人监护面临的种种问题，我国应当加强公权力对未成年人监护的渗透与介入，确保在家庭监护不能维护未成年人最佳利益时及时弥补监护缺位或监护不力。为此，应当增加规定国家介入家庭监护的情形，采用

---

〔1〕 王亚利："我国未成年人监护事务中的国家责任"，载《宁夏社会科学》2014 年第 1 期。

〔2〕 Working Group Three, Shawndra Jones, "Reporter, State Intervention in the Family: Child Protective Proceedings and Termination of Parental Rights", 40 *Colum. J. L. & Soc. Probs*, 485 2006-2007, http：//heinonline. org, last visit on November 11, 2017.

列举加概括的方式明确国家介入的方式，要明确规定只有在法律允许的情况下，国家才能介入家庭监护。家庭监护的首位责任和国家监护的补充责任，让国家监护切实在家庭监护缺位时能够及时给予补充和帮助。

第四，加快建立未成年人监护监督机制。纵观世界各国，如法国的亲属会议，德国的监护法院，日本的家庭法院，澳大利亚家庭法院设立的儿童法庭等，都设有对未成年人监护人履行职责的专门机构，对保护未成年人起到了明显的督促监管作用。由于我国现行的未成年人监护制度缺少监督机构的监督，不可避免地造成监护人因怠于行使监护权或滥用监护权给未成年人造成损害。设立监护监督人，明确监督机构督促未成年人的监护人忠实、审慎的履行监护义务的具体法律措施，包括未成年人的监护人向监督机构做定期和不定期的报告义务，对监护事项的登记与公示制度，对监护不力的责任惩罚机制等，这样，监护人对被监护人的财产管理就能达到同管理自己财产相同的注意义务，对被监护人的人身保护达到足以使其免受侵害的监护义务。监护监督机制应成为我国未成年人监护法律制度不可缺少的一部分。为此应考虑：一方面设立专门的监督机构，如在全国人大权益部内部设置未成年人权益保护处，其职责之一就是监督和保障未成年人的监护人认真履行监护职责。另一方面应明确规定现有国家机构承担起监督未成年人的监护人履行监护职责，如代表国家权威性的司法机关检察院作为未成年人监护的监督机构，妇联部门和民政部门作为辅助监督机构，共同构建起全国性的未成年人监护的监督机制。

总而言之，未成年人监护立法的完善不仅涉及家庭责任，更是国家责任的法律体现，是当前我国法治建设必然面对的现实问题。在国家立法弊端不断暴露的情况下，与时俱进地构建未成年人监护立法，制定和完善科学的未成年人监护立法，已成为一项包含在民法典和婚姻法中的重要的立法任务。未成年人监护的立法完善，必将有利于我国人权的保障，有利于家庭的和睦、人际关系的和谐、社会的团结友爱。因此，我们急切期盼加快完善未成年人监护立法的步伐，切实建立起以保护未成年人最佳利益为基础的、以现代监护理念为导向的科学的未成年人监护制度。

二、域外未成年人监护制度之比较研究

比较法视野下的"父母责任"[1]

夏吟兰[2]

　　亲子关系是家庭关系中的重要组成部分，亲子关系法是婚姻家庭法的重要内容。所谓亲子关系，在法律上是指父母和子女之间的权利义务关系。其中，父母对于子女特别是未成年子女权利义务的行使和负担是基于亲子关系的身份所产生的涉及人身关系和财产关系的义务和责任。正如恩格斯所指出的："父亲、子女、兄弟姐妹等称谓，并不是简单的荣誉称号，而是一种负有完全确定的、异常郑重的相互义务的称呼，这些义务的总和便构成这些民族的社会制度的实质部分。"[3] 抚养和教育未成年子女[4]是我国宪法、婚姻法、未成年人保护法中的明确规定，是父母的法定义务。我国《婚姻法》在第三章家庭关系的第23条中明确规定了："父母有保护和教育未成年子女的权利和义务。在未成年子女对国家、集体或他人造成损害时，父母有承担民事责任的义务。"但这一规定过于原则，父母抚养教育子女的内涵、边界及如何承担法律责任不明确，不具体，没有充分体现子女本位及子女利益优先的立法理念，在司法实践中问题重重。[5] 本文拟从保护儿童人权的视角，对确

---

　　〔1〕 本文原载《北方法学》2016年第1期。

　　〔2〕 夏吟兰，女，中国政法大学人权研究院教授，博士生导师，法学博士。

　　〔3〕 《马克思恩格斯全集》第21卷，人民出版社1965年版，第40页。

　　〔4〕 本文中所称未成年子女（人）与《儿童权利公约》中所称儿童均指18周岁以下者，在不同语境下使用不同概念。为避免重复，本文中的子女除特别标明外均指未成年子女。

　　〔5〕 近年来，因父母不履行或不当履行抚养义务，导致未成年子女被殴打致伤、致残、致死、自杀，或被饿死家中的案例屡见不鲜。

立父母法律责任的原则、宗旨、体系框架、法律术语及其内涵等方面进行实证法及比较法的深入探讨，以期在制定"民法典婚姻家庭编"时，充分体现子女本位的立法理念，进一步修改及完善我国的亲子关系法。

一、子女本位与父母责任

近代以降，亲子关系立法的宗旨从家族利益优先的"家本位亲子法"，到父母利益优先的"亲本位亲子法"，再发展至子女利益优先的"子本位亲子法"。[1] 当今社会，以父母履行责任与义务，保障子女最大利益为特征的子女本位立法已成为各国亲子关系立法发展的大趋势。

（一）子女本位立法理念之人权法渊源

在漫长的人类历史长河中，儿童在传统上一直不曾被看作是权利的主体，而是法律保护的客体。儿童的权利不能得到充分的关注和切实的保障。所以，儿童人权的实现必须从重新定义儿童在家庭和社会中的地位开始。[2] 子女本位的现代亲子法的立法原则可以追溯至 1924 年《日内瓦儿童权利宣言》[3]。在此后的 1959 年《儿童权利宣言》[4]、1979 年《消除对妇女一切形式歧视公约》[5]、1986 年《关于儿童保护和儿

---

〔1〕 参见陈明侠："完善父母子女法律制度（纲要）"，载《法商研究》1999 年第 4 期。

〔2〕 徐显明主编：《国际人权法》，法律出版社 2004 年版，第 393 页。

〔3〕 例如该宣言第 2 条规定："儿童必须受到特别的保护，并应用健康的正常的方法以及自由、尊严的状况下，获得身体上、知能上、道德上、精神上以及社会上的成长机会。为保障此机会应以法律以及其他手段来订定。为达成此目的所制定的法律，必须以儿童的最佳利益为前提作适当的考量。"

〔4〕 1959 年《儿童权利宣言》原则二规定："儿童应受到特别保护，并应通过法律和其他方法而获得各种机会与便利，使其能在健康而正常的状态和自由与尊严的条件下，得到身体、心智、道德、精神和社会等方面的发展。在为此目的而制订法律时，应以儿童的最大利益为首要考虑。"原则七规定："儿童的最大利益应成为对儿童的教育和指导负有责任的人的指导原则；儿童的父母首先负有责任。"

〔5〕 该公约第 5 条（b）项规定："保证家庭教育应包括正确了解母性的社会功能和确认教养子女是父母的共同责任，但了解到在任何情况下应首先考虑子女的利益"，第 16 条第 1 款（d）项规定："不论婚姻状况如何，在有关子女的事务上，作为父母亲有相同的权利和义务。但在任何情形下，均应以子女的利益为重"。（f）项规定："在监护、看管、受托和收养子女或类似的社会措施（如果国家法规有这些观念）方面，有相同的权利和义务。但在任何情形下，均应以子女的利益为重"。

童福利、特别是国内和国际寄养和收养办法的社会和法律原则宣言》[1]
等若干国际人权文件中均重申和进一步发展了儿童最大利益原则，并明
确将儿童人权视为普遍性人权的组成部分。儿童最大利益原则和子女本
位的立法理念构成了 1989 年《儿童权利公约》的价值基础。"儿童也
是平等的人；作为人类成员，儿童拥有与成人一样与生俱来的价
值"[2]。儿童作为独立的权利主体，享有权利并得到保护。《儿童权利
公约》第 3 条明确规定："关于儿童的一切行动，不论是由公私社会福
利机构、法院、行政当局或立法机构执行，均应以儿童的最大利益为一
种首要考虑。缔约国承担确保儿童享有幸福所必需的保护和照料，考虑
到其父母、法定监护人或任何对其负有法律责任的个人的权利和义务，
并为此采取一切适当的立法和行政措施。"[3]

（二）父母对子女的生存与发展承担首要责任

《儿童权利公约》在明确规定保护儿童人权是缔约国的国家责任的
同时，也强调了家庭和父母对于儿童的保护、养育和发展具有重要责
任。"深信家庭作为社会的基本单元，作为家庭所有成员、特别是儿童
的成长和幸福的自然环境，应获得必要的保护和协助，以充分负起它在
社会上的责任。"[4] 父母或其他负责照顾儿童的人负有在其能力和经济
条件许可范围内确保儿童发展所需生活条件的首要责任。[5] 人权事务
委员会认为：保证儿童受到必要的保护的责任落在家庭、社会和国家身
上。虽然公约没有说明这种责任应如何分配，但家庭，特别是父母对创
造条件，促进儿童个性的和谐发展，使他们享受公约确认的各项权利负
有主要责任。[6] 家庭是最有利于儿童健康成长的环境。父母与子女之

---

〔1〕 该宣言第 5 条规定："在亲生父母以外安排儿童的照料时，一切事项应以争取儿童
的最大利益特别是他或她得到慈爱的必要并享有安全和不断照料的权利为首要考虑。"

〔2〕 李双元、李赟、李娟：《儿童权利的国际法律保护》，人民法院出版社 2004 年版，
第 289 页。

〔3〕 联合国人权事务中心翻译：《人权国际文件汇编》，第 159 页，以下所引儿童权利公
约均根据这一版本。不再标注。

〔4〕 1989 年《儿童权利公约》前言第五段。

〔5〕 1989 年《儿童权利公约》第 27 条。

〔6〕 参见徐显明主编：《国际人权法》，法律出版社 2004 年版，第 399 页。

间存在着天然的血缘联系，具有人伦关系，体现了人类个体的生命成长和延续的规律。父母既是子女的自然抚养人，也是法定抚养人，具有保障子女健康成长的使命和责任，对子女的生存和发展当然应承担首要责任。正如费孝通先生在他的《生育制度》中提到的："抚育作用所以能使男女长期结合成夫妇是出于人类抚育作用的两个特性：一是孩子需要全盘的生活教育；二是这教育过程相当的长。孩子所依赖于父母的，并不是生活的一部分，而是全部。"[1] 儿童权利公约要求缔约国应尽其最大努力，确保父母双方对儿童的养育和发展负有共同责任的原则得到确认。"父母，或视具体情况而定的法定监护人对儿童的养育和发展负有首要责任。儿童的最大利益将是他们主要关心的事。为保证和促进公约所列举的权利，缔约国应在父母和法定监护人履行其抚养儿童的责任方面给予适当协助，并应确保发展育儿机构、设施和服务。"[2] 父母不仅有权利，而且有义务照管和监督子女，而其他有关公权力机关及社会团体仅作为有益补充。只有在亲子关系不彰的情形之下，后者才能强力介入，以弥补前者欠缺。[3]

1989 年《儿童权利公约》推动了各国亲子法由"父母本位"向"子女本位"发展。许多国家先后对其国内的亲子法、儿童法等相关立法进行修订，将子女最大利益原则作为立法的基本原则，以子女本位作为确立和规范父母责任的基本宗旨，并为此修改了原有的法律术语和法律体例。例如，德国亲属法将"亲权"改称为"父母照顾"[4]、英国儿童法将"父母监护"改称为"父母责任"，强调父母身份是责任而非

---

〔1〕 费孝通：《乡土中国生育制度》，北京大学出版社 1998 年版，第 122 页。

〔2〕 1989 年《儿童权利公约》第 18 条。

〔3〕 张鸿巍：《儿童福利法论》，中国民主法制出版社 2012 年版，第 85 页。

〔4〕《德国民法典》第 1626 条："父母有照顾未成年子女的义务和权利（父母照顾）。父母照顾包括对子女的照顾（人的照顾）和对子女的财产的照顾（财产照顾）。以父母照顾（elterliche Sorge）取代亲权（elterliche Gewalt）。"

权利[1]。俄罗斯家庭法将"未成年子女的权利"单独成章,专门作出明确的保障性规定[2]。上述这些立法在法律术语、名称、体例上的变化均体现出父母子女法律地位平等,儿童具有独立的主体地位,儿童最大利益原则的立法理念。[3] 这种以父母履行责任与义务,保障子女最大利益为特征的亲子关系立法,就是具有现代亲子法精神的子女本位立法。

我国2006年修订的《未成年人保护法》明确规定了"未成年人享有生存权、发展权、受保护权、参与权等权利,国家根据未成年人身心发展特点给予特殊、优先保护,保障未成年人的合法权益不受侵犯。"并在家庭保护一章中规定:"父母或者其他监护人应当创造良好、和睦的家庭环境,依法履行对未成年人的监护职责和抚养义务。"强调父母抚养未成年子女是其法定的职责和义务,国家对未成年子女的权利给予优先和特殊的保护。但我国在2001年修订《婚姻法》时,对亲子关系未作修订,未能将儿童最大利益原则纳入修法的内容。未来在制定"民法典婚姻家庭编"时,应当充分体现子女本位的立法理念,以子女最大利益为核心,构建我国亲子关系立法的框架结构、法律术语、具体内容,强化父母责任与义务,保护未成年子女利益。

二、我国亲子关系立法中法律术语与体例框架的选择

(一) 以"父母责任"作为上位法律术语

亲权是近现代大陆法系各国普遍适用的父母对子女在人身和财产方面权利义务的总称。在子女本位的立法理念下,亲权已由传统的父母对未成年子女的控制、管理权力转变为父母照顾、抚养、保护未成年子女的权利和义务。现代各国的亲权多以保护、抚养、教育未成年子女为中

---

[1] 1989年《英国儿童法》第一部分第3条规定:"父母责任(parental responsibility)是父母对其未成年子女及其财产的所有权利(right)、义务(duties)、权力(powers)和责任(responsibility)及权威(authority)的总称。以父母责任(parental responsibility)取代父母权力(parent power),并取消了监护权的概念。"

[2] 1995年《俄罗斯联邦家庭法典》第十一章。

[3] 夏吟兰:"离婚亲子关系立法趋势之研究",载《吉林大学社会科学学报》2007年第4期。

心，不仅表现为权利，而且还表现为义务。权利与义务并行，可知亲权已经改变，其本质不仅是权利，而且含有义务。[1] 如《法国民法典》第371-1条将亲权定义为："以子女利益为最终目的的各项权利和义务之整体。"[2]

在子女本位的立法理念下，为了彰显父母对子女承担的是义务、是责任，而不是一种权利，德国民法典亲属编率先将"亲权"（elterliche Gewalt）改称为"父母照顾"（elterliche Sorge），根据《德国民法典》第1626条第1款的规定，父母有照顾未成年子女的义务和权利。父母照顾未成年子女的义务和权利的总和，就是父母照顾。它包括人的照顾和财产照顾。[3] 父母照顾权实为利他性的权利，是一种具有关心照顾特点的权利；它是一种以法律的形式，为了子女的利益而行使的权利，所以，它实际上是一种义务。[4] 欧洲家庭法委员会[5]为形成有关儿童权利和福利的欧洲普遍价值观，提出统一欧洲各国关于父母亲权（监护）的术语为"父母责任"，并将其定义为：促进和保护子女福利的权利和义务的集合。目前，已有英国等一些国家的儿童法或亲子法用父母责任取代了监护或亲权。英国1989年《儿童法》第3条规定："本法所称父母责任，是指父母对子女及其财产依法享有的权利、权力、权限及承担的义务和责任。"[6] 父母责任这一概念彰显了儿童被视为父母财产的时代一去不复返，亲子关系的最主要目的是照顾和抚养未成年子女，使其成为身心良好发展的成年人。英国卫生部发布的《儿童法指引》指出："父母责任这一概念强调了照顾和抚养子女并使其成为道德、身体和精神健康的义务是亲子关系中的基础任务，也是给予父母权利的唯

---

〔1〕 林秀雄：《婚姻家庭法研究》，中国政法大学出版社2001年版，第192页。

〔2〕 罗洁珍译：《法国民法典》，北京大学出版社2010年版，第114页。

〔3〕 陈卫佐译注：《德国民法典》，法律出版社2006年版，第509页。

〔4〕 王丽萍："论家庭对未成年人的保护——以父母照顾为中心"，载《法商研究》2005年第6期。

〔5〕 欧洲家庭法委员会（CEFL）成立于2001年9月。由26名来自欧盟和非欧盟的其他欧洲国家的专家组成。该委员会的主要目标在于为欧洲家庭法的统一提供理论和实践支持。

〔6〕 蒋月等译：《英国婚姻家庭制定法选集》，法律出版社2008年版，第138页。

一正当性根据。"[1]

"父母责任"更符合现代子女本位的亲子立法理念，应当以父母责任为上位法律术语，作为父母对于子女人身关系和财产关系的权利义务的总称。在学者撰写的民法典草案建议稿中有学者提出应当采监护与亲权二元结构，设立亲权制度，完善我国现行的亲子关系立法[2]。笔者认为，父母抚养教育子女的权利义务与其他监护人履行监护职责有实质性的不同，为了体现父母抚养教育子女的身份属性、权利义务的双重属性以及作为专属性权利之权利实现的绝对性，应在亲子关系法中设立一套独立于监护制度的父母对子女承担权利义务之制度，但不应再沿用传统的法律术语称之为亲权制度。就各国亲子立法的内容来看，现代意义上的亲权、父母照顾、父母责任的内涵基本趋同，我国在修改婚姻法时适用何种术语的关键是应当考虑中国的语境、中国的文化以及立法传统。我国婚姻法自1950年《婚姻法》起就从未使用过亲权的概念，在中国的语境下，亲是指父母，权是指权利，亲权从字面理解就是指父母的权利。虽然在理论上可以将其解释为义务权，但使用这一术语容易产生子女服从父母、父母管理子女、父母支配子女之联想。[3] 1950年《婚姻法》没有使用亲权的概念，就是要建立"新民主主义社会中父母子女间的新型亲属关系的法律规范，也是中国劳动人民行之已久的传统道德——慈、孝、仁、义等在新民主主义社会内容的发扬光大"。[4] 当然也是要涤除"父为子纲"的以家长权、父权和夫权为特征的宗法家族传统文化。因此，在现代以子女为本位的立法理念下，更不应该使用亲权这一术语，避免公众产生误解。"父母照顾权"是以德国家庭法为代表的现代大陆法系一些国家创设的新术语，意在强调抚养照顾子女是父

---

[1] 欧洲家事法委员会官方网站：http://ceflonline.net/wp-content/uploads/Austria-Parental-Responsibilities.pdf，访问时间：2014年11月2日。感谢笔者的博士生刘征峰及其学生团队对欧洲家庭法委员会组织撰写的《欧洲各国亲子法国别报告》所作的翻译工作。

[2] 王利明：《中国民法典学者建议稿》，中国法制出版社2004年版，第369页。

[3] 王丽萍：《亲子法研究》，法律出版社2004年版，第152页。

[4] 陈绍禹："关于中华人民共和国婚姻法起草经过和起草理由的报告"，载刘素萍主编：《婚姻法学参考资料》，中国人民大学出版社1989年版，第68页。

母的义务。父母照顾权是指父母对未成年子女养育、照顾、保护的义务和权利的总称。[1] 我国也有学者提出在完善我国婚姻家庭法时应当借鉴这一术语。[2] 笔者认为，父母照顾在中国语境下覆盖面过窄且有些偏狭。所谓"照顾"根据现代汉语词典的解释，其核心意思是指考虑、注意，[3] 可以扩展理解为关照、照管。这一概念无法涵盖父母对子女抚养、照顾、教育、保护等所有的权利义务，容易造成立法限缩了父母所应承担义务范围的误解。

父母责任比较适合中国的语言习惯和立法理念。在现代中国语境下，责任就是分内应做之事，未做好分内之事，就应当追究责任。[4] 第一层词义中的"责任"比较宽泛，在法理中可以理解为广义的法律责任，就是一般意义上的法律义务的同义语。第二层词义中的"责任"在法理中应解释为狭义的法律责任，是由违法行为所引起的不利法律后果。[5] "父母责任"一词，体现的就是父母具有的排除他人，抚养、照顾、教育、保护子女的权利和义务的总和，是义务权。其一，"父母责任"一词强调父母基于身份对未成年子女应承担义务，其重点是义务、是责任。父母对未成年子女首先应承担义务，其次才享有一定的权利，而且设立权利的目的同样是保护子女的利益，如父母的法定代理权、子女返还请求权，因此，从这个意义上理解，权利也是责任。其二，"父母责任"一词的中文含义及准确性均较"父母照顾"更好，更本土化，涵盖面更广。抚养、照顾、教育、保护都是责任，是必须履行的义务。其三，"父母责任"的效力更明确，父母未能履行或未能全面履行法定的义务，就应当承担不利的法律后果。其四，也是最重要的，父母责任体现了子女本位，儿童利益优先，保护未成年人合法权益的立法理念。故此，用"父母责任"取代"亲权"，更能体现现代亲子立法

---

〔1〕 王丽萍：《亲子法研究》，法律出版社 2004 年版，第 153 页。

〔2〕 如梁慧星教授主持的《亲属编中国民法典草案建议稿附理由》、王丽萍撰写的《亲子法研究》。

〔3〕 《现代汉语词典》，商务印书馆 1989 年版，第 1461 页。

〔4〕 《现代汉语词典》，商务印书馆 1989 年版，第 1444 页。

〔5〕 参见张文显主编：《法理学》，高等教育出版社 2001 年版，第 120~121 页。

的子女本位精神；用"父母责任"取代"父母照顾"，更能准确反映父母对子女应承担义务的内涵，"父母责任"作为父母对子女的权利义务总称之法律术语既符合法理也便于被公众理解。

（二）我国婚姻家庭法应设亲子关系专章

我国修改婚姻法时应单独设立亲子关系一章，规定子女在家庭中的权利以及父母责任。我国现行婚姻法将亲子关系放在家庭关系之下，并将离婚后的亲子关系放在离婚制度中，导致了亲子关系体系的割裂。1950年《婚姻法》明确将父母子女关系作为第四章，凸显了亲子关系的重要性。1980年《婚姻法》将父母子女关系与夫妻关系合并成为家庭关系，并将祖孙关系和兄弟姐妹关系放在家庭关系之中，当时的立法目的是要扩大法律调整的家庭关系，但却淡化了亲子关系的重要性，家庭关系中的寥寥数条，难以全面涵盖和规范亲子关系，且导致多年以来我国亲子关系立法内容阙如的状况未能得到改善。如亲子关系的确认制度，涉及亲子身份关系的推定与否认，关乎子女利益、血统真实与身份安定，是建立和解除亲子身份关系的基石，但却从未在婚姻法中作出过明确规定。涉及子女最大利益的父母抚养教育子女的权利义务也仅作出了概括性的规定，具体内容适用其他相关法律及司法解释。离婚后的父母子女关系作为离婚的效力之一，放在《婚姻法》的离婚一章规定，作为离婚的效力之一，体现的是父母本位的立法思想，导致了亲子关系立法逻辑的断裂。应将离婚后的亲子关系放在亲子法中，作为父母抚养教育子女的一种形式。离婚解除的只是夫妻关系，父母子女间的权利义务内容并没有改变，变化的仅仅是父母抚养子女的形式，从逻辑上看仍然隶属于亲子关系法。

（三）父母责任应当独立于监护制度

监护制度的核心是亲属监护，但自1986年我国制定《民法通则》以来，监护制度就成为民事主体制度的一部分，并采取了英美法系大监护的概念，将父母对子女抚养教育的权利与义务作为监护权的一种类型，致使在我国的民事法律体系中，对于父母抚养教育子女的权利义务适用不同的法律术语。《民法通则》第18条规定："未成年人的父母是未成年人的监护人。"《婚姻法》第21条规定:"父母对子女有抚养教育的权利与义务。"值得注意的是,目前已经出版的民法典专家建议稿在监护与亲权制度的设立中有的仍持矛盾的态度。一方面,在总则编中规定"父母是未成年子女的法定监护人",另一方面在婚姻家庭编中又专门规定了亲权,"父母对未成年子女依法享有亲权"。[1] 正处于起草进程中的民法典总则应当避免出现这种相互矛盾的情况。

大陆法系民法亲属篇的体例大多包括婚姻、亲属、监护三大部分,并采取小监护的概念,分别设立亲权制度(父母责任)与监护制度。[2] 以婚姻、亲属、监护作为婚姻家庭法基本的体例样态体现了婚姻家庭法内部的逻辑关系,婚姻关系是亲属关系产生的渊源与基础,亲属关系是婚姻关系的结果与延续,监护与保佐是亲属关系的重要内容与职能,这是一个逻辑严密、体系完整、体例一致的婚姻家庭立法的体例结构,对建构我国民法典体系下的婚姻家庭编具有借鉴意义。[3] 就法律体系而言,监护制度与民事主体制度的关联度小于与亲属制度的关联度,因此,监护作为一项具体的法律制度,不应当被规定在民法典的总则当中,而应当将监护制度规定在婚姻家庭编中。这样既保留了监护制度的独立性,又维持了民法典的整体性和协同性。[4] 笔者认为,正在起草的民法典总则,应当充分考虑民事法律体系一体化及其逻辑性,在总则中用一个条文规定监护的概念及其功能,而将监护制度的具体内容规定在婚姻家庭编中,并采用小监护的概念,将监护制度与父母责任分离,分别规定亲子关系、监护制度。亲子关系规定父母子女间的权利义务,包括父母责任;无父母照管的未成年人则由监护人承担监护职责。监护作为弥补未成年人和成年人行为能力不足的制度,仅适用于不在父

---

〔1〕《中国民法典学者建议稿》第27条、第462条,中国法制出版社2004年版,第7、68页。

〔2〕如《德国民法典》第四编亲属法分为三章:第一章民法上的婚姻;第二章亲属;第三章监护、法律上的照管、保佐。其中,父母照顾作为单独的一节设立在第二章亲属中。

〔3〕夏吟兰:"民法典体系下婚姻家庭法之基本架构与逻辑体系",载《政法论坛》2014年第5期。

〔4〕王竹青、杨科:《监护制度比较研究》,知识产权出版社2010年版,第232页。

母抚养教育责任之下的未成年人和无行为能力、限制行为能力的成年人。

三、父母责任之法律内涵及其救济

基于血缘、抚养和收养关系所建立的亲子关系是维系子女与父母及其他监护人关系的最为重要和直接的纽带，是履行父母责任的必要条件。无论父母的婚姻状况如何，是已婚、未婚、离婚或婚姻无效、事实分居均不应影响父母双方共同履行父母责任，父母双方均需承担父母对子女的义务，父母双方的权利义务平等。父母责任应当以子女的利益和需要为前提，包括照顾子女的义务和为子女利益做决定的权利。父母有责任确保其子女在身体、心理、精神和道德上的发展，最充分地发展子女的个性、才智和身心能力。

（一）父母责任之法律内涵

现代亲子法以子女为本位，以宪法为依据，从子女的权利出发，来规定父母责任和义务。父母责任主要包括照顾、教育、保护、共同居住、确定姓名、法定代理、财产管理等。欧洲家庭法委员会在《欧洲家庭法有关父母责任之原则》中指出：父母责任是旨在促进和保护子女福利的权利和义务的集合，具体包括：照顾、保护和教育；维系人身关系；居所决定；财产管理，以及法定代理。[1]《俄罗斯联邦家庭法典》明确规定保护子女的权利和利益是父母的责任，并设专章规定了未成年子女的权利，从未成年子女的角度规定父母的责任为：每个子女有权在家庭中生活和受教育、有权知道自己的父母、有权受父母的照顾、有权与父母共同居住、有权与父母及其他近亲属来往、有权维护自己的合法权益、有权表达自己的意见，对因赠与、继承或合法收入所得的财产享有所有权等。[2]《德国民法典》亲属编第五节父母照顾以规定父母责任为出发点，第1627条明确规定：父母必须以自己的责任并彼此一致

---

〔1〕 访问网址：http://ceflonline.net/wp-content/uploads/Austria-Parental-Responsibilities.pdf，访问时间：2014年11月2日。

〔2〕 鄢一美译："俄罗斯联邦家庭法典"，载中国法学会婚姻法学研究会编：《外国婚姻家庭法汇编》，群众出版社2000年版，第483~488页，第十一章第54~57条，第十二章第64条。

地为子女的最佳利益进行父母照顾。父母对未成年子女人身的照顾包括：照料、教育、监督子女和决定其居留地的义务和权利。对子女的法定代理、在充分考虑子女的才能和爱好的前提下确定子女的教育和职业，以及请求返还子女的权利。同时，法律也赋予了父母有管理教育、约束子女的责任，但这种管教约束以不得实施暴力为前提。第 1631 条明确规定了子女有权获得无暴力教育。不能对子女进行体罚、心灵上的伤害和其他侮辱性的教育措施。[1] 同时，《德国民法典》对这些父母照顾的内涵用 11 个条文作出了具体的规定。第 1638～1664 条还规定了父母照顾未成年子女的财产的内容、管理方式及其限制条件。其中第 1641 条规定，父母不得在代理子女时作出赠与。合于道德上的义务或礼仪上所做考虑的赠与除外。在英国，父母责任至少应当包括以下内容：为子女提供居所；与子女接触；抚养、保护和管教子女；提供和决定子女的教育、宗教信仰；同意子女的医疗、收养、护照申请、移民；管理子女的财产；在法律程序中代表子女、为子女指定监护人等。父母可以对子女进行适度的责罚包括体罚，但不得超过合理的界限。[2]

我国婚姻法对父母抚养教育未成年子女的责任有原则性规定，但不完整、不详尽、不具体。涉及父母责任的规定分散在我国婚姻法、民法通则、未成年人保护法、预防未成年人犯罪法等相关法律法规中，相互之间缺乏衔接，导致我国亲子间权利义务的规范用语不一致，体系不完整，内容不周延。除《民法通则》及其司法解释规定了监护人的职责外[3]，我国法律还规定了"父母或者其他监护人应当创造良好、和睦的家庭环境，依法履行对未成年人的监护职责和抚养义务"。[4] 规定了

〔1〕 陈卫佐译注：《德国民法典》，法律出版社 2006 年版，第 510～513 页。
〔2〕 ［英］尼格劳维："子女抚养国别报告：英格兰和威尔士"，访问网址：http://ceflonline.net/wp-content/uploads/Austria-Parental-Responsibilities.pdf，访问时间：2014 年 11 月 2 日。
〔3〕《民法通则》第一章第二节，《最高人民法院关于贯彻执行〈中华人民共和国民法通则〉若干问题的意见（试行）》第 10 条。
〔4〕《未成年人保护法》第 10 条。

父母对未成年子女有抚养教育的义务、[1] 共同生活的义务、[2] 确定姓名的义务、[3] 保护教育的义务[4]以及听取子女意见的义务等[5]。但是，这些规定大多过于原则、概括，缺乏具体内容。同时，对于子女交还请求权、对子女身份行为的代理义务、同意义务以及财产管理的条件、权限等，我国法律尚未作出明确规定。未来在修改婚姻法时，应当将涉及子女权利及父母责任的规定统一在婚姻家庭法中，更加系统、全面、具体地规范父母责任，实现对未成年人权利的保护。

（二）父母责任与国家责任

父母责任是必须履行的法定义务，非依法定情形，不得抛弃或让与。对于不履行、不当履行、不能全面履行父母责任的情形，许多国家均规定了允许公权力强力介入作为救济。为了监督父母履行责任，保护未成年子女的利益，有的国家规定了一整套的救济路径：其一，强制报告义务。知情的医护人员、教育工作者、社工等必须向有关机构报告。其二，调查安置。根据强制报告或其他知情人的举报，有权机构可以对父母进行调查，受虐儿童暂时被安置在儿童庇护机构或紧急收养家庭。其三，司法审判。法庭可依法全部或部分终止父母责任，将儿童安置在永久性收养家庭中，情节严重的追究父母的刑事责任。[6]

在亲属法中，许多国家明确规定了父母责任（亲权、照顾权）的丧失、恢复和终止。综观各国的规定，构成父母责任丧失的情形主要有虐待、遗弃、忽视子女，父母对子女的人身构成犯罪或自身有吸毒、酗酒等恶习影响子女健康成长，等等。如《法国民法典》第378条规定，父母对于其子女人身实施犯罪并被判刑的同时，剥夺其全部亲权。此外，父母因虐待子女、经常酗酒、使用毒品、行为不轨或者忽视子女

---

〔1〕《婚姻法》第21条。
〔2〕《预防未成年人犯罪法》第19条。
〔3〕《婚姻法》第22条。
〔4〕《婚姻法》第23条。
〔5〕《未成年人保护法》第14条。
〔6〕 胡巧绒："美国儿童虐待法律保护体系介绍及对我国的启示"，载《青少年犯罪问题》2011年第5期。

的，亦可被剥夺全部或部分亲权。剥夺亲权的效力及于与亲权相关的人身权和财产权。同时，检察机关可向法院提起对此类父母监管下的儿童采取教育性救助措施。[1]《俄罗斯联邦家庭法典》规定：父母怠于履行父母义务、滥用父母权利、残酷地虐待子女，长期吸食毒品或酗酒将丧失亲权。对于情节不太严重，证据不够充分，但父母的行为使留在其身边的子女可能有危险的，法院可以作出限制亲权的判决，即将子女从父母身边带离，由其他近亲属或监护和保护机构暂时监护。6个月后父母仍未改正的，可以终止其亲权。如果限制亲权的理由已经消失，法院可依据父母或父母一方的请求，以子女利益为依据，在考虑子女的意见之后，判决撤销对亲权的限制，恢复父母亲权。[2] 除剥夺亲权外，一些国家还通过采取多种干预措施，督促父母履行其法定义务，排除对子女最佳利益的危害。如《德国民法典》第1666条第3款规定了可能的措施包括：法院可以要求父母寻求公共救助、要求父母遵守教育义务；为了避免子女受到家庭暴力的危害颁发禁止令，禁止使用家庭住所或特定的其他住所，禁止停留或靠近子女通常停留的特定区域；禁止和子女联系或会面；法院可以代替有权进行父母照顾的人作出意思表示；法院还可以提出告诫或警告，要求或禁止特定行为，将子女安置在某处所或其他家庭。只有在上述措施均不能达到目的时，才会部分或全部的剥夺父母照顾，采取将子女与家庭分离的措施。[3]

我国法律对于父母未能履行、不当履行、不能全面履行抚养教育子女义务行为的，明确规定应当撤销监护人资格。我国《民法通则》第18条第3款规定监护人不履行职责或者侵害被监护人的合法权益的，应当承担责任；给被监护人造成财产损失的，应当赔偿损失。人民法院可以根据有关人员或者有关单位的申请，撤销监护人的资格。《未成年

---

〔1〕 罗洁珍译：《法国民法典》，北京大学出版社2010年版，第126页，第378、378-1条。

〔2〕 鄢一美译："俄罗斯联邦家庭法典"，载中国法学会婚姻法学研究会编：《外国婚姻家庭法汇编》，群众出版社2000年版，第490~493页，第69~76条。

〔3〕 〔德〕迪特尔·施瓦布：《德国家庭法》，王葆莳译，法律出版社2010年版，第364页。

人保护法》第53条规定:"父母或者其他监护人不履行监护职责或者侵害被监护的未成年人的合法权益,经教育不改的,人民法院可以根据有关人员或者有关单位的申请,撤销其监护人的资格,依法另行指定监护人。被撤销监护资格的父母应当依法继续负担抚养费用。"由于上述规定过于原则,提起监护权诉讼的主体资格不明确,司法实践中父母侵害未成年人合法权益及不当履行父母责任的情况屡见不鲜。2014年12月18日最高法、最高检、公安部、民政部四部委联合发布《关于依法处理监护人侵害未成年人权益行为若干问题的意见》,首次明确规定了申请撤销未成年人监护人资格的诉讼主体,细化了可以判决撤销监护人资格的七种情形,包括性侵害、出卖、遗弃、虐待、暴力伤害未成年人,严重损害未成年人身心健康的;将未成年人置于无人监管和照看的状态,导致未成年人面临死亡或者严重伤害危险,经教育不改的;不履行监护职责长达6个月以上,导致未成年人流离失所或者生活无着的;有吸毒、赌博、长期酗酒等恶习无法正确履行监护职责或者因服刑等原因无法履行监护职责,且拒绝将监护职责部分或者全部委托给他人,致使未成年人处于困境或者危险状态的;胁迫、诱骗、利用未成年人乞讨,经公安机关和未成年人救助保护机构等部门3次以上批评教育拒不改正,严重影响未成年人正常生活和学习的;教唆、利用未成年人实施违法犯罪行为,情节恶劣的以及有其他严重侵害未成年人合法权益行为的。同时,对于监护人侵害未成年人权益的行为规定了报告和处置、临时安置和人身安全保护裁定、申请撤销监护人资格诉讼、撤销监护人资格案件审理和判后安置等具体措施和程序。笔者认为,这一规定非常重要也非常及时,在现有法律框架下,剥夺父母的监护权是国家行使监督和督促父母履行法定义务的手段,既是对严重侵害未成年人权益的父母的惩戒,也是对其他不当履行父母责任者的警戒。父母对未成年人的健康成长具有首要责任,抚养照顾孩子是父母的天职,是父母的法定义务,但当父母不适格、不尽法定义务,置未成年子女于危险境地时,国家和社会必须挺身而出。在对父母提供必要的帮助、辅导、告诫之后仍不改进的,应当剥夺监护人的监护权,撤销其监护人资格,并将监护责任强制转移至国家指定的机构或个人的方式，实行国家监护。国家监护作为对家庭监护和父母责任的补充，可以给未成年人健康成长创造更加良好的环境。但目前四部委的规定位阶过低，效力有限，且有些措施及程序尚需完善，应在未来修改婚姻法时，在亲子关系法中建构起一套有关父母责任丧失、转移及恢复的完整制度。

结　语

我国的亲子关系立法，应当以子女本位为理念，以子女最大利益为原则。应当充分考虑亲子关系的重要性，在婚姻家庭法中单独设立亲子关系章，将父母责任作为上位法律术语，涵括父母对于子女在人身关系和财产关系方面的所有权利义务。父母责任应当独立于监护制度，在亲子关系章中规定父母子女间的权利义务，包括父母责任；无父母照管的未成年人及无行为能力或限制行为能力的成年人则由监护人承担监护责任。应当进一步充实和完善父母权利义务的具体内容，细化父母责任。父母责任应当以子女的利益和需要为前提，父母有责任确保其子女在身体、心理、精神和道德上的发展，最充分地发展子女的个性、才智和身心能力。对于不履行或不当履行父母责任的，应当明确规定父母责任丧失、转移和恢复的条件与程序，由国家公权力介入，对未成年子女实行国家代位监护，及时有效地保护子女的合法权益。

美国监护制度中的未成年人保护概述

陈 汉[1] 范 钰[2]

一、美国监护制度的分类

（一）自然监护、遗嘱监护、指定监护、委托监护

与中国的监护制度相类似，在美国，根据监护权产生的原因不同，可以将监护分为自然监护、遗嘱监护、指定监护、委托监护四种。[3] 法定监护人只能是未成年人的父母，在父母死亡或者父母不适合担任监护人的情况下，由法院为未成年人指定监护人的称为指定监护。[4] 一般而言，在美国，遗嘱监护也需要经由法院进行认定，即使未成年人的父母在遗嘱中指定某人作为其孩子的监护人，该人仍需经法院法定程序认定方能成为该未成年人的合法监护人。

（二）人身监护与财产监护

根据监护的内容，将监护分为人身监护（guardianship of the person）和财产监护（guardianship of the estate）。这种分类一般用于指定监护的语境，因为未成年人的父母对自己的子女具有全面的监护权，而指定监护人可能仅具有某一方面的监护权。

具有人身监护权的监护人对于未成年人的人身具有法定监护权，负责被监护人的健康、医疗、教育以及其他需要；财产监护人则对未成年

---

[1] 陈汉，男，中国政法大学民商经济法学院副教授，硕士生导师，法学博士。

[2] 范钰，女，中国政法大学民商经济法学院硕士研究生。

[3] 笔墨："美国的未成年人监护"，载《中国社会报》2014年6月17日，第004版。

[4] 薛永松："中美未成年人监护制度比较研究"，山东大学2006年硕士学位论文。

人的财产具有法定的管理权。人身监护权人应当为未成年人提供食宿、卫生保健、并且应当对未成年的教育、宗教等方面的发展负责，通常情况下，未成年人会与其人身监护权人共同居住。人身监护权人对于与该未成年人生活相关的小额财产也有一定的管理权，但是当未成年通过继承、被赠与等方式获得大量财产时通常需要设立专门的财产监护人，成为财产监护人通常有更为烦琐的手续、负担更多责任，财产监护人应将未成年人财产单独保管、谨慎管理、对于财产的支出收入情况应进行严格的记录并应避免产生利益冲突。当然，未成年人的监护人既可以仅仅是被监护未成年人的财产监护人或者人身监护人，也可以同时兼任财产监护人与人身监护人。

（三）单独监护与共同监护

根据监护方式的不同，监护可以分为单独监护（sole custody）与共同监护（joint custody）两种。在夫妻离婚之后，未成年子女交由父亲或者母亲一方监护的，为单独监护；夫妻离婚之后，子女与双方父母同时保持联系，双方均享有同等监护权利的监护方式为共同监护。

在 19 世纪 60 年代之前的离婚纠纷中，美国法院倾向于将未成年子女判决给母亲或者父亲一方进行单独监护，即单独监护。但随着社会发展、性别平等观念的普及，这种做法开始产生转变，19 世纪 70 年代的心理健康专家认为"稳定性"是对未成年人成长最重要的因素，因此，保持未成年人与父母双方之间的联系，是比父亲或母亲单独一方监护更好的方式，于是开始有更多的父母选择双方通过协商制定监护方案，由双方进行共同监护，使双方有比较平均的时间与孩子相处，对于孩子的重大事项也有平等的决定权。根据父母双方约定的共同监护方案不同，共同监护还可以细分为多种，例如：①共同法律监护（joint legal custody），指父母双方均具有决定子女事项的法定权利，但是，子女仅与父母中的一方居住，另一方则享有探视权，类似于我国的直接抚养权制度。②共同身体监护（joint physical custody），指子女分别与父母一方居住一定时间，时间的分配则由监护方案设置，类似于我国的轮流抚养制度。目前，共同监护已经成为最为常见的监护方式。[1] 当然，共同监护也并非万全之策，它在实践中所达到的效果并非如人们设想的美好。离婚父母之间的关系，子女的配合程度等因素都在影响着共同监护给孩子提供的成长环境。不成功的共同监护安排可能难免会导致当事人申请法院强制执行程序、案件的重新审理或者申请监护权变更。[2]

在适用共同监护还是单独监护的问题上，法官一般会结合多种因素及个案情况进行综合考量。因为共同监护会涉及双方父母共同对子女的教育、医疗、宗教等事项作出决定，因此，如果离婚父母双方无法合作配合，在将来生活中不能顺利达成一致意见，选择单独监护会更符合子女的最佳利益。另外，如果父母其中一方有家庭暴力倾向或其他极端不利于儿童成长情况时，法官通常也会选择适用单独监护。[3]

二、美国指定监护权取得的程序要求

在美国，未成年人进行入学登记、办理医疗保险等均需合法监护人代表未成年人进行办理。未成年人的父母是未成年人当然的法定监护人，但在父母去世或者子女与父母居住较远不方便照顾等情况下，未成年人的教育、医疗等都会遇到很多不便。虽然在某些情况下，当事人可以通过"照顾者授权宣誓书（Caregiver's Authorization Affidavit）"或者通过父母签署公证"监护授权书（The Guardianship Authorization Form）"等其他简便方式来获取对未成年人进行监护的某些权利，[4] 但是长久来看，未成年人的成年监护人是必需的，因此，法律规定，除父母之外的其他成年人也可以通过一定的程序成为未成年人的合法监护人。

美国监护权制度中的最高原则即"子女最佳利益原则"，指定监护

---

〔1〕 Linda D. Elrod, "Reforming The System To Protect Children In High Conflict Custody Cases", *William Mitchell Law Review*, Vol. 28：2, 2001, p. 507.

〔2〕 Sanford N. Kate, *Family Law In America*, Oxford University Press, 2011, p. 111.

〔3〕 Rosemarie Boll, "Joint Custody-Joint Disagreements?", *Family Law*, October \ November 1998, p. 47.

〔4〕 David Brown & Emily Doskow, *The Guardianship Book For California*, Nolo, 2011, p. 21.

权的设立以保证未成年人在将来的生活中能够健康平安的成长为最主要目的。因此各地区通过设立一系列法律程序和审查手续来保证子女最佳利益的实现。下面以美国加利福尼亚州为例，简要说明除亲生父母之外的成年人取得未成年人监护权的程序要求。

在加州，其他成年人必须通过法庭认定的方式才能取得对未成年人的指定监护权，程序较为烦琐、审查也比较严格，主要分为以下几个步骤：

（一）申请书及相关附件的填写、上交

在加州，申请未成年人监护权首先要填写一系列表格，提供包括未成年人及监护申请人的基本情况在内的一些信息，另外还需提供未成年人所有在世亲属的姓名、住址等，以便向未成年人的亲属送达法律文书。在向法院递交指定监护申请书［Petition for Appointment of Guardian of Minor（s）］及所需的其他表格文件之后，法院将会指定进行听证会的日期。

（二）对亲属及其他相关方送达

由于未成年人的亲属有权对于监护权在法庭上提出异议，因此，监护权申请人应当在听证会之间对他们进行通知。在加州，申请人至少应在听证会之前 20 日，向需通知的亲属送达相关文件。[1] 必须送达的文件包括指定监护申请书和听证会通知（Notice of Hearing），送达可以直接送达，也可以邮寄送达。申请人作为利害关系人不得亲自进行送达，但是可以选择成年的、与该监护权无关联的其他人进行送达，也可以选择专门进行送达的服务机构进行送达。[2] 除非放弃了相关权利，否则应当对尚在世的下列人员进行送达与通知：年满 12 周岁的未成年人本身、未成年人的父母、未成年人的祖父母外祖父母、未成年人的兄弟姐妹以及对于该未成年人有合法或事实监护的人。另外，对一些机构可能

---

〔1〕 David Brown & Emily Doskow, *The Guardianship Book For California*, Nolo, 2011, p. 60.

〔2〕 David Brown & Emily Doskow, *The Guardianship Book For California*, Nolo, 2011, p. 138.

也需要进行送达，例如当地的社会服务机构、心理健康服务机构等。

（三）监护权调查（The Guardianship Investigation）

为了保护未成年人的利益，加州每个郡都设有专门机构负责监护权调查，确保实现未成年人的最大利益，不同的郡县对于监护权调查有不同的要求，但该机构至少应负责检查申请监护人所提交的关于虐待及忽略未成年人的报告。有些郡会对监护申请人进行更为详细的调查，有些郡仅仅在监护申请人并非未成年人亲属时才进行详细调查，而有些郡则不要求进行调查。[1]

对于法庭要求详细调查的，需要在听证会日期之前至少 30 日对负责监护权调查的机构进行送达。调查员首先会通过多种方式了解关于监护权的一些背景信息，例如通过查询未成年人的学校记录、医疗健康记录等了解未成年人的相关信息，同时调查员也可能通过与未成年人尚在世的父母、亲属或者学校老师、邻居等交谈以获取关于监护申请人及儿童的相关信息。一些法院还会采取让监护申请人填写调查问卷的方式来了解相关信息。在监护权调查中通常还会采用家访调查的方式。调查员会对家庭进行一次或多次的访问，与监护申请人、未成年人及其他家庭成员针对监护申请人的情况、申请人对监护的了解、未成年人与申请人之间的关系等方面进行交流。在调查中，调查员对于监护申请人是否有虐待或忽略儿童的历史及倾向进行着重考察。

在调查结束之后，听证会之前，调查员将会根据调查的情况向法院对申请人是否适格做调查报告给出调查意见。

（四）听证会

在加利福尼亚州，除父母外，其他人均必须通过法庭宣判方能取得监护权。在递交监护申请书等相关文件之后，申请人将会被告知庭审听证会的时间。在听证会中，法官将会针对申请人、未成年人提出问题，申请人也需要对为何自己是适格监护人做出阐述，通常法官也会当场询问未成年人的意愿。法官认为申请人可以成为监护人的，将会签发指定

---

〔1〕 David Brown & Emily Doskow, *The Guardianship Book For California*, Nolo, 2011, p. 180.

监护人令（Order Appointing Guardian），在监护人获得正式的监护权证书（Letters of Guardianship）之后，申请监护人即获得了未成年人合法监护人的身份。

（五）临时监护人

由于申请法庭认定监护人通常需要较长时间，因此在一些紧急情况下，申请人也可在获得正式监护人资格之前，申请成为临时监护人[1]。临时监护的申请程序较为简洁，一般该申请可在5日之内得到获准。申请成为临时监护人同样需要填写一系列申请表格并对未成年人所有在世亲属进行送达，但是一般不需要进行监护调查或举行庭审听证会。在下列情况下，申请人可能会需要申请临时人身监护权：未成年人需要医疗；需要代表未成年人接受社会公共救助；未成年人入学需要；未成年人遭到父母遗弃，目前无任何人监护等。

临时监护人的设立可以在申请成为正式监护人之前避免未成年人因无人照管造成的伤害及损失。

（六）监护人的义务与责任

成为未成年人的合法监护人后，监护人应当以未成年人的最大利益为优先考虑，在生活中对被监护人负担起照顾、管理的责任。具体而言，监护人的义务如下[2]：

1. 人身监护人义务。人身监护人的首要义务即为照顾未成年人的生活起居，满足未成年人的基本需求，提供食宿、关注未成年人的身心健康、给予未成年人关爱。其次，监护人应提供给监护人固定住所，通常是监护人的家，但也可以是寄宿制学校。在加利福尼亚州，指定监护人如果想要携带未成年人搬离加州，需要法庭进行许可。再次，负责未成年人的医疗。成为合法监护人之后，监护人有权决定未成年人的医疗方案、处理未成年人的医疗保险。最后，代表未成年人接受收益。例如社会保险，公共援助等，但这些收益必须为未成年人的利益而使用。一些机构会要求监护人提供账簿证明钱款用途合理。

---

〔1〕 David Brown & Emily Doskow, *The Guardianship Book For California*, p. 160.

〔2〕 David Brown & Emily Doskow, *The Guardianship Book For California*, p. 214.

同时，监护人还应对于未成年人的不当行为负责。例如在下列情况下，监护人应当承担一定程度的赔偿责任：未成年人因为故意的过错行为导致他人人身或财产损害；未成年人盗窃；未成年人使用火药武器致人损伤或死亡；等等。

2. 财产监护人义务。由于财产监护的特殊性，未成年的财产指定监护人需与法院保持联系，接受法院的监督直至监护权终止。财产监护人的主要职责是诚实善良地管理和保护未成年人财产，实现未成年人利益的最大化。具体而言，首先，监护人应当以该未成年人名义开立单独账户储蓄财产，对于未成年人的一切财产，未成年人本身享有其所有权，财产监护人不拥有所有权；其次，财产监护人应当谨慎地管理未成年人的财产，为其财产设置合理的保险，例如不动产的火灾险，车辆的盗窃险等，不可以利用该财产进行风险性的投资；再次，未成年人的财产的适用应当出于该未成年人的利益，不得用于监护人的私人用途，也不得将财产借给财产监护人，即使财产监护人有归还的打算，也属于对未成年人财产的侵占；最后，财产监护人应当对未成年人财产的花销做详细、精确的记录，法院会对花销的账簿进行审查。

3. 法庭许可。法庭作为国家公权力的代表，在监护中对监护人进行监督。除了上述所说的财产监护人对于法庭的报告义务之外，在监护人对未成年人采取的某些特殊行为之前，也需向法庭提出申请，取得法庭的许可。例如将未成年人住所搬离加州、将未成年人送入精神治疗机构、使未成年人接受非自愿的医疗等，以确保未成年人的安全。

三、美国监护权纠纷现状及对现行制度的反思

上文中所介绍的制定监护权的取得程序是指在父母去世或父母不适合担任未成年人监护人，并且不存在监护权争议的情况下，如何通过申请与法庭认定的方式取得监护权。在实践中，由于离婚所带来的监护权纠纷其实更为常见。下文中将会对目前美国监护权纠纷案件的现状进行简要的介绍与分析。

（一）强冲突监护权纠纷案件（high conflict custody case）

在美国由于居高不下的离婚率，越来越多的未成年人被牵涉到监护

权争夺案件中，然而，即使父母双方通过最平和的方式分手，也不能避免孩子在这一过程以及将来的生活中所受到损伤。对孩子而言，更加严重的伤害来自于为了父母为了争夺监护权而使用多种手段进行的长期的法庭对抗，强冲突监护权纠纷案件对孩子伤害尤为巨大。目前，强冲突案件已经成为监护权纠纷案件中的一种典型情况。

1. 强冲突案件的概念及损害。监护权纠纷中的强冲突案件一般是指双方对抗性很强的监护权争夺案件，通常它持续时间长，法官难以进行定夺，通常还会牵涉大量律师与专家。强冲突案件的主要特点是父母双方对彼此缺乏信任，在法律程序中当事人们情绪激动，且纠纷双方都准备进行多次诉讼进行监护权的争夺。[1]

强冲突案件对于未成年人的发展有非常不利的影响，容易导致长久性的情绪不稳定、抑郁，经历过强冲突案件的未成年人相较于同龄人更有可能患上精神疾病，例如，抑郁症或有暴力倾向，学业失败与感情不顺的概率也大大增加。[2] 调查显示，在同年时期长期经受或目睹过暴力、高强度争吵的未成年人，在长大之后有很大的概率会重蹈其父母的覆辙，导致在将来的家庭生活中有虐待或争吵的情况。此外，强冲突案件还会因为审理难度大而浪费当事人的大量时间、金钱与精力，使各方当事人的生活都产生困扰。

2. 强冲突案件的成因。强冲突案件的增多是由多方面因素造成的，其中一个主要因素就是在监护权纠纷案件仍采取当事人主义的对抗制。与侵权诉讼相比，监护权案件涉及的法律问题可能并非案件的真正复杂之处，其在于难以分析的家庭关系人际关系、情感纠葛。此外，侵权案件的主要任务是查明已发生的事实并作出金钱损害赔偿的判决，但是，监护权纠纷的判决则需要对未成年人将来的生活作出预测。而对抗制虽然可以通过当事人之间的举证质证等程序使已发生的事实更加清晰明

---

〔1〕 Linda D. Elrod, "Reforming The System To Protect Children In High Conflict Custody Cases", *William Mitchell Law Review*, Vol. 28: 2, 2001, p. 500.

〔2〕 Linda D. Elrod, "Reforming The System To Protect Children In High Conflict Custody Cases", *William Mitchell Law Review*, Vol. 28: 2, 2001, p. 497.

确，但却难在对家庭关系和情感的分析上发挥更大作用，更无法更好的预测如何判决才能实现未成年人的最大利益。另一方面，由于对抗制决定的输赢分明的判决使父母们采取敌对的态度而非合作。在争取获得孩子的监护权的同时，当事人采用各种方法证明对方对于孩子的不利影响，加之律师为当事人胜诉建议当事人采取的恶意行动更会导致双方关系的进一步恶化，这些都会对未成年人造成很大的伤害。

导致强冲突案件的另外一个原因则是判决依据的模糊性。在美国，监护权的判决以子女最佳利益原则为最高准则，但实现未成年人的最大利益的标准却不甚清晰，这使得法官具有较大的自由裁量权，也使得判决具有很强的不确定性，使监护权争夺的激烈程度加剧。关于子女最佳利益原则，在下文中也会继续阐述。此外，过多的律师、心理健康专家以及双方当事人聘请的各种专业人士介入监护权纠纷案件，使案件更具有复杂性和对抗性。

（二）监护权纠纷中的子女最佳利益原则与共同监护

子女最佳利益原则是美国法官处理监护权纠纷的最高原则。未成年人是独立的个人，并非父母的财产，也不是父母任何一方的附属物，而监护权的判决是将一个独立个体的控制与管理权交给另一个个人，因此，保证未成年人利益最大化是监护制度最首要的责任。子女最佳利益原则要求在定夺监护权归属时，应当从未成年人本身考虑，选择最有利于未成年人健康成长的监护方式。

1. 子女最佳利益原则与监护权纠纷。在子女最佳利益原则被广泛认可之前，监护权判决多采用推定的方式。在 19 世纪之前的封建与阶级社会中，子女常常被视为父亲的一种财产，在当时，离婚案件数量很少，并且子女的监护权一般归于父亲一方。随着 19 世纪工业革命的到来，在性别平等观念与女权运动等因素的推动下，监护权开始从推定归男方所有转移至归女方所有，因为通常在家庭中，女方给予子女更多的照顾更多陪伴，且年幼的孩子对于母亲更为依赖，将监护权交给母亲更有利于孩子的成长。直至 19 世纪 60 年代，美国法官都采用推定母亲作为监护人可以保证子女的最大利益，除非母亲在离婚中具有严重过错或

"不适合"担任监护人，否则监护权归于母亲一方。[1]

19 世纪 70 年代，推定女方获得监护权的做法开始有所改变。随着更多的女性走出家庭独立工作，在劳动市场上获得了更加平等的地位，同样承担更多家庭责任的父亲一方也开始在离婚诉讼中主张对孩子监护的更多权利。同时，越来越多的科学研究也证明在未成年人健康成长的过程中，父亲扮演者不可或缺的重要角色。父母双方地位的平等使监护权推定失去了存在的依据，而"子女最佳利益"开始成为监护权纠纷中十分重要的标准。法官根据当事人的陈述，判断何种监护方式更有利于未成年人的最大利益，体现了法律对于未成年人的保护。

2. 监护权纠纷中子女最佳利益的标准。1970 年，美国统一州法全国委员会通过了统一婚姻和离婚法案（Uniform Marriage and Divorce Act，简称 UMDA）其中给出了在监护权纠纷中判断子女最佳利益的五个与性别无关的参考因素：①父母的意愿；②子女的意愿；③子女与下列人员的互动与人际关系：父母、兄弟姐妹及其他对子女利益有显著影响的人；④子女对于家庭、学校、社区的适应性；⑤各主体的身体和心理健康。另外 UMDA 还认为，在决定监护权归属时，法官不应当考虑与父母子女关系没有影响的因素，例如种族、宗教信仰等。尽管 UMDA 仅在美国八个州全部适用，但是很多法庭将这五个因素作为分析和解决监护权纠纷的起点，并在此基础上增加其他的考虑因素，以求得出更加公平合理的结论。[2]

譬如很多法庭为了避免被判决拥有单独监护权一方的父亲或者母亲阻止干涉另一方探视子女，采取"友好的父母"这一因素以此保证没有获得监护权的一方能够获得与孩子相处的机会。另外，最常见的考虑因素是父母是否有家庭暴力倾向，由此保证孩子在未来生活中的安全问题。

---

〔1〕 Linda D. Elrod & Milfred D. Dale, "Paradigm Shifts And Pendulum Swings In Child Custody: The Inserests Of Children In The Balance", *Family Law Quarterly*, Vol. 42: 3, 2008, p. 390.

〔2〕 Linda D. Elrod & Milfred D. Dale, "Paradigm Shifts And Pendulum Swings In Child Custody: The Inserests Of Children In The Balance", *Family Law Quarterly*, Vol. 42: 3, 2008, p. 393.

不同地区的法庭对于子女最佳利益都有着不同的理解，并且提出了很多不同的判断因素，在某些州列出十一个甚至更多的参考因素。虽然提出这些判断因素的初衷是为了更好的衡量父母双方，对孩子的将来做出更可靠的预测，但是同时我们也应该注意到，这些水平参差不齐的判断因素衡量困难，反而增大了审理判决的难度，各地区标准不统一又造成了判决结果的不可预测。因此很多父母选择高薪聘请专家、律师，导致案件的冲突性增强。

结　语

在美国监护制度中，对未成年的保护最重要的体现即为"子女最佳利益原则"。监护权的设立、变更等都应当以未成年人本身利益为出发点进行考量。在指定监护中，通过特定的法律程序对监护申请人进行详细的调查了解，被授予监护权之后仍应对法庭进行报告，在监护权纠纷中，通过不同的因素考量双方的条件，都是为了为未成年人提供良好的成长环境。尊重未成年人作为独立自然人的主体资格，关注未成年人在未来长期生活中的成长状况。

而美国对未成年人监护制度中最值得我国借鉴与学习的地方，则是法庭代表了国家公权力对监护这一看起来是私权问题的介入。无论是在家庭破裂中确定是单独监护或共同监护，还是在涉及未成年人重大利益的事项（例如迁徙），法庭都是最终的决定者，而未将此权限留给父母作为意思自治的自留地。

这实际上反映了在对待未成年子女这一"国家的未来"问题上，立法的姿态是：其一，认为家长的利益与未成年人的利益可能存在潜在的冲突，因此需要国家公权力在重大事项上介入；其二，认为家族对涉及未成年子女利益的具体问题上可能会情感用事，可能会无经验，因此法庭在具体审判中可能会引入更具经验、更为中立的社工。

国家监护权，不仅仅体现在国家对儿童的福利，更体现在涉及儿童利益的家庭问题中，不把家庭事项作为一个私利问题，而是明确了法庭的直接介入与评估。

美国终止父母权利制度述评[1]

罗　清[2]

在美国，父母照顾和监管自己子女被认为是受宪法保护的基本权利和自由。[3] 然而，这种权利和自由并非绝对且不受限制的。一旦有人举报儿童正在遭受父母虐待、遗弃或出现法律禁止的其他情况，国家就会对该父母子女关系进行干预，其中最严厉的干预手段，就属对父母权利（Parental Rights）的剥夺和终止。[4] 终止父母权利是美国儿童保护法律的重要内容，而儿童保护是美国儿童福利政策的前端问题。本文通过介绍美国终止父母权利法律制度的历史、现状和发展，分析美国在保护儿童权利方面所做出的努力、可借鉴的经验，以及需要注意的问题，为我国儿童保护法律改革提供一些思考。

一、美国儿童保护法律的流变及特点

当今美国儿童保护制度经历了一个逐步发展的过程。从殖民时代到

---

〔1〕　本文原载《中华女子学院学报》2016 年第 4 期。

〔2〕　罗清，女，浙江农林大学文法学院讲师，法学博士。

〔3〕　美国联邦最高法院在一系列案件中对此作出了判定。例如在 1972 年 Stanley 诉 Illinois 一案中，法官认为"家庭的完整性是受到宪法第 14 条修正案正当程序条款、第 14 条修正案平等保护条款以及第 9 条修正案的保护的"。参见 *Stanley v. Illinois*，405 U.S. 645，651（1972）.

〔4〕　终止父母权利是美国儿童保护法律中的常见术语。由于美国法律并不区分亲权和监护，采用的是广义的"大监护"概念，因此美国的"父母权利"概念既包括了亲权的内容，也包括了监护的内容。对父母权利的终止，意味着对基于父母子女身份关系所产生的所有权利的终止，这其中也包括了对监护权利的剥夺。此后，父母和子女之间的法律关系就永久且不可撤销地丧失了。父母权利的终止有自愿与非自愿两种，自愿终止父母权利不在本文讨论范围之内。

建国后的将近一百年里，美国几乎没有儿童保护的理念和措施。儿童仅仅被认为是父母和家庭财产的一部分，因而家长，尤其是父亲，有权像处置财产一样处置自己的子女。在这一时期，家庭内部作为重要的私人领域，具有明显的隐私性和封闭性，国家不得干涉家庭内儿童的养育和保护事务。尽管也有个别父母因为残忍侵害儿童权益而遭到公诉，但是并没有形成系统的儿童保护制度。

到了19世纪，随着美国社会经济与社会关系的变化，国家与个体之间的关系也发生了转变，家庭权威日渐削弱，国家对家庭的干预日益增多。在这一时期，一种新的儿童观念出现了，就是承认童年是人的一个独立发展阶段，"父母有责任保护儿童，而不是从他们身上获取利润，父母对儿童不能提供充分的照料时，政府有责任加强干预"。[1] 相对应地，国家亲权（State parens patriae）[2] 法则产生了，这一法则成了儿童保护案件中的主要法理基础。1890年，美国联邦最高法院在 Late Corp. of the Church of Jesus of Latter-Day Saints 诉美国案中认为，国家亲权"是各州最高权力中所固有的……一个最仁慈的功能，为了人类利益以及为了防止那些无法自我保护的人受到伤害，行使该权力通常是必要的"。[3]

不过，美国社会和政府真正关切儿童保护和完善儿童福利制度是始于20世纪。尤其是20世纪中后期，学术界对儿童虐待问题的深入研究，引起了美国社会对儿童保护的极大关注，甚至产生了革命性的影响。在这一时期，儿童虐待问题已经从对儿童个体的伤害上升到公共卫生事件，儿童的"最大利益原则（The Best Interest Standard）"成为美国在立法和司法中的普适标准。

---

〔1〕 韩晶晶：《儿童福利制度比较研究》，法律出版社2012年版，第73页。

〔2〕 "国家亲权"又称国家父权，此概念最早可追溯至古罗马时期，它首先表现为国家在自然父亲缺位的时候顶替其角色，其次表现为了国家的利益以国家亲权干预或阻却自然亲权。前者集中体现为官选监护制度和贫困儿童国家扶养制；后者集中体现为限制自然父权的粗暴运用。而普通法中的国家亲权制度起源于英格兰。参见徐国栋："普通法中的国家亲权制度及其罗马法根源"，载《甘肃社会科学》2011年第1期。

〔3〕 Will L. Crossley, "Defining Reasonable Efforts：Demystifying the State's Burden Under Federal Child Protection Legislation", *Public Interest Law Journal*, 2003（12），p. 264.

从 1974 年到 2015 年，美国政府和国会出台了几十部关于儿童保护、儿童福利和儿童收养的法案或修正案，[1] 以法律形式正式将遭受家庭虐待和忽视的儿童纳入到政府保护体系之中，形成了儿童保护的标准程序。不过，这些法案在保护儿童的具体理念、措施和流程方面有着细微差异。

这几十部法案中最重要的有三部。第一部是 1974 年出台的《预防与处理儿童虐待法案》（Child Abuse Prevention and Treatment Act）。根据该法案，美国联邦政府成立了全国性的儿童受虐信息收集和传播中心（National Clearinghouse on Child Abuse and Neglect Information），并且为州政府提供开展儿童虐待预防和处理项目的资金。同时法案规定，为了获得联邦政府的资助，各州必须在州法律中明确虐待和忽视儿童的定义，并且建立强制举报制度等相应程序。这部法案出台的结果是被带离家庭的儿童数量迅速增加，与此同时，被寄养的儿童数量也迅速增长起来。随后的几十年中，《预防与处理儿童虐待法案》经历了多次修改，将保护对象扩大到残疾婴幼儿以及受到性虐待、剥削的儿童。

1980 年，联邦政府又通过了《收养协助与儿童福利法案》（Adoption Assistance and Child Welfare Act）。该法案与之前的法律不同，它将"家庭保护"视为儿童福利干预的最高理想。立法者认为，家庭始终是养育儿童的最佳场所，要尽一切可能避免州政府在不必要的情况下，将儿童带离家庭，同时也应当减少寄养家庭儿童的数量，以及他们在寄养家庭中所生活的时间。因此，该法案一方面要求各州通过"合理的努力（Reasonable Efforts）"教育改造虐待或疏于照顾子女的父母，促使家庭团聚，维持家庭完整；另一方面，努力确保被寄养的孩子享受到稳定的家庭环境，防止被反复转移到不同家庭，同时尽快为他们找到长久安置的收养家庭。《收养协助与儿童福利法案》颁布以后的几年内，美国寄养儿童的数量确实有小幅度的减少，但是到了 1987 年，该数字又回到了 1980 年的水平，甚至到了 1996 年，有超过 50 万的儿童仍滞留在寄

---

[1] See National Clearinghouse on Child Abuse and Neglect Information, Major Federal Legislation Concerned with Child Protection, Child Welfare and Adoption, 2015 (3).

养系统之中。由此可见，该法案的初衷并未能有效实现。

《收养协助与儿童福利法案》出台后所带来的另外一个问题，就是在促使儿童回归原来家庭时没有充分考虑到儿童的安全。随着一系列儿童受虐和遭忽视案件在全国媒体上的高频率曝光，立法者开始重新考虑家庭稳定与儿童安全之间的关系。1997 年，美国国会颁布了《收养与家庭安全法案》（Adoption and Safe Families Act）。该法案主要针对《收养协助与儿童福利法案》中关于各州为了维持家庭完整所应作出的"合理努力"规定进行了修正，侧重强调儿童的安全是第一位的，对州政府提出了保护儿童和家庭安全的更高要求。同时，为了鼓励对儿童进行永久安置，减少寄养体系中儿童的数量，《收养与家庭安全法案》提出了联邦资金拨付的条件，即各州必须在本州立法中采纳该法案创建的制度框架和标准，才能符合获得联邦资助的资格。为了获取这一资格，美国所有的州都已经在立法中纳入了《收养与家庭安全法案》的相关要求，因此该法案也成为目前美国儿童家庭保护体系当中最有影响力的法律之一。

通过对以上三部法案的介绍我们可以看出，美国儿童保护法律制度的历史发展有三个重要特点：

第一个特点，是美国联邦政府对家庭的介入日益加强。根据美国宪法的规定，联邦政府的权力是非常有限的。另外联邦最高法院的司法裁定也表明，家事案件是各州管辖的事项[1]，美国没有一部统一的、全国性的家庭法，各州州法在家庭领域一直具有支配性地位。因而，在儿童保护制度的早期历史中，美国联邦政府几乎不发挥作用。然而，自20 世纪以来，联邦政府开始前所未有地介入到家庭事务之中，联邦法院也对各州家庭法进行了前所未有的"干涉"。这种"干涉"附带产生了一个重要影响是，它使各州的法律趋于一致，至少在某种程度上，在

---

〔1〕 因为美国传统上认为，"强调州法的重要性可使家庭法更符合当地的习惯和价值取向"。参见［美］哈里·D. 格劳斯、大卫·D. 梅耶：《美国家庭法精要》，陈苇译，中国政法大学出版社 2010 年版，第 6 页。

全国范围内日趋统一。[1] 同时，国会也试图通过直接方式或者通过"有偿"方式来影响各州家庭法的内容。所谓"有偿"方式，是指各州的法律遵循联邦特别规定时，联邦就会向各州提供资助，以此来促使州的儿童福利制度与联邦法律的要求相一致。这一点在 1997 年《收养与家庭安全法案》中得到了充分体现。

第二个特点，是国家对于干预家庭以保护儿童权利的介入程度持摇摆不定的态度。根据美国法律，父母权利是受宪法保护的，这与日益受重视的儿童权利之间产生了一定的冲突。在 1974 年出台的《预防与处理儿童虐待法案》中，儿童权利被放在了首位。到了 1980 年，《收养协助与儿童福利法案》则将家庭维持视为关键。而 1997 年的《收养与家庭安全法案》，立法者又试图在家庭维持和儿童权利保护之间找到平衡点，从而获得一举两得的效果。但是在司法实践中，这种平衡的实现实际上非常困难，现实往往是顾此失彼。因此国家只有通过不断调整法律政策来适应不同状况下的社会需求。

第三个特点，是公权力机关处理案件的最终目标是帮助儿童找到最长久稳定的家庭环境。为了避免国家过度干预家庭造成的弊端，美国政府逐渐确立了"永久家庭安置"理念，该理念"指出儿童进入寄养体系的前提是必须对避免儿童与原生家庭分离做过合理努力，对于无法返回原生家庭的儿童，则鼓励通过收养方式获得稳定的家庭生活"。[2] 如此一来，当儿童被带离家庭予以安置后，帮助儿童重返父母等监护人身边就成为解决案件的主要目标；若父母权利被剥夺，则寻找收养家庭成为解决案件的主要目标。因为美国政府与立法机关逐渐意识到，保护儿童免受伤害并非简单地将他们与施虐父母割断法律关系就一了百了了，在儿童成长过程中，父母的角色是难以被任何国家机构或社会机构所取代的。所以条件允许时应尽可能为儿童营造或创造适宜成长的家庭生活

---

〔1〕 ［美］哈里·D. 格劳斯、大卫·D. 梅耶：《美国家庭法精要》，陈苇译，中国政法大学出版社 2010 年版，第 5 页。

〔2〕 满小欧、Richard P. Barth："美国儿童家庭寄养制度的变革与借鉴：基于自由主义与国家干预主义的福利辨析"，载《华东理工大学学报（社会科学版）》2015 第 1 期。

环境。

二、终止父母权利的美国范例

笔者在前文中提到，美国公权力机关对父母子女关系最严厉的干预手段，就是对父母权利的剥夺和终止。不过鉴于父母子女关系的重要价值和终止父母权利的严重性，美国法律对此种做法是十分谨慎的。因此在这项权利被终止之前，相关部门会先进行一系列的行政干预和法律流程，以确定终止父母权利的必要性。

（一）终止父母权利前的干预流程

在美国，专门处理儿童虐待忽视案件的政府机构是各州的儿童福利局（内设专门的儿童保护服务部门）。当有人向州儿童福利局报告发现有儿童已经或者可能遭受到虐待和忽视时，[1] 儿童福利局就会启动儿童虐待忽视案件的处理程序。首先，福利局儿童保护小组社工会审查报告是否符合虐待的法律定义以及报告者的可信度来决定是否开展调查。一旦决定开展调查，社工必须按照各州法律的规定和指导对儿童所处的状况进行调查和评估。如果经调查发现虐待或忽视属实，社工必须评估判断是否应当将儿童继续留在家庭之中。若儿童正在面临受到伤害的紧迫危险，儿童福利局可以将儿童紧急带离进行临时寄养照料，同时必须尽快向法院申请紧急带离听证程序，以证明将儿童临时带离家庭的正当性和合法性。

随后，儿童福利局的社工会向法院提起儿童虐待忽视的诉讼，法院通过举行裁决听证以决定儿童虐待忽视案件是否属实。如果认定属实，则案件将进入安置听证程序。法院有三种方案确定儿童的安置：将儿童送回父母等监护人身边；使儿童回到父母等监护人身边，但是提供监护

---

〔1〕 根据1974年《预防与处理儿童虐待法案》的规定，各州在立法中规定了相关人员对儿童虐待忽视案件的强制报告义务。具有强制报告义务的人员通常包括以下几类：医生、护士以及其他卫生工作者；心理医生、心理咨询师以及其他从事精神卫生工作的人员；老师、学校顾问、学校行政管理者以及其他教育工作者；在儿童照料机构从事照顾儿童工作的人员；其他能够发现儿童虐待忽视情形的行政执法人员。参见韩晶晶：《儿童福利制度比较研究》，法律出版社2012年版，第99页。

监督以及支持服务；将儿童从家庭中带离。[1] 如果法官决定儿童应当被带离父母等监护人，儿童将会被安置在亲属家庭[2]、非亲属寄养家庭[3]、养育机构以及儿童之家等团体机构[4]中。每过6个月，法院会对儿童的安置方案进行一次审查听证，审查该安置方案对儿童是否有不利影响。联邦法律还要求法院在对儿童做出安置决定的12个月内开展永久安置听证，根据儿童最大利益原则为儿童选择一种长久安置方式。如果最后法官决定儿童不适宜回到原生家庭，并且案件情形符合应当终止父母权利的条件时，终止父母权利才最终被提上法律日程。

（二）终止父母权利前的"合理的努力"

从1980年《收养协助与儿童福利法案》颁布开始，如果儿童被发现受到虐待或遗弃，政府可以根据儿童的最大利益，或者允许儿童继续留在父母身边并且为其提供保障服务，或者将其从家中带走。但无论是何种选择，政府通常都必须先要做出合理的努力来干预儿童与其亲生父母之间的关系。因此，法官在做出决定将儿童进行寄养之前，必须首先审查州政府是否已经为原生家庭提供了足够的服务。

美国联邦法律设置"合理的努力"这一要求的目的主要有两个：一是尽最大可能让儿童不必离开原生家庭，二是尽最大可能让被寄养儿童安全回到原生家庭。因为根据立法者的理念，对受到虐待和忽视儿童的几种安置方式是分三六九等的：最优先的是家庭团聚，其次是收养，

---

〔1〕 韩晶晶：《儿童福利制度比较研究》，法律出版社2012年版，第104页。

〔2〕 由于有研究表明将被带离儿童安置于亲属家庭比安置在陌生的寄养家庭更为有益，美国联邦法律鼓励各州在对儿童进行安置时优先考虑亲属抚养。因此，美国有一半的州将更多的儿童安置在亲属家庭接受照料。不过，由于成为永久照管人不能获得经济支持，亲属只能在获得经济支持和永久照管人之间选择其一。See Time for Reform: Support Relatives in Providing Foster and Permanent Families for Children, http://www.pewtrusts.org/~/media/legacy/uploadedfiles/wwwpewtrustsorg/reports/foster_ care_ reform/supportingrelativespdf.pdf, last visit on July 27, 2017.

〔3〕 非亲属寄养家庭必须经过登记才能抚养儿童。寄养照顾人可以获得补贴，儿童被寄养期间可以获得医疗补助。

〔4〕 这些机构都是经过批准或者许可照料儿童的机构，对儿童进行24小时集体养育和照料。

再次是法律监护[1]，然后是与一位合适且自愿的亲属一起长期生活，最后才考虑其他处置计划（如果这样符合儿童的最大利益）。[2] 可见，国家始终将永久性安置目标置于儿童安置方式的优先地位，而家庭团聚在永久性安置方案中又是首选。而且法律规定，为儿童寻找一个长久性安置处所和做出合理努力促使其与家庭团聚是可以同时进行的，两者并行不悖。

不过，对于"合理的努力"的具体内涵，以及国家应当如何具体帮助家庭团聚，《收养协助与儿童福利法案》和《收养与家庭安全法案》都没有做出明确定义和说明。[3] 因此，美国大多数的州立法对"合理的努力"都采取了一种宽泛的定义方式，具体内容主要是帮助家庭提高儿童的养育能力，从而有能力合理照顾儿童并保障儿童的安全。这些服务措施一般包括家庭治疗、父母课堂、毒品与酒精滥用治疗、临时看护、父母支持小组以及家访项目等，同时也包括一些如住房补贴、食品券、儿童照料帮助等公共支持项目。[4]

需要注意的是，1997 年《收养与家庭安全法案》对《收养协助与儿童福利法案》中"合理的努力"规定进行了修正，修正的目的是避免州政府在实施"合理的努力"促使家庭团聚时忽略了儿童的健康和安全。因此，从 1997 年开始，当司法判决有以下任何一种情况存在时，

---

〔1〕 法律监护（legal guardianship）是指通过司法在抚养人和儿童之间创建一种长久且自持的关系，将与该儿童有关的父母权利转移给抚养人，这些权利包括：保护、教育、人身照看与管制，监护以及做决定。参见美国《收养与家庭安全法案》，Adoption and Safe Families Act, Sec 101（b）。

〔2〕 Maryana Zubok, "Termination of Parental Rights", *The Georgetown Journal of Gender and The Law*, 2004,（5）, p. 597.

〔3〕 因为国会立法者认为，如果对"合理的努力"作出具体规定，可能会导致州政府在具体执行时将做出合理的努力置于儿童安全的重要性之上。有学者对此做出了批评，认为这样不利于法律的具体执行，让法律形同空文。参见 Will L. Crossley, "Defining Reasonable Efforts: Demystifying the State's Burden Under Federal Child Protection Legislation", *Public Interest Law Journal*, 2003, vol 12, p. 261.

〔4〕 Child Welfare Information Gateway, Reasonable efforts to preserve or reunify families and achieve permanency for children, U. S. Department of Health and Human Services, Children's Bureau, 2012.

《收养与家庭安全法案》允许州公权力机关不需要做出合理的努力来维持家庭或帮助父母和子女团圆。这些情况包括：①父母让子女遭受州法律定义的如下情形，包括但不限于遗弃、折磨、长期虐待或性虐待。②父母被控：谋杀或故意杀害孩子的任何一位兄弟姐妹；帮助或计划实施这一谋杀或故意杀害；因殴打重罪导致儿童或其兄弟姐妹身体受到严重伤害；父母对其兄弟姐妹的权利已经被非自愿终止。[1]

（三）终止父母权利程序的最终启动

经过一系列的论证和努力之后，如果发现儿童的原生父母已经不适合抚养、监护和管制其子女，并且在法院和社会机构介入后依然无法有效且及时帮助父母恢复到良好状态，终止父母权利程序才正式拉开序幕。

1. 终止的理由。尽管美国所有的州都在立法中规定了对父母权利的终止，但是在终止理由上却差异显著。例如堪萨斯州法律中设置了22项终止父母权利的标准，而印第安纳州仅有7项。因为某些州的立法者认为对终止父母权利理由的限制能确保父母权利只有在所有选择穷尽之时才会被剥夺，这样才能以最大可能保障父母的基本权利和自由。

有学者总结，美国各州法律中关于终止父母权利的常见理由可以分为4大类12项标准（尽管并非所有州的法律都包含这所有标准）：①实际存在的情况，包括遗弃，监禁，以及缺乏探视；②伤害儿童，包括身体伤害（谋杀，严重人身伤害，折磨，或者长期虐待），性虐待和非明确性伤害（疏忽，情感/精神虐待，辱骂行为，或残忍）；③父母是否称职，包括父母失职（未能承担责任、尽到合理的努力、提供经济支持或建立权威）、能力减损（精神病、滥用药物或胎儿受到毒品酒精影响）、父母的历史（之前有因儿童福利被终止权利或干预）和过分的事件（刑事事件或无血缘关系）；④伤害家庭成员（对怀孕的生母实施家

---

[1] 参见美国《收养与家庭安全法案》，Adoption and Safe Families Act, Sec 101（a）（D）。

庭暴力或遗弃）。[1] 这些标准都有一个重要特点，那就是它们都涉及父母的行为，或者是作为，或者是不作为。换句话说，父母的"不称职"必须通过他们的行为体现出来。

然而，还有一条终止父母权利的理由并不受到父母行为的影响，那就是"儿童的最大利益原则"。这条理由可以被称为儿童保护的"万金油"，也是唯一存在于所有美国州的法律之中的重要标准。但是无论是在法律条文中，还是司法实践中，美国各州对"儿童最大利益"的理解又是千差万别，法官对此有极为广泛的自由裁量权，这种主观性过强的标准也招致了不少学者的批评。

此外，还有个别州的法院认为，父母是同性恋本身就是终止父母权利的充分理由，不过关于同性恋父母的权利问题在美国是极具争议的，本文对此暂不讨论。

另外，根据联邦法律规定，如果儿童在最近的 22 个月中有 15 个月生活在寄养体系中，州公权力机关必须启动终止父母权利的听证程序，除非有材料证明：①州已经将儿童安置于其亲属处；②有不得已的原因不能终止，例如收养不适当，没有终止的理由，儿童是未成年无人陪伴的难民，或者有相关外国政策原因或国际法责任；③国家还没有提供被认为有必要的合理的努力。

2. 举证责任。在 1982 年 Santosky 诉 Kramer 一案中，美国联邦最高法院在平衡了父母、子女、公众等各方利益后，最终判定，宪法正当程序条款要求州在儿童虐待案件的指控中提供"清楚有说服力的证据"（Clear and Convincing Evidence）来证明父母的不称职（Unfitness），以此作为终止父母权利的实质要件。因此，清楚有说服力标准成为终止父母诉讼的证明标准。

美国司法制度中通常使用三个基本的证明标准（按严格程度排序）：优势证据标准（Preponderance of the Evidence）、清楚有说服力标准（Clear and Convincing Evidence）以及排除合理怀疑标准（Proof Be-

---

[1] See William Vesneski, "State Law and the Termination of Parental Rights", *Family Court Review*, 2011, (49).

yond a Reasonable Doubt）。相较于"排除合理怀疑"的高标准和"优势证据"的较低标准，"清楚有说服力"是一个适中的标准，它要求裁判者内心必须相信诉争事实具有高度的可能性。之所以要在终止父母权利诉讼中采取比"优势证据"更高的标准，主要是为了能较好保护父母的基本利益，同时也减少错判的风险。毕竟，"对父母而言，对不应终止的亲子关系被予以终止，其后果乃是不必要的破坏了他们的家庭"。[1] 这也是国家所不愿意看到的结果。

3. 父母的上诉权和辩护权。美国联邦法律赋予父母对终止监护人资格听证的上诉权。但是对于被告父母的辩护权，联邦法院在 Santosky 诉 Kramer 一案中判定，美国宪法并未要求各州为所有被终止父母权利案件中的贫穷父母指定律师，指定律师并不必然能确保裁定的公平性。[2] 尽管如此，仍然有许多州在法律中规定，在终止父母权利程序中为贫困父母提供指定律师服务。

当亲生父母权利被终止之后，原父母与其子女之间的法律关系就永久且不可撤销地丧失了。儿童福利局的社工随后会为儿童寻找合适的收养家庭，而法官则通过听证的形式确定收养关系。一旦收养成立，亲生父母能否继续与其原子女保持联系完全取决于收养父母的意愿。

三、美国终止父母权利制度的存在问题及借鉴意义

（一）终止父母权利制度的存在问题

通过对美国儿童保护法律，尤其是终止父母权利制度的介绍，我们可以看出，终止父母权利，牵扯到三方关系——父母、子女和国家的关系，这三方关系中又涉及三种权利——父母的利益，儿童的利益和国家的利益。如何平衡这三方关系和三种利益，其实是美国儿童保护法律政策的焦点问题。

按照一般的理解，儿童保护与儿童福利制度应当是以儿童为中心建构的。在父母、儿童和国家的三角关系中，父母承担对儿童养育和保护

---

[1] [美] 哈里·D. 格劳斯、大卫·D. 梅耶：《美国家庭法精要》，陈苇译，中国政法大学出版社 2010 年版，第 135 页。

[2] 参见 *Lassiter v. Dep't. of Soc. Servs.*, 452 U. S. 18, 1981.

的首要职责，国家是儿童的最终保护主体，因此儿童应居于此关系中的最高地位，儿童的利益也应当得到最优先保护。

然而在美国，父母的利益反而在儿童利益之上。对父母而言，终止父母权利剥夺了父母"抚养、监护和管制"子女的权利，这一权利在美国被视为父母的一种基本自由（Liberty），受到美国宪法修正案的保护。从 1923 年 *Meyer v. Nebraska* 案开始，联邦最高法院就在多个判决中赋予家庭在养育、教育子女和家庭生活的多方面以极大程度的自治权。尽管有研究者认为，当前美国联邦层面的法律制度很大程度上削弱了对父母权利的保护，但实际上，今天美国儿童保护法律依然是以父母为中心的。从前文中可以看出，父母权利的终止，需要经过当局审慎的调查，政府合理的努力，法院多次听证，确定合法的理由，进行较严格的举证后，才得以判决。这其中的每一步骤，都几乎是基于父母权利为中心的法律框架进行的。这足以显示在终止父母权利法律制度中，父母享有清晰且受宪法保护的权利，并且这种权利受到国家的高度重视，不敢轻易剥夺。

与此相反，美国儿童权利的独立性始终未能得到美国宪法和联邦最高法院的承认，从这一点来说儿童权利就处于父母权利之下风。在终止父母权利程序中，唯一能体现儿童主动性的就是"儿童最大利益原则"。笔者在前文中提道，美国法院终止父母权利的理由主要是根据父母行为来判定，但是还有不少案件中父母并没有明显的不称职行为，却因为"儿童最大利益"原则被终止了权利。"儿童最大利益"虽然已经成为国际上公认的儿童人权重要原则，但是它的定义无论是在儿童公约中还是美国法律中都是模糊不清的。"最大利益原则假定国家以及代表国家权威或者专业知识权威的各类专家能够知晓儿童的一切需求与最佳利益，并且能够以儿童利益来优先考虑和判断所发生的事情。"然而实际上，究竟什么是对儿童最好的利益、由谁来决定什么是儿童最好的利益，这个问题到目前为止仍然是不明确的。儿童生活在家庭中，与原生父母生活在一起原本是符合儿童的最大利益的。因为父母和家庭是儿童的天然保护者，儿童的受保护权的实现很大程度上取决于父母监护权的行使，儿童的权利与父母的权利实际上是紧密缠绕在一起，不可随意分割的整体。当父母对儿童有伤害行为，儿童被从父母身边带离后，其与父母之间基于血缘以及感情所产生的纽带依然存在。所以，除非出现颇为极端且不可否认的情况，例如父母对子女实施了严重的伤害行为（这种情况并不占大多数）[1]，其他情形下对父母权利的不可逆终止是否能真正符合儿童的最大利益是令人存疑的。[2] 另外，国家在行使儿童最大利益标准的过程中，不可避免地与社会中的其他一些因素，如种族、民族、社会阶层、性别等结合在一起，这就是为何美国同性恋家庭、贫困家庭及有色群体家庭中父母的权利丧失比例在全美比例中居高不下的原因。[3]

终止父母权利，不仅牵涉到父母和子女的利益，还牵涉到国家的利益。

第一，自国家亲权观念出现以来，国家成了儿童的最高监护人。国家之所以认为自己有介入家庭保护儿童的职责和权利，是因为国家将儿童视为未来的资产和人类资源。当因父母的监护不力或者监护缺失而导致儿童受到伤害时，国家如果不能够及时予以纠正或补救，长此以往，将带来严重的社会问题和治理负担。

第二，干预父母子女关系时国家不得不考虑成本和效率的问题，因为这也和国家利益息息相关。相对于其他社会组织而言，家庭原本是对儿童的保护投入最少、效率最高的理想场所。然而国家对儿童保护和儿

---

〔1〕 关于终止父母权利案件中终止理由的具体比例参见 John Thomas Halloran, "Families First: Reframing Parental Rights as Familial Rights in Termination of Parental Rights Proceedings", 18 *U. C. Davis J. Juv. L. & Pol'y* 51 2014, pp. 59~69.

〔2〕 相对于美国的不可逆终止，笔者认为澳大利亚的儿童保护制度设计或许更加符合儿童的最大利益。在澳大利亚，无论是在儿童临时安置期间，还是经法院裁定父母权利被依法剥夺，只要不与儿童的利益相抵触，儿童与父母仍然能够保持接触。对于那些被剥夺监护资格的父母，儿童福利机构会采取跟踪或后续服务措施，帮助父母恢复监护条件。在条件允许时，儿童可以回到原生父母身边。

〔3〕 Martin Guggenheim, "The Effects of Recent Trends to Accelerate the Termination of Parental Rights of Children in Foster Care-An Empirical Analysis in Two States", *Family Law Quarterly*, 1995, (29). Janet L. Wallace, Lisa R. Pruitt, "Judging Parents, Judging Place: Poverty, Rurality, and Termination of Parental Rights", *Missouri Law Review*, 2012, (77).

童福利的干预使得这一成本在不断增加。根据美国儿童局 2013 年的统计，在 2009 到 2013 年之间，有 202 多万名儿童进入到美国的寄养系统，其中有 26 万多人被公共儿童福利机构收养，超过 317 000 名儿童与他们父母的关系被永久解除。[1] 这种情况导致美国儿童福利制度的管理支出非常之高，使得政府不得不考虑开展更多地家庭服务以避免儿童虐待、忽视案件的发生。然而根据美国《社会保障法》的规定，资金分配是儿童福利工作开展的主要资金来源，但是这部分资金主要用于寄养照料以及收养项目，不能挪作他用。受联邦资助资金结构的限制，州政府很难拨付大量资金用于儿童虐待、忽视的预防项目。从长远考虑，这其实并不利于儿童保护的真正实现。

另外，美国的法院在儿童保护案件处理中虽然起到重要作用，但是由于缺乏解决案件的其他缓冲和争议解决机制，导致工作效率低下。从发现儿童受到虐待或忽视，到对儿童进行长久安置的确定为止，法院前后总共大约要进行七次听证程序。如果存在诉讼延期、上诉以及重复听证等原因，一个儿童保护案件的审理可能会延续更长的时间。再加上 1997 年《收养与安全家庭法案》扩充了法院在处理儿童虐待、忽视案件中的职责，却未能赋予其相对应的资源，导致法院无论是人力资源还是经济资源，都无法与日益增多的案件量相对应。结果由于资源的限制，法官没有足够的时间对所有信息予以细致充分考虑，也无法对案件及时处理和解决，使得很难实现真正维护各方合法权益的最初目的。

从上文分析我们可以看出，尽管儿童权利理论在美国已经发展上百年，美国的学术主流还是倾向于将儿童权利等同于对儿童的保护，也就是更多地将儿童视为法律保护的客体而非主体。儿童最大利益原则虽然已经成为美国法律和司法中的主流原则，但是出于历史传统和该原则本身的理论发展局限，儿童最大利益原则并未能真正落实到美国的儿童保护和儿童福利制度之中。这导致美国儿童保护和儿童福利制度在平衡父母、子女和国家这三者的关系时没有自始至终将儿童利益放在首位，这

---

〔1〕 See The AFCARS Report, Children's Bureau, U. S. Department Of Health And Human Services, 2013, （21）.

或许就是相关法律政策不断发生变化和出现自相矛盾的重要原因。

(二) 对我国的借鉴意义

近年来,我国儿童虐待、遗弃和权利侵害新闻案件频出,整个社会和法律工作者都在反思我国现有儿童保护制度的缺陷和问题。由于国情、社会背景和制度设计不同,我国不可能对美国的儿童保护法律政策全盘照搬。但是美国儿童保护和福利制度中较为成熟完善的模式和理念对我们而言是有启发和借鉴作用的。

第一,保护受虐和受忽视儿童,不能简单地切断儿童与监护人之间的关系,而是应当为儿童营造或创造适宜成长的稳定生活环境。鉴于我国政府在儿童保护方面监管不力和监护缺位的现状,许多学者提出要强化我国政府在国家监护制度中的主导作用,明确国家监护责任,依法撤销监护人资格,构建未成年人国家监护制度,这对于儿童保护无疑是有益和必要的。但是,国家监护是儿童监护的最后救济手段,而且并非万能的手段。因此,当儿童的父母或其他自然人监护难以完成对儿童的监护任务时,国家首先应当采取措施,尽力维护和修正父母与子女之间的关系,对父母或其他监护人提供必要的帮助 (如:对经济困难的家庭进行适当援助,对父母或者其他监护人提供家庭教育、心理辅导),以便他们能更好地履行监护职责,而非径直以国家监护取而代之。如果父母行为严重伤害其子女的利益,例如父母的忽视或虐待对儿童造成了严重伤害,确实需要将儿童与其父母或其他监护人分离的,也不能让儿童长时间滞留在临时安置机构或寄养家庭,而是应当尽可能帮助儿童回归原生家庭,或者为其找到长久安置场所。即使父母被裁决剥夺监护资格,在不与儿童利益和意愿相抵触的前提下,允许儿童与父母保持接触,条件允许时,可以让儿童回到原生父母身边。这其实更能实现儿童利益的最大化。

第二,国家应加强儿童虐待、忽视事前预防制度,保障弱势儿童及其家庭的基本权利,为实现儿童权利提供基本的物质资源和逻辑前提。儿童的受保护权等权利的实现,很大程度上首先依赖于家庭和父母给予的支持。因此,父母的福利状况、权利实现状况等会直接影响父母对儿童的经济照料和情感支持。在过去的三十多年间，美国联邦和州的立法者也逐渐意识到，如果将大部分资金和关注点都放在儿童的带离和寄养上，那么儿童虐待忽视现象很难真正得以减少，反而会增加社会经济支出的成本。而前期预防的投入，能有效降低伤害发生后对儿童保护的成本，也能减轻儿童福利管理机构的压力和法院的案件数量。所以从长远考虑，完善社会福利政策，增加对家庭服务的支持，预防儿童虐待案件的发生，才是制度设计的重点考虑方面。

第三，儿童保护制度的程序设计要多样化，提高工作效率，有效维护各方权益。在儿童保护制度设计当中，法院应当发挥最重要的作用，但是也需要设立一些可代替性的诉前争议解决机制，避免大量案件被带到正式听证程序中，以减轻法院的压力，有效实现社会正义。例如赋予儿童福利管理机构对一些案件予以直接解决的权限，或者在司法程序中采取调解程序避免司法听证。

终止父母权利仅仅是儿童保护制度中的一个环节，保护儿童权利更重要的是建构一套全面完善的福利制度体系。这套制度体系包括儿童福利机构的设置、对儿童监护人的监督和帮助措施、对不称职监护人合理的处理程序、对儿童安置措施体系的构建等。同时，还需要确保政府对父母子女关系的干预在合法合理的范围内，既能尊重儿童和保护儿童的安全，又不侵害父母等各方当事人的合法利益。作为《儿童权利公约》的缔约国，我国亟待建立符合我国国情和未来发展趋势的儿童保护和儿童福利制度，为切实履行国家责任、实现儿童利益的最大化作出努力。

未成年子女利益之保护

——意大利法的经验与借鉴[1]

陈 汉[2]

未成年子女利益之保护，引起法学界的广泛关注，主要肇始于 1959 年联合国大会通过的《儿童权利宣言》，经过了 30 年，1989 年，联大通过了《儿童权利公约》。1990 年 9 月 2 日，《公约》在获得 20 个国家批准加入后正式生效。目前《公约》已获得近 200 个国家的批准，是世界上最广为接受的公约之一。

意大利属于最早批准加入该公约的国家之一，并且通过承认欧盟的部分公约及国内的立法，意大利确立了较为完善的未成年子女利益保护的完整格局，并且保护的规范触及到了离婚、收养、非婚生子准正等诸多领域。但是从过程来看，从 1975 年意大利修订民法典中的婚姻家庭法相关条文，到近 10 年诸多单行法及重要司法判决的诞生，这并不是一个简单容易的过程。从罗马时代开始，亚平宁半岛就贯彻了家父对家子的支配思想，而 2000 多年的手工业伴随的学徒制度，事实上都不利于未成年子女利益保护思想得到普遍的承认。本文将简单阐述这一过程。

一、非婚生子与婚生子的有限平等化

1975 年的《意大利民法典》修订中，加入了第 261 条的规定："非

---

〔1〕 本文原载《北方法学》2015 年第 3 期。

〔2〕 陈汉，男，中国政法大学民商经济法学院副教授，硕士生导师，法学博士。

婚生子女的认领对进行认领的父母产生与婚生子女相同的全部权利和义务"。这是一条具有强烈历史背景的法律规范。

在1975年的立法改革之前，深受天主教婚姻家庭观念传统影响的意大利，从立法的层面曾经对非婚生子进行了赤裸裸的、沉重的歧视[1]。这种歧视不仅体现在表述上，即此前使用了"非法之子（figli illettimi）"，而现在使用的是婚外生子（figli naturali）；也体现在部分法律规范上，即明文禁止认领因通奸而生下的孩子；对于未经认领的未成年子女，生父不得支付任何形式上的抚养费，更不得对其进行赠与以实现经济上的补偿，并且在继承法上也限制这些子女的继承。虽然1948年《宪法》在一定程度上认可了非婚生子的法律地位，但是《宪法》的规定并未落实到具体规范父母子女关系的民事法律上，直到1975年的立法改革。

1975年的立法改革，以"认领"为要件，承认了非婚生子与婚生子同样的法律地位，无论是父母子女的人身权方面，还是继承法层面。虽然1975年的立法相对于1942年的规定，具有巨大的进步，但是从1975年到今天的40年间并不乏批评的声音，因为该条规定的平等性体现得并不彻底，在民法典中及其他单行法中，还是可以找到很多具体的不平等对待的示例，例如未被认领的非婚生子的法律定位相对于婚生子则处于"二等公民"的状态。

虽然不乏批评之声，甚至在2006年曾有法律议案提交给众议院要求修订第261条的规定。但理性地看，该项规定还是具有相当的合理性的，即在未成年子女保护与对婚姻的保护之间做了适当的平衡。深受天主教传统影响的意大利，对于婚姻及婚姻价值的重视，很可能是西欧诸国中最为显著的，这也是直到今天意大利尚未承认同性伴侣法律地位的原因之一。从1975年的立法改革之前直到今天，认为无条件地承认非婚生子与婚生子完全相同的法律地位将间接地鼓励不结婚而生育，这对

---

〔1〕 Bianca, p. 275.

婚姻家庭的严肃性是一项巨大的挑战[1]。为了鼓励结婚而不是同居生育，尽管受到种种诟病，第261条以认领为承认同等法律地位的规定还是得到了保留。

值得一提的是，无论是天主教会，还是法学家们，并不是试图从人格上将这些非婚生子视为二等公民，不愿意从家庭法的角度去完全承认其法律地位，并不意味着在其他方面"歧视"这些非婚生子。事实上，天主教设立福利院收留孤儿、流浪儿等已经有上千年的历史，人道主义的救济与抚养，与从家庭法层面的差别对待并不矛盾。

事实上，从意大利宪法法院与最高法院，也是倾向于限制性地解释"家（famiglia）"的概念，否认非婚生子在被认领之前能够成为家庭成员之一。最终意大利法学家们创设出一个"拟制的家庭成员地位（*status familiae* fittizio）"来将非婚生子融于家庭[2]，但无论如何，非婚生子特别是在未被认领之前，其相对于婚生子的法律定位确定处于弱势地位。

非婚生子与婚生子的有限平等化是否有碍于未成年子女利益保护呢？事实上，按照意大利法学界的通说，对未成年子女的利益保护应当从未成年子女之整体出发，而不是限于非婚生子这一特殊群体。保护了正常的婚姻与家庭，才能更好地保护出生于婚姻家庭的未成年子女。因此，差别化地对待非婚生子，并不影响未成年子女利益保护的大主题。

二、父母与未成年子女利益的冲突

未成年子女的健康成长依附于与其共同生活的父母或者其他监护人，但现实中，侵犯未成年子女利益往往源于监护权的滥用。

按照意大利学者的通说，承认未成年子女利益的最大化的前提，是承认未成年子女具有独立的利益。所谓独立，即独立于其父母或者其他监护人。但遗憾的是，从2000多年前的罗马开始，亚平宁半岛就形成

---

〔1〕 P. Donati, Pensiero sociale cristiano e società post-moderna, ed. A. V. E. , Roma 1997, pag. 60.

〔2〕 A. Astone, Azione di disconoscimento della paternità tra verità legale e verità biologica, in Il diritto di famiglia e delle persone, 1/2008, p. 997.

了家父权。从专业术语上看，罗马时代用的拉丁语"家父权（potestas）"与今天意大利民法中所用"监护权（Potestà）"其实是一个词[1]。强烈的家父支配子女的家父权传统，直到 1865 年意大利旧民法典时代，还是一个理所当然的事务。因此，在当时，我们很难说法律承认未成年子女的独立主体地位，子女的利益被父母特别是被父亲所吸收，父亲的利益即为子女的利益。

承认父母子女的利益是各自独立的，并且可能存在冲突的，首先源于 1865 年《意大利王国民法》即旧民法典。该民法典在意大利历史上第一次承认了母亲作为监护人的法律地位。考虑到在当时意大利还贯彻着不准离婚的法律规则，此项规定不仅仅是提高了女性在家庭中的法律地位，更可以被视为保护未成年子女的一种举措。这为后来 1975 年的立法改革中确认了父母共同行使监护权奠定了基础。1975 年修订后的民法典在第 316 条第 2 款规定了"监护权由父母双方协商行使"，并且第 3 款进一步规定"父母对特别重要的问题存在分歧时，无须特定程序，任何一方均可以申请法官介入并且由法官做出适宜的决定"。父母共同行使监护权[2]，形成相互之间的监督之态，能更大程度地避免子女的利益因为父或者母一方监护权的滥用而受损。

除了确立了父母双方共同行使监护权之外，第二项发展则体现在承认子女独立的法律地位。这种独立的法律地位，在立法上体现为子女的权利—父母的义务这一对概念的产生。确立了父母—子女之间双向的法律关系，突破了传承了上千年的父母—子女单向的法律关系[3]。1975

---

〔1〕 G. Longo, *Patria potestà* (Diritto Romano), in Nuovissimo Digesto Italiano, V. XII, Torino, UTET, 1957, p. 575.

〔2〕 根据《意大利民法典》第 317 条的规定，只有在部分情况下才能有父母之一方来行使监护权，例如另一方丧失行为能力等。在分居或者离婚的情况下，共同生活的一方行使监护权的日常内容，重大事项还是需要双方共同确定。See Giorgianni, *Comm. Dir ital. Fam.*, p. 334.

〔3〕 单向的父母子女关系源于古老的父权模式。在该模式下，子女的法律定位并不优于奴隶多少，"子女属于父母之财产"的观念，不仅仅存于父母之头脑，也体现在部分法律制度之上，包括父母可以任意地为子女做主，包括婚姻；女儿在出嫁之时父母可以索取礼金等。这种单向的"父母-子女"关系，事实上并不承认子女利益独立于父母。See Stazione, Rapporti personali nella famiglia, a cura di Perlingieri, Napoli, 1982, 88.

年的立法改革，最终确定了三项具体的义务：经济抚养（mantenimento）、培养（istruzione）与教育（educazione）的义务，其中后两项在理论界也往往是合并论述。意大利学者在 1975 年的立法改革之前已经做了充分的理论准备，认为传统的监护权理论的基本功能是监护人弥补被监护人行为能力之不足，是以保护被监护人免于被侵犯为核心目标；但这对于一个自然人来说是往往不够的，因此需要强调其人格的独立发展[1]。关于培养与教育义务的履行，根据《意大利民法典》第 147 条的规定，并不是由父母任意确定的，而是需要根据被监护人的能力、爱好、抱负来确定。换一句话说，父母在履行此类义务之时必须尊重子女所表达的意愿[2]。虽然立法并未明文规定在此法律关系上子女有权表达自己的意愿，但是司法审判实践中却勇敢地更前进了一步，在父母与子女意愿相冲突的时候，诸多的司法判决都认可子女的意愿优先[3]。

限于本文篇幅，无法展开论述父母对子女的义务与其监护权之间的冲突的全部内容，仅仅列举说明。首先，意大利是较早对不履行经济抚养义务科以刑事责任的国家。根据《意大利刑法典》第 570 条的规定，如果一方迟延履行给付抚养费的义务，那么将承担刑事责任，即使这种迟延给付并未构成严重的后果。典型的例子是佛罗伦萨上诉法院于 2009 年第 7282 号刑事判决：根据该判决，处于夫妻分居状态下的丈夫，因为中断了数月的抚养费给付，最终被判处 1 年徒刑（缓期执行）。虽然此类案件绝大部分都是在补交了抚养费及罚金之后适用缓刑，但必然会给当事人留下犯罪记录，很可能影响当事人后续的事业发展。因此，其威慑性不言而喻。另外一个父母—子女利益冲突的典型例子则体现在宗教教育方面。事实上，这在具有浓厚的天主教传统的意大利是一个艰难的话题。在 20 世纪 70 年代，检察院曾经提起过数起诉讼，要

---

〔1〕 Tammasini, la responsabilità per il mantenimento, l'educazione e l'istruzione dei figli naturali, in Studi sulla riforma del diritto di famiglia, a cura di Russo, Milano, 1973, p. 213.

〔2〕 La Rosa, Tutela dei minori e contesti familiari. Contributo allo studio per uno statuto dei diritti dei minori, Milano, 2005, 359ss.

〔3〕 Diretto Da Enrico Gabrielli, Commentario del codice civile, della Famiglia, a cura di Luigi Balestra, UTET, 2010, p. 478.

求法院确认父母带着未成年子女参加宗教活动并对子女灌输宗教思想是违背未成年子女的利益的，但是在法院认为需要尊重家庭在宗教活动上的惯例，驳回了检察院的起诉[1]。但是晚近的司法判决对此问题出现了松动，法院认为可以对父母在宗教方面的教育是否符合子女的利益进行审查[2]。

三、监护权的限制与丧失

监护权的行使，受到公权力的监督。因此，在父母滥用监护权或者发生其他可归咎于父母的行为造成未成年子女利益受损的情形下，少年法庭可以根据情节的轻重，确定由其他家庭临时性的收养，或者判决剥夺监护权。

根据《意大利民法典》第330条的规定，父母一方违背或者忽略对子女应尽的义务的，或者由于滥用监护权而给子女造成严重损害的，法官可以宣告该方父亲或者母亲丧失监护权。

此项规定源于1975年的立法改革，但其目标是防止监护权的滥用，保护未成年子女的利益。在具体的适用中，如果父母一方丧失监护权，则由另一方单独行使。如果父母双方都被宣告丧失监护权或者其他原因而无法行使监护权，那么则由法院任命一位其他的保佐人（Tutor）来承担监护责任。从诉权的角度，可以提起丧失监护权的主要是三类主体：父母之一方、其他亲属与检察院。检察院通常是在接到举报之后介入此类案件。

但是最近20年的发展，事实上有些偏离了最初如此严厉的规定。更多的司法判决逐步倾向于限制而不是剥夺监护权。举例说明。在意大利南方一对夫妇因为男方的家庭暴力行为而导致夫妻分居，法院在分居判决中将这对夫妻所生育的一儿一女判给女方直接抚养，而男方支付抚养费并行使探望权。但由于男方的抚养费不足以维持三个人的生活水

---

[1] Trib. Min. Bologna, 7.2.1978, In Giur. It 1979, p. 474.

[2] 当然值得一提的是：传统天主教之外的其他宗教的出现及对国家—教会关系的重新审视，也是促成法院对此问题进行重新考虑的原因之一。See Diretto Da Enrico Gabrielli, Commentario del codice civile, della Famiglia, a cura di Luigi Balestra, UTET, 2010, p. 485.

平，于是女方开始寻找工作。但由于工作家庭无法兼顾最终缺勤过多而被雇主解雇，女方陷入了经济上的贫困与精神上的抑郁。此案中，无论是具有家庭暴力史的父亲还是陷入抑郁的母亲都不再适合履行监护责任，在孩子的爷爷奶奶提起诉讼的情况下，法院最终判决：①一对孩子与爷爷奶奶共同生活；②社会工作者协助孩子的父亲与母亲重塑与孩子的关系，并且在孩子的父母探望之时需要社会工作者的陪同（指导监督)[1]。

根据《收养法》，如果出现父母因为客观的情况而无法承担监护责任，或者对其履行监护职责的行为进行司法审查期间，少年法庭可以将未成年子女临时安置在其他家庭，即所谓的临时性收养。临时性收养不是真正的收养，因为在临时性收养期间，未成年子女与其生父母之间的监护关系并未完全消灭，生父母还需经常探望未成年子女。但生父母恢复监护的能力之后，则解除临时性的收养[2]。

无论是剥夺父母的监护权，还是临时性的收养，在监护障碍消除之后，往往还是鼓励孩子回归其原来的家庭。从司法实践的角度看，最近的几十年我们见证了一个对"监护权的恢复"渐趋宽松的过程。因为，如学者所言，限制或者剥夺监护权制度的目的，在于保护未成年子女的健康成长与发展，并且通过司法介入，尽可能地让其原本所在的家庭承担家庭的功能，让其回归原来的家庭[3]。

四、具有历史意义的司法判决

司法深入介入父母子女关系利益的判断，认为法官需要介入家庭利

---

〔1〕 判决参见：Tribunale per i minorenni di Catania Decreto 4 giugno 2009，Presidente e relatore Pricoco，访问网址：http：//www. avvocatidifamiglia. net/moduli/96＿＿Trib. ％20min. ％20Catania％2004％2006％202009. pdf，访问时间：2015 年 3 月 20 日。

〔2〕 这里特别值得指出的是，根据当代社会学家的观点，将脱离生父母的未成年子女安置在其他家庭优于按照在儿童福利院等机构，因为后者没有家庭的氛围。这也是意大利二战之后逐渐取消了国立的与教会主办的社会福利院，而通过社会组织及志愿者家庭来承接原本社会福利院收养孩子的功能。

〔3〕 Rossi Carleo，in Scritti in onore di Fazzalari，IV，Milano，1994，p. 250.

益从冲突，成为一个常见做法。而少年法庭 (tribunali per i minorenni)[1] 的设立与存在，则是一个重要例证。我们以两个边缘性的案件作为例证，介绍司法在接入父母子女关系中的实践。

在探望权方面有一个为学者广为赞赏的司法判决[2]。在该案中，未成年子女 Z 在父亲 X 与母亲 Y 离婚中被判由父母共同抚养，但是主要和母亲共同生活，父亲有每周 3 次的探望权。根据社会工作者根据探访孩子得到的孩子的态度，比斯特亚 (Pistoia) 少年法院判决父亲探望的时候需要有社会工作人员的陪同。父亲 X 认为社会工作者的报告可能对 Z 的真实态度并不可靠，因为 Z 与其母亲 Y 接触较多，Z 很可能受其母亲不正确甚至带有偏见的影响。于是向佛罗伦萨上诉法院提前了上诉。佛罗伦萨法院在二审中判决如下：①认定孩子的父亲无须在社会工作者的陪伴下进行探望；②认为未成年的 Z 需要一个单独的心理治疗，以修复可能受到的不良干扰及从父母离婚的家庭不幸中尽早脱离出来；③建议"家庭调解员"的介入，让三个人学会在离异后的相处，建立积极的人际关系。这个判决的意义，在学者看来，至少有三个意义：其一，确认了子女与父亲的单独相处是一种利益之所在，作为未成年子女的她做出的决定需要法官的二次审核确认；其二，子女的决定很可能受到父母一方的不良影响，因此法院也需要介入；其三，涉及青少年的案例，法院不仅仅解决纠纷，更是建议家庭调解员的介入。

另外一个有意思的案例则是关于父母对子女的抚养义务到何时为止的判决。该案中，父母司法判决分居后儿子一直与母亲共同居住，分居判决父亲每个月给付 750 欧元作为抚养费。但是在儿子成年后父亲不再

---

〔1〕 这里值得一提的是意大利的少年法庭。早在 1934 年通过意大利王国的政令设立了少年法庭。少年法庭在审理案件的时候由四位专职法官组成，其中两位是普通的法官即可，另外两位则有专业背景要求：一位是心理学专家；另一位应当是教育学背景的专家。少年法庭管辖所有关于未成年人的事项，除了民事纠纷之外，检察院也可以以保护未成年子女利益的名义向法院提起诉讼。

〔2〕 访问网址：http://www.alienazione.genitoriale.com/sindrome-di-alienazione-parentale-e-interesse-del-minore-avv-maria-luisa-missiaggia/，访问时间：2015 年 3 月 22 日。

继续支付。意大利最高法院在 2002 年的一个判决[1]中认为，未成年人在成年之际，父母对其的抚养义务并不能自动解除，法院认为"需要综合考虑其个人意义、个人能力、大学就学及大学后的就学情况、所学专业的就业市场情况、其在寻找工作上的个人努力以及家庭的经济状况来确定"。在该案中，法院最终还是确认父亲对 30 岁未能就业的子女仍然有支付抚养费的义务。这个案件受到批评之处在于，个案中涉及的申请人已经 30 岁了，超出了诸多学者容忍的范围。但是此案获得赞赏之处在于，第一次以最高法院的名义认定父母对子女的抚养义务并不因子女成年而自动解除，而是要综合考虑，并且详细列举了综合考虑中所应当参考的因素。2006 年，意大利通过了第 54 号立法，明确规定了成年子女在达到经济独立之前是可以向不与自己通过生活的一方父母索要定期支付的抚养费，被学者们视为是对最高法院上述判决的认可。

此项判决的意义，在于其重新定义了成年的法律意义。成年之前，父母子女关系体现在两个方面：其一，未成年的子女缺乏意思能力，因此需要作为监护人的父母来代为表达，管理其财产，并且在造成第三人受损的情况下为其承担可能的赔偿责任；其二，作为家庭成员，父母有经济上的抚养义务。当子女成年之时，父母子女关系所自动解除的是第一项内容，而不是第二项内容。当然，这与现代社会接受教育时间普遍较长、城市人口诸多是相关的。

结　语

意大利是一个典型地深受罗马法家父权传统影响的国家，相对于父母而言，未成年子女一直处于较为弱势的法律地位。经过二战后的经济发展阶段，人人平等的观念进一步深入人心并且得到法学家们的重视。人人平等的观念，也"侵入"原有的家庭结构中，即父母与子女相互之间也是平等的主体。

经过理论界的若干年的讨论与酝酿，1975 年意大利修订了民法典中关于家庭法部分，将 1865 年旧民法典以来关于未成年子女保护的规

---

〔1〕 判决号：4765/2002，访问网址：http://www.ricercagiuridica.com/sentenze/sentenza.php? num=112，访问时间：2015 年 3 月 20 日。

定都纳入了民法典。限于篇幅，本文并未完整地展开论述，而是选择了几个话题，并且这些话题对我们都具有一定的参考意义。

中国《婚姻法》第25条规定"非婚生子女享有与婚生子女同等的权利，任何人不得加以危害和歧视"。表面上看本条提高了非婚生子的法律地位，但是其存在的不足也是显而易见的：首先可能存在着意大利学者们所论证的鼓励非婚的可能性；其次，规定得过于原则性，而对非婚生子可能面临的具体的法律困境，没有任何的规定。

在父母子女关系之上，中国的传统思想是"清官难断家务事"。这种思想确实有一定的道理，但是也意味着谢绝司法介入家事，特别是父母与子女之间。意大利法在此方面的发展，首先得益于学者论证了父母—子女关系也可能是紧张的利益冲突关系，子女的利益应当完全独立于父母的利益。当然，我们也看到类似在宗教教育方面，意大利法也经历了一个从不介入到介入的过程，而推动这个过程的，正是未成年子女利益的保护思想。这是值得我们借鉴的。

意大利法学家认为家庭、家庭成员的利益是独立的，家庭成员之间存在的利益冲突，并不妨碍家庭是未成年子女顺利成长并得到人格健康发展的最好场所。因此，即使出现了危害未成年子女利益的可能性，那么在经过帮助或者制裁之后，尽量还是让未成年子女回到其原本的家庭之中。这一基本原则始终贯彻于监护权的限制与丧失制度之中，这对于我国立法与法学理论也有积极启发意义。

未成年子女利益之保护，并不是加入《儿童权利公约》就能实现的，而是需要相关民事法律的具体规定的落实，同时也需要学界投入更多的精力来研究已做好理论上的知识储备。

亲子权利冲突中的利益平衡原则

——以欧洲人权法院判例为中心[1]

刘征峰[2]

一、人权视角下的亲子权利冲突

对儿童权利的承认无疑是父母子女权利发生冲突的逻辑前提。许多学者反对使用儿童权利这一概念，因为儿童本身在权利的行使上的能力是欠缺的或者不完整的。因而，"法律的首要任务是保护儿童，而不是保护儿童的权利"。[3] 然而，对儿童的保护无法摆脱这个时代根深蒂固的权利话语背景。对儿童权利的承认本质上是对儿童利益独立性的承认。而对儿童利益独立性的承认，首先是伴随着对儿童法律地位的承认。对儿童法律地位的承认又内含了对普遍人类尊严的认可。而对普遍人类尊严的尊重则是现代人权概念之基石。"儿童不再是父母权利的客体，而是权利的主体"这样的理念似乎已经在世界范围内取得了规范层面的共识。正如 James Peter Hymers Mackay 勋爵在 1988 年向英国上议院介绍《儿童法案》时所回顾的那样，"儿童被视为父母私产的时代已

---

〔1〕 本文原载《华中科技大学学报（社会科学版）》2015 年第 5 期。

〔2〕 刘征峰，男，中南财经政法大学法学院讲师，法学博士。

〔3〕 Shazia Choudhry and Jonathan Herring, *European Human Rights and Family Law*, Oxford：Hart Publishing, 2010, p. 133.

经一去不复返"。[1] 德国学者迪特尔·施瓦布认为，"当父母的权利退化为实现子女独立生活的工具时，其出发点不再是父或父母的权利，而是子女的人权……子女的权利和父母的权利就会处于对立的态势"。[2] 事实上，即使我们承认儿童的利益的独立性，但却适用一套等级规则来解决儿童和父母利益的冲突，那么冲突实际上是不存在的。换言之，如果法律规则事先预设了儿童或者父母权利的绝对优先性，那么二者实际上是不会发生冲突的。正是由于儿童或者父母的权利都不是绝对的，那么二者才有发生冲突的可能。从人权法的视角来看，儿童和父母都是人权的权利主体，问题的关键在于确定其享有的人权是绝对性的权利还是非绝对性的权利。如果儿童或者父母所享有的人权是绝对的，那么非绝对的权利自然应当让步于这些绝对性的权利。以《欧洲人权公约》（以下简称公约）为例，公约第 3 条关于免于酷刑、非人道的或者侮辱的待遇或者惩罚的权利即属于不附加条件的权利。而与家庭法密切相关的公约第八条则属于附带条件的权利。在公约第 8 条的但书条款中，"保护他人的权利和自由"是限制家庭生活受尊重权利的重要原因。而保护儿童的权利和利益属于"保护他人权利和自由"的范畴。家庭生活受尊重权利的此种结构预示了父母与子女在规范层面上权利冲突的必然性。

1989 年联合国《儿童权利公约》第 3 条第 1 款规定了儿童利益的首要性原则（primary consideration）。在此之前，各国在其亲子关系法领域实际上已经相继确立了儿童最大利益原则，并且该原则作为立法和司法的一般性原则。[3] 但是对于儿童最大利益原则的滥用实际上是确立儿童权利的绝对优先性，乃至唯一性。这种绝对优先性可能产生这样

---

〔1〕 *HL Deb* 06 *December* 1988 *vol* 502 *cc* 487-540. 类似的表述出现在欧洲委员会议会 1979 年有关于儿童宪章的第 874 号提案中。该提案的一般性原则部分第 *a* 款规定："儿童不再应当被视为父母的财产，而是应当被承认为有自己权利和需求的独立个人。"See Recommendation 874（1979）of the Parliamentary Assembly of the Council of Europe on a European Charter on the Rights of the Child.

〔2〕 ［德］迪特尔·施瓦布：《德国家庭法》，王葆莳译，法律出版社 2010 年版，第 258 页。

〔3〕 Jacqueline Rubellin-Devichi, "the Best Interests Principle in French Law and Practice", *International Journal of Law and the Family*, 260（1994）.

一种后果，父母的人权得不到充分的保障。儿童最大利益原则的异化最终可能导致其走向与罗马法中家父制完全相反的另外一个极端。国家总是以儿童利益保护者的面貌出现，将儿童最大利益原则这种抽象性的原则作为恣意介入家庭生活的正当化基础。事实上，儿童最大利益原则的异化与作为逻辑前提的权利对立假设是完全相背离的。

通过检索欧洲人权法院的判例，我们不难发现，对亲子权利和利益冲突的承认同样是其司法推理的前提。这些冲突既可能表现为儿童与父母同种权利的冲突，也可能表现为不同种权利的冲突。就前者而言，常见的冲突形式如在儿童被国家监护情况下，儿童维持在寄养家庭生活现状的权利和其亲生父母要求与儿童进行团聚的权利之间的冲突。二者均属于公约第 8 条所规定家庭生活受尊重权利的范畴。就后者而言，常见的冲突形式如一方父母隐私权和儿童健康发展权利之间的冲突。例如在 *K. T. v. Norway*[1]一案中，欧洲人权法院认为儿童福利机构在调查的启动中平衡了儿童保护和父母隐私保护之间的利益冲突。在相当大比例的案件中，欧洲人权法院直接使用了冲突的利益（competing interests）或者权利这样的表述。[2] 正是由于权利的对立和冲突，欧洲人权法院才有在公约背景下审视缔约国解决权利冲突的方式是否恰当的必要性。在这一审查过程中，欧洲人权法院确立了以利益平衡为基石的裁判推理路径。

本文将围绕欧洲人权法院的司法判例，以利益平衡原则与儿童最大利益原则的关系为视角，对利益平衡原则在具体亲子权利冲突案件中的适用进行分析，并论证这一原则之优势所在。

二、儿童最大利益原则与利益平衡原则的关系

欧洲人权法院在处理关于亲子关系的案件时使用了这样的审查步骤。首先，诉争的请求是否应当属于公约第 8 条的范畴，亦即是否存在对家庭的生活的干涉（interference with family law）。其次，这样的干涉

---

[1] *K. T. v. Norway*, no. 26664/03, § 69, 25 September 2008.

[2] See e. g. *Hoppe v. Germany*, no. 28422/95, § 54, 5 December 2002；*Neulinger and Shuruk v. Switzerland*, no. 41615/07, § 83, 6 July 2010.

是否存在法律上依据（in accordance with-law）。再次，这些干涉是否存在明确的立法目的（legitimate aim）。最后，这些干涉是否为民主社会之所需（necessary in democratic society）。对四个审查步骤的具体分析，有助于我们理清儿童最大利益原则和利益平衡原则的关系。

（一）对亲子关系的界定

欧洲人权法院首先需要判断的是父母与子女的关系是否应当属于家庭生活的范畴。实际上，在决定家庭生活这一概念的外延时，欧洲人权法院就已经受到了利益平衡原则的影响。欧洲人权法院并不尝试对家庭生活作出完整的定义。因为"在当代社会，家庭形态的多样化使得对家庭生活进行界定成为不可能的事"。[1] 欧洲人权法院在判例中认为，如果缺乏其他的事实和法律上的因素，单纯的父母子女之间的生物学联系并不足以形成公约第8条项下的家庭生活。[2] 但是，预期中的家庭生活在某些特殊的情况下却可能被划入家庭生活的范畴，特别是在事实上的家庭生活未能形成的原因不可归因于申请人的情况下。[3] 通常而言，亲子关系具有规范层面和事实层面两层含义。就前者而言，它表现为法律形式上对父母子女关系的登记或者认可。就后者而言，它表现为父母与子女形成了实际的亲子关系。前者是形式主义的，而后者是功能主义的。在功能主义视角下，事实上的亲子关系包含客观上的生活事实和主观上的生活意愿两个方面的内容。[4] 欧洲人权法院在判定所称的亲子关系是否应当受到公约第8条的保护时，既没有完全否认形式主义的观点，也没有完全接纳功能主义的观点，而是试图结合案件的具体情况，在各种冲突的利益间寻找平衡。从现有的判例来看，欧洲人权法院总体上是偏向于功能主义的。特别是在父母已经被缔约国国内法院剥夺了法

---

〔1〕 *Singh v. Entry Clearance Officer New Delhi* [2004] EWCA Civ 1075, [2005] QB 608.

〔2〕 See e. g. *Schneider v. Germany*, no. 17080/07, § 80, 15 September 2011; *Hülsmann v. Germany* (dec.), no. 33375/03, 18 March 2008.

〔3〕 See e. g. *Anayo v. Germany*, no. 20578/07, §§ 56-57, 21 December 2010; *Krisztián Barnabás Tóth v. Hungary*, no. 48494/06, §27, 12 February 2013.

〔4〕 参见刘征峰、杨狄："论现代家庭法中的事实亲子关系"，载《法大研究生》（2014年第1辑），中国政法大学出版社2014年版，第187~193页。

律上的身份时，欧洲人权法院仍然认为此种状况之下儿童与其亲生父母之间的关系仍然可能属于家庭生活的范畴。[1] 比较肯定的一点是，单纯的法律状态或者生物学上联系都不具备绝对性。在 *Krisztián Barnabás Tóth v. Hungary* 一案中，欧洲人权法院将本案的事实与 *Rózański v. Poland* [2] 一案进行了对比。在后一案件中，缔约国法院拒绝申请人确立父母责任的唯一原因在于儿童存在法律上的父亲。而在 *Krisztián Barnabás Tóth v. Hungary* 案中，儿童现在法律上的父亲不仅仅具有法律上的身份，而且已经与儿童建立起了实质性的联系。[3] 法院在判断这些实质性联系时通常会考虑父母之间关系的性质以及在儿童出生前和出生后父亲所具有的明显利益，更为重要的是父亲对子女的持续性承诺和付出。[4] 如果儿童的生父与儿童仅仅具有生物学上的联系，那么欧洲人权法院会认为儿童生父只能在公约第8条私人生活受尊重权的范畴内寻求救济，而不能得到家庭生活受尊重权的保护。因为生父与儿童间的此种联系构成生父个人身份的重要方面。[5]

从欧洲人权法院的裁判意见中我们不能发现，人权法院之所以选择限制家庭生活受尊重权中的亲子关系概念是因为人权法院需要在儿童在维持现有生活状况安定方面具有的利益和亲生父母与儿童建立感情纽带上所具有的利益间寻找平衡。如果盲目扩大家庭生活受尊重权所涵盖的亲子关系范围，那么儿童的利益很可能会受到损害。特别是在儿童的生母和现在法律上的父亲与儿童的生父存在严重的敌对关系时，儿童的生父可能通过不断诉讼的方式对儿童的生母及其法律上的父亲进行干扰。[6] 欧洲人权法院需要在一定程度上尊重缔约国国内机关对于亲子

---

〔1〕 See *e. g. Sabou and Pircalab v. Romania*, no. 46572/99, § 46, 28 September 2004.

〔2〕 See *Rózański v. Poland（dec.）*, no. 55339/00, 10 March 2005.

〔3〕 See *Krisztián Barnabás Tóth v. Hungary*, no. 48494/06, §33, 12 February 2013.

〔4〕 See *e. g. Nylund v. Finland（dec.）*, no. 27110/95, ECHR 1999 - Ⅵ; *Nekvedavicius v. Germany（dec.）*, no. 46165/99, 19 June 2003; *L. v. the Netherlands*, no. 45582/99, §36, ECHR 2004-Ⅳ; *and Anayo v. Germany*, no. 20578/07, § 57, 21 December 2010.

〔5〕 See *e. g. Kautzor v. Germany*, no. 23338/09, §63, 22 March 2012.

〔6〕 See *e. g. Buchs v. Switzerland*, no. 9929/12, 27 May 2014.

关系的认定。例如，在 *I. S. v. Germany*[1] 一案中，欧洲人权法院即认同了国内法院的对于法律上亲子关系的认定，认为申请人在民事公证办公室做出送养协议公证后，公约第 8 条意义上的家庭生活就终止了。但是，在通常情况下，欧洲人权法院所采纳的亲子关系概念也同缔约国国内法上的概念有所区别，二者不是完全重叠的。欧洲人权法院有权在公约的规定下，就缔约国法院以保护儿童最大利益为名进而剥夺一方父母的父母责任的做法进行审查。儿童的最大利益只是欧洲人权法院在决定亲子关系概念外延时的一项考虑因素，但绝非所有的因素。

（二）法律依据和正当的目的

在认定缔约国国内主管当局对亲子关系构成公约第 8 条意义上干涉的前提下，欧洲人权法院会进一步审查这样的干涉是否存在明确的法律依据和正当的目的。就法律依据的内容而言，它不仅包含了缔约国的国内立法和司法判例，而且包含了缔约国所签订的国际公约。[2] 在亲子关系案件中，经常援引的两项公约为 1989 年联合国《儿童权利公约》（Convention on the Rights of the Child）和 1980 年海牙《国际诱拐儿童民事方面公约》（Convention on the Civil Aspects of International Child Abduction，以下简称《海牙公约》）。值得注意的是，欧洲人权法院认为原则上解释和适用法律的权力属于缔约国国内主管当局，欧洲人权法院只是按照公约对主管当局的解释和适用进行审查。[3] 欧洲人权法院强调，公约第 8 条第 2 款所称的依据法律不仅仅是指存在法律依据这一事实，而且隐含了法律的质量方面的要求。而质量方面要求的判断标准是法治原则（rule of law）。[4] 这就要求所依据的法律必须具有一定程度

---

〔1〕 *I. S. v. Germany*, no. 31021/08, §68, 5 June 2014.

〔2〕 See *e. g. Monory v. Romania and Hungary*, no. 71099/01, §81, 5 April 2005; *Iglesias Gil and A. U. I. v. Spain*, no. 56673/00, §61, ECHR 2003－Ⅴ; *Guichard v. France* (*dec.*), no. 56838/00, ECHR 2003－Ⅹ.

〔3〕 See *e. g. the Chappell v. the United Kingdom*, judgment of 30 March 1989, Series A no. 152, p. 23, para. 54; *the Eriksson v. Sweden*, judgment of 22 June 1989, Series A no. 156, p. 25, §62.

〔4〕 See *the Malone v. the United Kingdom*, judgment of 2 August 1984, Series A no. 82, p. 32, §67.

的清晰性、可预见性，并且存在防止恣意行为的机制。如果国内主管当局只是以儿童最大利益原则这一抽象性的法律原则作为行为的依据，那么它是不符合法治原则的要求的。正如许多学者所批评的那样，儿童最大利益原则的一项重大缺陷便在于其模糊性和不确定性。正如美国哈佛大学学者 Robert H. Mnookin 所言，儿童最大利益标准具有内在的不确定性。[1] 另外一位哈佛大学学者 Mary Ann Glendon 则对此提出了更为尖锐的批评。她认为："儿童最大利益原则不过是通过授予法官或者第三方自由裁量权进而达到完美和个案正义的无用尝试。"[2] 因而，在儿童最大利益这一抽象原则之外，主管当局的行为必须存在具体的法律依据。在 *Olsson v. Sweden* (*no.* 2) 一案中，欧洲人权法院认可了瑞典最高行政法院的观点，即社会福利委员会在对父母的接触权施加限制的同时禁止带离儿童缺乏法律依据。虽然这样的做法可能体现了儿童最大利益原则，[3] 但是，绝对不能认为法律授予缔约国主管当局自由裁量权就绝对违反了法治原则。欧洲人权法院在判例中多次重申，因为法律的规定不可能做到绝对的精细，所以授予自由裁量权本身不构成对法律可预见性原则的违反。[4] 问题的关键在于，这些自由裁量权背后是否存在一定的机制，以防止对儿童最大利益原则的滥用。这些机制包含可救济和被审查原则（特别是司法救济）和裁量权行使的指引。[5]

就目的正当性而言，极少申请人对此问题提出了异议。欧洲人权法院在判例中确认对儿童利益的保护符合公约第 8 条第 2 款所称的"保护

[1] Robert H. Mnookin, "Child-Custody Adjudication: Judicial Functions in the Face of Inde-terminacy", *Law and Contemporary Problems*, (1975), 256.

[2] Mary Ann Glendon, "Fixed Rules and Discretion in Contemporary Family Law and Succes-sion Law", *TULANE L. REV.*, 1165 (1986), 60.

[3] *The Olsson v. Sweden*, judgment (no. 2) of 27 November 1992, Series A no. 250, p. 33, § 81.

[4] See *e. g. the Margareta and Roger Andersson v. Sweden*, judgment of 25 February 1992, Series A no. 226-A, p. 25, para. 75); *the Kruslin v. France*, judgment of 24 April 1990, Series A no. 176-A, pp. 20~23, paras. 27, 29 and 30; *the Gillow v. the United Kingdom*, judgment of 24 November 1986, Series A no. 109, p. 21, § 51.

[5] See *e. g. the Olsson v. Sweden*, (no. 1) judgment of 24 March 1988, Series A no. 130, p. 30, para. 62.

他人的权利和自由的"的范畴。[1] 亦即，儿童最大利益原则本身可以作为干涉父母权利的一项正当目的。

（三）民主社会之所需

民主社会之所需标准通常成为案件各方所争议的焦点。与前三个步骤相比较，欧洲人权法院对于民主社会之所需标准的司法推理更能够反映出欧洲人权法院在处理儿童最大利益原则上的态度。欧洲人权法院在对于涉及亲子关系案件的民主社会之所需标准的审查过程中确立了如下的判例规则。首先，判定民主社会之所需应当在整体考虑案件的情况下，审查缔约国主管当局对于亲子关系的介入所提供的理由是否相关并且充分（relevant and sufficient）。[2] 在很多情况下，缔约国主管当局所提供的理由符合相关性要求，但是却不符合充分性要求。需要注意的是，相关且充分的标准不仅适用于实体的决定，而且适用于实体决定所依赖的程序。[3] 其次，在适用这一原则时，缔约国主管当局必须要将儿童最大利益置于重要的位置。欧洲人权法院在解释儿童最大利益原则时通常会援引联合国《儿童权利公约》的规定，特别是禁止儿童被虐待或者遗弃的规定。[4] 但是欧洲人权法院对于这一原则的适用不是绝对的，而应当考虑案件具体情况。正如英国学者 Sonia Harris-Short 所批评的那样，英国上诉法院 Thorpe 法官认为欧洲人权法院所采用的原则与过去的儿童最大利益原则不存在区别实属对 *Johansen v. Norway*[5] 一案判决的误解。其只关注到欧洲人权法院对于儿童最大利益原则的强

---

〔1〕 See *e. g. Keegan v. Ireland*, judgment of 26 May 1994, § 44, Series A no. 290; *Görgülü v. Germany*, no. 74969/01, § 37, 26 February 2004.

〔2〕 See *e. g. Sahin v. Germany* [*GC*], no. 30943/96, § 64, ECHR 2003-VIII; *Sommerfeld v. Germany* [*GC*], no. 31871/96, § 62, ECHR 2003-VIII (extracts); *T. P. and K. M. v. the United Kingdom* [*GC*], no. 28945/95, § 71, ECHR 2001-V (extracts).

〔3〕 See *e. g. W. v. the United Kingdom*, judgment of 8 July 1987, Series A no. 121, p. 29, § 64; *Elsholz v. Germany* [*GC*], no. 25735/94, §52, ECHR 2000-VIII; *T. P. and K. M. v. the United Kingdom* [*GC*], no. 28945/95, § 72, ECHR 2001-V.

〔4〕 See *e. g. K. T. v. Norway*, no. 26664/03, § 63, 25 September 2008.

〔5〕 *Johansen v. Norway*, judgment of 7 August 1996, Reports of Judgments and Decisions 1996-III.

调，而忽视了根据案件的具体情况这一前提。[1] 在欧洲人权法院的判例法中，儿童最大利益原则的适用是有条件的，而非自动地绝对适用。正如英国伦敦大学学者 Michael Freeman 所评论的那样，"与联合国《儿童权利公约》相比，《欧洲人权公约》给予了父母更多的空间"。[2] 再次，欧洲人权法院承认缔约国主管当局在亲子关系领域所享有的广泛裁量余地（margin of appreciation）。因为缔约国主管当局在与案件所涉当事人直接接触方面具有优势，欧洲人权法院并不是要替代缔约国主管当局在监护和接触等亲子纠纷中的角色，而只是根据《欧洲人权公约》对缔约国主管当局的行为进行审查。[3] 最后，缔约国主管当局的行为与其所追求的目的之间必须符合比例性原则（proportionate to the legitimate aim pursued），且为当下社会所迫切需要（pressing social need）。具体案件情况的差别可能导致审查所适用的标准的区别。欧洲人权法院强调在两类案件中应当适用更为严格的审查标准：一是对父母接触权进行限制的案例；二是案件涉及用以确保对父母和子女家庭生活受尊重权得到充分保护的法律机制。[4] 英国学者 Shazia Choudhry 和 Jonathan Herring 分析认为，利益平衡原则属于合比例性原则三种类型中严苛程度最为低等的那一类。而这一类型的标准恰好是欧洲人权法院在涉及家庭生活案件中所经常使用的。值得注意的是，是否真如二位学者所分析的那样，相关且充分原则属于更为严苛的标准类型，而利益平衡原则属

———————————

〔1〕 Sonia Harris-Short, "Family Law and the Human Rights Act 1 § 998: Judicial Restraint or Revolution", *Child & Fam. L. Q.*, 17 (2005), 355~356.

〔2〕 Michael Freeman, *Article 3: The Best Interests of the Child*, Leiden: Martinus Nijhoff Publishers, 2007, p. 71.

〔3〕 See *e. g. Hokkanen v. Finland*, judgment of 23 September 1994, Series A no. 299-A, p. 20, § 55; *Elsholz v. Germany* [GC], no. 25735/94, § 48, ECHR 2000-VIII; *Sommerfeld v. Germany* [GC], no. 31871/96, § 62, ECHR 2003-VIII; *T. P. and K. M. v. the United Kingdom* [GC], no. 28945/95, § 71, ECHR 2001-V; *Sahin v. Germany* [GC], no. 30943/96, § 64, ECHR 2003-VIII; *Görgülü v. Germany*, no. 74969/01, § 41, 26 February 2004; *Wildgruber v. Germany* (dec.), no. 32817/02, 16 October 2006.

〔4〕 See *e. g. Elsholz v. Germany* [GC], no. 25735/94, § 49, ECHR 2000-VIII; *Kutzner v. Germany*, no. 46544/99, § 67, ECHR 2002-I; T. P. and *K. M. v. the United Kingdom* [GC], no. 28945/95, § 71, ECHR 2001-V (extracts).

于较为宽松的标准类型呢?[1] 从欧洲人权法院的判例来看，在多数涉及亲子关系的案件中，相关且充分原则和利益平衡原则是同时出现在司法推理过程中的。[2] 很难说这两种原则之间存在类型上的本质差别。[3] 单纯就儿童最大利益原则所扮演的角色来看，无论是相关且充分原则还是利益平衡原则，儿童最大利益原则的地位都不是绝对的。在 *Olsson v. Sweden*（*no.* 1）一案中，人权委员会的代表总结了判断必要性两种方法的区分。多数意见所认同的方法是在国内法院判决的范围内，通过对这些判决的仔细研究，来确定是否存在必要的理由将儿童送至公共监护。与此相反，少数意见所认同的方法是在国内法院判决范围内，检视这些判决是否基于无关的条件或者适用了难以被接受的标准来证明公共监护的合理性。其本质性问题是，缔约国国内法院是否存在对必要性的误判。缔约国政府认为，只要其在目的上善意并且尽到了应尽的注意义务，方式也是合理的，那么缔约国的行为就没有超越其享有自由的裁量余地。[4] 事实上，在多数情况下，缔约国政府所称的善意就是指维护儿童最大利益，而注意义务和方式上的合理性往往只是对儿童最大利益的注意和维护儿童利益方式的合理性。欧洲人权法院在该案中驳斥了缔约国政府的意见，认为其判例长期所坚持的是多数意见，亦即缔约国的行为必须满足必要且充分原则。

从欧洲人权法院的以上四个审查步骤的分析中，我们不难发现欧洲人权法院在对待儿童最大利益原则上的态度。首先，儿童最大利益原则可以是干涉父母权利的一项正当化理由，但是这并不能证明以保护儿童

〔1〕 See Shazia Choudhry and Jonathan Herring, *European Human Rights and Family Law*, Oxford: Hart Publishing, 2010, pp. 29~34.

〔2〕 See *e. g. Sahin v. Germany*［*GC*］, no. 30943/96, §§ 64, 66, ECHR 2003 - Ⅷ; *Buchs v. Switzerland*, no. 9929/12, §§ 49, 51, 27 May 2014.

〔3〕 荷兰学者 P. Van Dijk 和 G. J. F. Van. Hoof 认为比例性原则概念本身即包含了在相互冲突的利益间寻求平衡这一层的含义。这种理解与欧洲人权法院的判例法比较接近。See P. van Dijk and G. JH. van Hoof, *Theory and Practice of the European Convention on Human Rights*, The Netherlands: Kluwer Law Interlational, 1998, p. 80.

〔4〕 See *the Olsson v. Sweden*（*no.* 1）, judgment of 24 March 1988, Series A no. 130, p. 32, § 68.

利益为由干涉父母权利的具体行为的正当性。亦即，目的上的正当性并不代表手段上的正当性。其次，缔约国主管当局必须综合考虑父母和子女相互冲突的利益，进行利益平衡。当然，儿童最大利益原则应当是主管当局所必须要考虑的因素。最后，儿童最大利益原则的适用不应当是自动的和绝对的，必须受到手段和目的成比例性原则的限制。这一限制背后隐含了父母权利的保护。总之，儿童最大利益原则只是利益平衡过程中所需要考虑的一项因素，虽然它是很重要的一项因素。对儿童利益的保护并非在所有情况下都应当凌驾于父母的权利。决定儿童最大利益原则优先性的并非是儿童与父母利益冲突的严重性，而是在某些情况下，保护儿童利益存在某些迫切性要求，这些迫切性要求只有通过牺牲父母权利的方式来实现。就这一点来看，在 Keir Starmer 和 Iain Byrne 主编的《布莱克斯通人权法精要》一书对儿童最大利益原则判例规则的归纳实际上已经显得不合时宜。[1] 这是因为，其所归纳的判例规则所依据的 *Hendriks v. Netherland* 案[2]发生在 1982 年，后来的判例实际上极少援引该规则。这是因为即使父母权利和子女权利发生了严重的冲突，也并不能完全排除比例原则的适用。在 2006 年的 *C. v. Finland* 一案[3]中，欧洲人权法院认为虽然父母与子女权利存在严重的冲突，但是芬兰最高法院给予年满 12 周岁儿童所表达意愿的绝对地位是不合理的，没有在各种利益间寻找平衡。毫无疑问，儿童最大利益原则需要受制于利益平衡原则。

三、利益平衡原则在亲子关系案件中的具体适用

（一）监护权纠纷中的利益平衡

在进入欧洲人权法院的与家庭生活受尊重权相关的案件中，有关监护权纠纷的案件占据了很大一部分。这类纠纷大致可以分为三类：一是儿童的父母所提起的有关于公共监护或者经由公共监护转化的收养纠

---

〔1〕 Keir Starmer and Iain Byrne, *Blackstone's Human Rights Digest*, Blackstone Press Limited, 2001, p. 241.

〔2〕 *Hendricks v. Netherlands* 5 EHRR 223 1982.

〔3〕 See *C. v. Finland*, no. 18249/02, §§ 58-59, 9 May 2006.

纷；二是一方父母所提起的有关于监护权单方面授予另外一方父母的纠纷；三是完全剥夺父母监护权的纠纷。其中第一类和第三类纠纷密切相关，因为公共监护和送养往往是剥夺父母监护权的结果。当然第一类和第三类案件也不是完全重叠的，例如父母一方因犯罪所导致的监护权剥夺就可能与公共监护无关。[1] 利益平衡原则贯彻于欧洲人权法院对这三类案件的处理过程，但是其在这三类案件中的具体适用会有所差异。

就第一类案件而言，欧洲人权法院坚持认为应当区分紧急的公共监护和普通的公共监护，两类案件所适用的标准应当有所差别。就紧急的公共监护而言，首先应当考虑的因素是儿童保护的效率问题。这是由于如果对紧急的公共监护施加过多的限制就会产生极大的危险。[2] 这些限制包含必要的证据要求和程序方面的要求，例如提前的通知。欧洲人权法院对于这类案件施加较少限制的另外一项考虑在于这类措施在性质上往往是临时的，存在期限的限制，不会对父母的权利构成实质损害。与紧急的公共监护不同，普通的公共监护由于持续时间较长，会对父母的权利产生较为深远的影响，因而施加更高的限制是十分必要的。特别是在儿童出生后立即就将其带离父母的案例中，欧洲人权法院强调在违背父母，特别是母亲意愿的情况下，只有存在极端特殊的情况才能将新生儿带离父母、置于公共监护之下。[3] 父母的意愿在其他类型的公共监护案件中同样扮演了重要的角色。例如，如果父母是自愿将子女送入公共监护的，那么其所适用的审查标准应当区分于强制带离的情形。[4] 需要特别注意的是，"将儿童带离父母可以让子女生活得更好这一理由本身不足以证成公共监护措施的必要性"。[5] 亦即，父母对子女权利的侵害而非让子女生活得更好才是欧洲人权法院所认可的公共监护理由。很明显，无论是对父母意愿的考量还是对公共监护理由的限制都体现了

〔1〕 See e. g. *Sabou and Pircalab v. Romania*, no. 46572/99, 28 September 2004.

〔2〕 See e. g. *K. T. v. Norway*, no. 26664/03, § 98, 25 September 2008.

〔3〕 See e. g. *K. and T. v. Finland* [*GC*], no. 25702/94, § 168, ECHR 2001- VII.

〔4〕 See e. g. *Z. J. v. Lithuania*, no. 60092/12, § 101, 29 April 2014.

〔5〕 See e. g. *Kutzner v. Germany*, no. 46544/99, § 69, ECHR 2002-I; *the Olsson v. Sweden* (*no.* 1), judgment of 24 March 1988, Series A no. 130, pp. 33~34, § 72.

利益平衡的思想。这种思想还体现在对后续措施的审查中。儿童被带离父母并置于公共监护之下原则上应当是临时性的措施，缔约国主管当局应当进行持续性的评估，并采取积极的措施实现家庭团聚。这是由于公约第 8 条所指向的义务不仅包含不干涉的消极义务，而且包含了保护家庭生活的积极义务。[1] 家庭团聚不仅是父母的权利，而且也是缔约国主管当局的义务。[2] 正是因为父母有与置于公共监护之下的子女团聚的权利，所以维护儿童在寄养机构或者寄养家庭生活稳定只是相关的理由，但绝对不会自动成为必要性理由。[3] 事实上，在推动家庭团聚的过程中，无论父母还是子女的权利都不是绝对的。[4] 缔约国主管当局无疑应当平衡包含父母和子女利益在内的诸多相互冲突的利益。此外，为了防止时间流逝所产生的事实裁决（de facto determination）对父母权利的损害变成不可恢复的状态，欧洲人权法院多次强调相关程序的效率问题。[5]

　　就第二类案件而言，如前文所述，如果儿童的生父既没有同儿童形成法律上的联系，也没有形成事实上的联系，那么他对儿童母亲单方监护权的挑战将很难得到支持。但是如果儿童的生父与儿童已经形成事实上的关系，只是由于法律上的不当障碍而无法获得监护权，那么他要求获得监护权的申请应当归属于"家庭生活"的范畴。在这类案件中，最为引人关注的是对母亲优先原则的争议。部分缔约国家庭法规定在儿

---

〔1〕 See *e. g. Glaser v. the United Kingdom*, no. 32346/96, § 63, 19 September 2000; *Keegan v. Ireland*, judgment of 26 May 1994, Series A no. 290, p. 19, § 49; *Margareta and Roger Andersson v. Sweden*, 25 February 1992, § 91, Series A no. 226 - A; *Ignaccolo - Zenide v. Romania*, no. 31679/96, § 94, ECHR 2000 - I; *Gnahoré v. France*, no. 40031/98, § 51, ECHR 2000-IX.

〔2〕 See *e. g. Eriksson v. Sweden*, 22 June 1989, Series A no. 156, pp. 26~27, § 71; *Margareta and Roger Andersson v. Sweden*, 25 February 1992, Series A no. 226-A, p. 30, § 91; *Olsson v. Sweden* (*no.* 2), 27 November 1992, Series A no. 250, pp. 35 ~ 36, § 90; *and Hokkanen v. Finland*, 23 September 1994, Series A no. 299-A, p. 20, § 55.

〔3〕 See *e. g. Johansen v. Norway*, judgment of 7 August 1996, Reports of Judgments and Decisions 1996-III, p. 1009, § § 80-81.

〔4〕 See *e. g. Olsson v. Sweden* (*no.* 2), 27 November 1992, § 90, Series A no. 250.

〔5〕 See *e. g. Hoppe v. Germany*, no. 28422/95, § 54, 5 December 2002; *Nuutinen v. Finland*, no. 32842/96, § 110, ECHR 2000-VIII.

童非婚生情况下，儿童的生父如果想要获得儿童的监护权，那么他就必须要事先取得母亲的同意。[1] 德国科隆地方法院和上诉法院在 *Zaunegger* 一案中均援引了德国联邦宪法法院在 2003 年 1 月 29 日的判例中的观点，认为在儿童出生时给予其生母单方面的监护权是因为这样的安排使得儿童在出生时有一个人可以为儿童的利益为法律行为。[2] 欧洲人权法院在此案中认为，德国联邦宪法法院的上述意见缺乏充分的依据。立法者不能因存在儿童的生父母居住在一起并且母亲一方拒绝作出共同照顾的声明的情况，就当然认为案件属于母亲出于保护儿童利益的需要而有充分的理由这么做的那类极端情形。[3] 欧洲人权法院进一步认为，在缺乏仔细审查的情况下就当然给予母亲单独监护权的行为是不妥的。[4] 这是因为缺乏审查就必然意味着进行利益平衡的缺位。在第二类案件的其他情形中，例如父母离婚后要求获得共同监护的情形中，欧洲人权法院认为只要没有彻底地切断一方父母与另外一方父母的联系（比如保留了接触权），那么对于是否授予共同监护权的审查标准是相对宽松的。[5]

就第三类案件而言，欧洲人权法院一再重申完全剥夺父母的监护权和接触权的做法只有在极端情况下才能采用。亦即，完全切断父母和子

---

〔1〕 以《德国民法典》为例，法律实际上为非婚生父亲获得监护权（德国法上为父母照顾，以下同）设置了两方面的障碍。首先，根据该法典第 1626a 条的规定，只有在父母双方共同表示愿意承担父母照顾的情况下，父母才能获得监护权，否则由母亲单方面获得监护权。此外，根据第 1672 条的规定，如果母亲通过第 1626a 条获得了监护权，在父母分居的情况下，父亲只有经过母亲的同意，才能向法院申请监护权的转移或者共同监护。参见陈卫佐译注：《德国民法典》，法律出版社 2010 年版，第 487、496 页。

〔2〕 See *Zaunegger v. Germany*, no. 22028/04, §58, 3 December 2009. 值得注意的是，在该案后另外一起案件中已经改变了其立场，认为民法典的此种规定与基本法第 6.2 条相违背，并且援引了欧洲人权法院 *Zaunegger v. Germany* 一案中的观点。See ECLI：DE：BVerfG：2010：rs20100721. 1bvr042009.

〔3〕 Ibid, at §58. *Mutatis Mutandis Doring v. Germany*, no. 50216/09, the decision of admissibility.

〔4〕 Ibid, at §60.

〔5〕 See *e. g. Hoppe v. Germany*, no. 28422/95, 5 December 2002.

女的联系，必须存在极端特殊的情况。[1] 有一类案件值得特别注意。这类案件发生在父母一方因为刑事犯罪而被当然剥夺监护权的情形中。在这类案件中，欧洲人权法院认为有必要首先区分两类完全不同的情形：一类是父母因为一般意义上的刑事犯罪而被自动剥夺监护权，另外一类案件是，自动剥夺父母监护权的情形只发生在特定的犯罪中。这类犯罪是指罪犯同时也是受害儿童的监护人。[2] 这些犯罪常见的情形如引诱儿童卖淫、拍摄儿童淫秽视频以及强奸儿童。[3] 毫无疑问，前者存在明显的不公正之处，因为这些罪犯在这些刑事犯罪中所实施的行为与监护权之间不存在必然的关联。事实上，父母因犯罪而被判处刑罚可能会对其实际的父母责任承担产生影响，但是这种影响并不会当然导致其监护权的丧失。即使是在后一种情形中，欧洲人权法院认为如果这种剥夺是永久性的，并且对于被剥夺权利的父母缺乏足够的救济，那么缔约国法院实际上未能在儿童和父母的利益间寻找到平衡点。[4]

（二）接触权纠纷中的利益平衡

现在，各国法律普遍接受了这样的观点——父母婚姻关系的消解并不会导致父母子女法律关系的消解。即使儿童未与离异的一方父母共同生活，其与该方父母也有权进行接触。[5] 这样的接触既有利于儿童的成长，也是父母权利实现的方式。在提交到欧洲人权法院的相关案例中，欧洲人权法院一再重申接触的重要性。这也是为什么欧洲人权法院将对接触权的限制列为两种需要适用更加严厉审查标准的情形之一的主

---

[1] See *e. g. the Margareta and Roger Andersson v. Sweden*, judgment of 25 February 1992, Series A no. 226-A, p. 31, para. 95.

[2] *M. D. and Others v. Malta*, no. 50216/09, § 77, 17 July 2012. *Mutatis Mutandis*, *Sabou and Pircalab v. Romania*, no. 46572/99, 28 September 2004.

[3] Ibid.

[4] Ibid, at § 79.

[5] 当代家庭法倾向于用接触或者交往（contact or access）的概念替换过去的探视权的概念。因为接触这样的概念更能够反映出这一权利的双向性，它不仅是父母的权利，也更是儿童的权利。并且首先，它是以儿童权利的形式存在的。例如，修改后的《德国民法典》第1684条。

要原因。[1] 接触权实现的方式是多种多样的。例如，父母与子女在父母居所的直接会面、父母与子女在指定场所的直接会面、父母与子女在第三人（如儿童福利机构、寄养家庭父母）参与下的直接会面、书信、电话以及电子邮件等。接触的方式和时间的长短原则上应当根据具体案件情况确定。但是利益平衡原则要求主管机关在保护儿童利益时应当充分考虑目的和手段之间的合比例性。例如，如果父母与子女单独会面可能会危害子女的利益，那么就应当考虑在第三人参与下的直接会面，而不是完全禁止直接会面。完全禁止父母与子女间包含通信和电话这些间接接触方式在内的所有接触需要极为特殊的情形。[2] 亦即，对接触权限制的程度越高，那么所对应的儿童利益保护需求程度的证明要求也就越高。如果完全禁止父母与子女的接触或者对双方接触的限制事实上使得双方感情几近于无，那么这就等同于割裂了父母与其子女的联系。这种完全而且永久的割裂只能存在于儿童利益迫切需要这样做的情形中。[3] 值得注意的是，与监护权纠纷相似，对于接触权的限制必须要以家庭团聚为最终的目标，并且缔约国主管当局负担推动父母双方接触进而最终实现家庭团聚的义务。

另外的一类案件涉及对一方父母接触权的执行。这类案件通常发生在这样一种情况中，同儿童共同生活的一方父母对另外一方父母接触权的实现进行抵制。例如，将儿童隐匿或者拒绝交出儿童。欧洲人权法院认可缔约国主管当局在此类案件中所能采取强制措施的有限性，因为缔约国主管当局必须要在各种冲突的利益之间寻找平衡。[4] 在许多情况中，儿童不愿意与不和其生活的父母接触往往是由于另外一方父母的教

〔1〕 See e.g. Elsholz v. Germany [GC], no. 25735/94, § 49, ECHR 2000-VIII, and Kutzner v. Germany, no. 46544/99, § 67, ECHR 2002-I; T.P. and K.M. v. the United Kingdom [GC], no. 28945/95, § 71, ECHR 2001-V (extracts).

〔2〕 See e.g. the Margareta and Roger Andersson v. Sweden, judgment of 25 February 1992, Series A no. 226-A, p. 31, para. 97.

〔3〕 See e.g. Gnahoré v. France, no. 40031/98, § 59, ECHR 2000-IX; Levin v. Sweden, no. 35141/0615, §61, March 2012.

〔4〕 See e.g. Carlson v. Switzerland, no. 49492/06, § 69, 6 November 2008; Zoltán Németh v. Hungary, no. 29436/05, § 52, 14 June 2011.

唆、诱导或者实际限制。虽然存在这种情况，但是原则上不应当违背儿童的意愿而强制其与父母进行接触（特别是儿童在到达一定年龄、具备一定意思能力时）。从另外一方面来看，如果接触权的不能实现主要是由于另外一方父母的拒绝配合所造成的，根据法治的原则，无疑应当采取适当的措施（例如罚款、警告乃至刑事处罚）来保护享有接触权一方父母的利益。虽然这些措施可能会对儿童产生间接的影响（例如增加父母双方的敌意），但是这些措施对于有效保护父母一方的接触权利是必不可少的。除此之外，欧洲人权法院还特别强调接触权执行的时间跨度和效率问题，因为如果时间拖延太长，对亲子关系的损害就会越大，接触权就会越难实现。[1]

（三）《海牙公约》项下遣返儿童纠纷中的利益平衡

《海牙公约》是在跨境儿童诱拐问题日益严重的背景下产生的。其主要目的在于阻却非法儿童跨境拐带，确保被拐带儿童的迅速遣返，保障被拐带儿童和父母的正当权利。在这一类型的案件中，欧洲人权法院认为其审查对象是缔约国主管当局对于《海牙公约》的解释和适用是否符合人权公约的要求。[2] 在欧洲人权法院审理的此类案件中，最为常见的情形是一方父母将子女拐带至其他国家，从而损害另外一方父母的权利。在处理儿童拐带问题的案件时，欧洲人权法院形成了大致九项判例法原则。[3] 毫无例外，对于儿童利益的保护是解释和适用《海牙公约》的重要基础，这是因为对于《海牙公约》的解释需要在联合国《儿童权利公约》的背景下进行。而恰如前文所述，儿童利益保护的首要原则是联合国《儿童权利公约》最为主要而且深远的成就。但是与监护权和接触权案件的情形类似，缔约国主管当局必须在受拐带的儿童、双方父母以及公共秩序间寻找平衡，这是最为关键的问题。[4] 一方面，在这一极为敏感的领域，为了保护一方父母的权利而强制遣返儿童并不是

---

〔1〕 See e. g. Nuutinen v. Finland，no. 32842/96，§ 110，ECHR 2000-VIII.

〔2〕 Monory v. Romania and Hungary，no. 71099/01，§ 81，5 April 2005；Iglesias Gil and A. U. I. v. Spain，no. 56673/00，§ 61，ECHR 2003-V.

〔3〕 See e. g. Carlson v. Switzerland，no. 49492/06，§ 69，6 November 2008.

〔4〕 See e. g. Neulinger and Shuruk v. Switzerland，no. 41615/07，§ 83，8 January 2009.

一种妥当的方式；另外一方面又有必要采取适当的措施，特别是对拐带儿童的另一方父母采取适当的措施。[1] 不然父母的权利可能因为得不到充分的保障而仅仅具有虚幻的理论意义。[2] 除非遣返儿童会严重损害儿童的利益，并且存在充分的证据证明此种危险，否则作为儿童拐带受害方的父母就有权要求迅速遣返儿童以保护其家庭团聚的权利。

结　语

瑞典学者 Ann Quennerstedt 在回顾联合国《儿童权利公约》的产生背景时，对当初的波兰方案、美国方案和澳大利亚方案中对儿童最大利益原则的表述进行了对比分析。[3] 波兰方案使用了最重要（paramount）这样的表述，而美国方案使用了首要（primary）这样的表述。最终的版本采纳了美国方案的表述，这是由于波兰方案的表述过于激进。从前述对欧洲人权法院判例的分析来看，欧洲人权法院对于儿童最大利益原则的理解没有超越联合国《儿童权利公约》的最终表述。亦即，在儿童权利和父母权利发生冲突时，虽然应当首先考虑儿童的利益，但是对儿童利益的考虑不应当绝对化。立法机关或者司法机关在确立保护儿童利益的措施时，应当以利益平衡原则为视角，充分考虑保护儿童的目的和手段之间比例性。事实上，无论是在监护权纠纷、接触权纠纷还是《海牙公约》背景下遣返儿童的纠纷中，均存在这种利益平衡的要求。需要特别注意的是，利益平衡的要求的最大意义在于确认了对儿童最大利益原则的正确理解。儿童最大利益原则作为一项抽象原则不能孤立地适用，必须要结合案件的具体情况并且需要相关而且必要的证据和理由进行支撑。儿童最大利益原则如同民法中的诚实信用原则一样，是一把双刃剑，而利益平衡原则为防止其被滥用设置了合理的边界。这正是权利，又特别是人权的精髓之所在。权利思维及其代表的对抗制特征恰是我国现阶段民法典运动所应当考虑和借鉴的。

[1] See *e. g. Ignaccolo – Zenide v. Romania*, no. 31679/96, §106, ECHR 2000-I.

[2] See supra note 1.

[3] Ann Quennerstedt, "Balancing the Rights of the Child and the Rights of Parents in the Convention on the Rights of the Child", *Journal of Human Rights*, 8：2 (2009), 164~166.

三、国家监护制度的价值取向与规范路径

论未成年人监护制度公法化之价值取向

——以儿童最大利益为核心[1]

张晓冰[2]

2017 年 3 月全国两会上关于儿童监护的声音不绝于耳。在政府工作报告中，李克强总理指出了"加强农村留守儿童关爱保护和城乡困难儿童保障"；在提案方面，由全国政协委员、民盟中央常委李铀牵头、13 名四川籍政协委员联名递交了《关于未成年人监护失职（疏忽）行为"入刑"的建议》的提案，呼吁通过立法将未成年人监护失职入刑；[3] 更值得一提的是，十二届全国人大五次会议以"赞成 2782 票、反对 30 票、弃权 21 票"表决通过了《民法总则（草案）》，并于今年 10 月 1 日起正式实施。这意味着，"以家庭监护为基础、社会监护为补充、国家监护为兜底"的未成年人监护体系在我国正式确立。

在这一背景下，国家监护制度慢慢进入了人们的讨论视野。在其诸多的具体内容中，该制度的价值取向是一个关乎全局的重要问题，它从根本上决定着该制度在社会实践中的未来走向，本章着手对这一问题进行处理。具体来说，写作安排如下：首先从概念上区分儿童、未成年人

---

〔1〕 本文系由原载《法律适用·司法案例》2017 年第 12 期的论文"论未成年国家监护制度的价值取向——从全国首例异地撤销监护权案说起"修改而成。

〔2〕 张晓冰，女，中国青少年研究中心助理研究员，法学博士。

〔3〕 参见"刑法专家：增设儿童监护疏忽罪缺乏必要性、正当性和可行性"，访问网址：http：//news. eastday. com/c/20170307/u1a12782031. html，访问时间：2017 年 3 月 12 日；"全国人大代表建议将监护人玩忽职守纳入追责"，访问网址：http：//news. eastday. com/eastday/13news/auto/news/china/20170311/u7ai6585588. html，访问时间：2017 年 3 月 12 日。

二者的适用场景，为后文设置概念基础；紧接着分析未成年人监护制度历来的价值取向，并分别予以评析；随后站在一个崭新的起点上，论证未成年人监护制度公法化与最大利益之间的关系及相应的国际法、国内法实践；在此基础上，本章试图在理论上分析儿童最大利益的性质，并在道德哲学层面说明国家责任、父母责任/权利与儿童最大利益三者之间的冲突与协调，并指出一些可能性的批评；最后回到《民法总则》上，从撤销监护的相关规定进一步分析国家监护制度的儿童最大利益之价值取向。

一、从儿童到未成年人

儿童与未成年人两个概念之间的关系纷繁复杂。在理论上，学者们进行了诸多探讨。对儿童年龄的界定涉及对年龄的歧视、平等问题，如在哪个年龄上将儿童视为成年人决定了儿童的法律地位和道德地位。[1] 有学者认为，儿童仅仅是父母的财产，或者父母生命的延续。[2] 也有学者认为儿童的概念是由成年人来定义的，其存在也是由成年人组成的社会所构建的。[3] 而从"未成年人"的字面含义来看，与其相对的是"成年人"，由此可知，儿童被视为成年人的一个进阶状态，即不完整的成年人，是正在形成的人（becoming），而不是人（being）。[4] 菲力浦甚至主张，"传统社会看不到儿童"。[5] 这些探讨可能会激发我们对儿童的深层次思考，比如儿童—成人的区分是否重要，儿童是否能够享

---

[1] See Sandra Fredman ed. , *Age as an Equality Issue*, Oxford: Hart Publishing, 2003. 本书更多的是讨论养老平等问题，但这些以年龄作为界限的对于医保、健康、教育、社会服务等政策的探讨同样适用于儿童。Jonathan Herring 检视了平等与儿童的关系，尤其是儿童的自主权和父母决定什么是儿童最大利益的责任二者之间的平衡问题，这不是一个关于儿童是否享有权利的问题，而是关于是否具备正当性理由去否认儿童的权利，尤其是他们是否应该享有自主权，包括做错事的权利的问题。Jonathan Herring, "Children's Rights for Grown-ups", in Sandra Fredman ed. , *Age as an Equality Issue*, Oxford: Hart Publishing, 2003, pp. 145~174.

[2] David Archard, Colin M. Macleod, *The Moral and Political Status of Children*, Oxford: Oxford University Press, 2002, p. 1.

[3] See Julia Fionda ed. , *Legal Concepts of Childhood*, Oxford: Hart Publishing, 2001, p. 3.

[4] See David Archard & Colin M. Macleod ed. , *The Moral and Political Status of Children*, Oxford: Oxford University Press, 2002, p. 2.

[5] ［法］菲力浦·阿利埃斯:《儿童的世纪: 旧制度下的儿童和家庭生活》，沈坚、朱晓罕译，北京大学出版社 2013 年版，第 1 页。

有成年人所享有的权利，如选举权等。成年人的这种社会建构决定了儿童的政治地位和社会地位，甚至否定了儿童的道德主体能力。

在法律实践层面，各界做法不一。从国际公约来看，采用"儿童"的概念较多。最重要的当属联合国《儿童权利公约》，该公约第1条规定，"为本公约之目的，儿童系指18岁以下的任何人，除非对其适用之法律规定成年年龄少于18岁"。反观我国的法律体系，"未成年人"与"儿童"处于混用状态。在未成年人相关法律中，"未成年人"被明确界定为未满18周岁的公民；在刚刚通过的《民法总则》中，不满18岁的自然人被视为未成年人；在"监护"一节中，"未成年人"被改为"未成年子女"，且"未成年子女"也可以成为无民事行为能力或者限制民事行为能力的成年人的监护人。在刑法体系中，主要采用的是"儿童"概念，因为并非所有的未成年人均被法律视为儿童，儿童仅指未满14周岁的人。如2016年11月最高人民法院审判委员会通过的《最高人民法院关于审理拐卖妇女儿童犯罪案件具体应用法律若干问题的解释》，第9条规定，"刑法第240条、第241条规定的儿童，是指不满14周岁的人"。在《劳动法》中，第58条第2款规定"未成年工是指年满16周岁未满18周岁的劳动者"。此外，"儿童"称谓还频繁出现在一系列行政法规及政府规章中，如2016年国务院颁布的《国务院关于加强农村留守儿童关爱保护工作的意见》，明确提出留守儿童是指父母双方外出务工或乙方外出务工另一方无监护能力、不满16周岁的未成年人。

从上述规定来看，我国法律体系中的未成年人及儿童两个概念存在很多交叉，但又不完全统一。在本文中，我们将儿童等同于未成年人，均指未满18周岁的自然人。这种澄清相当重要，它为监护制度的讨论奠定了概念基础，尤其是当我们讨论到各类困境儿童的现状及国家监护制度出场的必要性时，哪些儿童可以受到该制度的保护可能会对他们的生命历程发生重要改变。[1]

二、未成年人监护制度的价值取向概览

在界定了未成年人与儿童的概念关系之后，我们进入对未成年人监护制度之价值取向的概览。未成年人监护制度有着悠久的历史，传统大陆法系区分了亲权和监护的概念，亲权涵盖了父母与未成年子女的全部内容。[2] 不过有学者认为亲权概念（elterliche Gewalt）已逐渐被废止，取而代之的是"父母照顾"（elterliche Sorge）。[3] 不管是亲权概念还是父母照顾，均意味着父母与子女之间关系的特殊性，这种特殊性是其他任何人的监护所无法取代的。我国早前的《民法通则》和新近颁布的《民法总则》均未对此作出相应区分，而是使用了"监护"这一表述。那么未成年人监护制度的价值取向是什么？历史上曾有过哪些纷争？有学者以两大法系作为区分标准，指出大陆法系经历了"家族利益优先—父母利益优先—子女利益优先"的演变，而英美法系则经历了"父权优先—幼年推定及主要照顾者推定—子女最大利益原则"的演变。[4] 本章并不打算按照法系的脉络来爬梳这些价值取向，因为从某种程度上讲，英美法上的亲权制度也依赖于罗马人的经验，[5] 因此本章选取几种具有代表性的原则或理论来讨论，说明它们均为儿童最大利益原则的

---

〔1〕 儿童概念的界定还涉及很多问题，如电影电视上经常出现的"儿童不宜"，指的是哪些儿童？已满16周岁不满18周岁的未成年人能否观看此类电视？参见姜琳琳："'儿童不宜'年龄界定再成话题"，载《北京商报》2015年2月12日，第G02版。

〔2〕 参见夏吟兰、薛宁兰编：《民法典之婚姻家庭编立法研究》，北京大学出版社2016年版，第248页。

〔3〕 参见刘征峰："被忽视的差异——《民法总则（草案）》'大小监护'立法模式之争的盲区"，载《法制与社会发展》2017年第1期。

〔4〕 参见曹贤余：《儿童最大利益原则下的亲子法研究》，群众出版社2015年版，第23~46页。

〔5〕 徐国栋："普通法中的国家亲权制度及其罗马法根源"，载《甘肃社会科学》2011年第1期。其他相关研究可参考张力："从罗马法'家庭'概念的演变看亲权与监护的制度关系"，载《甘肃政法成人教育学院学报》2002年第3期；魏增产："国家监护主义的一个窗口——监护制度比较研究"，载《北京科技大学学报（社会科学版）》2010年第3期；姚建龙："国家亲权理论与少年司法——以美国少年司法为中心的研究"，载《法学杂志》2008年第3期；叶根平："罗马法监护监督制度的理念及其意"，载《华中科技大学学报（社会科学版）》2009年第6期；祝之舟、吴瑞芬："罗马法监护制度与我国监护制度的完善"，载《前沿》2008年第2期。

出现埋下了不同的伏笔。

（一）家族利益/国家利益

古罗马时期就存在国家监护制度，这种制度的价值取向存在两种争论，一种认为是为了保护家族财产利益，一种认为是为了捍卫国家利益。家族利益代表了一种极强的监护取向，即主要是为了预防未成年人对其财产经营管理不善、造成被拟定的继承人的财产受损之危险。[1]在罗马帝国时期，甚至形成了高级国家监护制度，有学者认为这种制度旨在转让属于被监护人的任何财产，[2]以免监护人吞噬财产。这种国家监护制度的保卫，并不是一种以被监护人为保护主体的价值取向，事实上主要是一种家族财产利益。徐国栋认为，国家亲权观念早就存在于罗马法中，它首先表现为国家在自然父亲缺位时的顶替角色，如官选监护制度和贫困儿童国家扶养制；其次表现为为了国家的利益以国家亲权干预或阻却自然亲权，如限制自然父权的粗暴运用。[3]不管是何种主张，均一致证明了当时的国家监护制度并不以儿童为保护主体，而只是家族利益或国家利益保护的一个载体而已，同时表明"人"的理念之缺失，不仅仅是儿童的缺失，也是成年人的缺失。

（二）父母利益/幼年原则

当"人"的概念逐渐从国家、城邦、社会中剥离出来之后，家族利益、国家利益也逐渐转化为一种具体的人的利益。诚如前述，儿童的概念是由成年人构建出来的，同样地，"人"之理念如何具体体现在国家监护制度之中，也是由成年人来设立的。不管是大陆法系抑或是英美法系，都经历了很长时期的父权优先、父母本位或者父母利益优先，儿童视角的缺失是一种常态。即便是后来出现的幼年原则或主要照顾者推定原则，本质上仍属成年人视角。换言之，法律并未承认儿童的独立主

---

〔1〕［委内瑞拉］帕特丽夏·M. 霍特："监护"，鲁叔媛译，载《法治论丛》1991 年第 3 期。

〔2〕［委内瑞拉］帕特丽夏·M. 霍特："监护"，鲁叔媛译，载《法治论丛》1991 年第 3 期。

〔3〕徐国栋："普通法中的国家亲权制度及其罗马法根源"，载《甘肃社会科学》2011 年第 1 期。

体地位，儿童的利益被父母，特别是被父亲所吸收，父亲的利益即子女的利益。[1] 至于幼年原则，可以说带有一种性别歧视，因为它首先预设了女性的家庭主妇角色。[2] 尽管按照我们的生活经验，幼年时期的儿童主要由母亲照顾，但是该原则不分青红皂白地将监护权分配给母亲，带有一种潜在的偏见，可能引起父亲或母亲的不满。此外，该原则过分强调妇儿的整体性，同时也忽视了子女对父亲的需要。[3]

与之类似的还有主要照顾者推定原则，也存在诸多不成熟之处。父母在婚姻关系存续期间的角色分工，在何种程度上可以被用来指导父母关系不复存在后的子女抚养安排？主要照顾者推定原则忽视了分手可以极大地改变父亲对抚养角色的态度，同时可能造成对在角色分工模式中负担养家糊口责任的一方的贬低，也造成了这一方想在分手后重新调整工作安排以确保可以继续参与子女生活的愿望落空。[4] 当然这种情况可能会造成贬低母亲在婚姻关系存续期间作为主要照顾者角色的趋势。[5]

（三）儿童优先原则

根据菲力浦的研究，"从中世纪晚期到16、17世纪之间，儿童在父母跟前赢得了一个位置。儿童回归家庭是一个重大事件，它赋予17世纪的家庭最基本的特征"。[6] 在17世纪末和18世纪，家庭越来越远离大街，远离广场，远离集体生活，它退回到更隐秘的内部，阻止外来人

---

〔1〕 参见陈汉："未成年子女利益之保护：意大利法的经验与借鉴"，载《北方法学》2015年第3期。

〔2〕 参见何海澜：《善待儿童：儿童最大利益原则及其在教育、家庭、刑事制度中的运用》，中国法制出版社2016年版，第75页。

〔3〕 参见何海澜：《善待儿童：儿童最大利益原则及其在教育、家庭、刑事制度中的运用》，中国法制出版社2016年版，第75页。

〔4〕 ［澳］帕特里克·帕金森：《永远的父母：家庭法中亲子关系的持续性》，法律出版社2015年版，第100~101页。

〔5〕 ［澳］帕特里克·帕金森：《永远的父母：家庭法中亲子关系的持续性》，法律出版社2015年版，第94页。

〔6〕 ［法］菲力普·阿利埃斯：《儿童的世纪：旧制度下的儿童和家庭生活》，沈坚、朱晓罕译，北京大学出版社2013年版，第320页。

员入侵，更多地关注家庭的亲情。[1] 家庭从最初的以保护财产和荣誉为目的，到成为夫妻之间、家长与孩子之间情感交流的必要场所，[2] 情感功能成为家庭的新特点。发展到现代，家庭则是"以父母子女团结起来的独立群体来面对外部社会，而这个群体的所有能量都用于帮助儿童实现社会地位的上升。每个儿童的成长都是个性化的，没有任何家族性的欲望"。[3] 简言之，儿童优先原则以"儿童回归家庭"作为基本标志，家庭内以儿童权利为本位，[4] 奉行"儿童先于家庭"的理念。[5]

在儿童优先原则之下，儿童所面临的问题变成了：他们仅仅是在家庭中处于优先位置，在与家庭或父母的博弈下处于优先位置，却始终难以突破家庭的局限。这意味着，在父母无能为力的情况下，儿童的利益可能被社会或国家抛诸一边；同时，在家庭范围中，这种原则的践行缺乏第三方视角或者监督力量，其实现的程度不为家庭以外的人所知。

三、崭新的起点：未成年人监护公法化与儿童最大利益

未成年人监护制度公法化，简单来说，是指公权力介入未成年人监护制度。这种介入具有几个层次：其一，公权力以法律的形式对未成年人监护制度进行规范，如设立监护制度、监护变更程序等；其二，公权力对监护权的限制，如在司法判决中限制父母的监护权等；其三，公权力对监护权的剥夺，如剥夺不适格的监护权；其四，公权力对监护的取代，如《民法总则》第32条规定："没有依法具有监护资格的人的，监护人由民政部门担任，也可以由具备履行监护职责条件的被监护人住所

---

[1] [法]菲力普·阿利埃斯：《儿童的世纪：旧制度下的儿童和家庭生活》，沈坚、朱晓罕译，北京大学出版社2013年版，第16页。

[2] [法]菲力普·阿利埃斯：《儿童的世纪：旧制度下的儿童和家庭生活》，沈坚、朱晓罕译，北京大学出版社2013年版，第4页。

[3] [法]菲力普·阿利埃斯：《儿童的世纪：旧制度下的儿童和家庭生活》，沈坚、朱晓罕译，北京大学出版社2013年版，第320页。

[4] 参见冯源："儿童监护事务的国家干预标准——以儿童最大利益原则为基础"，载《北京社会科学》2016年第3期。

[5] [法]菲力普·阿利埃斯：《儿童的世纪：旧制度下的儿童和家庭生活》，沈坚、朱晓罕译，北京大学出版社2013年版，第320页。

地的居民委员会、村民委员会担任。"以上四个层次恰恰是与儿童最大利益的价值取向内在相一致的。某种程度上,我们可以说它们呈现了一种递进的关系。不管是前述的家族利益/国家利益,还是父母利益/幼年原则,实际上都难以真正从儿童视角体现出上述递进关系。值得一提的是,它们都为儿童最大利益原则的出现奠定了历史基础,儿童优先原则更是其必然前身。随着科技、伦理、人权的进一步发展,"国家的作用不会止步于在亲属身份利益之间做出取舍,而在于全面评估儿童的需求,为儿童做出一个最佳选择"。[1] 换言之,我们需要一个崭新的起点。在儿童最大利益原则下,儿童的利益不再局限于家庭内部,而是被放置于整个社会、国家语境之下的。它突破了家庭的局限性,儿童在该原则的践行下得到了更好的保护。

(一)国际人权法实践

国际人权法对"儿童最大利益原则"的确立起到了不容忽视的作用。第一次世界大战后,人们开始反思儿童的地位。"英国的尹兰尼女士发起成立'拯救儿童国际联盟',并发布了《儿童权利宪章》",这个非政府组织积极推动并最终促成了国际联盟大会于 1924 年通过了《儿童权利宣言》。[2] 1959 年联合国大会通过了《儿童权利宣言》,宣告了各国儿童应当享有的各项基本权利,标志着儿童权利保护进入到一个新的历史阶段。[3] 1989 年《儿童权利公约》的制定和颁行是"儿童最大利益"作为一项国际普遍承认的原则得以确立的里程碑。[4] 该公约第 3 条第 1 款规定,"关于儿童的一切行为,不论是由公私社会福利机构、法院、行政当局或立法机构执行,均应以儿童的最大利益为一种

---

〔1〕 冯源:"儿童监护事务的国家干预标准——以儿童最大利益原则为基础",载《北京社会科学》2016 年第 3 期。

〔2〕 何海澜:《善待儿童:儿童最大利益原则及其在教育、家庭、刑事制度中的运用》,中国法制出版社 2016 年版,第 85 页。

〔3〕 参见何海澜:《善待儿童:儿童最大利益原则及其在教育、家庭、刑事制度中的运用》,中国法制出版社 2016 年版,第 85 页。

〔4〕 参见王雪梅:"儿童权利保护的'最大利益原则'研究(上)",载《环球法律评论》2002 冬季号。

首要考虑"。[1] 公约对"儿童最大利益原则"的确认之意义，王雪梅认为可以从两方面来理解：一是赋予该原则以条约法的效力，可以对儿童权利的保护发挥更大的作用；二是确立了一个重要理念，即涉及儿童的所有行动均应以"儿童的最大利益"为首要考虑。对于后者，她认为公约把这种考虑宣布为儿童的一项权利，更重要的是，强调了把儿童作为个体权利主体，而不是作为一个家庭或群体的成员来加以保护。[2]

（二）国内法实践

2015年1月1日起实施的《关于依法处理监护人侵害未成年人权益行为若干问题的意见》第2条规定："处理监护侵害行为，应当遵循未成年人最大利益原则，充分考虑未成年人身心特点和人格尊严，给予未成年人特殊、优先保护。"该意见首次明确了作为原则的未成年人最大利益，这意味着在立法、司法、执法过程中均应遵循该原则。[3]《民法总则》第35条规定："监护人应当按照最有利于被监护人的原则履行监护职责。"该条款亦强调了在监护领域，应该遵循未成年人最大利益的原则。仔细分析国际人权法与国内法的实践，可以发现，国内法侧重于将儿童最大利益视为一项原则，而国际人权法则既被视为一项原则，又被视为一项权利。

（三）儿童最大利益的性质

从上两部分的解析来看，对于儿童最大利益原则，我们可以采取两种方式来看待：一种是将其视为行动原则，另一种是视为儿童的一项权利。在未成年人监护制度公法化的框架下，这两种不同定性具有哪些区别？我们应该采取哪种定性才能更好地保护儿童？

1. 作为原则的儿童最大利益。将儿童最大利益视为行动原则，即关于儿童的一切行为，均应以此为原则，这种观点在学术界相当常见。

---

〔1〕 该条款的起草历史，详见王雪梅："儿童权利保护的'最大利益原则'研究（上）"，载《环球法律评论》2002年冬季号；何海澜：《善待儿童：儿童最大利益原则及其在教育、家庭、刑事制度中的运用》，中国法制出版社2016年版，第88~91页。

〔2〕 参见王雪梅："儿童权利保护的'最大利益原则'研究（上）"，载《环球法律评论》2002年冬季号。

〔3〕 参见李静、宋佳："撤销监护权《意见》之评析"，载《天津法学》2016年第1期。

作为原则的儿童最大利益，可能会面临诸多困难。首先，关于原则与规则的法律位置。在一般情形中，规则优于原则似乎是法学界的一个常识。但是在关乎儿童的一切行为中，儿童最大利益成为一个至高无上的原则，高于一切规则，这可能与一般常识难以相符。即便是在原则与规则冲突的情况下，我们也不能一味地认为原则高于规则，然而儿童最大利益的这种"首要考虑"无疑是对这些朴素的法律常识的一种挑战。其次，原则与强自由裁量的天然关联会导致基于原则的裁判具有非常强的任意性，[1] 这种任意性有时候容易挑战依法裁判的法治理想。这并不是说原则不重要，而是说我们有必要对原则进行一定的限制。最后，原则和规则均可以为人们提供行动理由，但是原则作为一阶理由具有三个一般性特点：其一，在不存在冲突理由，且原则本身是一个完全理由时，原则可以直接作为实施其所指引的行为的理由；其二，原则具有高度的一般性，在很多时候不能直接作为完全的行为理由，而是需要借助辅助性理由才能将其具体化和特定化；其三，不同的原则适用于某一特定情形，且这两个原则指向不同的方向和结果时，就会产生原则冲突。[2] 但是我们很难说儿童最大利益具有上述一般性特点，因为它的存在造成了一种天然性冲突，这种冲突不仅指涉了原则与规则的可能性冲突，更指涉了不同原则之间的冲突。

具体到未成年人监护制度公法化中来，如果将儿童最大利益视为原则，这意味着，立法机关应该将其置放于相关法律的原则部分，比如《民法总则》或者有关亲子关系的法律之中，并明确其首要性；司法机关在裁判过程中，要时刻保持对该原则的警醒，考虑有关未成年人监护制度的规则设定是否符合该原则，某种程度上法官背负着审查法律规则的有效性之义务，而这种义务的施加在一般案件中是全然没有必要的；儿童，作为监护制度公法化的受益主体，在权利受到国家、社会甚至父母的侵害时，难以寻求相应的救济，因为通常情况下我们难以就一个原则提出诉求。

---

〔1〕　参见陈景辉："原则、自由裁量与依法裁判"，载《法学研究》2006 年第 5 期。

〔2〕　参见范立波："原则、规则与法律推理"，载《法制与社会发展》2008 年第 4 期。

2. 作为权利的儿童最大利益。承认儿童利益最大化的前提，是承认儿童具有独立的利益，即独立于其父母或其他监护人的利益。人人平等的观念"侵入"原有的家庭结构中，即父母与子女相互之间是平等的主体。[1] 贝桑松先生曾指出："儿童，不仅仅是习俗、游戏、学校，甚至也不仅是对儿童的情感，儿童是人，是成长，是历史，这就是心理学家们试图去重构的。"[2] 这些理念如何体现？在前面我们提到了，涉及儿童的所有行为均应以"儿童最大利益"为首要考虑，王雪梅认为公约把这种考虑宣布为儿童的一项权利。那么这种作为权利的儿童最大利益原则与作为原则的考虑存在本质区别吗？

牛津大学约翰·伊拉克（John Eekelaar）教授同样提出了儿童权利视角，在他看来，该视角具有两个显著特征：首先，该方法坚持认为，必须按自决权的观点努力理解儿童的观点。只有这样，才能将儿童利益和这一原则所"指代"或"代表"的"其他关切区分开来"。其次，该方法的包容性明确认可了其他相关人的受法律保护的利益。如果法院审理的唯一争议焦点是儿童福利（儿童利益），那么争议的父母双方将被迫将个人利益包装成子女利益的模样。[3]

实际上，权利视角具有不可替代的独特性，主要表现在权利对权利人而言意味着什么。霍菲尔德认为，在最严格的意义上，所有的权利都是主张权（claims）。[4] 范伯格认为，拥有权利意味着拥有一个有效的主张（valid claim）。[5] 麦基认为在最重要的意义上，权利是特权和主

---

〔1〕 参见陈汉："未成年子女利益之保护：意大利法的经验与借"，载《北方法学》2015年第3期。

〔2〕 ［法］菲力普·阿利埃斯：《儿童的世纪：旧制度下的儿童和家庭生活》，沈坚、朱晓罕译，北京大学出版社2013年版，第6页。

〔3〕 ［英］约翰·伊拉克：《家庭法和私生活》，石雷译，法律出版社2015年版，第173页。

〔4〕 参见［英］霍菲尔德：《基本法律概念》，张书友编译，中国法制出版社2009年版。

〔5〕 See Joel Feinberg, "The Nature and Value of Rights", *Journal of Value Inquiry*, 4, pp. 243~257.

张权的结合。[1] 哈特认为 X 拥有权利意味着 X 是该事物的主权者，他可以自我决定所在范围内的诸事项。在他看来，权利概念与强制性责任、义务的关联都相当密切。[2] 实际上，哈特把权利当作职责和权力的连接点，拥有权利的人就有了可执行的权力。后期哈特又将权利的存在与授予个人一定的控制他人义务的权力联系起来。[3] 作为权利的忠实捍卫者，德沃金提出了作为王牌的权利，以此说明权利的对抗性功能。[4] 他认为权利制度至关重要，因为权利代表了多数人对尊重少数人的尊严和平等的许诺。此外，权利还可以重建政府对法律的重视，从而使人们再次尊重法律。[5] 密歇根大学法学院教授理查德·皮尔德斯（Richard H. Pildes）认为真实的宪法实践揭示了权利具有不同的功能，这些功能并不局限于保护自主、自由权或尊严的利益。很多时候，权利是法院用来评价政府行为的社会意义和表达意义。[6] 拉兹则指出权利是他人义务的根据。[7] 有时候一些旧有的权利还能产生新的义务，比如政治参与权从古希腊就有了，但到了现代社会才真正使政府、公民负有与之相关的义务。权利能够产生新的义务是权利多元的一面，有助于我们理解权利的本质及其在实践理性中的功能。[8]

权利的这些独特性，说明了将儿童最大利益的考虑视为儿童权利相当重要。一方面，这种视角解决了一些不必要的批评，如"法院唯一需

---

〔1〕　See J. L. Mackie, "Can There Be A Right-Based Morality Theory? ", in Jeremy Waldron ed. , *Theories of Rights*, Oxford: Oxford University Press, 1984, pp. 168~181. Also in J. L. Mackie, *Persons and Values: Selected Papers Volume II*, Oxford: Clarendon Press, 1985, pp. 105~119.

〔2〕　[英] H. L. A. 哈特：《哈特论边沁——法理学与政治理论研究》，谌洪果译，法律出版社 2015 年版，第 91 页。

〔3〕　参见 [英] 尼尔·麦考密克：《大师学述：哈特》，刘叶深译，法律出版社 2010 年版，第 169~170 页。

〔4〕　See Ronald Dworkin, "Rights as Trumps", in Jeremy Waldron ed. , *Theories of Rights*, Oxford: Oxford University Press, 1984, p. 153.

〔5〕　See Ronald Dworkin, *Taking Rights Seriously*, London: Duckworth, 1977, p. 206.

〔6〕　See Richard H. Pildes, "Why Rights are not Trumps: Social Meanings, Expressive Harms, and Constitutionalism", *The Journal of Legal Studies*, Vol. 27, No. S2 (June 1998), p. 725.

〔7〕　See Joseph Raz, *The Morality of Freedom*, Oxford: Clarendon Press, 1986, pp. 166~167.

〔8〕　See Joseph Raz, *The Morality of Freedom*, Oxford: Clarendon Press, 1986, p. 171.

要考虑的只是如何实现儿童最大利益手段之间的平衡，而无须考虑儿童利益与其他人的权利发生冲突时的利益平衡问题"。[1] 因为权利视角并不是将儿童利益作为唯一的考虑，而只是一种首要考虑，权利视角揭示的正是涵盖在一个监护冲突之下的诸种权利主张。另一方面，这种视角为儿童提供了一个强有力的王牌，在儿童受到侵害时，儿童具有主张权利救济的正当性理由。在儿童无法主张权利时，民政局等机关可以代为主张。比如反响很大的监护资格剥夺第一案，徐州市铜山区民政局申请撤销法定监护人资格，法院判决剥夺邵某父母的监护权，并指定铜山区民政局作为其监护人。[2] 该案激活了监护权撤销制度，使之具有可诉性，[3] 具有典型意义。

（四）国家责任、父母责任/权利与儿童利益

在儿童最大利益原则视域下，国家监护制度呈现出一种与其他价值取向不一样的保护框架。一方面，国家有责任将未成年人置于与成年人同等重要的位置，甚至更重要的位置，从未成年人的视角来分配社会资源、安排国家结构；另一方面，国家有责任将儿童视为一个独立的个体。首先，独立个体意味着将儿童从小塑造成为自我负责的个体；其次，独立个体意味着从成人视角转向儿童视角，有助于儿童培养自尊意识、情感意识；最后，独立个体意味着清晰的界限感，即自小就对权利、自由的边界有一定认识。这些儿童未来可以成为具有责任意识、权利意识的个体，减少对国家、社会及父母的依赖。唯有这样，方能达到"国家给我们足够的尊重和保护，我们也将为国家倾尽所能"的目的。简言之，国家有责任给儿童构建一个体面的社会，也就是一个免于羞辱的社会。[4]

---

〔1〕 刘征峰："在儿童最大利益原则和父母人权保护间寻找平衡——以《欧洲人权公约》第8条为考察中心"，载《广州大学学报（社会科学版）》2015年第7期。

〔2〕 详见王牧、王宇红、高晶："铜山区民政局申请撤销邵某某、王某某监护人资格案"，载《预防青少年犯罪研究》2016年第4期。

〔3〕 "最高人民法院关于侵害未成年人权益被撤销监护人资格典型案例"，载《人民法院报》2016年6月1日，第003版。

〔4〕 ［以色列］阿维沙伊·马加利特：《体面社会》，黄胜强、许铭原译，中国社会科学出版社2015年版，第3页。

在这种情况下，儿童作为权利主体对国家所享有的积极自由权，以及父母作为家长对国家所享有的消极自由权，可能在某种程度上会造成一定的冲突。比如何某祥、李某艳，作为父母，他们可能将女儿何某某视为属于自己的子女，或者"财产"，具有可支配性和控制性。这种观念导致他们将女儿出租给朋友，成为极端物化的盗窃工具，从中谋取非法利益。在公安局调查时，父母非常不配合，这里便产生了父母权利与子女权利之间的冲突。当公权力介入其中之时，父母的权利势必受到限制甚至被剥夺。国家监护制度的应有之义，便是国家应该在儿童权利受损时，以儿童最大利益为价值取向来采取相应的行动，如救助站以最有利于未成年人成长的方式照顾何某某，法院以儿童利益最大化来为何某某重新安排监护人，并撤销了不利于其权益的父母的监护权。

（五）可能的批评及回应

许多学者对儿童最大利益的批评主要来自于保护主义与自由主义、不确定性、文化多样性，[1] 还有学者则将火力对准该原则与功利主义的紧密联系。[2] 这些批评过于庞杂，首先我们将回到功利主义的理论上来。功利主义追求的是一种普遍的、总体的幸福最大化原则，这种理论最大的瑕疵在于忽视了个人的独特性及可分辨性。但是儿童最大利益恰恰是体现了儿童个体的特征及其尊严。在司法判决中，每一个具体的有关于儿童的案子恰恰需要分析，对于这个儿童而言，其最大的利益是什么？有人或许说，功利主义也可以运用到具体案件中，分析每个个体的普遍幸福是什么。我们可以回应，功利主义面对的主体是社会中的每一个人，而最大利益面对的则是儿童主体，这个主体恰恰是其最大的限制因素。

回到监护问题，在实践中常常出现一种情形，即父母外出打工之后，如果有条件，会优先将年纪偏小的孩子（A）接到打工城市一同居

---

〔1〕 何海澜：《善待儿童：儿童最大利益原则及其在教育、家庭、刑事制度中的运用》，中国法制出版社 2016 年版，第 137 页。

〔2〕 刘征峰："在儿童最大利益原则和父母人权保护间寻找平衡——以《欧洲人权公约》第 8 条为考察中心"，载《广州大学学报（社会科学版）》2015 年第 7 期。

住，将年纪偏大的孩子（B）留在家里，由祖辈或其他亲戚照顾。在这样的案子中，涉及两个孩子的利益。每个儿童均享有监护权，父母应该尽一切可能来保障他们的权利。现实之中，城乡差距、户口问题、经济状况往往导致父母难以兑现。此时，国家的出场正是符合了儿童最大利益原则。有人批评道，儿童最大利益原则并不能有效地解决国家监护制度中所隐含的权利冲突困境，而只是以这个空洞模糊的标准将它们掩盖了。这里所指的权利冲突困境是什么？是孩子 A、B 之间的监护权困境吗？是父母与孩子之间的权利冲突吗？对于父母而言，留在家里，他们实现不了自己的奋斗理想，可能引发一系列心理问题，典型的例子如甘肃杨改兰惨案；对孩子 A 而言，他非常小，对这个世界可能处于零认知状态；对孩子 B 而言，他感觉自己非常无辜，父母竟就此抛弃自己。诚然，国家将父母置于这样的道德困境之中是极其不当的，因为一个良好的政府甚少将其臣民置于道德困境之中。这就需要厘清儿童最大利益的性质问题，是一项原则，还是一种权利。在原则的视域下，前述批评显得非常棘手；但是，在权利视角下，儿童最大利益并没有否认上述道德困境，也没有强行要求父母放弃自己追求未来的权利。国家监护恰恰是为了使父母部分地免于道德困境的困扰。

简言之，在权利视角下，最大利益保障了儿童对国家的积极自由权，同时也能够承认与父母对国家的消极自由权之间的冲突。在这种积极与消极权利的对抗中，儿童提出了一种权利主张，要求国家履行保护自己的义务；父母可能基于血缘关系，要求国家不得干预家庭自治。但是，作为权利的儿童最大利益，可以最大程度消解国家、父母及儿童所面临的种种权利冲突，在国家监护与家庭自治之间保持一种良性的平衡。

结 语

自从 2015 年全国首例撤销监护权案中以来，国家监护制度逐渐得到社会的重视和认可，它为保护儿童最大利益提供了可能性。《民法总则》在奠定了国家监护制度的基础上，进一步规定了提起撤销之诉的原则、主体、理由：其一，在原则上，诚如前述，总则强调了人民法院在审理中，应当按照最有利于被监护人的原则依法指定监护人，此即国家监护制度的价值取向——儿童最大利益。其二，在提起主体上，总则规定，其他依法具有监护资格的人，居民委员会、村民委员会、学校、医疗机构、妇女联合会、残疾人联合会、未成年人保护组织、依法设立的老年人组织、民政部门等，均有权向人民法院提起撤销之诉。同时还强调了，在其他个人及组织未及时申请时，民政部门应当申请。换句话说，民政部门成为撤销之诉的首要申请主体，同时也是兜底主体。其三，在提起理由方面，总则规定了监护人出现以下情形时，前述个人或组织可以依法提起撤销之诉：①实施严重损害被监护人身心健康行为的；②怠于履行监护职责，或者无法履行监护职责并且拒绝将监护职责部分或者全部委托给他人，导致被监护人处于危困状态的；③实施严重侵害被监护人合法权益的其他行为的。在本案中，何某某的监护人同时出现了第二、第三种情形，他们怠于履行监护职责，同时实施了严重侵害何某某的合法权益的行为，既导致何某某未能享受受教育权，又导致其心理上、行为上均出现了一定的偏差。其四，在撤销后果方面，总则规定撤销之诉并不影响原监护人继续履行负担抚养费、赡养费等义务。其五，在监护关系的恢复方面，总则规定，被监护人的父母或者子女被人民法院撤销监护人资格后，除对被监护人实施故意犯罪的外，确有悔改表现的，经其申请，人民法院可以在尊重被监护人真实意愿的前提下，视情况恢复其监护人资格，人民法院指定的监护人与被监护人的监护关系同时终止。该条款同样体现了儿童利益最大化，因为其要求法院可以在尊重被监护人真实意愿的前提下来根据实际情况恢复监护资格。

《民法总则》的高票通过，标志着未成年人监护制度公法化迈向了一个新的阶段，国家监护的落地意味着民政部门等机构在儿童监护问题上承担着更大的责任。未成年人监护制度从完全的私法化逐步放开至有限的私法化，给公法化留足了兜底空间，既不是为了国家利益或者家族利益，也不是为了父母利益或者幼年原则，因为这几种价值取向忽视了监护制度背后隐藏的国家、父母及儿童三者之间的权利义务冲突。因此我们需要儿童利益最大化的视角。

　　作为原则的儿童利益最大化并非一种儿童视角，且忽视了监护制度背后隐藏的国家、父母及儿童三者之间的权利义务冲突。因此我们需要一种作为权利的视角，既弥补了儿童视角问题，也为父母对国家的消极自由权和儿童对国家的积极自由权提供了一定的冲突空间，国家在二者之间扮演着举足轻重的作用。民政部门、福利机构、社工等皆为国家监护具体落实的可行方式，如何在落实中保障儿童最大利益，同时兼顾家庭自治，仍需长远的努力。

在儿童最大利益原则和父母人权
保护间寻找平衡

—— 以《欧洲人权公约》第 8 条为考察中心[1]

刘征峰[2]

一、问题的引出：重新认识子女最大利益原则法律地位的必要性

家庭法在过去一个世纪中经历了革命性的变革。其中一个重要的方面便是法律对儿童利益或者权利的承认。法律应当保护儿童成为文明社会所普遍采纳的观念。这方面的最为显著的例子便是《联合国儿童权利公约》的签约国数量超过了其他任何国际公约。截至目前，193 个国家签署并批准了该项公约。根据该公约第 3 条第 1 款的规定，关于儿童的一切行为，不论是由公私社会福利机构、法院、行政当局或立法机构执行，均应以儿童的最大利益为一种首要考虑。值得注意的是，这里使用的是"首要"（primary）这样一种表述。该表述完全不同于英国《1989年儿童法》中所使用的"最重要"（paramount）这一表述。就儿童利益的地位而言，前者中的表述要比后者中的表述缓和很多。"首要"（primary）、"重要"（important）、"支配性"（predominate）、"最重要"（paramount）等表述背后实际上隐含了对儿童最大利益原则的法律地位的争论。在欧洲，各国相继将儿童最大利益原则确定为亲子关系法的立法和司法原则。以英国为例，早在《1989 年儿童法》之前，法院就将

---

〔1〕 本文原载《广州大学学报（社会科学版）》2015 年第 7 期。
〔2〕 刘征峰，男，中南财经政法大学法学院讲师，法学博士。

儿童利益确定为"首要和最重要"(first and paramount)的考虑。法院的裁决，特别是上议院在著名的 *J v. C*[1]案中的裁决使得"首要"(first)一词成了多余。[2]《1989 年儿童法》在开篇就明确了儿童最大利益原则的法律地位。根据该法第 1 条第 1 款的规定，当法院在决定儿童的抚养或者儿童财产的管理及相应收入的使用时，儿童的利益应当是法院最为重要(paramount)的考虑。[3] 事实上，儿童最大利益在此后的司法实践中成为法院的唯一的考虑因素，其他的相关因素只是帮助法院确定涉及儿童相关问题的最佳解决方案。[4]

将儿童最大利益原则作为处理相关案件的唯一性或者排他性原则存在巨大的风险。首先，儿童最大利益原则可能成为法院司法恣意的工具。由于法律通常缺乏并且事实上也不可能对该原则的内涵和外延作出准确界定，法院在解释该原则时存在较大的空间。儿童最大利益原则的这种不确定性倍受诟病。如 Mnookin 教授所言，儿童利益原则受到批评的一项主要原因便在于其不确定性。[5] 美国一个极具影响的判例同样表明法院在使用儿童最大利益原则时所考虑的因素是不可预见的。[6] 其次，儿童最大利益原则与人权公约所列明的其他家庭成员的权利或者利益可能存在冲突。法院在适用儿童最大利益原则时，通常局限于涉案儿童的利益，而忽视其他家庭成员，特别是其他儿童的利益。恰如英国学者 Helen Reece 所言："这项最重要原则应当被废除。它应当被一个'认可儿童只是案件的一个相关者，其他所有人的利益同样应当被考虑'立场的全新框架所替代。"如果法院排他性地适用儿童最大利益原则，可能严重损害其他家庭成员的利益。最后，儿童最大利益原则作为国家介入家庭关系的工具，排他性适用可能导致国家对家庭关系的过度

---

〔1〕 〔1970〕AC 688.

〔2〕 Nigel Lowe and Gillian Douglas, *Bromley's Family Law*, Oxford: Oxford University Press, 2007, p. 450.

〔3〕 Children Act 1989 of UK, § 1 (1).

〔4〕 See supra note 2, at 351.

〔5〕 Mnookin R., "Child Custody Adjudication", *Law and Contemporary Problems*, 39 (1975), 226.

〔6〕 *Painter v Bannister*, 140 N. W. 2d 152. (Lowa Supp. 1966).

干涉。正如英国前内阁顾问 Ferdiand Mount 所言："家庭的最危险敌人原来不是公开宣称与家庭进行战斗的人。与集权主义者的公然残暴相比，那些打着帮助旗帜的敌人更难对付。它们宣称带着良好的意图但实际上却总是通过立法权和行政管理手段（教育官员、儿童官员、福利工作者以及各种委员会）来武装自己……它们宣称知道如何管理我们的私人生活。"[1] 而儿童最大利益原则的排他性适用可能被滥用，以儿童利益为名恣意干涉私人家庭生活。

以上三方面的原因使得重新认识儿童最大利益原则的法律地位显得尤为必要。欧洲人权法院对《欧洲人权公约》项下权利的解释为重新思考儿童最大利益原则的法律地位提供了契机。实际上，在 1998 年英国通过颁布《人权法案》将人权公约并入英国自身的法律时，学者们就对儿童最大利益原则与《欧洲人权公约》之间可能发生的冲突进行过深入的探讨。在《欧洲人权公约》生效后的很长一段时间内，欧洲人权法院审理了一系列有关儿童最大利益原则和《欧洲人权公约》的案件。这些案件为重新思考儿童最大利益原则的法律地位提供了重要的素材。

二、路径差异所引发的冲突

（一）两种路径：权利中心路径和实用主义路径

《欧洲人权公约》与国内法中儿童最大利益原则存在冲突的根本原因在于二者采用了不同的路径。《欧洲人权公约》所采用的路径是传统的权利—义务路径。学者将其所采用的路径称为以权利为基础的路径（right-based approach）。[2] 这种路径的特征在于它的逻辑推演路径。它的逻辑推演前提是某人享有某项权利。在权利被侵害的情况下，权利的享有者可以寻求救济。如何界定权利是否被侵害是该路径的关键点。事实上，公约中所列明的权利并不是绝对的，他们是附加义务的。以与

---

〔1〕 Alison Diduck and Felicity Kaganas, *Family Law，Gender and the State：Text，Cases and Materials*，Oxford：Hart Publishing，2000，pp. 8~9.

〔2〕 Sonia Harris-Short and Joanna Miles, *Family Law：Text，Cases，and Materials*，Oxford：Oxford University Press，2007，p. 610.

家庭法关系最为紧密的公约第 8 条为例。公约第 8 条就私人及家庭生活、其家庭以及其通讯隐私权作出了如下规定：

人人有权享有使自己的私人和家庭生活、家庭和通信得到尊重的权利；公共机构不得干预上述权利的行使，但是，依照法律规定的干预以及基于在民主社会中为了国家安全、公共安全或者国家的经济福利的利益考虑，为了防止混乱或者犯罪，为了保护健康或者道德，为了保护他人的权利与自由而有必要进行干预的，不受此限。[1]

从该条规定中我们不难发现，某人依据公约所享有的私人及家庭生活、其家庭以及其通讯隐私权并不是绝对的。在某些情况下，公共机构可以限制私人的这些权利，但是公共机构需要证明这些干预符合公约第 8 条的要求。在 *W. v. the United Kingdom* 一案中，欧洲人权委员会认为这些干预必须与法治原则相符合。亦即，干预必须可理解（accessible）、可预见（foreseeable）并且合理（reasonable）。[2]在 *Price v. UK* 一案中，欧洲人权委员会强调干预必须有明确的立法目标并且符合比例原则。[3] 在某些情况下，维护儿童的利益被认为是公共机构干涉前述权利的正当化理由。只有在保护儿童的利益符合法治的原则，符合比例性和适当性要求的前提下，公共机构才能以保护儿童利益为由排除或者限制父母依据公约第 8 条所享有的权利。

不难看出，公约所采用的路径是权利—救济式的，法院所要考虑的问题是，儿童所遭受的伤害是否足以使得干预成为必要。在 *L v. Sweden*[4]一案中，人权委员会清楚地表明："根据公约第 8 条，以让养父母继续照顾儿童的方式对父母权利进行干预不能简单以这样对儿童更好为理由。为了使干预正当化，国家必须依据公约第 8 条的规定证明存在充分的理由让儿童继续由养父母照顾。这些理由必须足以使裁定符合民

〔1〕 European Convention on Human Rights，§ 8.

〔2〕 Application no. 9749/82，［1988］10 EHRR 29，as cited by Jonathan Herring，in Family Law，London：Person Education Ltd.，2004，p.376.

〔3〕 Application no. 12402/86，［1988］55 D&R 224，as cited by Jonathan Herring，in Family Law，London：Person Education Ltd.，2004，p.376.

〔4〕 Application no. 10141/82，［1984］40 D&R 140.

主社会之必须这样一个标准。"这样的路径与国内法中的儿童最大利益原则完全不同。在国内法中，儿童最大利益原则并不是以权利为中心展开的，相反它是以"实用主义"（utilitarian approach）为中心展开的。澳大利亚学者 Stephen Parker 对此有极为精辟的论述。他认为，"实用主义的路径评估法律和制度在达成某种目的方面的成果"。"在这里，这种目的表现为'促进儿童的利益'"。权利中心路径则并非单纯从结果的角度评估立法或者制度，相反，它是以主体所享有的权利为视角的。[1] 实用主义路径是按照这样一种逻辑思路展开的。它首先确立了"最大化儿童利益"这样一项目标。然后，法院围绕着什么是"儿童的最大利益"以及如何实现儿童的最大利益这样两个问题进行论证。在这里，法院无须证明维护"儿童的最大利益"的正当性。英国学者 Jonathan Herring 认为，"在适用儿童最大利益原则时，关键性的问题属于事实问题——哪项指令会事实上更有利于促进儿童的发展"。"而欧洲人权公约项下路径的关键性裁判问题是儿童的损害是否足以使限制父母权利成为必要"。[2]

由此可见，公约所采用的权利中心路径与国内法所采用的实用主义路径是两条完全不同的路径。在权利或者利益发生冲突时，这种差异尤为明显。正如康德所言："法律权利是一个人的任性能够在其下按照一个普遍的自由法则与另一方的任性保持一致的那些条件的总和。"[3] 权利的边界止于他人的权利。但权利发生冲突时，法院通常需要通过利益平衡的方法来确定权利的边界。但是按照实用主义路径，在理论上法院无须进行这种权利冲突的价值平衡，因为所有的裁判活动均围绕推动儿童利益最大化展开。

有学者对这种冲突是否真实存在提出了质疑，认为《人权公约》

---

〔1〕 Stephen Parker, "Rights and Utility in Anglo-Australian Family Law", *Modern Law Review*, 55 (1992), 311.

〔2〕 Jonathan Herring, "The Human Rights Act and the Welfare Principle in Family Law: Conflicting or Complementary?", *Child and Family Law Quarterly*, 11 (1999), 231.

〔3〕 ［德］康德："道德形而上学"，载《康德著作全集》（第6卷），张架、李秋零译，中国人民大学出版社2007年版，第238页。

的实施并没有根本上改变儿童最大利益原则的法律地位。持这种观点的学者以英国法官 Oliver 勋爵为代表。在著名的 *Re KD*（未成年）（监护：探视的终止）一案[1]中，他认为，"冲突实际上只在语义学（semantic）的层面存在，只是对同样一个法律理念的不同表达"。"这样一个法律理念是指依据亲子间的自然纽带和关系所产生的被普遍承认的准则不应当被无条件干涉，除非出于保护儿童利益的需要"。"当法院在处理涉及儿童保护的案件时，父母的权利（privilege）并没有消失，但是它们立即屈从于'儿童利益'这项最为重要的司法裁判基础"。他进一步论证道，"无论父母的地位是否被看作法律问题，也无论依照不同性质的法律或者常识是将它们描述成'权利'（right）或者'请求'（claim），有一点是十分清楚的，任何授予父母的'权利'（right）都必须屈从于儿童利益的原则"。Oliver 勋爵实际上将这种冲突做了简单化处理。按照他的逻辑，儿童最大利益原则本身就能证成公约第 8 条第 2 款对父母权利所设定的限制。英国上诉法院法官 Thorpe 持与 Oliver 勋爵类似的观点。在著名的 *Payne v. Payne*[2]一案中，他认为，"欧洲人权法院不可避免地承认了儿童最大利益原则，尽管与我们国内法的表达不尽相同"。但这种忽视两种路径实质差异的方法是否真的合理呢？下面我们将选取欧洲人权法院的典型案例进行样本分析，确认冲突的真实存在。

（二）具体样本分析：*Görgülü v. Germany* 案[3]

1999 年 8 月，一名叫 Christofer 的非婚生小孩出生在德国莱比锡地区。孩子的母亲 M 女士和申请人在孩子出生时处于分手状态。在孩子出生后，孩子的母亲立即将孩子送到收养机构。威滕伯格青少年办公室作为小孩的监护人，立即通知了之前在该办公室注册 B 夫妇。B 夫妇取得了小孩的收养权并将小孩从医院带回家。1999 年 10 月，申请人听说了小孩出生以及 M 女士将小孩送到收养机构的事实。1999 年 11 月，他前往莱比锡地区青少年办公室想要自己收养小孩。由于 M 女士之前未

---

[1] [1988] 1 AC, at 820 and 824-827.

[2] [2001] EWCA Civ 166, [2001] Fam 473, at 38.

[3] *Görgülü v. Germany*, no. 74969/01, 26 February 2004.

提供任何孩子父亲的信息，青少年办公室拒绝向申请人提供任何小孩的信息。1999 年 11 月 30 号，M 女士陪同申请人前往青少年办公室并且确认了申请人就是儿童父亲的事实，申请人亦获得了小孩的出生证明。2000 年 1 月，申请人正式承认了他与小孩的父子关系并且要求获得监护权利。为此，申请人在威滕伯格地方法院提起了确认亲权诉讼。后来，地方法院通过亲子鉴定确认了申请人为小孩的生物学父亲。1999 年 12 月开始，申请人就依据伊斯兰法与 C 女士结婚，并且婚后育有两个小孩。

申请人依据威滕伯格地方法院的裁决，在 B 夫妇在场的情况下，探视过四次小孩。但是 2000 年 12 月以后，养父母在考虑到探视可能对儿童造成困难的情况下，拒绝申请人的进一步探视。2001 年 3 月，威滕伯格地方法院作出裁定，认为将单独监护权授予申请人有利于保护儿童的利益。但是，瑙姆堡上诉法院在 2001 年 6 月推翻了地区法院的裁定。瑙姆堡上诉法院同时暂停了申请人的探视权直到 2002 年 7 月。2001 年 6 月，联邦宪法驳回了申请人提起的宪法诉讼。

在穷尽国内救济途径后，申请人向欧洲人权法院提起了诉讼。2004 年，欧洲人权法院作出裁定，认为瑙姆堡上诉法院的裁定违反了《欧洲人权公约》第 8 条。

在此期间，申请人为了获得监护和探视权，启动了新的司法程序。威滕伯格地方法院在欧洲人权法院作出裁定后，将监护权转移给了申请人。并且作为临时措施，在案件上诉期间，允许申请人每周探视小孩一次。但是在 2004 年 6 月，瑙姆堡上诉法院推翻了临时措施。后来，联邦宪法法院又推翻瑙姆堡上诉法院的裁定。

此案可谓一波三折，不仅涉及儿童利益和父母人权冲突的问题，还涉及欧洲人权法院判决效力的问题。[1] 对本案的讨论和分析，有助于我们强化对两种路径差异的理解。按照权利中心路径，法院首先要考虑

---

〔1〕 有关于本案所涉及的欧洲人权法院判决效力的讨论，*See* Frank Hoffmeister, "Germany: Status of European Convention on Human Rights in Domestic Law", 4 *Int. J. Constitutional Law*, (2006), 722~731.

的是父母是否享有公约第 8 条第 1 款项下权利。如果是，那么公共机构（包含法院）对父母权利的限制或者剥夺是否符合公约第 8 条第 2 款所设定的要求。在该案判决中，欧洲人权法院正是沿着这种思路展开论证的。欧洲人权法院在该案中的论证逻辑如下：

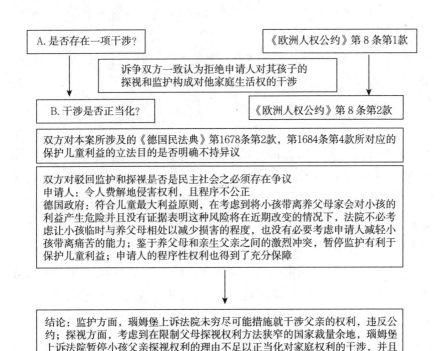

A. 是否存在一项干涉？　　　　　《欧洲人权公约》第 8 条第 1 款

诉争双方一致认为拒绝申请人对其孩子的探视和监护构成对他家庭生活权的干涉

B. 干涉是否正当化？　　　　　《欧洲人权公约》第 8 条第 2 款

双方对本案所涉及的《德国民法典》第1678条第2款，第1684条第4款所对应的保护儿童利益的立法目的是否明确不持异议

双方对驳回监护和探视是否是民主社会之必须存在争议
申请人：令人费解地侵害权利，且程序不公正
德国政府：符合儿童最大利益原则，在考虑到将小孩带离养父母家会对小孩的利益产生危险并且没有证据表明这种风险将在近期改变的情况下，法院不必考虑让小孩临时与养父母相处以减少损害的程度，也没有必要考虑申请人减轻小孩带离痛苦的能力；鉴于养父母和亲生父亲之间的激烈冲突，暂停监护有利于保护儿童利益；申请人的程序性权利也得到了充分保障

结论：监护方面，瑙姆堡上诉法院未穷尽可能措施就干涉父亲的权利，违反公约；探视方面，考虑到在限制父母探视权利方法狭窄的国家裁量余地，瑙姆堡上诉法院暂停小孩父亲探视权利的理由不足以正当化对家庭权利的干涉，并且这种干涉与立法目的不成比例，违反公约；程序公正，不违反公约

图 1　论证逻辑图

从以上逻辑推论过程中，我们不难看出，法院论证中心始终是围绕权利展开的，特别是围绕"对权利的干涉是否为民主社会之所需"（necessary in a democratic society）这样一项议题展开的。欧洲人权法院认为，"法院在决定是否驳回监护和探视时……应当整体考虑案件，并以干涉措施所附加的理由是否符合公约第 8 条第 2 款的目的为中

心"。[1] 与欧洲人权法院所采用的路径不同，德国瑙姆堡上诉法院的论证始终是围绕如何推动儿童利益最大化展开的。瑙姆堡上诉法院通过心理学评估报告、儿科医学评估报告、社工调查报告以及相关经验评估如何优先确保儿童的利益。瑙姆堡上诉法院认为将小孩带离养父母家庭并且继续允许生父探望不利于小孩的最佳利益。[2] 瑙姆堡上诉法院的论证逻辑是实用主义范式的。欧洲人权法院和瑙姆堡上诉法院所采用的路径差异是二者裁判结果出现根本性差异的主要原因。儿童最大利益原则和父母人权保护之间的冲突是真实存在的。

三、冲突解决的方式

（一）权利（利益）位阶理论

权利（利益）位阶理论是预先在相互冲突的权利或利益间确定等级秩序（hierarchy）。当现实冲突发生时，只需要按照规范所确立的等级秩序。这种方法实际上是否认规范意义上冲突存在的。因为在规范意义上，权利或者利益的等级秩序已经事先确立好。在现实意义上，父母和儿童的权利或利益发生冲突时，法律预设了某种权利或者利益的优先地位。儿童最大利益原则是这种位阶理论的典型。英国《1989 年儿童法》将儿童利益确立为法院在裁判相关案件时最重要的考虑因素，实际上是事先确立了儿童利益的法律位阶。正如英国学者 Jane Fortin 对前述Oliver 勋爵所采路径的评价那样，这种位阶方法的好处在于为法院提供了保留儿童最大利益原则的简单方式。这种简单方式就是用儿童最大利益原则解释《欧洲人权公约》第 8 条第 2 款。[3] 如前文所述，英国法院在司法实践中将英国《1989 年儿童法》第 1 条解释为法院在处理相关案件时的唯一（sole）考虑因素，[4] 即使是在公约生效后，英国法院仍然呈现出强烈而一致的态度——《欧洲人权公约》并不要求对儿童

---

〔1〕 *Görgülü v. Germany*, no. 74969/01, § 41, 26 February 2004.

〔2〕 Ibid, at § 27.

〔3〕 Jane Fortin, "The HRA's Impact on Litigation Involving Children and Their Families", *Child and Family Law Quarterly*, 11（1999），237.

〔4〕 Shazia Choudhry and Jonathan Herring, *European Human Rights and Family Law*, Oxford: Hart Publishing Ltd., 2010, p. 108.

最大利益原则的法律理解和适用进行任何变更。恰如英国学者 Harris-Short 所言，以前述 *Re KD* 案为代表的英国家庭法司法实践对《欧洲人权公约》呈现出"轻蔑"（dismissive）的态度。[1] 权利位阶理论实际上并不是在解决冲突，而是在规范意义上回避了冲突。持该观点的学者认为儿童最大利益原则所采用的方法与《欧洲人权公约》所采用的方法是一致的，二者不存在本质区别。儿童利益始终处于较高的法律位阶，法院唯一需要考虑的只是如何实现儿童最大利益手段之间的平衡，而无须考虑儿童利益与其他人的权利发生冲突时的利益平衡问题。

（二）利益平衡理论

利益平衡理论是权利中心主义路径在解决权利冲突时所采用的方法。利益平衡理论并不事先预设某种权利和利益的优先地位，而是根据案件的具体情况确定权利和利益冲突时的解决方案。利益平衡理论强调"合比例性"（proportionality）。亦即，法律以限制或者排除某项权利的方式来保护另外一项权利时，在目的和手段之间必须符合比例。D. Bonner 等学者对此有精辟的论述。他们认为："依据《欧洲人权公约》第 8 条第 2 款所进行的利益平衡的关键点在于'合比例性'这一个概念。"[2] *Johansen v. Norway* 一案[3]是欧洲人权法院利用利益平衡理论解决权利和利益冲突的典范。该案申请人向欧洲人权法院控诉挪威主管机关将其小孩带离照顾并且随后终止了他的父母权利和责任，并将小孩送去收养。挪威政府反驳认为，该案的特殊性决定了不应该在父亲和儿童的利益冲突间寻找平衡，而是应当最大化儿童利益。欧洲人权法院否决了挪威政府的抗辩理由，并认为，"挪威政府有必要在将儿童留在公共福利机构的利益和父母与子女团聚的利益间寻找平衡"[4]。欧洲人权

---

[1] S. Harris-Short, "Family Law and the Human Rights Act 1998: Restraint or Revolution?", *Child and Family Law Quarterly*, 17 (2005), 354.

[2] D. Bonner, H. Fenwick, and S. Harris-Short, "Judicial Approaches to the Human Rights Act", *International and Comparative Law Quarterly*, 52 (2003) 549.

[3] *Johansen v. Norway*, judgment of 7 August 1996, Reports of Judgments and Decisions 1996-III, p. 1009.

[4] Ibid, at § 78.

法院进一步分析道:"只有在极端的情况下,完全剥夺父母权利的才能取得正当化理由。""挪威政府并没有充分的理由表明该案所采取的措施与极端情形相适宜。"欧洲人权法院在该案中所采用的利益平衡方法被称为 Johansen 方法。该方法在欧洲人权法院后来的一系列的案件中被采用。欧洲人权法院强调成员国公共机构必须试图寻找平衡,任何拒绝寻找平衡的行为很有可能会被界定为对公约第 8 条第 1 款的违反。[1]

确定冲突权利或利益间的平衡点是利益平衡理论的关键点。欧洲人权法院在 *Johansen v. Norway* 案中强调,应当根据案件的性质和情况的特殊性(nature and seriousness)来确定平衡点。在我们前述 *Görgülü v. Germany* 案中,法院重申了该原则。[2] 欧洲人权法院在评估成员国公共机构是否根据案件的性质和情况努力寻找平衡点时会采用一种"方式穷尽"的评估原则。亦即,根据案件的性质和情况的特殊性,如果存在替代性解决方案,公共机构就不应当以损害父母公约项下权利的方式实现保护儿童利益的立法目的。成员国公共机构应当考虑所有方案的可行性,即使存在限制父母公约项下权利的必要,也应当将这种限制降低到最低程度。

(三)关系中心理论

关系中心理论是英国学者 Jonathan Herring 在系统分析权利中心路径和实用主义路径的缺陷后提出的。他认为,单纯基于儿童最大利益原则或者基于权利的解决方案都不能令人满意。一方面,"法律对儿童最大利益原则理解过于个体化,将儿童视为孤立的个体"[3]。另外一方面,"以权利为基础的路径实际上无法提供解决方案……除非将它们置于一种等级体系中"[4]。与前述两种路径不同,关系中心理论不单独考虑父母的权利或者儿童的利益,而是将父母与子女置于一种亲子关系的框架中来考虑。关系中心理论主要根植于两方面的假设。首先,"儿童

---

〔1〕 *See e. g. Godelli v. Italy* (Application no. 33783/09,〔2012〕ECHR 347).

〔2〕 *Görgülü v. Germany*, no. 74969/01, § 43, 26 February 2004.

〔3〕 Jonathan Herring, "The Human Rights Act and the Welfare Principle in Family Law: Conflicting or Complementary?", *Child and Family Law Quarterly*, 11 (1999), 233.

〔4〕 Ibid, at 235.

在成长中应当学会在获得利益的同时学会牺牲……儿童应当在不要求父母作出过度的牺牲换取极小利益的范围内具备利他主义"[1]。其次，"儿童的利益应当包含确保它和其他家庭成员之间的合理关系"。关系中心理论试图以"建立儿童成长的最佳关系为视角确立儿童和父母权利或者义务"，强调"法院应当注重父母与子女间的长期关系"[2]。不难发现，关系中心理论改变了前述两种路径以个体为视角的理论构建路径，试图以创造家庭（不仅包含父母和子女）间的和谐关系为基本目标。依照该理论，法院应当关注的不是父母与子女个体所享有的权利或者利益，而是如何推动整个家庭关系的和谐发展。这种思路与内田贵在《契约的再生》一书中对个体契约理论的批判和对关系契约理论的构建存在异曲同工之妙。[3] 关系中心理论所提供的全新视角更多来自于法社会学的研究。它建立在以个体权利和利益为基础所构建的体系的批判之上。

四、欧洲人权法院实践对我国亲子关系法改革的启示

改革开放之后四十年间，我国经济社会均发生了重大的变化。但我国亲子关系法的改革未能紧跟社会发展的步伐。其中最为明显的滞后性表现在国家监护制度的欠缺。鉴于我国日益突出的侵害儿童权益问题，中央综治办、共青团中央、中国法学会、全国人大常委会法工委、最高人民法院、最高人民检察院、教育部、公安部、民政部、司法部、人力资源和社会保障部、全国妇联、全国律协等部门于 2013 年联合启动了构建我国未成年人国家监护制度的进程。《关于依法处理监护人侵害未成年人权益行为的意见（征求意见稿）》采用了实用主义路径，将促进儿童利益最大化作为其目标，所有的措施均围绕如何推动儿童利益最大化展开。如前文所述，实用主义路径下并不存在利益平衡的过程，可能造成公权力过度介入私人生活，侵害父母和子女所享有的家庭生活权。欧洲人权法院在其判例中一直强调，公权力在介入私人家庭生活

---

[1] Ibid, at 233.

[2] Ibid, at 235.

[3] 参见［日］内田贵：《契约的再生》，胡海宝译，中国法制出版社 2005 年版。

时，必须存在相关并且充分的理由（relevant and sufficient）。[1] 这是公约第 8 条第 2 款"民主社会之所需"（necessary in a democratic society）标准的应有之义。[2] 法院应当全面的考虑案件的相关情况和存在冲突的各方利益。在利益平衡的过程中，应当根据案件的性质和情况的严重程度，决定儿童利益是否凌驾于父母权利。[3] 欧洲人权法院对于利益平衡原则的强调对于我国国家监护制度的构建极具启发性。

第一，我国未成年人国家监护制度的构建不应当以儿童利益的最大化作为唯一目标，应当综合考虑各方利益。公权力机关必须证明其在采取措施时已经进行了利益平衡，穷尽了可能的替代性措施。这种利益平衡的要求既体现在实体法的适用上，也体现在程序法的适用上。实体法上的利益平衡要求体现在国家公权力机关在作出决定时必须考虑案件所涉各方的利益，而非绝对优先保护其中一方的利益。程序法上的要求则体现在，公权力机关作出决定时所依赖的程序必须保证利益关联方的公平参与。在著名的 *W. v. the United Kingdom*[4] 一案中，欧洲人权法院强调了程序参与对于保护父母权利的重要性。欧洲人权法院认为，考虑到案件的特殊情况特别是所作出的决定的重要性，父母在相关决定中的参与包含在"民主社会之所需"的原则之中。由于我国长期存在重实体、轻程序的法律传统，欧洲人权法院对父母参与权的强调对我国未成年人国家监护制度的构建尤具启发性。

第二，公权力机关必须证明其采取的干预措施存在相关且充分的依据。这些依据必须是具体的，而非儿童最大利益这一模糊性的原则。正如欧洲人权法院在 *K. and T. v. Finland*[5] 一案中所指出的那样，儿童可以获取更好的成长环境本身并不能正当化国家所采取的强制带离措施，

〔1〕 *See e. g. Olsson v. Sweden no.* 1, （1988）11 EHRR 259.

〔2〕 *Kutzner v. Germany*（Application no. 46544/99，〔2002〕35 EHRR 25）.

〔3〕 *See Elsholz v. Germany*（Application no. 25735/94，〔2000〕2 FLR 486），*T. P. and K. M. v. UK*（Application no. 28945/95，〔2001〕ECHR），*Ignaccolo – Zenide v. Romania*（Application no. 31679/96，〔2000〕ECHR 25），*Juha Nuutinen v. Finland*（Application no. 45830/99，〔2007〕ECHR）.

〔4〕 Application no. 9749/82，〔1987〕ECHR.

〔5〕 Application no. 25702/94，〔2001〕ECHR.

必须存在极端的情况和证据来证明这种干预的合理性。

第三，我国未成年人国家监护制度的构建必须以家庭团聚为最终目标。欧洲人权法院多次重申，公权力机构必须要通过持续性的努力来推动家庭团聚目标的实现，而不是设置障碍妨碍亲子关系的修复。这种观点充分体现了前述 Jonathan Herring 教授所提出的关系中心理论。

《欧洲人权公约》所采用的权利中心路径在亲权公法化的历史潮流下提供了一种新的理论框架和体系。虽然在现阶段，我国亲子关系法改革的方向仍然是强化国家权力的介入，但是在制度设计上，我们应该充分考虑为国家权力的介入设置边界，而权利中心路径及其所隐含的利益平衡要求则正是边界之所在。

结　语

通过对儿童最大利益原则和父母人权保护二者冲突的原因和解决方式的分析，我们不难发现，法律在处理父母子女关系上面临巨大的难题。更为深层的问题则涉及家庭自治与国家管制二者之间的关系。我们注意到英国和瑞典最近在监护权方面的改革恰好是相对立的。英国强化父母之间的合作机制，更为强调家庭的自治。而瑞典的法律改革恰好相反，强化了社会福利委员会的权力，以缓解过去过度强调家庭自治所产生的困境。如果说儿童最大利益原则是国家介入私人关系的矛，则《欧洲人权公约》赋予父母的权利则是对抗国家干涉的盾。公共机构必须进行利益平衡，以确保儿童最大利益原则不会沦为公共机构恣意干涉的借口。[1] 赋予权利是限制权力的最佳方式。

---

〔1〕 在 *Yousef v. Netherlands*（Application No. 33711/96，［2002］3 FCR 577）一案中，法院即认为，荷兰国内法院拒绝在父母权利和子女利益间寻找平衡，以一种恣意的方式作出了裁定。

论未成年人国家监护的立法构建

——兼论民法典婚姻家庭编监护部分的制度设计[1]

王竹青[2]

对未成年人实行监护，既关系到被监护人的个人利益，也关系到家庭幸福、社会稳定的社会利益，是国家应当承担的重要职责。[3] 监护制度是传统民法领域保护未成年人的特有制度，因其重要性而增加了国家公权力的介入，且国家公权力的作用越来越强，从而使监护制度成为兼具公私法特性的民法制度。在普通法中，至少是从 20 世纪开始，国家作为"法律上的陌生人"的代表进入了孩子们的生活，树立了未成年人国家监护制度的榜样。[4] 近现代西方国家未成年人监护制度的发展表现为国家权力机关在监护各个环节的介入以及对监护的监督，形成了一套完整的国家监护体系。我国新近通过的《民法总则》对监护制度进行了系统设计，体现了现代监护制度的最新发展，但囿于其原则性规定，国家监护的特点未能得以充分展现。未来婚姻家庭编监护制度的细化规定应充分考虑国家监护的特性，在体例和条文设计上实现《民法总则》未能完成的立法任务。

一、监护人选任中的国家责任

我国新近通过的《民法总则》第 27 条确立了未成年人的监护的立

〔1〕 本文原载《河北法学》2017 年第 5 期。

〔2〕 王竹青，女，北京科技大学文法学院副教授，硕士生导师，法学博士。

〔3〕 吕新建："论我国未成年人监护制度的完善"，载《河北法学》2005 年第 7 期。

〔4〕 曹诗权：《未成年人监护制度研究》，中国政法大学出版社 2004 年版，第 230 页。

法模式，即不设父母亲权、统一由监护制度保护未成年人的立法模式。未成年人的监护开始于未成年人的出生，未成年人的父母自未成年人出生时起即承担监护人的责任，这是法律尊重人类自然情感的结果。为尊重父母对未成年人的照顾及保护意愿，各国法律通常规定，当父母身患重病时，可以遗嘱的形式指定监护人，在父母去世后由被指定的人担任监护人，但该指定并非自动生效，需经法院确认。在父母未以遗嘱指定监护人的情况下，由法律直接规定监护人（法定监护人）或由法院指定监护人。

（一）增设遗嘱指定监护人的生效条款

《民法总则》第 29 条规定父母可以通过遗嘱指定监护人，但未规定父母指定不一致时的处理原则及遗嘱指定的生效条件。

父母在重病的情况下有权以遗嘱的方式为未成年人指定监护人，因为父母的指定通常是对未成年人最有利的安排。美国、德国、日本等国均有此类规定。鉴于父母去世或丧失行为能力的时间通常不同，各国法律一般规定后死亡的父母一方对监护人的指定有效。如《日本民法典》[1] 第 839 条规定："对未成年人最后行使亲权的人，可以通过遗嘱指定监护人。"《德国民法典》[2] 第 1776 条第 2 款规定，父和母已经指定不同的人的，以最后死亡的父母一方的指定为有效。《美国统一监护与保护程序法》[3] 第 202 条（g）款规定，如果父母双方均已死亡或均被认定为无行为能力人，则最后死亡或被裁定为无行为能力人的一方做出的指定具有优先效力。

父母指定的监护人何时开始履行监护职责，各国法律的规定详略不一。《德国民法典》第 1776 条第 1 款规定，由被监护人的父母指定为监护人的人，被任命为监护人。该条暗含了法院对指定监护人的任命权，即被未成年人的父母指定的监护人，需要经过法院的任命方可履行监护

---

〔1〕 王爱群译：《日本民法典》，法律出版社 2014 年版。

〔2〕 杜景林、卢谌：《德国民法典——全条文注释》（上册、下册），中国政法大学出版社 2015 年版。

〔3〕 Uniform Guardianship And Protective Proceedings Act（1998）.

职责。《日本民法典》对此没有明确规定。美国的法律做了较为详尽的规定，《美国统一监护与保护程序法》第202条（a）款规定，父母可通过遗嘱或其他签名的书面文件为现有的或将来的未成年子女指定一名监护人。该条（b）款规定，法庭基于父母请求，而且发现父母可能在两年内丧失照顾其未成年子女的能力，经过法定的通知程序，在指定生效前，可以确认父母选择的人为监护人，并终止对其他人的指定。该条（c）款规定，父母在死亡、被法院裁定为无行为能力、医生书面确认其无能力照顾子女的情况下，父母的指定生效。该条（f）款规定，除非父母的指定事先已经被法院所确认，否则被指定的监护人应当按照法定的方式，在接到通知后30天内向法院请求确认其监护权。可见，父母以遗嘱指定监护人，只是指定监护人的开始，父母写完遗嘱后，该指定并非自动生效，而是需要经过法院确认。法院对父母指定监护人的审查应当包括父母意思表示的真实性、被选择的监护人的能力以及被监护人的意愿（如果被监护人能够准确表达其意愿）。父母虽然是保护未成年人的最佳人选，其指定的监护人通常也是对未成年人最有利的人选，但父母指定并非万无一失，父母指定不符合未成年人最大利益的情况是客观存在的，如未成年人不同意该指定，或者其他人认为父母指定的监护人不利于未成年人的健康成长等。《美国统一监护和保护程序法》第203条对此类问题做了规定，在法院确定被父母指定的监护人之前，年满14周岁的被监护人、除父母以外其他照顾和监护未成年人的人，可以随时向法院提交书面异议阻止或终止父母的指定。可见，父母的指定并非是不受限制、自动生效的，法院代表国家对父母的指定进行审查裁决，以弥补父母指定可能存在的缺陷。法院的确认可以由父母在丧失行为能力前申请，也可以在父母丧失行为能力后由指定的监护人或其他利害关系人申请。由法院介入父母指定监护人的环节，对父母指定监护人进行必要的审查与确认，反映了国家在监护人选任方面的审慎态度。

我国司法资源严重不足，父母遗嘱指定监护人交由法院审查会成为法院不能承受之重。考察国外立法例可以发现，国家对未成年人的监护主要通过法院和行政机关来完成，[1] 法院和行政机关可以分担监护未成年人的国家责任。从我国实际情况出发，将对父母遗嘱指定监护人的审查权交给民政部门是较为妥当的安排。民政部门作为国家行政机关，代表国家行使审查权，同样表现出国家对未成年人监护的审慎态度。人民法院作为保护人民权利的最后一道防线，在出现监护人争议时，行使最终的司法裁决权。因此，在《民法总则》第 29 条对父母遗嘱指定监护人的概括性规定之下，婚姻家庭编的监护部分应进一步规定，在父母指定不一致的情况下，后死亡父母一方的指定有效。父母均死亡时，遗嘱指定监护人需向民政部门申请，对父母指定进行审查，民政部门未发现被指定的监护人存在危害被监护人的情形时，父母指定生效。如果未成年人的近亲属认为后死亡父母一方的指定不符合未成年人的最大利益，则有权向人民法院起诉，申请重新指定监护人。

（二）增设对父母以外的自然人监护的监督条款

《民法总则》第 27 条是关于法定监护的规定。其中第 2 款规定了除父母外的法定监护人的范围及顺序，未成年人的父母已经死亡或者没有监护能力的，由下列有监护能力的人按顺序担任监护人：祖父母、外祖父母；兄、姐；其他愿意担任监护人的个人或者有关组织，经未成年人住所地的居民委员会、村民委员会或者民政部门同意的。该条延续了《民法通则》的相关规定，体现了亲属监护优先的原则，可以说是我国监护制度的特色之一。虽然现代发达国家基本取消了亲属监护的设置，但亲属监护在我国仍有存在的必要。我国《民法通则》颁布实施 30 年来，未成年人监护制度一直持续稳定地发挥着作用，在父母去世、丧失行为能力的情况下，大多是祖父母、外祖父母或者兄、姐承担着照顾未成年人的责任，在保护未成年人的健康成长以及维护社会稳定方面，亲属监护发挥了积极的作用。亲属监护优先的设计是人性善的哲学思想在立法上的体现。孟子的人性善论主导了中国几千年的社会治理与调控，至今仍有极大的影响力。"良知"一词是孟子的发明，人性善论主张在

---

〔1〕 参见陈翰丹、陈伯礼："论未成年人国家监护制度中的政府主导责任"，载《社会科学研究》2014 年第 2 期。

一定的伦理情境中，人能够在"良知"的支配下做出爱亲敬长等道德行为[1]。孟子认为家族之间的亲情是人的一种本能，它在道德品行上表现为仁义，因此人的本性是善的[2]。可见人性善论与道德有着极为密切的联系，人性善论建立在人应具备较高的道德水准之上。以人性善为基础设计的未成年人法定监护制度，将祖父母、外祖父母、兄、姐假设为道德高尚的人，在任何情况下均可将被监护人的利益置于自身利益之前。这种假设有一定的现实基础，但仍有出现例外的可能。

事实上，人的社会性极为复杂，人的品质也是善、恶参半[3]。与人性善论相对应的西方人性恶论认为，自利是人性的根本[4]。自利心是人的驱动行为的基本思维机制之一，自利心对任何物种而言，首先是一种本能。[5] 当人满足自身需要、欲望、冲动、情感的行为与他人的满足需要、欲望、冲动、情感的行为发生冲突时，这种自利心只考虑自己的需要、欲望、冲动或情感的满足，而不考虑他人的需要、欲望、冲动、情感的满足。与自利心并存的是损他心，损他心是人的驱动行为的特殊思维机制，当人们被一些特殊的欲望或情感所控制时，人们就可能产生损他的要求并在这些要求的驱动下做出损他行为[6]。霍布斯认为，人性在本质上不仅自利，更是贪婪与暴力。[7] 自利心与贪婪和暴力的结合，必然导致损他的后果。人性恶是无法靠个人自身的力量控制的，要控制人类恶的本性，必须依赖于一种普遍的、强制的外部力量来规范和约束人的行为，这就是法律[8]。因此，发达国家的监护制度改革废除了由法律直接规定亲属作为监护人的制度，而是以个案审查确定监护人，亲属身份是法院优先考量的因素，但不是决定性因素。这种改革既

---

〔1〕 杨少涵："孟子性善论的思想进路与义理架构"，载《哲学研究》2015 年第 2 期。

〔2〕 杨师群："孟子政治法律思想批判"，载《中国政法大学学报》2010 年第 1 期。

〔3〕 杨师群："孟子政治法律思想批判"，载《中国政法大学学报》2010 年第 1 期。

〔4〕 参见王凌皞："孟子人性发展观及其法理意义"，载《法学研究》2013 年版第 1 期。

〔5〕 张恒山：《法理要论》，北京大学出版社 2006 年版，第 3 页。

〔6〕 张恒山：《法理要论》，北京大学出版社 2006 年版，第 5 页。

〔7〕 See Thomas Hobbes, *Leviathan*, Cambridge, 1996, pp. 60~63.

〔8〕 黄芳、张帅："中国性善论与西方性恶论对治理我国公务员腐败问题的启示"，载《经营管理者》2010 年第 8 期。

考虑到了亲属担任监护人的优越性，又考虑到了亲属与被监护人之间可能存在的利益冲突。由法院进行个案审查，可以确保符合条件的亲属担任监护人，同时将对被监护人有潜在危险的亲属排除在外。改革的主要目的在于加强国家对监护的干预，除父母担任监护人的情况外，其他任何人担任监护人，均需通过法定程序、由法院进行审查和裁决。

个案审查确定监护人对未成年人的保护虽然更为有利，但我国人口众多，司法资源相对不足，每个监护案件都经过法院审查在现阶段是难以实现的目标，因此保留亲属监护是符合我国国情的一种选择，但这种选择必须附之以监护监督制度，才能弥补亲属监护的弊端，达到充分保护未成年人的目的。随着我国经济的快速发展，个人私有财产越来越多，父母去世后留给未成年人的财产数额也越来越大。虽然祖父母、外祖父母、兄、姐是除父母外未成年人最近的亲属，但不排除他们之间存在利益冲突的可能，因此对此类人员担任监护人的，应设置监护监督人。对于其他愿意担任监护人的个人，虽经未成年人住所地的居民委员会、村民委员会或者民政部门同意，但监督机制不可或缺。对愿意担任监护人的个人的审查同意只能说明候选人在申请担任监护人时符合未成年人的最大利益，但不能保证其在未来履行监护职责时持续符合未成年人的最大利益，因此必须辅之以监护监督制度，才能在监护人不能正确履行职责时及时予以纠正，从而达到切实保护被监护人的立法目的。至于有关组织担任监护人的情形，可不设监护监督人，原因在于能够担任监护人的组织要么是国家行政机关如民政部门，要么是经过严格审批程序成立的社会公益机构，这些组织本身有工作规范，可以起到监护监督的作用。

二、监护监督中的国家责任

（一）增设监护监督人制度

前文提到的监护监督人制度与《民法总则》第 36 条关于监护监督的规定完全不同。第 36 条首先列明了侵害被监护人权益的情形，其次列出了有权申请撤销监护人的人员和组织。该条列出的申请人范围相当广泛，包括个人、居民委员会、村民委员会、学校、医疗卫生机构、妇女联合会、残疾人联合会、未成年人保护组织、依法设立的老年人组织、民政部门等，可以称之为社会监督。社会监督不同于监护监督人的监督，监护监督人是对监护人直接进行监督的人员，具有社会监督不能替代的作用。

社会监督早在罗马法时期即已存在，《十大执政官法典》规定"控告嫌疑监护人之诉"是一种导致"破廉耻"的众有诉讼，该诉讼对一切人开放，从而将监督监护人的权利赋予了社会民众，形成了强大的监督力量[1]。但即便罗马法时期的社会监督如此强大，也未影响监护监督人制度的存在。罗马法时期的"名誉监护人"实为监护监督人，对"执行监护人"进行监督，亲属会议也起着监护监督的作用。现代发达国家对监护人的监督主要依靠监护监督人，而不是社会监督。

《日本民法典》规定，能够指定未成年人监护人的人，可以通过遗嘱指定监护监督人（第848条），法院也可以选任监护监督人（第849条）。该法同时规定监护人的配偶、直系血亲及兄弟姐妹，不得为监护监督人（第850条）。监护监督人的职责包括：监督监护人的事务；监护人缺任时，及时请求家庭法院选任监护人；紧急事情发生时，作出必要的处分；就监护人或其所代表的人与被监护人利益相反的行为，代表被监护人（第851条）。监护监督人的权利包括随时要求监护人报告监护事务或者提出财产目录，或者对监护事务或被监护人的财产状况进行调查（第863条）。日本法律改革后建立了更加严密的监护监督体系，除有司法权的法院通过选任监护人进行直接监督外，对监护人皆设监护监督人，以更加细密地保护被监护人[2]。《德国民法典》规定可以在监护人之外选任监护监督人；如果监护与财产管理相关联，则应当选任一名监护监督人（第1792条）。监护监督人的职责包括要求监护人报告监护职责的执行情况、查阅与监护相关的文件、向监护法院报告监护人

---

〔1〕 参见叶榅平："罗马法监护监督制度的理念及其意义"，载《华中科技大学学报（社会科学版）》2009年第6期。

〔2〕 ［日］宇田川幸则："浅论日本关于成年人监护制度的修改"，载渠涛主编：《中日民商法研究》（第1卷），法律出版社2003年版，第382~396页。

违背义务的行为及其他应当由监护法院裁判的事件等（第1799条）。监护人以及监护监督人依请求应当随时向家事法院报告监护的执行情况和被监护人的个人情况（第1839条）。《美国统一监护和保护程序法》第317条规定，监护人在获得指定后30天内，应当向法院以书面形式提交被监护人的财产状况，而且在担任监护人期间，每年均应提交报告。法院可以指定一名访问员检查监护人提交的报告，访问员可以采访被监护人和监护人，并根据法院的指示做出其他调查。可见，美国是以监护法院作为监护监督人，同时以法院指定的访问员协助完成监护监督工作。法院指定的访问员通常是社会工作者，他们具有专业知识和专业技能，比普通人担任监护监督人的标准更高。

监护监督是监护制度不可或缺的一项内容，监护监督本身构成国家监护的另一个侧面内容。[1] 因监护人对被监护人的人身和财产享有较大的控制权和管理权，而且基于人性的弱点，监护人可能会因个人私利而侵害被监护人的利益，因此对监护人进行监督是保护被监护人利益的必要措施。监护监督人的设置是保障这一措施发挥作用的有效手段。上述国家的法律关于监护监督人的规定，足以说明监护监督人的设置不可或缺、不可替代。社会监督从本质上讲属于外围监督，是通过被监护人的外在表现来判断监护人履职情况的监督，这种监督具有外在、间接、缓慢、低效的特点。与其相比，监护监督人因享有随时检查监护人的工作、要求监护人汇报监护执行情况的权利而使其监督具有内在、直接、及时、高效的特点。监护监督人对监护人的监督，是直接的、经常性的、一对一的监督，而社会监督通常因为信息的获得不够直接、快捷而导致无法对监护人进行有效的监督。此外，社会监督通常是在被监护人受到侵害后发挥作用，而监护监督人的监督贯穿监护始终，可以在被监护人权益受侵害之前阻止侵害的发生，或者在侵害行为发生之初及时阻止，防止损害的进一步扩大或加深。监护监督人的设置是国家对监护人进行监督的手段，通过监护监督人，国家对监护人的监督达到及时、高

---

[1] 熊金才、冯源："论国家监护的补充连带责任"，载《中华女子学院学报》2014年第4期。

效的效果。

此外,法院的监督在各国的立法中也占据着重要地位,法院监督是对监护监督人的监督,法院通过要求监护监督人汇报工作,可以起到监督监护人和监护监督人的双重作用。我国的法律长久以来远离家庭事务,把监护看作是一种身份权,对于监护人的监督主要依靠伦理和道德的力量[1],这些历史惯性仍然影响着立法者,监护监督人制度的立法缺位即反映了立法者对监护监督的妥协态度,这一点在婚姻家庭编中应当予以修正。

监护监督人的设置不仅适用于未成年人监护,成年人监护同样不可或缺。因此婚姻家庭编在《民法总则》第 27 条至第 31 条的基础上,应进一步规定,除父母担任监护人的情形外,其他自然人担任监护人的,应设置监护监督人。监护监督人可以由有监护资格的人协商确定,也可以由居民委员会、村民委员会或者民政部门指定。对指定有争议的,由人民法院裁决。人民法院指定监护人的同时应指定监护监督人。监护监督人应定期向居民委员会、村民委员会或民政部门汇报工作,在发现监护人有损害被监护人利益的情形时向法院提起撤销监护人资格的诉讼。监护监督人怠于履行职责的,适用第 36 条之规定,由社会监督发挥作用。

(二)增设检察机关作为监护监督机关

监护模式下各国立法通常对父母监护不设监护监督人,但公权力监督始终存在,检察机关作为公权力的典型代表发挥着重要的监督作用。

《民法总则》第 36 条规定了撤销监护人资格的几种情形,其中监护人实施严重损害被监护人身心健康行为的,主要针对父母虐待、遗弃儿童的情形。父母有虐待、遗弃儿童行为的,其监护权应当被剥夺,这即是国家对父母监护权的一种监督,也是国家保护未成年人的必要措施。虽然父母子女之间的血缘亲情是人类最可信赖的感情,但父母虐待、遗弃儿童的情况在现实生活中屡屡发生,贵州毕节五男童垃圾箱取

---

〔1〕 柴英:“基于国家主义的古罗马未成年人监护制度的变迁”,载《江海学刊》2011年第 3 期。

暖至死案〔1〕、南京女童饿死案〔2〕等，都以血淋淋的事实冲击着人们对父母子女感情的信任度，加强国家公权力对父母监护权的监督成为现实的迫切需要。

父母损害未成年人利益的情况，《日本民法典》从人身照顾和财产管理两个方面进行规范，人身照顾方面包括虐待和恶意遗弃（第834条），此种情况下子女、未成年人监护人、未成年人监护监督人、检察官有权向家庭法院提出申请，停止父母亲权；财产管理方面包括父母行使财产管理权困难或者不妥当造成对子女利益的损害（第835条），上述人员享有终止父母管理权的申请权。日本确立了"公共利益代表人"制度，检察院在某些特定案件中有权提起诉讼、参加诉讼〔3〕。在父母损害未成年人利益方面，检察官作为"公共利益代表人"履行向法院申请终止父母亲权或管理权的职能，即在缺乏与未成年人监护相关的人员或相关人员怠于履行职责的情况下，检察官将代表国家向法院提出终止监护人监护权的诉讼。此外，《法国民法典》规定检察官与法官一样，对辖区内的监护实行监督。监护人及其他负责监护事务的组织，均有义务按照法官和检察官的要求报告相关情况（第388-3条）。

我国《宪法》明确规定，检察机关是国家的法律监督机关，是"法律守护人""民权保障者"。检察机关对民事诉讼的监督权来自于《宪法》授权，2012年《民事诉讼法》修改将"人民检察院有权对民事审判活动实行法律监督"修改为"人民检察院有权对民事诉讼活动实行法律监督"，由此扩大了检察机关监督权的范围。虽然有学者主张

---

〔1〕 2012年11月16日，5名男孩被发现死于毕节市七星关区街头垃圾箱内，经当地公安部门初步调查，5名男孩是因在垃圾箱内生火取暖导致一氧化碳中毒而死亡。访问网址：http://news.163.com/special/bijiechild/，访问时间：2017年1月7日。

〔2〕 2013年6月21日，南京市江宁区麒麟派出所社区民警发现2名幼女死于家中，她们分别是3岁和1岁。她们的母亲乐某因吸毒外出，多日未归，导致2名幼女饥饿身亡。访问网址：https://zhidao.baidu.com/question/307277707915782044.html，访问时间：2017年1月7日。

〔3〕 参见最高人民检察院重点课题：《检察理论研究成果荟萃》，中国检察理论研究所2001年版，第102页。

检察机关对民事诉讼活动的监督应限定为民事审判活动和民事执行活动，[1] 但从保护社会弱者、维护社会正义的角度出发，检察机关对民事诉讼活动的监督应做扩大解释，代表公共利益提起诉讼应当属于对民事诉讼活动的监督形式之一，而且早在 20 世纪 50 年代我国检察机关除了对民事审判活动的法律监督外，在参与和提起民事诉讼方面取得了尤为突出的成绩，对于保护当事人合法权益、维护国家利益和社会公益发挥了良好的作用[2]。因此赋予检察机关起诉权有法律上的依据。

从实务操作层面看，针对侵害被监护人权益的情形，向法院申请撤销监护人资格的请求权主体应主要是检察院而不是民政部门、其他组织或个人。事实上，监护人虐待、遗弃被监护人的，通常需要调查取证，民政部门不具备此方面的专业职能，其他组织或个人也不具备调查取证权。总则列出的请求权主体虽然广泛，但这些主体缺乏与被监护人实质上的利害关系，因而也缺乏调查取证的动力和条件。从便于实际操作的角度出发，《民法总则》列出的请求权主体在发现被监护人可能被虐待或遗弃的情况下，应当向检察机关报告，由检察机关进行调查取证。检察机关在获得基本证据后，分别不同情况采取不同的诉讼策略。监护人虐待、遗弃被监护人情节严重且构成犯罪的，检察机关应提起刑事诉讼，追究监护人的刑事责任；监护人虐待、遗弃被监护人情节严重但不构成犯罪的，检察机关应提起撤销监护人资格的民事诉讼。向法院提出撤销监护人资格的申请，只是诉讼程序的开始，接下来的调查取证、举证、质证、辩论等环节耗时耗力，非专职机关或人员根本无法完成。由检察机关向法院提出申请，与监护人形成对立的双方当事人，符合法院居中裁判的司法属性。检察机关代表国家提起保护未成年人的诉讼是其职责所在，而其他组织或个人因缺乏法定职责或足够的利害关系难以承担在法庭上与监护人对立的责任。因此，在《民法总则》第 36 条规定

---

〔1〕 参加最高人民检察院法律政策研究室："我国民事检察的功能定位和权力边界"，载《中国法学》2013 年第 4 期。

〔2〕 最高人民检察院重点课题：《检察理论研究成果荟萃》，中国检察理论研究所 2001 年版，第 95~96 页。

的基础上，婚姻家庭编监护部分可规定，在出现第 36 条情形之一时，其他有监护资格的人、被监护人住所地的居民委员会、村民委员会、学校、医疗卫生机构、妇女联合会、残疾人联合会、未成年人保护组织、依法设立的老年人组织、民政部门等，可以向检察机关报告，由检察机关向法院起诉。增加上述主体向检察机关的报告义务，扩大了对被监护人的保护措施，报告义务简便易行，无论对个人还是学校、医院等组织，均是可承担的义务。将起诉权扩大至检察机关，增加个人、社会组织和民政部门的报告义务，确定了检察机关在监护中的地位和作用，更能体现国家监护的特点，也更有利于对被监护人的保护。

三、监护人履行职责中的国家责任

《民法总则》第 34 条规定，监护人履行监护职责的权利受法律保护。监护人不履行职责或者侵害被监护人合法权益的，应当承担责任。第 35 条规定，监护人应当按照最有利于被监护人的原则履行监护职责，保护被监护人的人身、财产权利及其他合法权益，除为维护被监护人利益外，不得处分被监护人的财产。这两条是对监护职责的原则性规定。监护职责针对监护事项而产生，西方发达国家认为"监护事项国家决定权"是国家监护的核心内容之一[1]。将监护职责规范化、法律化，有利于明确监护人履行职责的具体操作要求，也有利于国家对监护人履职情况进行监督[2]。

细化监护人的监护职责是国家通过立法手段对监护人进行规范和约束的有效措施。因监护人对被监护人的生活安排、财产管理享有很大的决定权，如果立法不进行适当的规范和约束，监护人滥用权利的可能性就会增大，进而对被监护人造成损害的可能性就会增大。没有受到充分保护和监管的监护实际上会给这一职责的保护对象带来自由和财产的损

---

〔1〕 参见叶承芳："未成年人国家监护制度构成要素研究"，载《人民论坛》2011 年第 6 期。

〔2〕 参见余寅同："论未成年人第一监护人缺失时的国家监护义"，载《法制与社》2009 年第 6 期。

失[1]。西方国家的未成年人监护立法通常明确规定监护人的权利和义务，以列示性规定限制监护人权利的扩大使用。

《德国民法典》第1800条规定，监护人照顾被监护人的人身的权利和义务，与父母行使亲权的内容相同。父母对未成年人的人身亲权包括对子女的照料、教育、监督和决定其住所的权利和义务；在有关教育和职业的事务上，父母特别应当考虑子女的能力和爱好。存在疑异的，应当征求教师或者其他适当的人的意见。除授权性规定外，还有禁止性规定，如有损尊严的教育措施，特别是身体和精神上的虐待，不在准许之列；父母对子女进行剥夺自由的移送，需经家事法院承认；父母不得允许子女绝育；等等。该法对宗教教育进行了特别规定，即在监护人的信仰与被监护人应接受的信仰教育不同时，法院可以剥夺监护人对被监护人进行宗教教育的照顾权；在对被监护人进行移送时，要考虑被监护人及其家庭的宗教信仰或者世界观。《日本民法典》《美国统一监护和保护程序法》均有类似规定。可见，在人身监护方面，立法从被监护人的日常生活照料、教育、监督、住所指定、宗教信仰等方面对监护人的权利和义务进行了规范和约束，为监护人履行职责确立了方向和原则，监护人行使除此之外的权利或从事与此相反的行为，要承担相应的法律责任。

在财产监护方面，各国法律通常要求监护人制作财产目录，定期向法院报告财产管理情况。《日本民法典》第853条规定，监护人应及时着手调查被监护人的财产，于一个月内完成调查并制作财产目录。在有监护监督人的情况下，调查财产及制作财产目录应会同监护监督人一起进行，否则无效。《德国民法典》第1802条规定，监护人应当将在命令监护时存在的或者嗣后归属于被监护人的财产做成目录，并且在给目录附具正确性和完整性的保证后，将目录提交给家事法院。有监护监督人的，监护人在制作目录时应当请其到场；目录亦应当由监护监督人附具正确性和完整性的保证。《美国统一监护和保护程序法》第317条规定

---

[1] Gordon H. Smith, Herb Kohl, *Guardianship for the Elderly: Protecting the Rights and Welfare of Seniors with Reduced Capacity*, Senate United Ststes, December 2007.

监护人应在被指定后 30 日内向法院以书面形式提交财产状况报告, 且以后每年要提交。

监护人对被监护人的人身照顾方面, 应主要包括住所指定、生活照顾、教育管理等内容, 其中生活照顾应保障被监护人的基本生活需要, 保障被监护人处于安全的生存环境。监护人对被监护人的教育应明确禁止身体和精神上的虐待。在财产管理方面, 监护人应在监护开始时制作财产目录, 对财产管理情况做记录, 定期向监护监督人汇报工作, 在监护终止时对被监护人的财产进行清算, 返还剩余财产。监护人对被监护人的财产管理从登记造册、经营管理到清算返还, 应形成一个完整的监护链。上述具体的制度规定, 便于监护人执行监护事务, 也便于监督人监督监护人的工作。国家通过对监护职责的细化规定, 约束了监护人, 同时也起到了监护监督的作用。对此, 婚姻家庭编应在《民法总则》第 34 条、第 35 条的基础上作出细化、完善的规定。

四、监护终止时的国家责任

（一）增设监护人辞职条款

《民法总则》第 39 条规定了监护终止的三种具体情形及兜底条款, 明确了监护因被监护人取得或恢复完全民事行为能力、监护人丧失监护能力、被监护人或监护人死亡而终止。上述三种情形属于客观原因导致的监护终止, 从主观角度看, 监护人辞职应属于监护终止的情形之一。

关于监护的性质, 有大量的文献进行过讨论, 现代监护的性质通说认为是一种职责。既然是职责, 就应该赋予担任该职责的人辞职的权利。除未成年人的父母担任监护人不允许辞职外, 其他担任监护人的人均有辞职的可能, 特别是其他亲属、朋友担任监护人的, 可能会因为种种原因需要辞去监护职务。法律应该给予监护人该项权利, 否则监护候选人会因担心该职务的负担而拒绝担任监护人, 从而可能使被监护人失去最适合的监护人。增加监护人辞职条款, 可以体现法律的人文情怀, 也是国家监护的应有之意。

《日本民法典》第 844 条规定, 监护人有正当事由时, 经家庭法院许可, 可以辞去其任务。《德国民法典》第 1889 条规定, 有重大事由的,家事法院应当依独任监护人的申请免除其职务。《美国统一监护和保护程序法》第112条规定,监护人的指定因死亡、辞职或免职而终止。可见,赋予监护人辞职的权利对于保护监护人和被监护人均是必要的。至于监护人辞职是否需要有重大事由或正当事由,笔者认为不必过于追究。监护作为一种职责,只有在监护人自愿尽职的情况下才是安全有效的。如果监护人不愿为被监护人提供最好的服务,将对被监护人带来伤害[1]。从这一客观后果出发,监护人辞职的内在原因不必追究,即便没有重大事由,监护人也可因不愿再承担监护责任而辞职。只有这样,才能保证监护候选人在承诺担任监护人时没有后顾之忧,才能使被监护人有更多的机会得到最适合的监护人。

(二) 增设监护终止时的清算条款

《日本民法典》第870条规定,监护人的任务终了时,监护人或者其继承人,应当在2个月内进行监护清算,家庭法院可以延长清算时间。第871条规定,有监护监督人的,监护清算应当会同监护监督人一起进行。第873条规定,监护人应向被监护人返还的金额及被监护人应向监护人返还的金额,自监护计算完结之时起,应附加利息。监护人为自己消费了被监护人的金钱的,应当自消费时起附加利息。有损害的,应负赔偿责任。《德国民法典》第1890~1892条规定,监护人应当在其职务终结后,向被监护人返还管理的财产,并且提出关于管理的报告。有监护监督人的,监护人应当向其提示账目。监护人应当在其向监护监督人提示账目后,将账目提交给家事法院。监护终止后的清算是监护的重要环节,清算制度可以防止监护人伪造账目、隐蔽财产,以致侵害被监护人的利益[2]。没有清算制度,监护制度就是不完整的、残缺的制度。鉴于我国司法资源相对紧张,清算后的审查工作可由民政部门承担。民政部门可以对监护人和监护监督人的报告以及账目情况进行审核,在无问题的情况下确认监护终止。民政部门在审核中发现监护人或

---

〔1〕 Gordon H. Smith, Herb Kohl, *Guardianship for the Elderly*: *Protecting the Rights and Welfare of Seniors with Reduced Capacity*, Senate United Ststes, December 2007.

〔2〕 参见张学军:"未成年人的监护制度之完善",载《河北法学》2006年第11期。

监护监督人有侵害被监护人利益情形的，应该向人民法院起诉。经过民政部门的行政审查环节，进入司法程序的案件将大为减少。这种制度设计既保护了被监护人的利益，又充分发挥了行政机关和司法机关的作用，是目前比较符合我国国情的一种立法选择。

结　语

伴随着社会民主化的进程和个人主体意识的启蒙，法律对家庭、亲属自治状态下的监护所持的"无为而治"态度已接近走到历史的尽头，公权力大量主动介入亲子关系是现代亲属立法发展的重要趋势[1]。婚姻家庭编在设计监护制度时，应充分考虑国家行政机关、司法机关的不同职能和作用，使其在监护各个环节以适当的方式介入，同时应从完善法律规定的角度体现国家严谨、负责的态度。

---

〔1〕 蒋月：《婚姻家庭法前沿导论》，科学出版社 2007 年版，第 232 页。

国家监护的制度框架与规范路径

邓　丽[1]

在传统公私法域二元论的视野下，国家是典型的公法主体，而监护纯属私法事务，两者分处不同法域；但人权理念的共识为国家对个体权益的现实关照找到制度出口，社会法的兴起则进一步推动国家打破私法藩篱在新的领域积极作为、能动履责，综合体现人权理念、民法思维和社会法路径的现代国家监护制度由此步入正轨。

一、论域限定

作为个体权利和自由的延伸，家庭向来被视为私密领域，"风可进，雨可进，国王不能进"的法谚充分表明拒绝国家权力侵入家庭的立场。对于诸多原生性联合体如氏族、家族、家庭来说，家庭是唯一延续至今且主要依靠习惯来确立和维护内部秩序的共同体，而且越是组织得好、越是亲密的家庭生活中就越是如此。涉及家庭关系的契约主要是为了调整家庭共同体解体的情形；[2] 与国家通过法律规范实施的强制相比，家庭通过社会关系所实施的强制更为有力，因此家庭法在极少的情况下需要国家的强制。[3] 监护恰恰就属于上述"极少的情况"之一："在罗马，家庭法权力最初是私法和私权上的事务，但在帝国时期就部分丧失

---

[1] 邓丽，女，中国社会科学院法学研究所副研究员，法学博士。

[2] [奥] 尤根·埃利希：《法律社会学基本原理》（一），叶名怡、袁震译，九州出版社 2007 年版，第 56、180、245 页。

[3] [奥] 尤根·埃利希：《法律社会学基本原理》（一），叶名怡、袁震译，九州出版社 2007 年版，第 131~133 页。

了这种独特性。特别是在监护制度上情况更是如此。在现代法中，父权就逐渐转变成一个公共职位。"[1] 父权转变为公共职位，正是寓意国家承担监护职责。

理智成熟的自然人能够而且理应享有自主思维和自主活动的权利，国家应当尊重并且保障其意思自治的权利，仅在负面福利即防范冲突、维护安全方面发挥作用，以协助个体实现其存在之最高和最终目的——"把他的力量最充分地和最均匀地培养为一个整体"。[2] 但是对于不具有成熟理智力量的自然人而言，仅仅保障其负面福利是不够的，国家还必须对其物质福利和道德健康予以正面关心，通过法律对这些自然人的监护事宜进行监督和干预以防范其他个体可能对他们造成损害。理智的成熟取决于身体的成熟，因此年龄成为不确定然而唯一具有普遍适用可能的分界。[3] 以此为标准，国家承担监护职责的对象可区分为两类自然人：一是完全或部分丧失理智的成年人，二是理智尚未成熟的未成年人（包括理智发育存在障碍的未成年人）。

成年人监护和未成年人监护的制度功能都在于补足被监护人民事行为能力的不足，协助其通过民事法律行为实现自身权益。但从被监护人的主要需求和人口比例来说，两者存在差异：成年人仅在特定情形下（完全或部分丧失理智）需要外来的干预和监督，以保障其人身、财产权益不受他人侵害；而未及法定成人年龄的所有未成年人均被视为理智尚未发育成熟，都需要外在的教育和培养，以保障其身心发育和成长不受阻碍。有鉴于此，法律通常对这两类监护分别进行规定，亦有立法例仅将未成年人作为监护对象，而通过保佐或照管制度为完全或部分丧失理智的成年人提供法律保护，如德国自1992年废除禁治产制度之后，

---

〔1〕［奥］尤根·埃利希：《法律社会学基本原理》（三），叶名怡、袁震译，九州出版社2007年版，第895页。

〔2〕［德］威廉·冯·洪堡：《论国家的作用》，林荣远、冯兴元译，中国社会科学出版社1998年版，第30页。

〔3〕［德］威廉·冯·洪堡：《论国家的作用》，林荣远、冯兴元译，中国社会科学出版社1998年版，第161~162页。

其监护制度即仅适用于未成年人。[1]

现代国家在监护事项上的介入主要分为两种形式：其一，间接监护，即为被监护人规定、选定监护人，监督、约束监护行为使之合乎法律规范和被监护人利益。这是国家从外部参与和干预监护关系的模式，即国家通过立法行为规定或行政行为、司法行为选定监护人并监督和规范其监护行为，承担监护职责的主体为被监护人的近亲属、其他符合法定条件的个人或国家机构之外的组织。其二，直接监护，即由国家的代表机构直接担任监护人，行使监护人的权利、履行监护人的职责，维护被监护人的人身和财产利益。这是国家在特定情形下直接参与和涉入监护关系的模式。我国法律制度对上述两种监护介入模式均有规定，但以间接参与、外部干预的国家监护为主，相关研究和实践也由来已久，而直接参与、内部主导的国家监护机制则刚刚被"激活"，在基本原则和实施机制上都有待充实和细化。

本文以面向未成年人的国家直接监护制度为研究对象，旨在探讨多法域交会下的国家监护究竟具有何种法律特质，在具体实施中又当遵循哪些原则和规范，以及未来体系化建构的路径。因国际公约如《儿童权利公约》之"儿童"与我国法律如《未成年人保护法》之"未成年人"皆指18岁以下的自然人，而以其中一词置换另一词有违表述习惯，故文中"儿童"与"未成年人"之谓在内涵及外延上并无二致，仅依语境灵活使用和切换。

二、国家监护的法律特质

国家监护制度在我国的发展历程鲜明地体现出我国儿童政策对国际人权理念的吸收融合、社会生活对法律制度的激活运用以及民法规范与社会法规范的交相呼应。在当前社会背景和法治形势下履行国家监护责任，应把握其以下三个方面的法律特质。

（一）融入国际人权理念的儿童保障责任

保护儿童权益的首要出发点乃是儿童享有作为人的一切权利和自

---

〔1〕 ［德］迪特尔·施瓦布：《德国家庭法》，王葆莳译，法律出版社2010年版，第443页。

由，享有作为人类家庭成员的固有尊严、平等和不移的权利。基于对儿童权益正当性的深切认识，给予儿童特殊照料和协助，包括法律上的适当保护，以弥补儿童因身心尚未成熟在实现自身权益方面的能力不足，已成为国际人权领域的普遍共识：1924 年《日内瓦儿童权利宣言》、1959 年《儿童权利宣言》、《世界人权宣言》、《公民权利和政治权利国际盟约》、《经济、社会、文化权利国际盟约》均明确肯认应给予儿童特殊照料。[1]

总体而言，国际人权体系力主在父母、家庭的框架下实现儿童权益，但在必要情形下亦不惮于突破亲子关系的范畴，其依据存在于两个方面：其一，强调"儿童最大利益"（The Child's Best Interests）原则，即"关于儿童的一切行动，不论是由公私社会福利机构、法院、行政当局或立法机构执行，均应以儿童的最大利益为一种首要考虑"；其二，强调国家的终极责任，要求缔约国"采取一切适当的立法、行政和其他措施"实现儿童的权益，"确保儿童享有其幸福所需的保护和照料"。[2]因此，在父母或其他监护人不能适当履行职责和保障儿童权益，甚至在其照料下儿童受到身心摧残、伤害或凌辱、忽视或照料不周、虐待或剥削、性侵犯的，国家有权以儿童最大利益为指导，采取一切适当的立法、行政、社会和教育措施，[3]包括撤销原监护人资格、直接承担儿童监护职责，实现儿童权益。

自新中国成立以来，我国基本国策和法律制度层面一以贯之地坚持和强调国家保护儿童权益、促进儿童发展的立场。我国《宪法》第 46 条第 2 款规定："国家培养青年、少年、儿童在品德、智力、体质等方面全面发展。"第 49 条第 1 款规定："婚姻、家庭、母亲和儿童受国家的保护。"在法律的顶层架构之下，我国通过持续的、以儿童为主体的国家行动计划逐步促进儿童发展、实现儿童最大利益，对于儿童监护问题的关注和干预越来越明确、越来越深入：

---

〔1〕 See "Convention on the Rights of the Child", Preamble.

〔2〕 See "Convention on the Rights of the Child", Part I, Article 3 & Article 4.

〔3〕 See "Convention on the Rights of the Child", Part I, Article 19.

1992年，我国参照世界儿童问题首脑会议提出的全球目标和《儿童权利公约》，从中国国情出发，发布《九十年代中国儿童发展规划纲要》，此间没有提及监护问题，但是提出"要特别关注离异家庭的儿童保护和教育，帮助单亲家庭的家长为儿童创设良好的家庭环境。妥善安排流浪儿的生活和教育"。

十年之后，《中国儿童发展纲要（2001～2010年）》发布，指出"教育儿童父母或其他监护人依法履行监护职责和抚养义务。禁止对儿童实施家庭暴力及其他形式的身心虐待。禁止强迫未成年人结婚或为未成年人订立婚约。"

又十年，《中国儿童发展纲要（2011～2020年）》出台，明确纳入"儿童最大利益原则"，提出"完善儿童监护制度，保障儿童获得有效监护"的工作目标，要求"建立完善儿童监护监督制度。提高儿童父母和其他监护人的责任意识，完善并落实不履行监护职责或严重侵害被监护儿童权益的父母或其他监护人资格撤销的法律制度。逐步建立以家庭监护为主体，以社区、学校等有关单位和人员监督为保障，以国家监护为补充的监护制度"。

至此，我国首次在儿童发展体系的行动计划中正式列入国家监护机制，这使得国家监护的制度功能超越家事范畴甚至民事领域，成为国家担当照料和保护儿童职责的制度保障，同时也是履行我国在《儿童权利公约》项下的国家责任的具体举措。

（二）个别极端案例激活的替代监护职责

实际上，国家监护在我国民法监护体系中存在已久。20世纪80年代通过的《民法通则》第16条第4款规定，未成年人没有近亲属或关系密切的其他亲属、朋友承担监护职责的，由未成年人的父、母的所在单位或者未成年人住所地的居民委员会、村民委员或者民政部门担任监护人。第18条规定监护人的具体职责，并明确"人民法院可以根据有关人员或者有关单位的申请，撤销监护人的资格"。上述规定虽然确立了国家监护制度，明确民政部门可在民事监护主体匮乏时替代履行监护职责，但撤销监护人资格的赋权仅作"有关人员或者有关单位"的概括规定，并未落实到具体机构，导致制度实践存在责任不清、机制不畅的弊病。在现实生活中，鲜见民政部门作为国家职权代表主动申请撤销原监护人的监护权并取而代之成为国家监护权人的案例。

当国家监护的法律机制处于虚置状态时，民事监护机制就可能由于缺乏监督而出现失灵甚至滥用的情形，损害到未成年被监护人的成长权益。近年来，父母（监护人）实施严重家庭暴力、虐待、性侵害未成年子女事件屡见报端，典型如继母虐待女童案（北京，2013），两幼女饿死案（南京，2013）。[1] 更有社会组织披露，其通过媒体报道收集到 2008~2013 年 697 例虐童案例，施暴者为亲生父母的占 74.75%。[2]在这一背景下，政府在未成年人监护监督、监护干预、国家监护等方面发挥主导和兜底作用愈益成为社会共识。2014 年底最高人民法院、最高人民检察院、公安部、民政部联合发布《关于依法处理监护人侵害未成年人权益行为若干问题的意见》，旨在有效遏制和处理监护人侵害未成年人权益的行为，确保未成年人得到妥善监护照料。根据这一规定，被申请人有性侵、出卖、遗弃、虐待、暴力伤害未成年人，教唆、利用未成年人实施违法犯罪行为，胁迫、诱骗、利用未成年人乞讨，以及不履行监护职责严重危害未成年人身心健康等情形的，人民法院可以判决撤销其监护人资格。2015 年，全国首例由民政部门申请撤销监护人资格案在江苏省徐州市判决，因生父性侵女童、生母不加干预，女童父母的监护权被撤销，当地民政机关承担监护职责。[3] 此案中，检察机关及时发现问题并向民政机关提出检察建议，民政机关接受建议并积极作为向人民法院申请撤销生父母的监护资格，进而经人民法院判决承担起替代性的监护责任，不同国家机关各司其职、衔接有序，充分体现出其

---

〔1〕 北京女童受虐案详见石岩、刘奇琦："一个家庭的破碎"，访问网址：http://www.chinacourt.org/article/detail/2013/06/id/1018637.shtml，访问时间：2017 年 5 月 15 日。

南京两幼女饿死案详见柴会群、鞠靖、万梅梅："南京饿死女童的最后一百天"，载《南方周末》2013 年 6 月 27 日，新闻版。

〔2〕 "调查：6 年间 697 起虐童案近八成施暴者是亲生父母"，访问网址：http://www.chinanews.com/f2/2014/12-18/6890372.shtml，访问时间：2017 年 5 月 15 日。

〔3〕 "2015 年度人民法院十大民事行政案件"，载《人民法院报》2016 年 1 月 7 日，第004 版。

作为抽象"国家"之共同代表履行国家监护职责的能力和担当。

经由个别极端案例激活的国家替代监护责任在 2017 年 3 月公布的《中华人民共和国民法总则》立法工作中得以吸纳和提升。该法在《民法总则》相关规范之外，对国家监护进行了两个方面的充实和完善：其一，将国家监护的顺位向前调整，位列自然人监护之后，规定"没有依法具有监护资格的人的，监护人由民政部门担任，也可以由具备履行监护职责条件的被监护人住所地的居民委员会、村民委员会担任"（第 32 条）；其二，明确国家机关申请撤销监护人资格的职能，规定"个人和民政部门以外的组织未及时向人民法院申请撤销监护人资格的，民政部门应当向人民法院申请"（第 36 条第 3 款）。这都说明民政部门将作为国家的代表机关和职能机构更加主动地履行国家监护职责，替代不适格主体担任未成年人的监护人。

（三）民法、社会法规范交会下的公共监护机制

以《民法通则》和《民法总则》为代表的民法规范从微观视角出发，紧紧围绕监护人的确定、监护人的职责、监护人资格的撤销和终止等对监护法律关系进行调整，主要在于确保作为个体的未成年人处于适当的监护之下。以《未成年人保护法》为代表的社会法规范却是从宏观视角出发，着重规定对未成年人负有保障责任的众多主体、对父母监护的支持及监督体系、对困境中未成年人的救助照护和收留抚养等，主要在于确保作为群体的未成年人获得充分保障和有效支持。

1991 年发布、历经 2006 年和 2012 年两次修改的现行《未成年人保护法》在如下三个方面与《民法通则》和《民法总则》所规定的国家监护制度形成呼应和交会：首先，《未成年人保护法》将广泛的法律主体纳入未成年人保护体系并对其职责进行明确而富层次的规定，为实施国家监护提供了有力的公权保障和社会资源，从而具备公共监护的属性。具体表现为，该法第 6 条通过对主体的广泛列举明确保护未成年人是国家和社会的共同责任，第 7 条规定国家机关负有保护未成年人的职责，第 8 条规定社会团体负有协助保护未成年人的责任。其次，《未成年人保护法》第 53 条在规定父母正确履行监护职责及相关支持体系的

同时，也规定不履行监护职责或侵害被监护人合法权益的监护人可经合法程序被予以撤销并另行指定监护人，与民事法律规范互相呼应协调一致。最后，《未成年人保护法》明确了民政部门通过救助和设立儿童福利机构承担生活无着未成年人的临时监护责任和监护兜底责任，使国家监护职能落实到具体机构、具体举措，从而具有更强的可操作性和可问责性。该法第43条规定民政部门对流浪乞讨等生活无着未成年人实施救助、承担临时监护责任，并设立儿童福利机构抚养孤儿、无法查明其父母或其他监护人以及其他生活无着的未成年人。

国家监护既是监护关系构建中的一环，又是国家履行未成年人社会救助、社会福利责任的体现，因此成为民法规范和社会法规范的一个交会点，这是国家监护制度最为重要也最为关键的法律特质。国家监护的法律特质直接影响到其实施中的理念、原则和路径。

三、国家监护的制度框架

国家监护是国家以儿童为工作对象、涉入家庭领域、解决社会问题的履责行为。因此，国家监护的实施体现并作用于国家与儿童、家庭和社会的关系。国家—儿童关系和国家—家庭关系的本质决定了国家监护应秉持终极负责、有限干预理念和儿童利益最大、家庭场域优先的原则，而社会组织蓬勃发展背景下的国家—社会关系则为国家监护采取国家机构协作、社会资源聚合的模式奠定了良好的基础。

（一）终极负责、有限干预的理念

从国家—儿童关系视角来看，国家应承担儿童权益保障的终极责任。这里的"终极责任"含义有二：其一，全局责任。儿童是国家公民，同时也是民族与国家的未来所系，保障域内所有儿童的合法权益、"最大限度地确保儿童的存活与发展"[1] 是国家职责所在。其二，兜底责任。对于困境儿童，无论是其父母或其他监护人没有监护能力还是监护不当甚至实施侵害被监护人权益的违法犯罪行为，国家有责任"采取一切适当的立法、行政和其他措施"[2] 为之提供所需的救济、保护

----

〔1〕 See "Convention on the Rights of the Child", Part I, Article 6.

〔2〕 See "Convention on the Rights of the Child", Part I, Article 3& Article 4.

和保障。全局责任与兜底责任具有逻辑上的共生关系：面向全体儿童的全局责任衍生出面向困境儿童的兜底责任；面向困境儿童承担兜底责任应以全局责任的意识和担当为基础，非如此不足以尽职履责。因此，国家直接监护亦应秉持国家终极负责理念。

从国家—家庭关系视角来看，国家应在儿童监护问题上持有限干预理念。这里的有限干预体现在两个方面：其一，在监护顺位上，国家居于父母或其他与儿童关系密切的监护人之后，父母或其他主体监护不足或滥用监护权利时方以国家监护予以补足或替代。其二，在适用条件上，国家系在父母或其他监护主体缺位或严重损害、危害儿童身心发展权益的法定情形下承担监护职责。有限干预立场既强调"干预"，也强调"有限"。在父母或其他监护主体缺位的情形下，国家理应为由于理智尚未成熟无法自主自立的儿童补足监护支持，保障其身心发育发展。在父母或其他监护主体严重损害、危害儿童合法权益的情形下，儿童缺乏与父母或其他负有照顾义务的人协商博弈、重建家庭内部有效关系的理智和能力，国家在监护问题上的干预乃至替代有助于增进儿童福利和家庭共同福利。[1]

过度干预的极端表现是包办式国家监护。如柏拉图在《理想国》中提出的"儿童公有"，[2] 由此催生一些国家或地区出现统一抚养、教育儿童的做法，其结果却是难以为继或于儿童身心发展不利。[3] 经济学家用父母的利他主义解释了为什么全社会具有比柏拉图更现实的常识，"他们能够考虑自己的行为对孩子健康的影响，他们有时为了增加

---

〔1〕 ［美］加里·斯坦利·贝克尔：《家庭论》，王献生、王宇译，商务印书馆 2007 年版，第 436 页。

〔2〕 柏拉图借苏格拉底之口主张儿童公有，即断绝父母与子女之间的亲缘关系，孩子由城邦统一组织抚养。参见 ［古希腊］柏拉图：《理想国》，顾寿观译，岳麓书社 2010 年版，第 223~227 页。

〔3〕 以色列集体农场运动中曾经实验过统一养育儿童，但以失败而告终，重又规定父母有抚养孩子的义务。罗马尼亚通过国立育儿机构集中抚养大批孤儿的实践也日益显现其不利儿童身心发展的弊端。

孩子的消费和安逸，宁愿牺牲自己的消费和安逸"。[1]

（二）儿童利益最大、家庭场域优先的原则

"儿童最大利益"，又称"儿童最佳利益"（The Child's Best Interests）最早出现于 1959 年《儿童权利宣言》（以下简称《宣言》），此后被吸收为 1989 年《儿童权利公约》（以下简称《公约》）的四项核心原则之一，成为维护 18 岁以下未成年人利益的重要理念，并在数量众多的缔约国得到肯认。儿童最大利益原则的地位体现在，"关于儿童的一切行动，不论是由公私社会福利机构、法院、行政当局或立法机构执行，均应以儿童的最大利益为一种首要考虑。"[2] 上述两个国际性文件并没有对何为儿童最大利益作出界定，事实上，儿童最大利益所在须依具体情势而论，亦非一言所能蔽之。

但儿童最大利益的范围和指向可根据《宣言》和《公约》予以明确：首先，《宣言》和《公约》都确认，为儿童最大利益考量是儿童的一项权利，这意味着二者特别强调把儿童作为个体权利主体而不是作为一个家庭或群体的成员来加以保护。[3] 作为完整权利主体的儿童，其利益范围亦是完整的个体利益，并不因其年龄、心智或其他个体特征而有任何减损，所以儿童最大利益是全面的个体利益，在社会生活的各个方面都不能歧视或忽视儿童利益。其次，首倡儿童最大利益原则的《宣言》称此原则的目的在于使儿童"能在健康而正常的状态和自由与尊严的条件下，得到身体、心智、道德、精神和社会等方面的发展"，《公约》也要求缔约国确认"每个儿童均有权享有足以促进其生理、心理、精神、道德和社会发展的生活水平"（第 27 条第 1 款）。可见，儿童最大利益主要指向其生理、心理、精神、道德和社会发展这些维度，任何不利于儿童身心健康、精神道德培育、社会化和社会发展的因素都与实现儿童最大利益的目标相悖。

---

〔1〕 ［美］加里·斯坦利·贝克尔：《家庭论》，王献生、王宇译，商务印书馆 2007 年版，第 438~439 页。See "Convention on the Rights of the Child", Part I, Article 3.

〔2〕 See "Convention on the Rights of the Child", Part I, Article 3.

〔3〕 王雪梅："儿童权利保护的'最大利益原则'研究"（上），载《环球法律评论》2002 年冬季号。

家庭对于实现儿童最大利益有着非常重要、无可替代的作用和意义。《公约》指出，家庭作为社会的基本单元，作为家庭所有成员、特别是儿童的成长和幸福的自然环境，应获得必要的保护和协助，以充分担负起它在社会上的责任。家庭关系被视为儿童维护其身份的重要因素之一，《公约》要求，"如有儿童被非法剥夺其身份方面的部分或全部要素，缔约国应提供适当协助和保护，以便迅速重新确立其身份"。[1]

有鉴于此，国家监护的程序设计应有利于尽量、尽快促成儿童回归家庭环境：在国家监护的启动环节，撤销父母等主体的监护权、使儿童与此类监护主体分离必须是为实现儿童最大利益而必需之举措；在国家监护的实施环节，一方面要确保儿童的妥善安置，另一方面也要采取多种措施对违法犯罪的父母等监护主体进行疏导、矫治和训诫，条件具备时可酌情恢复其监护权；在国家监护的后续环节，要积极通过寄养、收养等机制为儿童寻得适宜的新的家庭环境。

（三）国家机构协作、社会资源聚合的模式

从国家—社会关系视角来看，国家监护应坚持国家机构协作、社会资源聚合的模式。

第一，履行国家监护职能需要国家内部实现机构协作。根据我国《民法总则》和《未成年人保护法》的规定，民政部门是国家履行儿童监护职责的主要代表，但并非唯一代表；中央和省一级政府负有组织协调职责，各级国家机关都在其职责范围内承担相应责任。在我国法律所确立的大监护语境下，[2] 监护涉及儿童成长的日常照顾和权益保障，是在一定期间内全盘接收儿童的整个"生活"。这与公权力自身的资源配置和运作模式存在本质上的相异，因此不可能仅仅依赖单独的某一职

---

〔1〕 See "Convention on the Rights of the Child", Part I, Article 8.

〔2〕 自监护、亲权（或谓父母责任）二者关系角度而言，与亲权相分离的监护制度谓之小监护，包含亲权内容的监护制度谓之大监护。长期以来，我国学界对监护与亲权之间的关系观点不一、争论不断，以致在立法构想上也多有差异。参见刘征峰："被忽视的差异——《民法总则（草案）》'大小监护'立法模式之争的盲区"，载《现代法学》2017 年第 1 期。值得注意的是，2017 年 3 月公布的《中华人民共和国民法总则》在"监护"一节中首先规定了父母责任，继而明确父母是未成年人的监护人，然后规定父母之外的监护人如何选任、指定、履责等，表现出包含亲权在内的大监护立场。

能机构对被监护人进行妥当的安置，而应充分发挥"国家"这一抽象主体在资源占有和人员调配上的集合优势，强调国家机关内部多机构的合作和协调。前述全国首例由民政部门申请撤销监护人资格案正体现出检察机关、民政机关、司法机关基于各自的定位和彼此的协作履行国家监护职责。

第二，履行国家监护职能还需借力社会组织、聚合社会资源。由于我国人口基数庞大，国家监护的需求也相当大：根据民政部发布的《2016 年社会服务发展统计公报》，截至 2016 年底，全国共有孤儿 46.0 万人，其中集中供养孤儿 8.8 万人，社会散居孤儿 37.3 万人；[1] 撤销父母监护资格代之以国家监护的案例目前并不多见，但社会影响广泛且正面，未来这一机制的运用必呈增长态势。另一方面，履行监护儿童的职责不可避免地涉及日常照料和教育看护等。我国《民法总则》将未成年人和成年人的监护人职责统一表述为"代理被监护人实施民事法律行为，保护被监护人的人身权利、财产权利以及其他合法权益等"（第34 条第 1 款），这仅是监护制度的民法功用。儿童监护还有重要的社会保障功能，即保障儿童的生存和发展。德国法通过强调儿童的完整性利益和发展利益来实现这一功能：前者是指维护身体健康，提供食品、衣物、住房以及最低限度的人身投入；后者是指通过教育和适当社会接触获得的发展、学校和职业培训、对精神和文化兴趣的培养以及随着年龄增长而逐步提高的自决能力。[2]

实际上，真正契入儿童成长过程，使其获得社会化发展的正是日常的身体照料、生活抚养、教育看护等。需要国家监护的儿童往往也同时需要生活照料，履行国家监护的主体必须对此有所安排。换言之，国家监护的实施必须落实到个体，由个体工作人员或受委托人执行监护职能。这既是为了满足儿童日常照料的需要，也是克服"国家"之抽象

---

〔1〕 见民政部在其门户网站发布的《2016 年社会服务发展统计公报》，访问网址：ht-tp：//www.mca.gov.cn/article/sj/tjgb/201708/20170800005382.shtml，访问时间：2017 年 8 月 4 日。

〔2〕 ［德］迪特尔·施瓦布：《德国家庭法》，王葆莳译，法律出版社 2010 年版，第 361、362 页。

主体特性的需要。正因如此，德国的社团监护和官方监护都是通过指定具体的工作人员或雇员来执行监护的。[1] 但通过个体执行国家监护的机制势必带来庞杂而繁重的任务，绝非其主要执行机关所能承担，即便扩及负责具体职责的其他国家机关，也是不现实、不可行的。诚然，我国《民法总则》和《未成年人保护法》业已将群众性自治组织如居民委员会、村民委员会和有关社会团体如共产主义青年团、妇女联合会、工会、青年联合会、学生联合会、少年先锋队等纳入儿童监护和儿童保护主体，但这些组织和团体都有其既定的、明确的工作范围，不可能成为持续的、主要的国家监护辅助力量。

在社会责任和社会服务意识愈益彰显的背景下，借助和依赖专业社会组织已被证明是加强儿童保障、促进儿童发展的有效路径，也是实施和优化国家监护的有力支持。由公益慈善驱动的社会组织在我国儿童保护和儿童发展领域深耕已久，近年来发展模式越来越专业和规范，如通过免费午餐项目致力于解决乡村儿童饥饿问题的中国社会福利基金会、以教育为重点救助和照顾受艾滋病影响儿童的智行基金会等都成效卓著、信誉极佳。而政府机关与社会组织协力合作的征程早已启动，由民政部与联合国儿童基金会合作开展、众多公益组织参与其中的中国儿童福利示范区项目更是直接推动中央政府出台《关于加强困境儿童保障工作的意见》，以设立"儿童福利主任"的形式将包括国家监护在内的困境儿童保护机制覆盖到全国。这是国家履责借力社会组织和志愿服务的典范，也是国家与社会在现代性背景下深度融合的映像。

四、国家监护的规范路径

在民法传统中，国家监护滥觞于古罗马的官选监护。在我国封建时代，官府主持的恤孤养老为儿童、老人等弱势群体提供照护，这种社会救助和社会保护与国家监护有相通之处。从法制发展的角度来说，国家监护与社会救助可谓在不同的制度体系中殊途同归，最终在国际人权理念兴盛、社会法律部门崛起之时融合为独具特质的法律机制。

---

[1] ［德］迪特尔·施瓦布：《德国家庭法》，王葆莳译，法律出版社 2010 年版，第 447 页。

强调国家负有保护公民权利之积极义务的现代国际人权理念为国家监护制度提供了理论基础和指导原则，进而通过实体法、程序法和冲突法转化为具有国家强制力的法律规范。[1] 而民法和社会法则为国家监护制度提供更为具象的规范体系。在我国法治建设的现阶段，《民法总则》关于监护制度的详尽规定为国家监护确立起民法规范框架，但以《未成年人保护法》为代表的社会法范畴尚缺乏关于国家监护的具体实施规范。国家监护在具体实施中的规范、程序和法律责任正是其与民事监护相区分的关键所在，也是其社会法属性的集中体现。就此而言，国家监护制度的精细化是社会法发展乃至发达的表征。

（一）民法规范框架已确立

民法体系中的儿童监护制度是保护儿童权利法律制度设计中最主要的安排和最直接的载体，[2] 面向儿童的国家监护制度亦根植其中。我国于 1986 年通过的《民法通则》"监护"一节共计 4 个条文，其中 2 条可用于儿童监护，分别是第 16 条关于监护主体的规定和第 18 条关于监护职责的规定，国家对儿童的直接监护仅体现在第 16 条最后提及民政部门可担任监护人。2017 年 3 月，在民法典编纂进程中率先公布的《民法总则》将"监护"一节修改、扩充至 14 个条文，其中 6 条可适用于国家监护，涉及国家监护代表机构民政部门的临时监护资格（第 31 条第 3 款）、民政部门的正式监护资格（第 32 条）、国家监护的职责及监护不当的法律责任（第 34 条）、国家监护的原则与特别规则（第 35 条第 1 款和第 2 款）、民政部门撤销监护人资格（可能导致国家替代监护）的权利与职责（第 36 条）、国家监护终止的法定情形（第 39 条）。

在新的规范体系下，国家监护的设立、职责和终止有了完整的制度框架，制度理性有了显著提升。但此制度框架存在两个重大问题：其

---

〔1〕 吴用：《儿童监护国际私法问题研究》，对外经济贸易大学出版社 2009 年版，第 42、43 页。

〔2〕 吴用：《儿童监护国际私法问题研究》，对外经济贸易大学出版社 2009 年版，第 41 页。

一，该制度框架的确立是以忽视国家监护与民事监护的差异为成本的，具体而言，国家监护的职责及监护不当的法律责任、国家监护的原则与特别规则、国家监护终止的法定情形均是套用监护一般规则。那么，国家监护共用民事监护一般规则，究竟是制度充实还是制度扭曲呢？这取决于如何看待民事监护与国家监护的"同"与"异"。笔者认为，监护职责、监护终止的法定情形以及现行法确立的监护原则与特别规则是可以适用于国家监护的，但是从国家监护主体的特性出发，需要考虑在宏观"国家"、中观"国家机关"和微观"监护执行主体"之间析分监护的具体职能和监护不当的法律责任。没有充分虑及国家监护的特性显然是该框架的一大缺憾。其二，该框架虽可达到国家监护的民法功能，即补足被监护人的行为能力、建立被监护人行使权利的法律通道，却无视大量无财产被监护人最现实、最迫切的基本生活需求和发展要求，好比为饥寒交迫之人搭建一座空空如也的法律城堡。这种传统民法的傲慢在其自身体系内是无法消解的，只能通过社会法的构建予以弥合。

（二）社会法规范体系可期待

相较于民事监护制度的单一功能，社会法视野下的监护承载着更为广泛的社会救助和人权保护功能，因此在制度构建上也表现出更加务实的立场和更加灵活的机制，但在国家监护机制本身的运用和发展方面显得保守。我国 1991 年通过的《未成年人保护法》即确立了国家保障未成年人利益的基本立场和国家机关、社会团体乃至社会各界共同负责的总体布局，并规定了特定情形下撤销父母或其他监护人监护资格的机制，但并未明确规定国家监护制度，而只是援引《民法通则》作为另行指定监护人的法律规则（第 12 条第 2 款），并以"收容抚养"来表述民政部门下设儿童福利机构临时照护脱离监护之未成年人的职能（第29 条）。2006 年修订后的《未成年人保护法》在此基础上对父母监护责任进行了细化和充实，并首次明确民政部门实施救助承担的是"临时监护责任"，对儿童福利机构的职能则表述为"收留抚养"，同时对于未成年人救助机构、儿童福利机构及其工作人员履责行为进行了规范（第 43 条）。2012 年新一轮的修订在这些问题上没有大的突破，继续沿用上述规则。

总体看来,《未成年人保护法》在国家监护问题上始终恪守民法体系划定的疆界,缺乏主动探索和能动作为,因之与一系列社会保护法被冠以"没有牙齿的老虎"之名。新近出台的《民法总则》在监护以及国家监护制度上的突破无疑会给《未成年人保护法》带来新的发展契机,但如果只是循着民法体系开辟的道路向前推进且止步于既定的法律规范边界,则不但社会法无法突破"软法"之迷局,还使得国家监护制度本身失去充实和完善的可能,带来法律实践的困扰和儿童保护事业的损害。

然则国家监护制度究竟在什么意义上归属于社会法,在当前《未成年人保护法》规范体系下,国家监护制度又有哪些突破与发展的着力点呢?笔者认为,立足于民法体系与社会法体系的交会处,国家监护的外延、国家监护的特有规则和国家监护的资源支持等都是值得深入思考和研讨的论题,惜此文难以尽述,仅择其关键之一二阐述之。

第一,国家监护的外延。除却撤销父母及其他监护人的监护资格由民政部门替代监护外,民政部门在社会救助中实施的"临时监护"以及民政部门下设儿童福利机构对脱离监护之未成年人的"收留抚养"应否定性为国家监护?如果是,则社会救助、社会保护与民事监护之间的壁垒得以打通,困境儿童的现实生活与法律生活趋于一致。如果不是,则国家监护的适用将大大受限,而社会救助和社会保护的规范只能继续缓步而行。

第二,国家监护的特有规则。包括启动问题家庭调查的规则、协调不同机构的规则、确立国家监护的规则、析分监护职能的规则、异议提出及排解规则、国家监护向民事监护转化及交接的规则等。在德国法上,由青少年福利局担任的官方监护有许多特有规则,有些规定在德国《民法典》,有些则规定在德国《社会法典》。如德国《民法典》第1791b条规定青少年福利局既不得被监护人的父母指定,也不得被监护人的父母排除,且其选任以家庭法院的裁定为之。第1791c条是关于法定官方监护确立的规定。第1792条规定青少年福利局可以是监护监督人，但由其担任官方监护时不得选任监护监督人。[1] 第 1801 条规定官方监护在安置被监护人时亦须照顾被监护人及其家庭的宗教教派及其世界观。第 1805 条规定青少年福利局担任官方监护时亦可将被监护人的金钱投资于其设立所在的团体。[2]

德国《社会法典》则就官方监护须指定具体工作人员或雇员执行监护及其权限（第八编第 55 条第 2 款）、青少年福利局可基于被监护人利益将官方监护转化为民事监护并及时通知家庭法院（第八编第 56 条第 4 款）等作出规定，并规定由青少年福利局行使社团监护资格许可权（第八编第 54 条第 4 款）。[3] 在德国，《民法典》和《社会法典》都是国家监护的法律渊源，二者各依其制度目标制定规范，形成交错呼应之势，而无抵触冲突之患。除了这两部法典，还有《基本法》对官方监护法律责任承担进行的规定（第 34 条），以及单行法《监护人和照管人报酬法》等都是监护制度法律渊源。[4]

综上，国家监护以其多重法律特性跨越多个法律部门，其规范体系的构建自成蔚然之势，而不必拘泥于某一部门法之边界。这一信念正是社会法得以形成、发展并卓然立于法律王国的基石所在。由个别极端案例激活的国家监护以星星之火燎原之势走向理性化和体系化的进程，恰是昭示和验证：法律理性的价值正在于，将裁判个案的原则抽象概括为一条或数条原则，并随后逐渐形成一个法律体系。[5]

---

〔1〕 陈卫佐译注：《德国民法典（第四版）》，法律出版社 2015 年版，第 739、740 页。

〔2〕 陈卫佐译注：《德国民法典（第四版）》，法律出版社 2015 年版，第 743、745 页。

〔3〕 ［德］迪特尔·施瓦布：《德国家庭法》，王葆莳译，法律出版社 2010 年版，第 446、447、455 页。

〔4〕 ［德］迪特尔·施瓦布：《德国家庭法》，王葆莳译，法律出版社 2010 年版，第 454 页。

〔5〕 ［德］韦伯：《经济与社会》，杭聪编译，北京出版社 2008 年版，第 118、119 页。

四、调研报告

北京市未成年人救助保护中心调研报告

靳世静[1]

2003 年，国务院颁布实施《城市生活无着的流浪乞讨人员救助管理办法》（以下简称《救助管理办法》），同时废止 1982 年发布的《城市流浪乞讨人员收容遣送办法》，这一事件标志着我国城市管理和社会保障的重大发展，它意味着政府对待流浪群体的态度从以行政管理为主到以社会救助为主、从以维护社会秩序为主到以保障人权为主的转向。这一转向既契合我国社会经济发展转型的事实，也面临着人口向城市流动的挑战。在社会转型和人口流动的过程中，原有的家庭组织形式受到冲击，未成年人成为更被动、弱势的群体，因而需要国家、社会更多的关注和投入。从国家民政部社会服务统计公报数据来看，全国未成年人救助保护机构的数量逐年上升：从 2008 年的 88 个上升到 2014 年的 345个；救助流浪乞讨未成年人的数量也呈上升趋势，2013 年救助 18.4 万人次。

那么，流浪未成年人救助保护机构成立的契机是什么？在保障未成年人权益的过程中有哪些功能？各项功能是如何发挥作用的？具体的救助过程是如何操作的？这样的机构又存在着哪些问题？为了弄清相关情况，中国政法大学教授夏吟兰组织成立的"以保障儿童人权为导向建构国家监护制度研究"课题组七人于 2016 年 5 月 19 日对北京市未成年人救助保护中心进行了实地调研。

---

[1] 靳世静，女，中国政法大学人权研究院博士研究生。

调查研究主要采用访谈法和观察法，在机构工作人员访谈方面，对北京市流浪未成年人救助保护中心的主管领导进行了访谈。采用观察法观察未成年人院内监护的实际执行情况，注重与中心工作人员和未成年人的交流，并且对进入中心的典型和特殊案例进行了解。

北京未成年人救助保护中心的设立得益于《救助管理办法》的颁布实施。2003 年 6 月 18 日国务院第 12 次常务会议通过《救助管理办法》，2003 年 8 月 1 日起施行，1982 年 5 月 12 日国务院发布的《城市流浪乞讨人员收容遣送办法》同时废止。相应地，收容遣送制度废止，救助制度成立，北京各区县救助机构于当年 8 月 1 号正式统一挂牌，挂牌的同时发现未成年人随从成人一起多有不当，因此，北京市政府下达指示，决定在北京成立一个专门针对流浪未成年人的救助保护机构。2003 年 10 月，北京未成年人救助保护中心开始筹建，10 月 24 日开始接收未成年人，主要是从成人救助站分离出来的没有监护人的未成年人。所以，在实践经验的基础上对城市流浪人员管理的制度化和专业化促成了北京市未成年人救助保护中心的设立。

一、未成年人救助保护机构功能

（一）未成年人救助保护机构的功能

1. 提供临时生存保障。流浪儿童居无定所，生活无着，时时面临生存困境，未成年人救助保护机构的首要功能便是为流浪儿童提供生存保障。为生存处于困境的人提供救助的方式有多种，有单项的食物供给，有专项的医疗救助，也有长期的最低生活保障。北京未成年人救助保护中心提供的则是一种多项的、综合的并且是临时的生存保障。这种临时性和综合性是流浪儿童得到及时有效生存救助的保障。进院接受救助的流浪未成年人会得到食宿、基本医疗、心理辅导、社工辅导、非正规教育等服务，免除了流浪状态可能面临的各种生存危机。

2. 核实返乡。作为临时救助机构，中心的一项重要职能是核实被救助流浪儿童的身份并护送回乡。流浪儿童因为某些原因离开家庭，脱离监护，未成年人救助保护机构临时救助的方向或者重要目标就是要帮助其回到家庭，归于受监护状态。鉴于未成年人的认识能力和意思能力欠缺，查找监护人，准确核实其身份，由工作人员护送回乡成为中心的重要职能。鉴于属地管理的原则，护送回乡的模式是机构对机构式的，即由发现地机构送至流浪儿童户籍所属地机构，而不是直接护送回未成年人的家庭。

3. 协调安置滞留人员。入住中心的未成年人中，有一定比例的人长期无法查明家庭情况，这就需要中心认真履行监护职责，除了提供站内照顾，还需要协调委托儿童福利组织照料，联系教育部门安排就近入学，确实无法查明的，要协调送往儿童福利机构抚养，办理家庭寄养[1]，对有劳动能力的，还要适当安排技能培训、就业帮扶。

（二）未成年人救助保护机构的运行机制

1. 未成年人救助保护机构的成立和发展的法律、法规和政策依据。2007 年《中华人民共和国未成年人保护法》从原则和实施层面都明确规定了保护未成年人的国家和政府责任。如其第 3 条规定："未成年人享有生存权、发展权、受保护权、参与权等权利，国家根据未成年人身心发展特点给予特殊、优先保护，保障未成年人的合法权益不受侵犯。"第 43 条规定："县级以上人民政府及其民政部门应当根据需要设立救助场所，对流浪乞讨等生活无着未成年人实施救助，承担临时监护责任；公安部门或者其他有关部门应当护送流浪乞讨或者离家出走的未成年人到救助场所，由救助场所予以救助和妥善照顾，并及时通知其父母或者其他监护人领回。"国家层面的法规、规章对此作了更加具体的规定，如 2003 年《城市生活无着的流浪乞讨人员救助管理办法》、2011 年《国务院办公厅关于加强和改进流浪未成年人救助保护工作的意见》（国办发〔2011〕39 号）、2014 年《社会救助暂行办法》、2015 年《民政部、公安部关于加强生活无着流浪乞讨人员身份查询和照料安置工作的意见》（民发〔2015〕158 号）。地方政府在总结试点经验的基础上，也出台了相关的规定，如《市民政局、市公安局、市城管执法局关于进一步做好流浪乞讨人员管理和救助工作的意见》（京办发〔2004〕8

---

[1] 2014《家庭寄养管理办法》。

号）。

2. 人、财、物支出的制度性保障。《救助管理办法》第 3 条规定："县级以上城市人民政府应当采取积极措施及时救助流浪乞讨人员，并应当将救助工作所需经费列入财政预算，予以保障。"第 14 条规定："县级以上人民政府民政部门应当加强对救助站工作人员的教育、培训和监督。"2008 年 12 月，由民政部主编，住房和城乡建设部和国家发展和改革委员会联合批准的《流浪未成年人救助保护机构建设标准》开始实施，未成年人保护机构的硬件设施有了专业化的标准。2011 年 9 月，财政部、民政部联合印发《中央财政流浪乞讨人员救助补助资金管理办法》，该《管理办法》包括总则、资金申请与分配、资金使用管理与考核、监督管理等章节，使得救助补助资金的使用有章可循。为进一步规范和加强中央财政流浪乞讨人员救助补助资金管理，切实提高资金使用效益，财政部、民政部对《中央财政流浪乞讨人员救助补助资金管理办法》进行了修订，增设"资金的使用范围"，强调了补助资金的专款专用，明确其用于生活无着的流浪、乞讨人员主动救助、生活救助、医疗救治、教育矫治、返乡救助、临时安置以及未成年人社会保护等救助保护支出。值得一提的是，未成年人社会保护支出在这次修订中单列为专款专用的一项。

3. 机构运行的基本规范。2006 年 7 月，民政部发布施行《流浪未成年人救助保护机构基本规范》，确定未成年人保护机构各项活动的最低标准。《基本规范》包括总则、术语、服务、机构建设、管理等几大部分。总则概述了机构救助未成年人的总体目标与方向；术语对机构运行中使用的基本概念进行了阐释；"服务"部分对接待，入站，基本服务，特殊服务，教育、培训、就业，心理辅导、行为矫治，离站等作出较为详尽的规定；机构建设包括机构设置，基本设施、设备，基本环境的要求；管理包括人力资源设置与内部制度建设的基本规定。同时，地方政府及民政部门也根据自身经验和地方情况发布一些业务服务指南，北京市未成年人救助保护机构即有自己的《救助服务指南》。

二、接收困境儿童的状况

（一）中心接收儿童的条件和程序

根据《北京市未成年人救助保护机构救助服务指南》，机构接收 3 周岁以上、18 周岁以下，身体基本健康，智力正常，没有监护人的流浪乞讨未成年人。流浪乞讨未成年人中有智力障碍或精神障碍、患危重病或传染病、有吸毒或轻微违法犯罪行为的，不予救助。

护送单位送儿童入站需要出具工作说明、受助未成年人户籍证明以及定点单位出具的体检结果。工作说明的基本内容包括：求助未成年人个人情况（姓名、性别、户籍证明等）、家庭情况、核实情况、托管期限、单位公章、联系电话、护送人证件号码（身份证、警官证、执法证等），工作说明需加盖单位公章。

中心一般不接收个人送来的流浪儿童，因为个人往往无法提交关于流浪儿童的有效真实的信息，建议个人发现流浪儿童后报警，由公安部门护送儿童进机构。

（二）未成年人主要来源及其所占比例

北京未成年人救助保护中心目前接收三类困境儿童：流浪儿童、服刑人员子女、未查找到监护人的涉拐卖儿童。自 2003 年机构筹建以来，便开始接收流浪儿童，2007 年开始接收找不到其他监护人的在京服刑人员子女，2009 年开始接收暂时找不到监护人的打拐被解救儿童。流浪而生活无着的儿童占比最大，在京服刑人员子女次之，被解救儿童也有一定数量。

目前为止，每一个类型困境儿童的接收都是法律、法规的出台，政府某些部门的重大行动的结果，往往带有一定的行政指派或指导性，遭受家庭暴力的儿童、父母被剥夺监护权的儿童等困境儿童都不在中心的接收范围。

（三）接收困境儿童尚无国家统一规定

2006 年，民政部发布的《流浪未成年人救助保护机构基本规范》中规定了"流浪未成年人"的定义，即 18 周岁以下，脱离监护人有效监护，在街头依靠乞讨、捡拾等方式维持生活的未成年人。理论上，流浪未成年人救助机构接收的困境儿童一般在这个概念的范围内。实践中，不同地方的儿童救助机构又有各自的标准，如北京除规定年龄外，还对拟接收儿童身体状况和精神状况作了要求。仅就年龄这一最易实现的标准而言，北京规定接收标准为 3～18 周岁，而成都则规定为 6～18 周岁的标准[1]，这与不同城市已有的其他儿童福利或救助体系的设置不无关系。

（四）中心接受儿童流浪的原因

关于儿童流浪的原因，根据中心提供的案例集（100 例）以及对中心负责人的访谈，主要有如下几类：

第一类，因患有严重疾病或私生子身份被遗弃。根据对中心提供的 100 个案例的粗略统计，约有 20% 的孩子因为身体患有严重疾病或私生子身份被遗弃。这类儿童的流浪完全是父母或其他监护人逃避监护责任造成的，他们或因身患重病，或因非婚生身份被弃，大多是突然被置于不受保护的状态，流落于街头。尤其是患有重病的儿童，他们的生命时时处于危险之中，中心接收后因遗弃延误治疗身亡的就有两人。

第二类，不堪忍受父母虐待、体罚或过于严厉的管教而离家出走。有 10% 左右的孩子是因为不堪忍受家庭暴力，有的孩子父亲酗酒闹事，动辄对其打骂；有的孩子因为身体残疾遭受父母歧视；有的因为做错事惧怕父母发现后毒打；有的不堪忍受父母的严厉管教等。这类孩子流浪的原因多是父母不端行为或者不恰当的教育方式使得孩子对父母失去信任，对家庭失去依赖而离家出走。

第三类，父母双方或一方外出打工，因留守产生的各种问题而外出流浪。这类儿童所占比例也相对较大，占 10% 以上。父母双方或一方外出打工，孩子或寄养在其他亲属家或独自居住，容易产生各种问题。比如，有的留守儿童与老师发生矛盾无力疏解；有的儿童沉迷网络，荒废学业；有的儿童直接辍学；有的仅仅因为想念父母。这些儿童共同的特点是缺乏家庭教育和亲情温暖，内心孤独，他们在原籍学校或社区或多

---

〔1〕 参考成都市未保机构简介：访问网址：http：//www.cdjzglz.com/info/203.html，访问时间：2016 年 12 月 1 日。

或少受到歧视，外出寻找"出路"成为他们流落他乡的导火线。

第四类，自己外出打工受挫，流落街头。外出打工未寻得工作的，这部分流浪儿童年龄集中在十六七岁，一般是贫困地区初中毕业或辍学的未成年人，他们未接受过就业培训，就业技能低，生存能力差，沦为城市流浪儿童的风险极大。

第五类，因走失或被拐骗而流浪。值得一提的是，本次案例集农村户籍儿童占95%以上。

三、提供救助的情况

（一）提供救助的时限

中心提供救助的具体时限，长短不一，少则十天半月，多的达七八年之久。有些儿童父母或监护人在短时间内查找到后，很快便接送回家，有些儿童则长期查找不到父母或其他监护人，不得不滞留。中心主管领导介绍，90%以上的孩子在两三个月左右的时间内便可送回原籍或由家长接走，但也有小部分孩子滞留中心，这些滞留的孩子占用较大的人力、物力，成为一项难题。《国务院办公厅关于加强和改进流浪未成年人救助保护工作的意见》《民政部、中央综治办、最高人民法院等关于加强孤儿救助工作的意见》对长期查找不到父母或其他监护人的流浪儿童安置作了原则性指导："对暂时查找不到父母或其他监护人的流浪未成年人，在继续查找的同时，要通过救助保护机构照料、社会福利机构代养、家庭寄养等多种方式予以妥善照顾。对经过2年以上仍查找不到父母或其他监护人的，公安机关要按户籍管理有关法规政策规定为其办理户口登记手续，以便于其就学、就业等正常生活。"由于北京这一地域的特殊性，如果滞留的孩子都按以上规定落户，存在着非常大的"移民"道德风险，因此，目前为止，机构接收的孩子鲜有落户北京的情况，孩子的教育只能暂时依托于SOS儿童村和附近小学，有些在机构滞留时间较长的孩子，正面临着中考的户口困境。无独有偶，广东省少年儿童救助保护中心也面临类似的难题。

（二）提供的生活、教育服务

根据民政部颁发的《流浪未成年人救助保护基本规范》，救助机构应该为受助儿童提供不低于机构所在地城市居民最低生活保障标准的基本生活和医疗服务，对重病、残疾、生活不能自理等受助儿童提供特殊医疗、照顾和康复服务；对于长期滞留在机构的未成年人，根据其自身情况和主观意愿为其提供相应的教育、培训和就业服务；工作人员初测认为确有必要的，为其提供心理辅导和行为矫治等服务。

北京未成年人救助保护中心硬件设施上达到国家《流浪未成年人救助保护中心建设标准》二级标准，机构儿童的衣、食、住、医与基本的教育服务有很好的硬件保障。更大规模的建设项目近期就要投入使用。

中心的管理水平居于全国前列，教员、医护人员和照料人员的配备达到基本规范的要求。目前，机构有 2 名教师为站内四十几个儿童开设非正规教育课程，另有 40 个左右滞留两三年的儿童被送往儿童村接受教育。

（三）未成年人出站工作

如前所述，核实返乡是机构一项重要工作，90%以上的孩子需要核实身份后返乡。机构提供接领离站服务和护送返乡服务，受助未成年人的监护人、监护人委托人、公安、城管部门、流出地政府部门可到中心办理接领离站手续，来京接领确有困难的，由机构工作人员护送未成年人回乡。目前，通过以上两种方式回乡的孩子的比例基本各占一半。护送返乡占用相当大的人力、物力，通常由两位工作人员护送一个儿童返乡，每周 2 次出差对机构一些工作人员来说是常事。据介绍，中心去年约有一百多个孩子被护送回乡。

机构对回乡未成年人会有一定的电话回访和到家回访工作。

四、发现的问题

（一）接收困境儿童的标准地方化、行政化，缺乏统一的国家标准

如上所述，中心接收每一个类型的困境儿童都是由行政指令或是配合某些部门的行动而做出的，如对流浪儿童的接收，是在发现成人救助机构不便于救助儿童而由政府紧急决定筹建机构接收；服刑人员子女的接收，考虑了公安机关的办案效率；涉拐儿童的接收，是配合了轰轰烈烈的打拐行动。这些接收行为带有一定的行政指派或指导性，缺乏理论

的指导和国家统一标准，因此，那些遭受家庭暴力的儿童、父母被剥夺监护权的儿童等困境儿童都不在中心的接收范围。2014 年最高人民法院、最高人民检察院、公安部、民政部《关于依法处理监护人侵害未成年人权益行为若干问题的意见》第 15 条规定："未成年人救助保护机构应当接收公安机关护送来的受监护侵害的未成年人"，然而这里的"受监护侵害的未成年人"并没有一个准确的定义。

（二）无力的法律地位

调研的过程中发现，中心接收的一些滞留儿童的父母不是无迹可寻，而是逃避责任，有些还堂而皇之地表示"这个孩子我不管了，不要了……"仿佛孩子是他们可以丢弃的物品。虽然《未成年人保护法》第 52 条第 4 款规定，对未成年人负有抚养义务而拒绝抚养，情节恶劣的，依照《刑法》第 183 条的规定（遗弃罪）追究刑事责任，而遗弃罪属于亲告罪，未保中心能否以"临时监护人"的身份起诉，法律关系并不清晰。全国范围内，笔者通过浏览中国裁判文书网发布的 2007～2016 年的遗弃案，发现尚未有一个此类裁判。《关于依法处理监护人侵害未成年人权益行为若干问题的意见》第 3 条规定民政部门、未保机构在必要时可以向人民法院申请撤销监护人资格，然而诉讼所耗费的人力、物力较大，未保中心负责人也表示他们对此往往力不从心。

对有抚养能力而不抚养的父母，中心目前也无追偿机制。

（三）人力、物力尚有较大缺口

北京市未成年人救助保护中心经费主要包括孩子各项所需的费用和人员工资，全部来源于财政资金，进站孩子的费用由市财政局核定标准，人员工资标准目前较事业单位低。总体而言，机构经费存在较大缺口。

北京市未成年人救助保护中心编制有 25 个，目前在编的有 19 人，由人事局拟定招工标准，公招门槛较高。由于工作量大，机构近两年开始购买社工岗，但是过低的工资水平和专业技术职称评定的困境导致机构人员流动性过大。目前，有社工初级和中级证书的比例尚未达到 1/5，人员的工资待遇和社工专业化有待提高。

附：案例

一对双胞胎兄弟的别样童年

背景材料：耿某、耿某某，男，均系 2002 年 12 月 16 日出生，二人为双胞胎兄弟，属于非婚生子女，无户籍。受助时年约 5 岁。

个案类别：遗弃

救助过程：2007 年 7 月 27 日，骄阳似火的北京城让人感到心烦气躁。下午时分，在朝阳区南三里屯一栋居民楼下，一位 30 多岁的中年妇女正和一个 60 多岁的老太太发生争吵，后来二人又相继离去，却把两个 5 岁左右的男孩扔在路边不予理睬。这时，周围有好心群众路过，看到孩子在路边哇哇大哭，就拨打了 110。

经到场民警询问得知，发生争吵的那两个人是婆媳关系，因抚养孩子问题谈不拢，所以就吵起来，之后又都负气离去，而把两个孩子扔下不管。见此情况，民警只好先把这两个孩子接到派出所暂时安顿下来。

后经民警多方查证得知，这两个孩子的爸爸叫耿少某，是北京市人；妈妈刘某，是海南省三亚市人。耿少某和刘某是在北京认识后并同居的，并于 2002 年 12 月 16 日，在北京中日友好医院生下了一对双胞胎男孩，哥哥叫耿某，弟弟叫耿某某。孩子出生数月后，就被他们的妈妈刘某分别寄养在朋友李某和刘某某家中，等耿某、耿某某到了 3 岁时，被同时送进大兴区某幼儿园接受学前教育。

2007 年 7 月 26 日，耿某、耿某某的妈妈刘某以没有能力继续抚养孩子为由，带着两个孩子来到婆婆章某家中，希望老人能伸出援手，帮助她继续抚养孩子。而章某则以刘某与耿少某未正式结婚和年纪已大精力不济等原因，没有同意刘某的请求。随后二人在抚养孩子的问题上越说越僵，直至吵得不可开交，刘某就索性把孩子扔给章某而独自离去。后来，孩子的妈妈刘某在接受民警电话询问时，倒出了自己的苦衷：自从耿某、耿某某出生后，耿少某就没有承担过抚养孩子的任何义务，一直由她和朋友帮忙带着。现在自己工作不稳定，经济拮据，已没有能力再继续抚养了。而孩子的爸爸耿少某在接受民警电话询问时却是另一种说法：他不承认孩子是他和刘某生的，所以没有理由承担抚养孩子的义务。由于二人对孩子的归属问题分歧较大，因此谁也不愿意到派出所认领孩子回家。鉴于这种情况，民警只好先把耿某、耿某某送到流浪未成年人救助保护中心（简称未保中心）接受救助。

耿某、耿某某来到未保中心以后，工作人员曾多次联系刘某，希望她能把孩子领回去。刘某称：她现在连起码的生活都成问题，根本无法再抚养这两个孩子，并表示正在向朝阳区妇联寻求帮助，准备把孩子的父亲耿少某告上法庭。再到后来，刘某干脆停用了联系电话。

无知的犬马尚知遇难衔子，狠心的爹娘却抛弃了亲生骨肉。无奈之下，未保中心承担了对耿某、耿某某的日常照料和抚养义务。不仅为他们提供了基本的生活、安全、卫生保障，还让他们到学前班接受系统的学前教育。到了入学年龄后，又把他们送到了属地一所正规小学就读。后在多方协调下，依照相关政策，二人于 2010 年 7 月暂时转入北京 SOS 国际儿童村进行托养。

个案启示：本案例属于非婚生子女被遗弃的典型个案。其中的难点在于，救助机构已经找到了孩子的父母，可他们却由于各种原因，不愿意承担抚养义务。《城市无着人员救助管理办法实施细则》第 18 条明确规定，"对遗弃残疾人、未成年人、老年人的近亲属或者其他监护人，责令其履行抚养义务、赡养义务"，然而在具体执行过程中，却没有相应的强制措施，这给救助机构带来了不少难题。可喜的是，未保中心按照大民政工作理念，采取民生资源共享的办法，把两个孩子送到具有一定实力的北京 SOS 国际儿童村托管，对他们将来更好地融入社会，可以说是开了一个好局。

我国留守儿童监护权现存问题及
解决路径探析

——以毕节市调研为样本[1]

杨　洋等[2]

一、绪论

（一）选题背景

2012 年贵州省毕节市 5 名儿童为了避寒躲进垃圾箱结果因一氧化碳中毒而死，该事件一经报道立即引发社会关注，毕节也由此被视为留守儿童问题最具代表性和典型性的地区一直牵动着全国人民的心。2015年 6 月 9 日晚 11 点半，贵州毕节市又爆出一起人间悲剧：七星关区田坎乡 4 名留守儿童在家中疑似农药中毒，经抢救无效死亡。4 名儿童是亲兄妹，最大的哥哥 13 岁，最小的妹妹年仅 5 岁，他们生前均无大人抚育照顾，其母亲早年离家出走便再无消息，其父亲则终年在外务工只往家里寄点微薄的生活费供他们度日[3]。此事被报道之后，毕节市再一次被推上风口浪尖，留守儿童群体也再一次吸引了社会大众的深切关注。据《毕节市 2016 年国民经济和社会发展统计公报》显示，毕节市全市该年年末常住人口为 664.18 万人，户籍人口不详，不过《毕节市

---

〔1〕　2015 年中国政法大学研究生创新实践活动资助项目论文。

〔2〕　本文作者杨洋（女）、赵良伟（女）、王梦茹（女）、锁福远（男），均为中国政法大学民商经济法学院硕士研究生。

〔3〕　"贵州毕节 4 兄妹的留守儿童服毒自杀之殇"，访问网址：http://city.shenchuang.com/city/20150812/213226.shtml，访问时间：2017 年 8 月 1 日。

2015 年国民经济和社会发展统计公报》显示 2015 年年末当地户籍人口为 880.79 万人[1]。两相比较，2015 年户籍人口和 2016 年年末常住人口之间大约存在 216 万人的缺口。《毕节市 2016 年国民经济和社会发展统计公报》显示当地小学寄宿生 18.6 万人，寄宿率达 22.27%；初中寄宿生 28.7 万人，寄宿率高达 62.05%，此数据统计也能侧面对前述事实进行佐证。据毕节留守儿童办公室介绍，2016 年 6 月前毕节市约有农村留守儿童 26 万多名，全部在市、县、乡建立了台账，并在村和学校建立了档案。虽然与 2015 年相比，留守儿童减少了约 6 万名。但数据背后，毕节的压力仍在。[2] 如果考虑到农民工数量一直在持续增加，那么今天这个数据将更加惊人。如此庞大的留守儿童数量，如此严峻的生存现状，如何让留守儿童不再"留守"？如何带给他们健全完善的生活保障？这些问题拷问着所有关注留守儿童生存情况的人的心，也正是本文选题之缘起。

（二）研究目的及意义

由于 20 世纪 80 年代的社会背景和法学理念，法律历史沿革中存在很多问题，导致了如今制度层面上对于留守儿童的监护疏漏。目前我国的监护制度设计存在重家庭责任、亲属监护、身份伦理道德，轻国家责任、监护体系和法律规制调整等倾向，导致未成年人的法律保障在很大程度上还停留在私域性、家庭性、亲属性和自治性的水平，在这种大的监护体系之下，留守儿童的监护也相应地存在很多疏漏问题。笔者认为监护制度之下的监护与被监护关系不仅源于血缘关系，也应被视为一种纯粹的法律关系，因而需要构建相应完整的法律体系，使监护制度可以置于有效的法律监督之下。这其中从父母到亲属，乃至整个社会、国家和政府都应在监护体系下担起责任，以更好地为留守儿童的监护提供制度保障，更好地解决留守儿童现存的监护问题，从而为社会的经济发展

---

〔1〕 "毕节市 2015 年国民经济和社会发展统计公报"，访问网址：http://rb.bjrb.cn/html/2016-04/06/content_ 6_ 1.htm，访问时间：2017 年 8 月 1 日。

〔2〕 "'留守儿童'压力下的毕节之变"，访问网址：http://news.ifeng.com/a/20160617/49116218_ 0.shtml，访问时间：2017 年 8 月 1 日。

解决后顾之忧，促进和谐社会的进一步实现。本文的研究目的及研究意义也正在于此。

（三）研究内容及方法

本文主要试图在实证研究方法基础之上，采用文献研究法、比较研究法，对我国留守儿童生存现状，留守儿童监护权相关法律规制、国家政策等进行梳理，着重考察贵州毕节市留守儿童监护问题频发的症结点，进而拓展到对整个国家留守儿童监护问题频发的研究。而在这其中，我们重点选取留守儿童群体的监护权为切入点进行深入分析，同时结合国外儿童权益保护方面的政策和经验，从留守儿童监护问题中的父母责任出发，层层递进至亲属责任、社会责任、国家责任，以对我国现有留守儿童监护权的法律规制情况进行评估并提出相应的完善建议。

二、国内留守儿童相关议题研究及生存状况考察

（一）国内留守儿童议题相关研究和探讨

20 世纪末期，我国留守儿童问题凸显，吸引了社会各界的关注。留守儿童问题的研究和讨论，以早期的社会现象分析与社会政策解决方案为主要内容。然而留守儿童问题并不是简单社会单向介入就能解决的。这致使大批学者着手从制度层面进行研究分析，寄希望于可以通过健全儿童权益保护制度来解决留守儿童问题。毫无疑问，留守儿童问题的产生是缘于子女与父母的长期分离，而从法律的角度来说，留守儿童问题都可被解读为由监护缺失造成。因此国内学者们也花费大量精力对"留守儿童"监护制度进行了研究，希冀能因此有效解决留守儿童问题。

国内学者研究留守儿童监护问题时，对留守儿童监护现状进行分析后，认为我国当前的制度问题主要突出在这几个方面：其一，监护人的资格或条件规定不明确，对监护人能力的概括未能切实解决监护人资格问题，这致使监护人不能行使监护权的情况大量存在；其二，我国现行有关监护人职责的规定可操作性不强，致使在实践中产生监护人对其职责片面履行的情况；其三，委托监护等可切实解决监护问题的规定如蜻蜓点水一般，不够全面具体，在实践中难以真正发挥效用；其四，目前的制度现状中，监护监督机制不能发挥实际效用，处于真空中的监护监督机制，未能给监护问题提供最后的保障；其五，在公权力救济制度方面，公权力极少或者难以介入儿童监护问题，出现该管但无人管或不能管的局面，放任了留守儿童问题的恶化。

针对这些现状和制度存在的问题，我国学者结合当前实际情况提出，首先理清亲权与监护权，区别两种制度的概念和职责并明确父母和其他监护人各自的权利义务，使亲权制度和监护制度在各自的范围内发挥最大限度的作用，以有效地保护未成年人成长过程中的合法权益。[1]针对委托监护制度方面，学者提出完善委托监护制度，充分调动其他监护资源，从制度层面为留守儿童监护问题得到解决提供制度支持。针对我国现行法规关于监护人职责的规定操作性不强这一问题，应结合实际，以维护儿童最大利益为出发点和原则，改革和完善我国未成年人监护制度，明确监护人及代理监护人职责，并且建立和完善留守儿童监护监督机制。目前学者们也建议，在监护体系不完善期间，以借鉴国外设置专门性的法院组织体系和司法程序对未成年人监护的介入和干预的经验，建立替代性的国家监护机构，并将该司法介入的处理程序运用到留守儿童监护权的保护中，以解决留守儿童监护权缺失造成的社会问题。

尽管目前国内学者对留守儿童监护制度的很多问题都进行了探讨，但深度和广度方面仍有待社会各界深入研究。例如，在留守儿童监护制度研究领域当中，目前大多学者都立意于通过父母监护或亲属监护解决留守儿童的监护问题，而对留守儿童监护问题下社会责任及国家责任较少提及。针对上述问题，在学界前辈们已有研究的基础上，笔者决定结合一定实证数据，选取毕节作为样本地对留守儿童生存现状进行考察，以期发现更多问题和解决更多问题。

（二）毕节市留守儿童及我国留守儿童生存状况考察

毕节市作为留守儿童问题频发的典型，一直备受社会各界研究留守儿童问题的学者的关注。笔者为在留守儿童问题的微观形态上有所探

---

[1] 陈浩："留守儿童监护缺失问题的探讨——以江西某县为视角"，复旦大学 2013 年硕士学位论文。

究，也将留守儿童问题的调研地区选择在了毕节市。不过调研过程中笔者发现某些直接数据考察搜集存在困难，为保证对留守儿童问题能有一定程度的实证观察，在考察完毕节市留守儿童生存状况之后，在宏观层面上笔者通过调查农民工群体的生存状况侧面考察了全国留守儿童数量的增减趋势。上述整个调研在模式上分为两种：一种是数据调研，调研结果如图1和图2所示；另一种是走访调研，结合本文的论文属性，笔者将该调研结果穿插在了文章后半部分的论证背景和论证过程当中。以下是数据调研的相关说明：

从社会层面来看，留守儿童的主要产因是人口及剩余劳动力的大量外流，所以本文数据调研的主要对象是毕节市 2010~2015 年的户籍人口、常住人口；获得这些数据之后，经过对毕节市户籍人口与常住人口差对比研究，笔者发现毕节市的户籍人口增长速度明显比常住人口的增长速度快，从而户籍人口与常住人口差也越来越大，这表明了毕节市对外流动人口在逐年递增，正如图1所示。这一数据不难成为毕节市留守儿童数量仍在逐年递增的佐证。

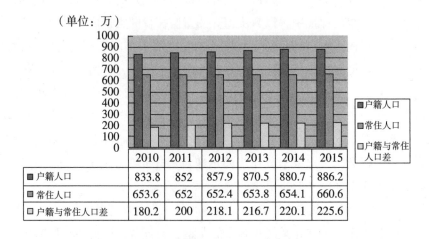

（单位：万）

	2010	2011	2012	2013	2014	2015
■ 户籍人口	833.8	852	857.9	870.5	880.7	886.2
▨ 常住人口	653.6	652	652.4	653.8	654.1	660.6
☐ 户籍与常住人口差	180.2	200	218.1	216.7	220.1	225.6

图1　毕节市 2010~2015 年人口流动情况

（数据来源：毕节市国民经济和社会发展统计公报）

此外正如前文所提及，考虑到数据搜集困难以及留守儿童问题大多发生在农村地区且和农民工群体存在密不可分的联系这一事实，本文也由毕节市出发，试图通过统计 2008~2015 年全国农民工的年龄分层，以期对农民工生存状况与留守儿童生存状况之间的关系有所发现。而如图二所示，笔者发现 20~40 多岁农民工群体正是农民工的主力军，这一年龄段的人多已成家立业，有家庭有子女，但其为了生计也不得不外出谋生，由此也造成了大量留守儿童的产生。数据显示这一年龄层的农民工群体数量逐年增多，也正意味着我国留守儿童的数量正逐年增多，这是我们不得不正视和解决的问题。

（单位：%）

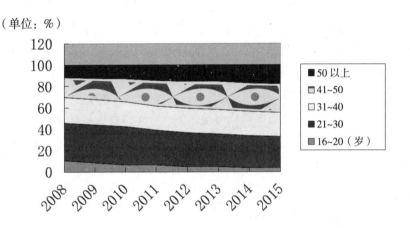

图2　全国 2008~2015 年农民工年龄构成

（数据来源：国家统计局发布的农民工监测调查报告）

通过如上数据整理我们发现，虽然近年来有关留守儿童的权益保护的政策层出不穷，但社会和经济发展的必然性致使诸如毕节市这样的穷困城市的留守儿童在整体数量上仍保持逐年增多的趋势，而全国的留守儿童数量在整体变化趋势上也是如此，则留守儿童监护问题解决的现实性、急迫性、必要性也由此可知。

三、国际"留守儿童"相关议题研究及生存状况考察

在考察国内学者对留守儿童问题的相关研究和探讨时，笔者发现国际上"留守儿童"议题也存在热度。但限于国情考虑，他们所言之

"留守儿童"和我国国内所言之"留守儿童"存在一定概念上的不同。有学者指出，国际上这种"留守儿童"是指那些在移民过程中错过了迁徙机会、未能被一起带走甚至被遗弃在家乡并由亲戚或熟人照顾的儿童。

近代欧洲现代化过程中很少出现父母与未成年子女长期分离的情况，少有的留守儿童问题，可通过其他社会制度予以弥补，因此发达国家学者对留守儿童监护制度问题的相关研究较少，有价值的可供参考的研究文献也较为匮乏。但在发展中国家，以寻求经济收入为动因的大规模移民（包括国内和国际移民）使移民子女问题成为这些国家面临的共同议题。在跨国流动中，东道国为使生产成本最小化而维持着移民工人的过渡身份；而在国内流动中，农村移民在城市没有正式户口需面临就业、住房及子女教育的障碍，上述种种原因导致了这些发展中国家产生了与我国相类似的"留守儿童"（left-behind children）问题。例如在东欧、拉美（主要为加勒比海地区）、非洲和亚洲地区等劳务输出发达的地区，"留守儿童"问题与中国相比有过之而无不及。而在世界范围内受父母移民影响的上述留守儿童数量也十分巨大。

随着移民和人口流动现象的蔓延，移民对留守儿童的影响也引起了广泛关注，一些国际机构、非政府组织和学术机构在移民现象较为普遍的发展中国家进行了相关调查研究。国外移民留守儿童的研究主要涉及留守儿童的规模，移民对留守儿童的日常生活、教育、医疗及健康等方面的影响等内容。且国际上研究者在留守儿童研究中均带有广泛的儿童权利视角，尤其是联合国机构和一些 NGO 组织，十分注重发展中国家留守儿童权利的保护，致力于法律保护框架的制定和促进输出地的社会发展。联合国儿童基金会尤其倡议留守儿童的权利，多项研究均在儿童权利保护意识的指导下展开。在欧美等发达地区，由于对儿童权益的强烈保护意识，在国家发展的进程中，研究、发展和丰富了儿童监护制度。对于儿童监护权问题，国外都有完善的制度和丰富的研究资料，这些研究资料和完善的社会制度对于吸收和借鉴应用于留守儿童监护制度研究和经验有极大的价值。[1]

在儿童监护制度研究方面,在以子女最大利益原则的基础上,发展起来一套以"儿童权益—父母责任"为架构体系的完善的儿童监护制度。以父母责任的概念、内容、主体资格,到监护权的行使以及终止为线索的一个完整的体系。例如在欧洲家庭法委员会的倡导中,监护权的内容包括居所的决定、财产的管理以及法律代理。监护权的拥有者全部或部分拥有儿童人身和财产的监护。监护权的拥有者不仅包括子女的父母,还可以除了父母以外,补充或是代替父母行使监护权的人。监护权人在行使监护权时,所有事项中要首先考虑子女的最大利益。监护权的行使,监护权人有权共同行使、单独行使,在遇到不同意见或冲突时,要基于子女最大利益原则达成共识或申请有权机关处理。监护权在子女不再需要监护或是监护权人失去或部分失去主体资格能力等特定情况下,要终止或是部分终止监护权的同时还需限缩监护权范围。基于子女的最大利益考虑,如果导致监护权免除的情形不再存续,有权机关可以部分或全部恢复当事人监护权。

在儿童监护制度构建方面,从全球性国际公约到保护儿童监护权的区域性国际公约,再到一些发达国家的儿童监护权的保护上,都有一个相对完善的法律机制。近三十年,在全球和部分区域也达成了有关儿童权益保护的有重要影响力的国际公约。首先在儿童监护权保护的全球性国际公约在全球性儿童监护权保护的国际法律机制方面,1989年联合国《儿童权利公约》、1980年《海牙国际性非法诱拐儿童民事事项公约》和1996年海牙《关于父母责任和保护儿童措施的管辖权、法律适用、承认、执行和合作公约》是当前国际社会具有广泛影响的保护儿童监护权的公约。1989年联合国《儿童权利公约》是接受最为广泛的多边儿童保护公约。该公约是儿童权利宣示性公约,也是保护儿童人权的基本公约,其将保障儿童监护权的合法行使,是儿童权利保护的重要组成部分。保护儿童监护权的区域性国际公约和区域性国际法律机制则包

---

[1] 谢新华、张虹:"国外移民留守儿童研究及其启示",载《山东省团学报:青少年研究》2012年第1期。

括：1980 年《关于承认与执行有关儿童监护判决和恢复对儿童监护的欧洲公约》、1989 年《美洲国家间跨国儿童返还公约》、1994 年《美洲国家间未成年人跨国迁移公约》以及 2003 年《与儿童保持联系的欧洲公约》等。其中，1980 年《关于承认与执行有关儿童监护判决和恢复对儿童监护的欧洲公约》最具影响力。

尽管国际上存有较为完善的儿童监护权体系制度，但经济波动、世界移民浪潮仍使得留守儿童问题呈逐渐加深的态势。这一点似乎也能够和我国的留守儿童问题发展态势形成映照。不管是在国内还是国外，留守儿童监护制度体系的研究和重构都显得十分紧迫。

四、我国留守儿童监护权问题解决新路径探析

限于如上国际"留守儿童"和我国"留守儿童"的概念区分，本文在国内研究背景之下将"留守儿童"概念限定为了国内通用的一般概念：指父母一方或双方外出打工，无法在家里照料子女的情况下单亲留守及双亲留守的子女。双亲留守是父母双方均外出未照料子女，而单亲留守是父母一方外出，留守儿童由另一方监护；只要是父母外出务工，无论是单方或者双方，无法在日常照料子女，使子女的监护缺失的，都为我们所言之留守儿童。在上述概念环境之下，笔者试图结合国内外已有的研究内容对我国留守儿童监护权问题的解决新路径进行一定探析。

我们必须承认，留守儿童作为一个特殊弱势群体，其受监护权益的保护势必与一般未成年人的受监护权益保护存在不同。国内外针对留守儿童权益保护的各项议题研究颇广，但未曾选取监护权这样一个单一角度进行挖掘。本文则试图仅从留守儿童监护权这一个小点作为研究突破口，将其监护责任人从父母层层拓展至国家，从而探讨如何更翔实有效地解决我国留守儿童监护权的问题，如何更有力地保护我国留守儿童受监护的权益。父母监护责任主要涉及在不同的留守情形之下，父母应当如何在无法陪伴孩子的情形之下让渡和行使自己的监护权；亲属监护责任主要涉及在法律所言之亲属范围内，由亲属监护的委托应当以何种形式来显现监护职责，如何来监督和规范亲属监护的履行的问题；社会监护责任涉及社会力量在介入留守儿童监护之后监护职责如何限定以及对于留守儿童的监护如何有效监督的问题；而国家监护责任主要涉及如何从国家立法、司法以及行政三方面职能出发，并分三个层面来限定留守儿童监护问题中的国家责任的问题。以下将分四个板块分别阐述。

（一）父母责任

父母与孩子之间血脉相连的亲情是世界上最天然最重要的关系，诚如日本学者我妻荣先生所言："人由于有父母子女的关系，从而发生各种各样法律上的效力……但是，父母子女关系最重要的效力，是与其他亲属关系有本质不同的父母子女关系的特有效力，恐怕是父母应该处于对未成年子女进行哺育、监护、教育的地位。"[1] 父母对孩子所应担负的责任关系着孩子的成长与未来。正如前文所述，留守儿童问题之所以会如此突出源于子女与父母的长期分离。目前理论界对留守儿童的定义是父母双方或者一方因外出务工或者其他原因连续离开户籍所在地半年以上，致使其不能与父母双方或一方共同生活在一起的 18 周岁以下未成年人。留守儿童长期与父母不在一起，得不到父母的关爱，享受不了家庭的温暖，人格和心理得不到健康发展，因此产生性格柔弱、自卑内向、沉默寡言、感情脆弱、自暴自弃等人格问题，以及焦虑自闭、孤独无靠感、怨恨父母等多方面心理问题，加上家庭教育缺位而自我保护意识不足，留守儿童更容易受到伤害，包括自然事故和人为侵害。所以如果想从根本上改善留守儿童问题，必须从父母责任入手。父母应当对未成年子女尽何种责任，一直也是理论界争论比较多的话题。对未成年人的行为能力补正究竟适用亲权还是监护权，大陆法系与英美法系做法不同。英美法系不存在亲权概念，父母对未成年子女直接用监护权补正其行为能力，但主要大陆法系国家的民法均规定，未成年子女一经出生，其父母就是其亲权人，负有身份照护义务和财产照护义务，以亲权补正未成年人的行为能力；只有亲权人均死亡或者丧失亲权或者被剥夺亲

---

〔1〕〔日〕我妻荣、有泉亨：《日本民法·亲属法》，夏玉芝译，工商出版社 1996 年版，第 130 页。

权，才须为未成年人指定监护，以监护权补正未成年人的行为能力。[1]我国在制定《民法通则》时，对英美法系和大陆法系的亲权和监护制度未加区分，不适当地使用了英美法系的监护制度，这也是我国监护制度被广为诟病的重要原因。因为我国民法体系整体上还是类似于大陆法系，所以要想深层次的探讨父母责任问题，还是离不开"亲权"。

父母对未成年子女的哺育、监护或教育就是亲权制度的核心内容。亲权建立在父母子女血缘关系的基础上，依法律的直接规定而发生，专属于父母，被认为是父母对人类社会的一种天职。在现代社会，以教养保护未成年子女为中心的亲权，不仅为权利同时也为义务。作为父母享有的一种重要民事权利，亲权人可以自主决定、实施有关保护教养子女的事项或范围，并以之对抗他人的恣意干涉。亲权又是父母的法定义务，夫妻生育以后，对其自身所孳生、无独立生活能力的儿女进行抚养、教育、保护，是人类的天性，也是夫妻双方对国家社会应尽的义务。虽然在留守儿童的家庭中，父母也是因为生活所迫不得不选择与子女分离，但是这并不意味着其对未成年子女的责任因此而减弱，他们应当根据情况做出最妥善的安排以确保孩子健康快乐的茁壮成长。

国务院于2016年2月14日公布《关于加强农村留守儿童关爱保护工作的意见》（以下简称《意见》），这是迄今为止关于关爱留守儿童的效力最高的行政文件。依据预防未成年人犯罪法的规定，《意见》明确要求不得让不满16周岁的儿童脱离监护单独居住生活。父母不仅要提供吃穿住行保障孩子生存，还要承担管理、照顾、保护、教育等职责，所以《意见》要求："外出务工人员要与留守未成年子女常联系、多见面，及时了解掌握他们的生活、学习和心理状况，给予更多亲情关爱。"[2]

父母外出务工前要对子女进行妥善安置，《意见》具体提出了三种方案：一是携带未成年子女共同生活；二是一方留家照料；三是暂不具

---

[1] 杨立新："民法总则制定与我国监护制度之完善"，载《法学家》2016年第1期。

[2] "国务院关于加强农村留守儿童关爱保护工作的意见"，访问网址：http://www.gov.cn/zhengce/content/2016-02/14/content_5041066.htm，访问时间：2017年11月16日。

备条件的应当委托有监护能力的亲属或其他成年人代为监护。[1]

1. 携带未成年子女共同生活。父母是孩子最亲密最温暖最坚实的依靠，在孩子的成长过程中父母不能缺席，父母的监护是最基本最重要的，对孩子最好的安排就是和父母在一起生活。父母为了提高家庭收入不得不双双选择外出务工时，应当尽量把未成年子女带着一块来到务工的城市，这样一方面可以让孩子和家长们相处，一方面城市的教育水平普遍高于农村乡镇，可以带给孩子更好的教育。

2. 一方留家照料。一家人共同生活固然是最美好的安排，但是外出务工的父母携带未成年子女一起来到城市就不得不面对很多现实问题，比如，城市的生活成本太高，如果一家人都在城市，可能除去日常开销，辛辛苦苦打工得来的钱所剩无几。而且随着近年来严格控制特大城市人口的趋势，非户籍人口的子女在北京、上海等特大城市入学的难度越来越大，有媒体曾报道在北京入学需要"办齐28个证才有初审资格"[2]，也正因为如此，有人评论此种规定实际上是变相地禁止随父母一块外出的非当地户籍适龄儿童上学。在这种情况下一家人共同生活的理想是不现实的。这个时候，父母双方应做好协商，安排一方留在家中照顾未成年子女。这种监护可以保证孩子在生活上得到较好的照顾，让家长及时掌握孩子的身体心理健康状况，同时也便于学校与家长的联系、沟通。有父母一方在家监护未成年子女并不意味着监护职责全部落在了留在家中的父母身上，监护是父母双方都必须承担的法定职责，外出务工的父母一方应当定期回家与孩子相聚，尽到监护职责。

3. 委托有监护能力的亲属或其他成年人代为监护。如果父母双方都不具备直接监护未成年子女的条件，此时一定要做好委托监护的相关

---

〔1〕 "国务院关于加强农村留守儿童关爱保护工作的意见"，访问网址：http://www.gov. cn/zhengce/content/2016-02/14/content_ 5041066. htm，访问时间：2017 年 11 月 16 日。

〔2〕《非京籍孩子入学多难？租房者需 28 个证件才有初审资格》，访问网址：http://politics. people. com. cn/n/2015/0529/c1001-27073382. html？ hk＝1dek1，访问时间：2017 年 11 月 16 日。

事项。为了防止"亲戚认为老师管，老师以为亲戚看，结果两头都没管"[1]的现象出现，父母应当将委托监护的相关事宜同时告知老师和亲属等其他成年人，在村委会居委会做好相关备案工作，明确代为监护人的监护职责范围，防止出现监护职责不明孩子无人监管的局面发生。

同时，即使外出务工的父母将监护职责委托给他人，其对子女的监护义务也不能因此得到减弱甚至是免除。父母仍是子女的法定监护人，是孩子抚养责任监护义务的第一承担者，无重大原因，父母不应当缺席孩子的成长。与"常回家看看"老人的情感类似，心智尚未成熟的年幼子女也需要父母"常回家的疼爱"。为了保证父母履行此项义务，相关基层组织如村委会和居委会等应当在父母外出之前记录好其联系方式和具体去向，父母长期不回家的，可以以一定方式与他们取得联系并督促其回乡。

（二）亲属责任

上文从携带子女共同生活、留家照料子女等方面探讨了父母监护的责任，若父母任何一方无法留家照料子女时，就会涉及亲属监护的问题。亲属，有生物学意义与法律意义上的亲属之分，即广义和狭义之分。《中华人民共和国民法总则》（以下简称《民法总则》）第 27 条规定除了父母之外，其他亲属监护人包括三类主体，分别为祖父母、外祖父母；兄、姐；关系密切的其他亲属等。由此可见，在法律语意内，亲属为狭义的亲属概念。[2]

随着社会的发展，以往大家族的构成已逐渐被小的核心家庭所取代，这意味着对留守儿童具有法定监护责任的亲属极可能未与儿童一同生活。而是否与留守儿童一起生活不仅影响其对留守儿童的照顾，也关系着各主体之间的人身关系和财产关系。为了对责任进一步细化，以是否共同生活为标准，本文拟分为家庭内与家庭外的亲属监护。

---

〔1〕 "'留守儿童'遭摧残——13 岁女孩做妈妈"，访问网址：http://news.sohu.com/2004/05/25/54/news220255443.shtml，访问时间：2017 年 11 月 16 日。

〔2〕 陈佳："从汉语血缘亲属称谓看语言对文化的反映"，载《语言研究》2002 年第 1 期。

1. 家庭内留守儿童的亲属监护。一般与留守儿童生活在一起的监护人都是近亲属，其有可能是祖父母，外祖父母及兄姐等，这些人因与孩子有一定的情感基础，更了解留守儿童的生活习性，所以在情感照料上更具有优势。《民法总则》第 27 条规定未成年人的父母已经死亡或者缺少监护能力的，可以从这些近亲属当中选择有监护能力的人担任监护人。

但如何判断"有监护能力"法律却没有给出量化的标准，司法实践中衡量的因素主要涉及亲属的财产状况、身体状况以及生活的习惯等，另外，也会考虑亲属以及留守儿童的意愿。此外，与亲属监护概念有密切联系的抚养关系，《中华人民共和国婚姻法》第 28 条对抚养关系的定义是具有负担能力的近亲属对留守儿童具有法定的抚养义务，在此，"具有负担能力的亲属"抚养留守儿童是其一项法定的责任，但也未能明确"具有负担能力"的判断标准以及"抚养义务"的具体内容。

2. 家庭外留守儿童的亲属监护。所谓家庭外监护，顾名思义，意味着监护人之前与留守儿童没有一起生活，相较家庭内监护而言，对于留守儿童的情感需求更难以尽到周全的保护。

《民法总则》第 30 条规定具有监护资格的主体之间可协议确定监护资格，但仍未对在法定监护人能够履行监护职责的情形下，对留守儿童监护权抑或监护责任的部分委托作出规定，无论是家庭内还是家庭外，监护权的转移或者说部分委托均没有法定的形式要求，因而在留守儿童脱离以往成长环境时，难以观测其成长状况以及可能存在的潜在问题，因而有必要对留守儿童监护转让设置程序性规定，尤其是家庭外亲属监护的情形。

3. 亲属监护可能存在的问题。目前，关于亲属监护主要存在的问题：其一，计划生育政策使得很多家庭的孩子都是独生子女，因而委托监护的监护人较少是留守儿童的亲兄姐，委托监护的适用范围缩小。其二，留守儿童的祖父母、外祖父年事已高，在照顾孩子方面可能力不从心，而在这一情形下，又缺少相应的补充机制，比如针对留守儿童监护的福利机构等，以保障留守儿童的合法权益。其三，对亲属监护缺少程序性规定，尤其是对家庭外委托而言，没有形式要求以致缺少第三方参与监督。其四，法律未对留守儿童委托监护的相关权利与职责进行细化，以至于在委托期限长且受托人责任更重的留守监护中，受托人与委托人之间的权责不明晰。

4. 关于亲属监护进一步完善的可行路径。

第一，将大监护制度细分，设立亲权制度以明晰监护人的权利与职责。在此可借鉴韩国的亲权制度，尤其是关于父母亲权的制度，其不论是对人身关系还是财产关系都规定得相较完备。具体而言，父母亲权的效力主要包括：保护和教养的权利义务、居所指定权、惩戒权、经营许可权与就业同意权、引渡请求权（交还子女的请求权）、身份代理权和同意权、财产管理权、财产收益权、财产行为的代理权以及同意权等。除此之外，还有亲权代理行使和亲权限制，[1] 这两项制度，对于留守儿童监护中相关主体权利与义务的完善非常具有借鉴意义。

第二，为委托监护设置必要的程序要求。《德国民法典》第1630条规定："如果父母将子女交付家庭照料的，家庭法院可以根据父母或照料人的申请，将父母照顾的事务托付给照料人。就根据照料人的申请而进行的托付而言，必须得到父母的同意。在托付的范围内享有保佐人的义务。"这意味着子女在脱离父母的监护或者照料时，必须有第三方的参与，且需要对委托监护人的职责权利进行明确规定，并对后续的监护进行监督。

第三，设置留守儿童备案以及上报义务。地方政府为了对留守儿童的照管尽到一定的监督责任，设置了备案制度可资借鉴。比如，济南市规定了留守儿童脱离监护的登记备案制度，如果瞒报或者不报需要对村委会等相关主体追究责任；重庆市2010年通过的《重庆市未成年人保护条例》第15条规定："父母或者其他监护人因外出务工或者其他原因不能履行监护职责时，应当委托有监护能力的其他成年人代为监护，并将委托监护情况告知未成年子女所在学校和户籍所在地或者居住地的村

---

〔1〕 姜海顺："论韩国的亲权制度及其对我国的启示"，载《延边大学学报》第2011年第6期。

民委员会、居民委员会。委托监护应当充分考虑委托监护人的家庭环境、经济状况、道德品质等基本情况，并应当听取未成年子女的意见。"

第四，家庭内亲属监护和家庭外亲属监护都应对财产关系进行明确划分。即使留守儿童与委托监护人之间存在深厚的血缘关系，法律可能对财产关系的调整难以做过多介入，不过在当事人自己自愿协商为原则的基础上，应赋予受托人必要费用的财产求偿权。

（三）社会责任

在前文，笔者论述了在留守儿童监护问题上，父母及亲属对留守儿童监护权的相关议题。接下来笔者试图从社会主体的视角，探讨一下有关留守儿童监护的社会责任问题。在监护制度议题中，社会力量是除父母、亲属和具有公权力（行政管理职能）属性的国家部门以外的具有完全行为能力的个人、法人或组织，如学校、非政府组织、非营利机构、企业等能参与、作用于社会发展的基本单元。社会力量不包括纳入国家行政管理职能的机构或组织，但接受国家财政补贴或购买服务的除外。

在毕节调研中，笔者通过走访发现，毕节留守儿童除了寄居于亲属家，还有部分是生活在老师、"学校之家"等社会力量的监护下。在深入了解后得知，此类留守儿童主要是由父母寄托、社会力量主动介入收留。绝大部分受到社会力量照顾的留守儿童情况较好。但是我们也发现，极个别在社会力量照顾下或曾经被社会力量照顾的留守儿童在心理、生理等方面存在一些问题，其中很大缘故是由于社会力量的不当行为造成的。2015年毕节留守儿童自杀事件曝光后，社会各界评论中提及最多的就是社会大众对这些困境儿童关注力度不够。查询多起留守儿童恶劣事件后，笔者也发现同样的质疑大量存在。那么，在留守儿童监护中，社会力量应该承担什么样的法律责任？笔者试图针对社会力量在无其他约定或法律规定的情况下，以其是否介入留守儿童监护为界限，分为从未介入以及介入后两种情况予以讨论其责任：

第一，社会力量未介入监护时的责任。社会力量是否应当承担责任？承担什么样的责任？这在法律上应当是明了的。社会力量未介入监护的情况下，其不应当承担任何法律责任。首先，社会力量及其个人或组织未与其他主体约定对留守儿童有监护义务时，社会力量的"无所作为"不能使其承担法律责任。其次，法律未对社会力量在监护问题上做出法律义务规定，因此也不承担法律责任。从这个方面来说，法律不能在监护事项方面对大众做出义务性规定，这是不具有可实施性的。最后，从道义上来说，社会大众是负有道义责任的。这也是事件发生后，大家的批评声中出现了"社会大众不作为"。但是道义责任不能等同于法律责任。因此，社会力量未介入监护的情况下，社会力量不应当承担任何法律责任。

第二，社会力量介入监护后的责任。前文所述中，在调研中也发现，虽然社会力量对留守儿童不负有法律义务，但是由于社会力量出于个人意愿或其他因素的考量，出现了对留守儿童产生事实监护的情况。对于此种情况而言，无论其结果如何，其应当承担一定的法律责任。这可以从社会力量介入监护的有因性与无因性两个方面做分析：其一，在无因性情形下，本文将以"无因管理制度"视角展开论述。无因管理是指没有法定或约定的义务，为避免他人利益遭受损失而自愿为他人管理必要事务的行为。[1] 在上述社会力量无义务的情况下，对留守儿童产生事实监护的情况构成无因管理。社会力量在该情况下属于无因管理中的管理人。首先，在正当的无因管理即管理事务利于本人的情形下，管理人应尽适当监护的义务，其采用的管理方法应有利于本人及留守儿童，在监护事务中由于方法有过失而造成损害的，应负损害赔偿责任。同时，在监护开始后，如其中途停止管理行为较之不开始监护对本人及留守儿童更为不利时，管理人有继续管理的义务。[2] 其次，在不当的无因管理即违反了被管理人意思的无因管理的情形下，法律应当明确只要监护行为是以留守儿童最大利益原则出发，则应支持管理人行为。只有在管理人行为损害或不是以儿童最大利益原则的情况下，适用无因管理的追责制度即对可能造成的损害承担侵权责任、损害赔偿责任。其

---

〔1〕 张俊浩编著：《民法简明教程》，中国人事出版社 2001 版，第 256 页。
〔2〕 江平主编：《民法学》，中国政法大学出版社 2011 年版，第 562 页。

二，在有因性情况下，即从监护发生原因方面分析，主要是指社会力量以指定监护、委托监护以及形成合法收养关系后介入的监护。在此类监护情形下，社会力量应当遵守约定或法定义务，尽最大努力，使得留守儿童得到最佳的监护，以儿童最大利益原则履行好留守儿童的监护职责，保障留守儿童的权益。在实践中，一些个人或机构由于自身能力不足或出于自私目的，不完全或滥用监护职责损害留守儿童权益，根据相关约定或法律规定应承担责任。在监护活动中，国家有权机关及其他监督机构应对社会力量的监护行为进行监督。留守儿童权益受威胁或危害时，及时采取措施保护留守儿童权益。

父母是儿童的最优监护人，但是由于其长期不能履行监护职责，致使留守儿童监护问题的产生。实践中，由于父母监护缺位，更多将这些留守儿童寄托于亲属，希冀亲属能代父母履行监护职责。然而，由于历史和现实的缘故，实际情况中亲属也并不能完全弥补父母的缺位。亲属监护中，更多的是为留守儿童提供了生活所需，难以从儿童最大利益出发，全面对这些留守儿童进行监护。同时，也由于亲属监护具有很大的局限性，很多父母或留守儿童并不希望或者不愿意由亲属来履行监护职责。近些年来，各类"学生之家""儿童福利院"等各类由社会力量承担起监护职责的组织，和以陕西省"石泉模式"[1]的代管以及全国试点的"儿童福利主任"等为典范的发挥个人力量为主的监护形态相继出现，这些社会力量对留守儿童监护的介入，缓解了留守儿童监护问题，探索出了一些切实可行的经验。同时，由于社会力量更多的是从儿童最大利益原则对留守儿童的权益进行保护为视角，他们没有与留守儿童的利益冲突，也并非监护政策制定、执行方，其作为监督机构有更高的可信度和透明度。因此充分发挥其在监护方面的监护监督功能，可以为留守儿童带来更切实地保障。

（四）国家责任

前文笔者从监护主体这条主线出发探索了相关的父母责任、亲属责

---

〔1〕 陕西省"石泉模式"的代管，即由党员干部以及社会爱心人士担当起留守儿童的代理家长。详见吕炜："农村留守儿童代理家长之法律思考"，载《西北大学学报（哲学社会科学版）》2011年第6期。

任、社会责任，但国家作为所有公民权益保护的大家长，其在留守儿童问题解决中也有至关重要的作用，承担着至关重要的角色，由此相关国家责任的探寻也显得十分必要。众所周知，国家这一大型权力运作机器实际由三大部件组成：立法机构、行政机构、司法结构。在讨论国家责任时，实际上不能将三者混为一谈，否则国家责任只会更难厘清。在留守儿童监护中，国家的定位是复杂而多重的，一方面其是留守儿童权益保护相关法律法规的制定者，此时主要是国家的立法机构在发挥效力；另一方面其在留守儿童丧失了父母监护、亲属监护而社会也无法顾及其监护时，还须站出来代位承担起该儿童的监护职责，此时主要是国家的行政机构在发挥效力。而当前述各责任主体就监护权责发生纠纷时，国家还需要站在居中的角度以儿童权益的最大化为原则对监护权的权责归属进行裁断，此时，国家则是以司法机构的面目出现的。鉴于此，笔者在论及留守儿童监护过程中的国家责任时，主要想从以下三方面分别予以探讨：留守儿童监护问题中的国家立法责任；留守儿童监护中的国家行政责任；留守儿童监护中的国家司法责任。以下将作详述。

1. 留守儿童监护中的国家立法责任。抛开经济原因不谈，个人认为立法疏漏也是造成留守儿童监护不力乃至缺失一大重要因素。法律界对留守儿童问题未有太多相关法律法规，直至 2016 年 2 月 4 日，国务院印发了《关于加强农村留守儿童关爱保护工作的意见》，有关留守儿童的正式文件才算出台。但希冀因此解决留守儿童的监护问题显然不够，国家立法层面尚须作出进一步努力。留守儿童监护问题放大看即为未成年人监护问题，我国现有的涉及未成年人监护内容的法律法规主要有《中华人民共和国民法通则》（以下简称《民法通则》）、《最高人民法院关于贯彻执行〈中华人民共和国民法通则〉若干问题的意见（试行）》（以下简称《民通意见》），但其中相关规定要么过于原则化缺乏可操作性，要么不能适应当前监护形式的发展需要。例如，在现有法律中有关监护人的资格、委托监护的条件、非法定监护人的权利义务以及监护监督等问题都缺乏具体的规定。由此，在论及留守儿童监护中的国家责任时，国家立法机关不可避免地需要担负其这一立法职责。

尤其是留守儿童监护中，监护权人和监护职能履行人常常不是同一人，笔者认为国家立法机关可以考虑将国外的"亲权"纳入到我国的未成年人监护体系中来，将因血缘而天然存在的亲权与监护权作适当分离，同时完善委托监护的相关法律法规，以便更好地在父母监护缺位时能让亲属、社会等适时有效递补，填补这一法律缺漏，更好地做好对留守儿童的监督与守护。

2. 留守儿童监护中的国家行政责任。留守儿童监护中国家也会以政府形象出现，此时多担负的是行政职能，发挥的是行政效用。在此基础上，国家需要承担的有关留守儿童监护的责任主要有两点：其一，经济方面的效用，诸如发挥社会资源调配者职能，合理分配社会资源缩短城乡差距，减少劳动力外流以从源头上解决留守儿童问题，此不是本文论述重点；其二，政策层面的效用，因地制宜地开办福利机构，对留守儿童进行专项监护；设立监护监督机构对留守儿童的受监护情况进行监督，适时介入监护局面以为留守儿童提供最后的庇护。该政策方面的效用和此前立法层面国家责任可相互呼应。目前，因我国监护制度中缺乏明确的监护监督主体和有效的监护监督体制，实践中监护人滥用监护权或怠于监护的情况时有发生，更有部分留守儿童长期处于无人监护的状态，本文开篇提及的四兄妹即为典型。在此种情况之下，国家完全可以凭借着公权力的优势设立合法有效的监督机构，并制定相关的监督机制等配合立法补白以监督留守儿童的受监护情况，由此一方面减少因被动介入留守儿童监护带来的监护保护力度的不足，使监护监督达到及时、高效的事前阻断伤害的效果；另一方面区分监护人和监护监督人，厘清二者的不同职责，让其各司其职，以更好地保护留守儿童权益。[1]

3. 留守儿童监护中的国家司法责任。留守儿童监护问题中，国家以司法者形象出现往往是在儿童监护权益受侵犯之时。此种侵犯可能来自某一个监护责任主体内部，如父母责任之下的父亲和母亲之间，也可能来自某一个监护责任主体与另一个监护责任主体之间，例如父母和亲

---

[1] 王竹青："论未成年人国家监护的立法构建——兼论民法典婚姻家庭编监护部分的制度设计"，载《河北法学》2017 年第 5 期。

属之间等。此时，各责任主体能否各归其位有待于国家的司法决断。这也是国家作为留守儿童受监护权益得以维护的最后一道屏障应有之功能，或曰应有之责任。受我国国体影响，决断过程中国家作为司法机构应该坚守本分，在法定职责范围之内以法律为基准来裁断纠纷、划分权责，但鉴于目前我国未发展出相应的监护权移转的法律法规，对于监护权在移转时发生权责纠纷也没有相应的具有可操作性的法制法规存在，且留守儿童多处于成长的敏感年龄，监护人、监护质量对儿童的身心健康发展均有着决定性影响，所以笔者认为当前应该允许国家司法机构在处理这类案件时，赋予法官更多自由心证的权利，以儿童最大受监护权益为自由心证考量标准以便让各地法官根据当地实情来针对具体案情具体处理。而待法律发展完善之时，法官的这种自由心证仍然需要被进一步限定，让司法机构回归司法者之本位。

结　语

留守儿童的监护问题不仅仅是家庭问题，更是社会问题、国家问题，因而应该从家庭出发，条分缕析到父母责任、亲属责任、社会责任和国家责任，设置层层关口并通过层层责任的施加以保障留守儿童的受监护权益。

回归到本文的样本提取地毕节市，笔者认为其留守儿童的监护问题也应该遵循这样一条线索，首先从家庭出发，明确父母的监护职责，遵循三部曲原则，鼓励父母将子女带在身边生活以履行监护职责，退一步也需父母一方留守家中履行对子女的监护义务，如若考虑到父母婚姻关系的稳定性、家庭的稳定性无法由父母履行监护职责，也应以委托监护的形式委托有监护能力的亲属或成年人代其履行监护职责。需要注意的是，当所涉监护人非亲属时，笔者认为应以委托合同的形式将具体的监护职责移转出去，并将具体的监护权利和义务以合同形式固定下来。此时父母所享有的亲权相关的权利义务仍在，但有关监护的具体职责已移转。父母责任之后，亲属责任紧追而上，此处的亲属监护人包括祖父母、外祖父母、兄、姐以及叔伯等关系密切的其他亲属。需要注意的是，亲属尚须划分家庭内亲属和家庭外亲属以分门别类设置其具体监护职责，建立必要的财产制度以激励亲属监护、减少财务纠纷以及维护家庭和睦，这里的家庭是小家庭概念，指除去共同生活的祖父母、外祖父母及兄姐之外的家属。同时，亲属责任之内需要注意明确父母亲权的具体内容以明确亲属在担当监护主体之时的权责，同时应为亲属监护中的委托设置必要的形式和程序要件、设立上报和备案制度等。而通过上述亲属责任仍无法解决留守儿童的监护问题则须进入社会责任的领域以进一步寻求解决方式，社会相较于父母和亲属具有更大的资源优势，因而在已经介入留守儿童监护的情况下，社会责任也需要明晰，不能在介入之后无缘由不合法地对留守儿童的监护再次弃之不理，造成对留守儿童的二次伤害。此外，例如学校等社会组织也可以依托其天然优势发挥监督作用和践行监督职能，搜集和整理留守儿童材料，建立完整的档案并对其进行管理，在职权范围内对监护行为进行监督。

然而，具体的监督职责、监督权限和监督程序等尚须国家出面指定具体规则，而此时便牵涉到了国家责任。国家在某种意义上而言是留守儿童最后的庇护所，其在留守儿童的监护问题上牵涉的责任有三个方面：立法责任、行政责任、司法责任。留守儿童问题中有关监护人的资格、委托监护的条件、非法定监护人的权利义务以及监护监督等问题在现有法律中都缺乏具体的规定，国家需要担负起其立法责任，制定具体的法律法规来维护留守儿童的受监护权益；根源上须解决的经济发展问题，则需要国家发挥其行政职能，投入更多的社会资源进入毕节，当地政府需利用好这一社会资源促进其经济发展、并努力连同周边的县城等为当地的剩余劳动力谋求更多的就近工作机会以减少劳动力的大幅流出，以此从根源上解决留守儿童的产生。同时，在行政职能这一块也需要担负其监护监督的职责，毕节市政府应该连同社会力量一起全方位地做好留守儿童受监护情况的监督工作，以及时在留守儿童权益受损时采取措施并同时启动其他保障措施以保障留守儿童受监护权益，为他们的成长创造良好健康的环境。另外，作为兜底保护和救济，国家司法力量也需要在留守儿童的受监护权益受侵犯时及时帮助留守儿童止损，在法制法规不完善之时，不妨将一定的造法权力给予司法裁断者，让他们能够在一定范围内通过自由心证更好地解决留守儿童的问题、维护留守儿童受监护的权益。但同时也需要警醒，这种类似于立法力量的司法力量需要在法律法规能够解决现存问题之际被立即收回，让司法机构回归司法本位。

综上，笔者通过层层递进和生发的模式，明晰留守儿童监护权流转过程中的权责划分，维护留守儿童的受监护权益，解决留守儿童问题。

我国关于离婚案件中儿童抚养的立法与实践

何俊萍[1]　　卢子颖[2]

　　"社会中的男女互相结为夫妇，生出儿女，共同把儿女抚育成人，这是一套活动称为生育制度。"[3] 生育制度是人类种族绵续的人为保障。因此可以说抚养子女是家庭的最重要的功能之一。由于人类独特的生理特性，幼年子女从出生到成年需要经历相当长的一段依赖于父母的养育的时间。虽说子女断乳后在生理上已经成为独立的个体，但是还需要一段更长的时间去学习在社会中生活所需的一套行为方式。[4] 在此期间，父母承担养育儿女的重任并扮演着重要的角色。这不仅体现在父母提供衣食住行以保障儿女身体的发育和成长，更重要的是父母对儿女的教育引导，以及帮助儿女适应社会生活。考虑到父母对于子女的重要地位和作用，当父母出现感情破裂，需要结束婚姻关系时，子女的抚育和监护问题一向被视为处理离婚案件的重心。一般而言，共同养育子女的夫妻双方在离婚问题上应更加慎重，法院也会更为谨慎地处理共育子女的夫妻离婚案件。但随着社会的变迁和人们观念的变化，近年来离婚案件逐渐增多，涉及未成年子女抚养问题的案件亦随之增多。子女与父母之间基于血缘关系产生的法定权利义务并不因为婚姻关系的解除而消失，因此子女抚养问题成为离婚案件的判决中的重要组成部分。基于当

---

〔1〕　何俊萍，女，中国政法大学民商经济法学院教授，硕士生导师，法学博士。

〔2〕　卢子颖，女，中国政法大学民商经济法学院硕士研究生。

〔3〕　费孝通：《生育制度》，群言出版社 2016 年版，第 1 页。

〔4〕　费孝通：《生育制度》，群言出版社 2016 年版，第 9 页。

前的实际情况，有必要对在当今的法律制度下子女抚养问题在立法和实践中的具体情况进行探讨。其重要性有三：一是夫妻离婚后的子女抚养问题涉及对未成年人法律权益的保护，应当慎重处理；二是通过对实践情况的梳理，为解决子女抚养纠纷提供具有实践意义的参考；三是透过法院的判决反映出的实际问题，来思考诉讼离婚案件中应如何保障子女在不完整的家庭中被更好地抚养照顾。

离婚案件中子女抚养的纠纷问题表现在两大方面：抚养归属和未与子女共同生活一方的抚养义务和权利。抚养归属决定未成年子女将来与哪一方共同生活，由谁承担主要的抚养义务；另一方的抚养义务主要指抚养费的给付，权利主要指对子女的探望权。一般而言，在处理诉讼离婚案件中，法院会确认子女的抚养归属以及另一方具体的权利义务履行方式。在离婚案件审理结束后，因为双方经济状况的变化、抚养义务履行情况的变动，父母一方往往会就抚养归属、抚养费的变更单独向法院提起诉讼。因此，离婚案件中儿童抚养问题可以分两类讨论：一是抚养义务的确定；二是抚养义务的变更。

一、我国现行法律规定

我国关于离婚后未成年子女抚养的立法主要体现在《中华人民共和国婚姻法》（以下简称《婚姻法》）和 1993 年《最高人民法院关于人民法院审理离婚案件处理子女抚养问题的若干具体意见》（以下简称《抚养意见》）中。其中，《婚姻法》第 31 条为原则性规定："婚姻登记机关查明双方确实是自愿并对子女和财产问题已有适当处理时，发给离婚证。"其表明：夫妻双方在离婚前，子女抚养的问题可由双方自行协商处理，若能妥善处理，即双方自愿达成合意且不损害子女权益，则准许离婚；否则，进入诉讼程序，由法院根据实际情况和相关法律规定确认抚养归属以及抚养费、探视等问题。

（一）关于抚养义务的确定之立法现状

1. 关于子女抚养归属的立法。《婚姻法》第 36 条第 3 款规定以哺乳期为界，对此区分两种情况：一是哺乳期内的子女，以随哺乳的母亲抚养为原则；二是哺乳期后的子女，如双方不能达成协议，由人民法院根据子女的权益和双方的具体情况判决。

《抚养意见》是对《婚姻法》规定的细化，该《意见》第1~6条明确了四种确认抚养归属的情形：①幼年原则，2周岁以下的子女随母亲。但以下情况除外：母亲感染恶疾不利于子女成长或母亲不尽抚养义务。②法定情形优先原则，2岁以上未成年子女的父或母具备以下情形可以优先考虑：已做绝育手术或因其他原因丧失生育能力的；子女随其生活时间较长，改变生活环境对子女健康成长明显不利的；无其他子女，而另一方有其他子女的；另一方有不利于子女成长的情形的。③考虑子女意见原则，子女满10周岁应当考虑子女个人意愿。④夫妻双方协商轮流抚养。以上规定均以"保护未成年利益"为基准，一切以子女的权益为出发点，尤其体现了对儿童利益的保护。

2. 关于另一方即非直接抚养方的抚养义务和权利的立法。

（1）抚养费的确定和承担。《婚姻法》第37条规定："离婚后，一方抚养的子女，另一方应负担必要的生活费和教育费的一部分或全部，负担费用的多少和期限的长短，由双方协议；协议不成时，由人民法院判决。关于子女生活费和教育费的协议或判决，不妨碍子女在必要时向父母任何一方提出超过协议或判决原定数额的合理要求。"另一方即非直接抚养方。

《抚养意见》同样将《婚姻法》的原则性规定进行了一定程度的细化：①抚养费数额的确定主要考虑子女实际需求、父母的负担能力以及当地实际生活水平，其中父母有固定收入和无固定收入按不同的方法计算。②抚养费给付方式主要是定期给付，亦可一次性给付。③给付年限一般至子女满18周岁为止，但有两种例外：一是子女满16周岁且以其劳动收入为生活主要来源，并能维持当地一般生活水平，父母可停止给付抚养费；二是成年子女满足以下情形的，父母仍要承担必要的抚育费：丧失劳动能力或部分丧失且收入不足以维持生活的；在校就读的；确无独立生活能力和条件的。④父母可以协商由抚养子女一方承担全部的抚养费用，但不利于子女健康成长的，不予准许。

（2）对子女的探望。《婚姻法》第38条规定："离婚后，不直接抚养子女的父或母，有探望子女的权利，另一方有协助的义务。行使探望权利的方式、时间由当事人协议；协议不成时，由人民法院判决。父或母探望子女，不利于子女身心健康的，由人民法院依法中止探望的权利；中止的事由消失后，应当恢复探望的权利。"对于探望的立法主要集中在此条规定，暂未有相关细化的规定，因此父母行使探望权的具体内容主要由双方当事人协商解决。

（二）关于抚养义务的变更之立法

1. 抚养归属的变更。《抚养意见》第16～17条进行了如下规定，起诉变更抚养关系有以下四种情形的，法院予以支持：①与子女共同生活的一方因患严重疾病或因伤残无力继续抚养子女的；②与子女共同生活的一方不尽抚养义务或有虐待子女行为，或其与子女共同生活对子女身心健康确有不利影响的；③10周岁以上未成年子女，愿随另一方生活，该方又有抚养能力的；④父母双方协议变更子女抚养关系的。第16条的立法目的仍然是保护儿童利益，考虑到抚养方不适宜照顾子女、对子女成长不利的情况，必须作出变更抚养归属的裁判。但第17条规定，父母双方同意即可变更子女抚养关系，该条文并未规定父母双方协商过程中需要考虑子女的意见，因此在父母双方达成协议的情况下，即便子女已经超过10周岁仍然不能自主选择随父或母一方生活，这显然对子女的意愿考虑不够周全。

2. 抚养费的变更。《抚养意见》第18条规定了子女可以请求变更抚养费的两种情况：①原定抚育费数额不足以维持当地实际生活水平的；②因子女患病、上学，实际需要已超过原定数额的。该两项均从子女的实际生活需求出发，当抚养费已不足以支付子女维持正常的生活水平，或子女遇到必要增加的支出时，可以向抚养费支付的义务方提出增加抚养费的要求。但《抚养意见》并未提到，如果抚养归属方经济水平有了明显的好转，甚至经济实力远远超过抚养费支付方，或者抚养费支付一方遭受严重的经济困难时，可否向法院申请减少抚养费数额。但究竟是由于立法疏漏，还是最高院基于特殊考虑不对具体情形作出细化。

上述《抚养意见》第16条、第18条规定均有保底条款，即其他能够证明的合理且充分的原因也可能引起抚养关系和抚养费的变更。对于父母双方均不愿意养育子女的情况，《抚养意见》规定由法院裁判暂由一方抚养。该条规定略显粗糙，既然父母双方都表明不想养育该名子女，仍通过裁判的手段强行将子女归于其中一方抚养的做法是否对子女有利，值得商榷。

纵观子女抚养的相关法规，可以归纳为：解决子女抚养问题必须以"保护子女权益"为核心，父母协商解决优先，但进入审判程序后，法院则要对父母的协议内容进行实质性的审核，以确保对子女权益保护的落实。

二、我国的司法实践现状

（一）概述

关于离婚后子女抚养问题之司法实践调查情况，主要从以下三方面展开论述：①调查背景；②调查对象；③调查方法。

1. 调查背景。对儿童的保护是处理离婚案件的重要考量因素。儿童是祖国的未来，尚处于需要父母照顾和培育的阶段，而父母离婚导致的家庭变故以及环境变化等都将为儿童的成长带来重大的影响。为了尽量降低这些变化给儿童造成的消极影响，法院应在审判过程中以"最大程度保护儿童利益"为主要的原则，对离婚案件涉及的子女抚养问题进行恰当的处理。此外，因为子女与父母之间的血缘关系不会因为婚姻的解除而终止，这印证了缔结婚姻的终身性，其表现为即使离婚案件已经完全终结，因为子女抚养归属和抚养费的变更，仍然可以再次起诉至法院。为了明确我国目前子女抚养案件的主要争点，以及法院在实践当中如何运用法律法规，本文通过在北大法宝对相关案件进行检索收集，并进行分析汇总。

2. 调查对象。本次调查对象是"北大法宝"收集的自2014年1月至2015年7月的案例，案由为"民事—婚姻家庭、继承纠纷—婚姻家庭纠纷—抚养纠纷"；文书格式为"判决书"。本文总共收集了涵盖广东、四川、新疆等26个省的120个案例，其中子女抚养归属的案件为

71 件、抚养费案件为 49 件。单独就子女抚养起诉的案件共 130 件，其中涉及抚养归属变更的案件为 81 件，涉及抚养费变更的案件为 49 件。

3. 调查方法。本次调查主要采用的方法是文献资料法和实证分析法，对收集的 120 件涉及未成年子女直接抚养方的案件进行了详细的查阅和研究，记录了相关数据，并对其进行分类统计与实证分析，从而得出具体结论，为后续研究打下基础。

（二）案件基本情况及分析

1. 子女抚养案件的数量。

（1）儿童人数不同的案件数量。在本次收集的 120 个案件中，涉及 1 个儿童的案件为 95 件，占总案件的 79.2%；涉及 2 个儿童的案件为 21 件，占总案件的 17.5%；其他案件数量为 4，占总案件的 0.3%。

表 1　儿童人数不同案件数量比例表

儿童数量	1 个儿童	2 个儿童	其他	合计
案件数	95	21	4	120
所占比例（%）	79.2	17.5	0.3	100

由于我国的特殊国情，实施计划生育以来，绝大部分家庭只有 1 个子女。因此，在婚姻走到尽头之际，对子女抚养归属的争夺非常激烈，夫妻双方可能为了子女抚养归属而招数用尽。考虑到这种特殊的情形，在确定独生子女的抚养归属时，法官应慎重审视父母的证言，在最大程度保护儿童利益的前提下，充分衡量双方优劣，最终确定子女应当跟随哪一方共同生活。另外，由于独生子女数量庞大，在相当一段时间内，仍然会占据子女抚养案件的大半江山。因此，独生子女应当怎样在父母之间选择适合的抚养方是值得思考的问题。

（2）儿童的年龄不同的案件数量。在 120 个案件中，明确提到涉案儿童年龄的案件共 80 件，其中年龄在 3~9 周岁的儿童有 49 名，占总比 61.25%；年龄在 10~18 周岁的子女有 17 名，占总比 21.25%；年龄在 0~2 周岁的儿童有 14 名，占总比 17.5%。

表2　儿童年龄比例表

年龄（周岁）	0~2	3~9	10~18	合计
案件数	14	49	17	80
所占比例（%）	17.5	61.25	21.25	100

由上表可知，3~9周岁儿童所占比例最高，几乎占儿童总数的2/3；其次是10~18周岁的子女；最后是2周岁以下的儿童。这种年龄划分的依据是《婚姻法》和《抚养意见》对抚养归属的基本规则：2周岁以下的儿童一般处于哺乳期，原则上随母亲一同生活；10周岁以上的儿童，在确定抚养归属时，应当充分考虑儿童自身的意见；处理3~9周岁的儿童抚养归属时，则依照法律法规和父母实际情况，充分衡量各种因素。这种划分方法使得法院判决抚养归属和子女年龄的关系显得更为直观。

（3）原告性别不同的案件数量。在本次收集的120个案例里，原告为女方的案件数为82件，占总数的68.3%；原告为男方的案件数为34件，占总数的28.3%；其余4件无法确定原告性别。

表3　原告性别比例表

性别	男	女	未提及	合计
案件数	34	82	4	120
所占比例（%）	28.3	68.3	3.4	100

原告为女方的案件数量超过男方的2倍，一方面表明在子女抚养纠纷的案件，女方一般比男方更加主动积极地争取子女的抚养权。从另一方面可以看出女性在婚姻家庭中处于相对劣势的地位，难以与男方相抗衡，因而女方更倾向于直接向法院提出起诉，寻求第三方参与处理子女抚养纠纷。在处理婚姻家庭纠纷时，应当充分体现对弱势群体的关怀。

2. 抚养内容的确定。

（1）抚养内容确定方式。本次收集的120个案件中，对于抚养具体内容的确定，85个案件是由双方当事人自行协商处理；法院对抚养内容进行审查的案件数为9件，其中不符合法律规定的为2件，显失公平的为4件，法院补充缺失部分的为3件；还有其他26个案件未提及抚养内容的确定方式。

表4 抚养内容的确定方式比例表

确定方式	当事人 自行协商	不符合 法律规定	显失 公平	法院补充 缺失部分	未提及	合计
案件数	85	2	4	3	26	120
所占比例	70.8%	1.7%	3.3%	2.5%	21.7%	100%

由上表可见，即使进入法庭审判程序，绝大多数抚养内容由当事人自行协商确定。在此过程中，法院充当一个类似于"监督"的角色，对当事人协商达成的抚养内容进行合法性的审核，对存在不符合法律规定、显失公平的予以更改，对当事人双方未尽协商的事宜，则予以补充。婚姻家庭是民法的特殊领域，其中充分体现了当事人的自由意志，在子女抚养问题的解决上也毫不例外。法院应当充分尊重双方当事人的意愿，而不能越俎代庖，除非出于对子女利益保护等正当利益才能对当事人协商的内容进行适当的修改。

（2）对子女意见的考虑。在本次收集的120个案例中，提及征求子女意见的判决书共55个，其中征求子女意见的案件数为22，占总比40%；因子女未满10周岁而未征求其意见的案件数为33，占总比60%。其余案件均为提及对子女意见的征求情况。

表5　对子女意见的征求比例表

是否考虑	征求子女意见	未满10周岁不征求	合计
案件数	22	33	55
比重（%）	40	60	100

根据《抚养意见》的规定，父母双方对10周岁以上的未成年子女随父或随母生活发生争执的，应考虑该子女的意见。可见，之所以征求子女意见的案件数量非常有限，是因为只有当父母双方对抚养归属问题发生争执的时候，才会考虑子女的意愿。即使是满10周岁的儿童，其意愿并非主要的决定因素。由于处于未成熟状态的儿童不能对身边的事物有清楚的认识和预判，因此儿童的意愿具有参考价值而非确定性的因素。

表6　子女随父或母意愿比例表

子女意愿	随父	随母	合计
案件数	4	18	22
比重（%）	18	82	100

由上表可见，考虑子女个人意愿的22个案件中，有18个案件为子女愿意随母亲共同生活。虽然案例基数较小，但是就此压倒性的比例来看，子女对母亲的依赖强于对父亲的依赖。从生物学和社会学角度分析，子女从受精卵到形成胚胎再到出生，一直与母亲紧密地联系在一起，且社会对母亲的角色一般定义为温柔、体贴、关爱儿女，因此子女从孕育出生到成长这整个过程，母亲和子女的关系明显更亲密于父亲与子女的关系。为求子女健康成长，应当慎重思考父母双方在儿女成长中各自充当的角色以及孰轻孰重，慎重确定抚养方。

（3）法院考虑因素。本次收集的120个案件中，明确由法院确定抚养方的案件数为41件，其中主要涉及四个考虑因素：①子女未满2周岁，随母亲为宜；②一方做绝育手术或因其他原因丧失生育能力的；③子女随父母（或祖父母）一方生活时间较长，改变环境对其不利的；④子女随其生活对其有利（另一方患病或其他情形的）。

表7 法律考虑因素比例表

法院考虑因素	A	B	C	D	合计
案件数	3	2	20	16	41
比重（%）	7.3	4.9	48.8	39.0	100

根据上表各种因素的考虑情况，可以得出如下结论：首先，子女随父母（祖父母）一方生活时间较长的情况所占比例最大，主要在于儿童成长过程中，生活环境的变化对其影响非同小可，在熟悉的环境中继续生活更有利于儿童的成长，因此若存在子女随其中一方长时间生活的情况，应当优先考虑由该方作为子女的抚养方；其次，子女随其生活对其有利占比39%，充分体现了对儿童利益的保护的首要原则，子女是抚养案件的中心，对子女不利的情况应当极力避免，夫妻一方有不利于子女成长情形的，应当尽量避免子女受到牵连，影响其成长；最后，一方做绝育手术丧失生育能力所占比例为4.9%，由于本次收集案例的基数较少，没有特别体现此类案件的重要性，实则上，由于中国的特殊国情，夫妻一方做绝育手术的情况并非罕见，因此为了体现人文关怀，对此类父母倾斜保护。

（4）抚养归属与子女数量的关系。在本次收集的120个案例中，一共有103个案例明确提到子女数量和抚养归属两个要素。独生子女共88件，随父30件，占比34%；随母58件，占比66%。两个子女共11件，随父4件，占比36%；随母1件，占比9%；一随父、一随母共6件，占比55%。两个以上子女的共4件，全部随父2件，全部随母1件，一随父、其余随母1件。

表8　子女数量与抚养归属的关系

子女数量	1	2	>2
随父	30（34%）	4（36%）	2（50%）
随母	58（66%）	1（9%）	1（25%）
一随父，一随母	/	6（55%）	/
一随父，其余随母	/	/	1（25%）
合计	88	11	4

就独生子女而言，随母比例几乎为随父比例的 2 倍，在司法实践中，对待只有一个子女的抚养纠纷更偏向于由母亲获得抚养归属权。对于有两个子女的情况，各跟随父母一方生活的比例占一半，表明出于公平考虑，一般判决父母各抚育一个子女。但本次此类只有 11 个案件，取样量较小，不一定能完全客观地反映实践的真实情况。在考虑两个或多个子女抚养的案件中，还需要考量兄弟姐妹之间不再一同生活对子女身心成长的影响，因此不能只顾表面的公平而忽略实质。

（5）抚养费的确定。在本次案件收集中，有107个案件明确提到抚养费的数额，其中占比最高的是 201 ~ 500 元区间，共 45 件，占比 42%；其次是监护人自理，共 26 件，占比 24.3%；再次是 501~1000 元区间，共 18 件，占比 16.8%。

表9　不同抚养费数额的比例表

抚养费 （元）	<200	201 ~ 500	501 ~ 1000	1001 ~ 1500	1501 ~ 2000	2001 ~ 3000	3001 ~ 4000	监护人自理	合计
案件数	7	45	18	8	1	1	1	26	107
比例（%）	6.5	42.0	16.8	7.5	0.9	0.9	0.9	24.3	100

首先，抚养费数额的确定需要考虑多方面的因素，其中主要影响因素为父母的负担能力和当地的实际生活水平。本次抚养费调查的区间主

要集中于 501~1500 元的区间，与案件的地域分布比较吻合（本次收集的 120 个案件中来自中西部地区的案件共 73 件），反映出生活水平中等。其次，抚养费用由监护人自理的案件共 26 件，占比 24.3%，这反映出目前已有相当一部分的父母以自身的经济能力便足以抚育子女。同时抚育费由监护人自理能够在一定程度上缓解对抚养归属的争执。

3. 抚养内容的变更。

（1）变更抚养归属的考虑因素。本次收集的案件中，涉及变更抚养归属的共 81 件，其中主要的理由为：①与子女共同生活的一方不尽抚养义务或虐待子女；②与子女共同生活的一方有赌博、吸毒等不良习气；③子女满 10 周岁，愿意随另一方生活，该方也有抚养能力；④其他，包括原抚养方无工作或无住房。

表 10　变更抚养归属原因比例表

考虑因素	A	B	C	D	合计
案件数	49	17	12	3	81
比例（%）	60.5	21.0	14.8	3.7	100

其中，原抚养方不尽抚养义务或虐待子女的有 49 件，占比 60.5%，原抚养方染有恶习不利于子女成长的有 17 件，占比 21%。说明在实践中，有相当一部分的抚养方未尽抚养义务，对子女的成长造成不良的影响。因此抚养案件并非一次性地解决纠纷，而是要在子女成年前的长时间内，对子女的成长状态、抚养方的"履职"状态进行持续的观察，另一方一旦发现子女权益受损，应当及时起诉至法院要求变更抚养归属，保障子女利益。其次，子女满 10 周岁后明确表明其愿随另一方生活，亦可以此为由变更抚养归属。最后，若原抚养方经济实力发生变化，例如失业或失去住所，也有导致抚养归属发生变化的可能。

（2）变更抚养费的考虑因素。本次收集的案件中，涉及抚养费变更的共有 49 件，其中主要的理由为：①原定数额不足以维持当地实际生活水平；②子女因患病、上学，实际需要超过原定数额；③其他。

表 11　变更抚养费原因比例表

考虑因素	A	B	C	未提及	合计
案件数	30	9	8	2	49
比例（%）	61.2	18.4	16.3	4.0	100

　　由上表可知，变更抚养费一般出于抚养子女的成本增加，物价上涨或子女生病、上学等客观原因，原定的抚养费不足以再维持子女的正常生活水平或者不足以支付子女维持基本生活以外的必要支出。这时可以向法院要求增加抚养费，以保证子女的生活质量以及其他必要费用的及时填补。在司法实践中，由于通货膨胀等情况，导致原先确定的抚养费已不足以支付子女正常生活的情况较为普遍，因此 61.2% 的案件均以《抚养意见》第 18 条第 1 项为由提出增加抚养费的诉讼请求，其次，值得一提的是，第 18 条留有兜底条款，在本次案件收集中，16.3% 的案件是以该条明确规定的两项法定情形以外的理由申请抚养费变更的，说明在制定规则的过程中留有余地，更能适应瞬息万变的现代社会。

　　4. 关于子女的探望。本次收集的 120 个子女抚养案件中，只有 3 个案件明确了父母探望子女的时间，但对于探望的方式和地点均未提及。由此可见，在当下抚养案件中，处理的重心在于确定抚养归属和抚养费，而对于探望子女这项属于未与子女共同生活一方当事人的权利则重视不足。3 个案例确定的父母探望时间是"随时（不定时）"。不定时的探望时间看似自由宽松，但实则不具有实行的可能。因为日常生活中，子女和父母分别有相对固定的学习和工作时间，不与子女生活的一方父母应当根据子女的生活作息合理安排探望时间，尽量不影响子女的正常生活。另外，探望的方式和地点安排也是非常重要的。未共同生活的一方当事人行使探望权的时候要注意与监护方相协调，否则双方容易出现矛盾。为了避免摩擦的出现，法院应当在判决中予以考量和明确。双方根据实际情况需要改变探望方式的，应当引导双方协商更改。在儿童成长的过程中，父母充当着各种不同的角色，对儿童的人格形成有重要的影响。子女抚养问题不应仅着眼于解决金钱问题，更应当关注子女的身心健康成长。父母即使不再与子女共同生活，也应当多与子女接触，使其在成长过程中对两性的认知不至于出现偏差。因此，对于子女的探望问题也应当多加重视。

综上所述，对于子女抚养的问题，在法律法规层面，现行《婚姻法》以及《抚养意见》的规定对于离婚后子女抚养归属、抚养费的确定与变更已经比较完备，并且充分考虑了各种影响因素。但是在子女探望的规定上并非十分完备，例如并未明确父母对子女中止探望的具体情形等。另外，在司法实践层面，通过收集的案例可以看出，法院在实践中对《抚养意见》确定的原则运用成熟，相似的案件基本能得到相似的解决。然而，在某些方面仍然显示出实践和立法之间的"脱轨"，较为明显的是子女探望问题，《婚姻法》及其司法解释均有对子女探望问题的规定，但由本次收集的案件可知实践中人们对该问题仍然重视不足。法院应当在抚养纠纷的判决中一并解决不直接抚养子女的一方探望权的行使，避免后续纠纷的发生。

"九零后"大学生经历家庭体罚现象的调查报告

何俊萍[1]　靳世静[2]

"不打不成器""棍棒底下出孝子"这些脱口而出的谚语道出了我国家庭中以体罚方式管教子女的普遍现象。"家庭体罚"通常指父母或其他家庭成员为了纠正或控制儿童的不当行为，采用暴力手段，即用肢体、借助工具等方式让儿童体验疼痛而顺从体罚人的行为。体罚一定程度上可以帮助纠正未成年人的不良行为，却也可能对其身心造成不良后果，它甚至是"暴力"代际传递的途径。大学生时期是刚刚经历过家庭管教，又马上要面临自己组建家庭、养育后代的时期，大学生是"承前启后"的一个群体，与同龄人相比，他们更有条件去反思自己的经历，因此进入我们的调查视野。那么，刚刚从青少年时期走过的大学生对家庭体罚有着怎样的记忆？家庭体罚与亲子间互动交流的状态有何关系？家庭体罚是否造了身体和精神上的后果？经历过家庭体罚的大学生对家庭体罚本身有着怎样的态度和认知？大学生群体对受虐儿童保护的认知、个体行动和国家期待有哪些？

本文试图通过调查，分析归纳家庭体罚的特点，找到上述问题的答案。2015年秋季学期，课题组对位于北京市的某全日制普通高等学校进行调查，对该校本科生中某几个班进行全体抽样调查，调查采用不记名问卷的方式。问卷在试调查的基础上修改和补充，最后对学生统一发

---

[1]　何俊萍，女，中国政法大学民商经济法学院教授，硕士生导师，法学博士。
[2]　靳世静，女，中国政法大学人权研究院博士研究生。

放。本次调查共发放问卷 820 份，回收 816 份，其中有效问卷 674 份，以下对 674 份问卷进行分析。

一、被调查者的出生年代及其与父母的互动交流情况

（一）被调查者年龄、性别状况

从被调查者年龄分布看，"19~20 岁"的被调查者有 350 人，占总数 51.9%，居首位。其次是"21~23 岁"，占 34.9%，居第三位的是"16~18 岁"，占 6.1%，之后是"24~25 岁"，占 5.0%，26 岁以上者 6 人，仅占总数的 0.9%，另有 8 人未标注年龄，占 1.2%。不难看出，99% 的被调查者在 20 世纪 90 年代后出生，即人们常说的"九零后"。

本次调查女生 483 人，占总调查比例的 71.7%，男生 172 人，占 25.5%，未标明性别的 19 人，占 2.8%。在当下中国社会里，性别是父母教育、抚养及日常对待孩子态度的重要影响因素，因此本次调查采取了分性别的数据统计与分析。本次调查男女生年龄段都集中在 19~23 岁，但男生"19~20 岁"年龄段的占 44.2%，女生同年龄段比例占 55.1%，"21~23 岁"年龄段的男生占男生总数 37.8%，女生这一比例则是 33.3%，"24~25 岁"男生有 8.1%，女生是 4.1%，因此，本次调查男生平均年龄较女生平均年长 1~2 岁。

（二）被调查者回忆青少年时期与父母谈话交流情况

日常谈话交流是父母子女互动与沟通的重要工具和媒介，承担着父母子女间信息互通、情感互动及子女教育和社会化的功能。会话交流可能是多维度、多方向的。[1] 本研究选取"交流频次""交流场景"两个比较能量化归类且具有重要意义的指标作为变量。"与父亲""与母亲"交流在两个指标上的差异也是本调查试图探求的。

1. 被调查者青少年时期与父母交流的频次。交流频次是影响到父母子女互动的基础性指标。鉴于研究对象多是接受过学校教育的青少

---

〔1〕 会话分析是社会学的一个分支，它起源于 20 世纪 60 年代的美国。创始人是萨克斯，他和施格洛夫、杰佛逊在继承了高夫曼的社会学分析方法基础上，发展出了会话分析的研究方法。这种方法之所以被称作是科学的方法，是因为它以真实的人类交际为依托，不随意下结论和形成理论，讨论和研究人类在交际时会话的规律和特点。

年，本调查以"周""月""半年"等作为大致的划分标准。与父母"每周谈话一次以上"是本研究最高指标，"每月谈话一次以上"次之，"每半年一次以上"第三，"无交流"最低。

总体看来，与父母谈话"每周一次以上"者频率最高，"每半年一次以上"者次之，"每月一次以上"再次，少数被调查者称与父母"无交流"；还有少数人不愿在这个问题上表态。在交流频率这个指标上，将"与父母"这一普遍表达拆分为"与父亲""与母亲"两个部分分别调查，结果如下：

排在首位的是"与母亲每周谈话一次以上"，比例为86.5%，排在第二位的是"与父亲每周谈话一次以上"，比例为66.5%，第三位是"与父亲每半年谈话一次以上"，占18.5%，"与母亲每月谈话一次以上"的比例为13.4%，居第四位，居五、六位的是"与母亲每半年谈话一次以上""与父亲每月谈话一次以上"，比例分别为6.7%、4.6%，存在与父、母"无交流"的情况，比例分别为1.6%、0.6%，1.8%的人不愿表露与父母谈话的交流频次。86%以上的被调查者与母亲有频繁的"每周"交流，"与父亲"则直降20个百分点，与母亲"每月谈话一次以上"的比例也比与父亲高，而与父亲"每半年一次以上"的比例则高过母亲。由此可以看得出，被调查者成长过程中与母亲的互动交流更为频繁。

从分性别的统计来看，女生"与母亲每周谈话一次以上"高居首位，为87.6%，男生"与母亲每周谈话一次以上"紧随其后，比例为83.1%，女生"与父亲每周谈话一次以上"居第三位，比例为67.9%，男生"与父亲每周谈话一次以上"居第四位，比例为61.6%。很显然，无论是与母亲交流还是与父亲交流，女生都比男生有更频繁的日常互动。"每半年一次"的交流中，男生与父亲占比最高，.为19.2%，女生与母亲的交流占比最低，为6.8%，这一变量的结果从另一个方向说明男、女生分别与父、母交流的现状。在三个频率的设置中，无论是男生（男生略高）还是女生，"每月谈话一次以上"所占比例最低，这可能与被调查者青少年时期学期学年设置和父母的工作有关。另外，被调查者青少年时期与父母"无交流"的情况为2%。

2. 被调查者青少年时期与父母谈话交流的场景。一般情况下，对话场景可以反映出对话氛围、对话内容、对话质量以及对话双方的互动模式与相互关系。在家庭场域中，不同家庭中父母子女交流场景可以多种多样，但也有些是普遍而典型的，本研究选取了家庭生活中几个较有代表性的典型性场景进行调查，结果如下：

排在首位的场景是"在家的任何时候都与父母谈话"，为61.9%，最受欢迎的第二个场景是"吃饭时与父母谈话"，比例为58.9%，"看电视时与父母谈话"占43.6%，排在第三位，选择"临睡时与父母谈话"的为24.8%，居第四位，"专门找时间与父母谈话"的有9.6%，"起床时与父母谈话"为9.2%，分别居于第五、六位。另外，有14.7%的人选择开放性的"其他场景"与父母谈话。除了"吃饭时""看电视时""临睡前"等具体而典型场景，"在家的任何时候"的设置更考虑了子女与父母谈话的顺其自然，轻松随意而为的状态，该项成为最受欢迎的选项说明大多数被调查者与父母的交流轻松、随意而又自然。

关于分性别的数据分析，排在首位的是女生"在家的任何时候都与父母谈话"，为63.8%，其次是男生"吃饭时与父母谈话"，比例为61.6%，排在第三位的是女生"吃饭时与父母谈话"，为57.8%，男生"在家的任何时候都与父母谈话"排在第四位。会在"看电视时""临睡前""起床后"与父母谈话的男/女生比例（%）依次分别是36.6/46.0，23.3/25.7，8.7/9.3。男女生"专门找时间"与父母谈话的比例分别是10.5%、8.9%。本题设定的六个典型场景中，女生在"在任何时间""看电视时""临睡前""起床时"四个场景中与父母谈话的比例都比男生高，男生则在"吃饭时""专门找时间"两个项目上有略高于女生的比例。据前所述，女生与父母谈话比例高的场景更为闲适、随意，男生比例高的场景则稍显正式。

（三）父母管教的态度

父母管教子女时的态度指父母对子女的评价和行为倾向，能反映出父母管教的道德观、价值观、情感和行为意向，具有评价性、稳定性和内在性的特征，父母管教的态度可以一定程度上反映父母子女间的互动质量和相互关系。由成年子女（大学生）方来回忆评估父母管教时的态度，较为客观理性。课题组将父母管教的态度划为"和蔼""严厉批评""责骂""发脾气"等几个大类，统计分析结果如下：

选择"和蔼"的人为69.4%，居首位，"严厉批评"居第二位，为11.1%，比第一位少了近60个百分点。选择"发脾气"的占总数的2.7%，选择"责骂"的占2.5%，"其他"占8.2%，6.1%的人没有在此问题上表态。

选择"和蔼"的男生是男生总数的69.7%，女生比例为也为69.7%；选择"严厉批评"的男生为9.8%，女生略高，为11.2%；选择"责骂"的男生为0.5%，女生为3.1%，仍是女生较高，选择"发脾气"的男生为4.1%，女生为0.2%，该项上男生比例较高。最后，不愿表达父母管教态度的男生比例为8.1%，女生为5.2%。总体而言，父母对子、女管教态度在各项指标下占比基本持平，"严厉批评"和"责骂"项下女生占比稍高，而不愿表达父母管教态度的男生比例明显高于女生。

二、被体罚的经历及其影响

（一）被调查者经历父母或其他家庭成员体罚的情况

被调查者中有372人，即55.2%经历过父母或其他家庭成员的体罚，其中男生中的66.3%，女生中的50.7%经历过体罚。这说明，现阶段我国未成年人遭受家长体罚的具有普遍性的特点。

实施体罚的主体主要为父母，被父亲或母亲体罚过的人占总人数的97.6%，其中，被母亲体罚过的占总人数的66.13%，被父亲体罚的占总人数的61.3%，母亲实施体罚比例高过父亲5个百分点。既被父亲体罚又被母亲体罚过的人占总数的29.9%，祖父母、外祖父母等近亲属实施的体罚在总人数占比例较小，为7.3%。

表1　受体罚性别比

	遭受过父亲的体罚	遭受过母亲的体罚	遭受过其他亲属体罚
男生	69.30%	60.53%	5.81%
女生	57.96%	68.57%	3.73%

男生遭受父亲体罚比例69.30%，女生比例57.96%；男生遭受母亲体罚比例60.53%，女生遭受母亲体罚比例68.57%。

（二）体罚的原因

对体罚原因，本研究根据青少年基本的生活设定和可能受体罚的普遍行为描述划分了"因生活原因""因学习原因""因违反道德规范""因自己个性"四个大的类别，外加一个开放性选项"其他"。

认为"因自己个性"遭受体罚的占总人数比例最高，占71.5%，这一大类下行为描述有"自己太调皮""不听父母话""自己任性"，将被体罚的原因归于自己。一定程度上说明受体罚对象对体罚行为的心理与情感上的认同。其中，男生"因自己个性"受体罚占有体罚经历男生总数的75.4%，女生这一比例为68.2%。

排在第二位的被体罚原因是"因违反道德规范"被体罚，比例为57.3%，此大类中行为描述有"用自己语言顶撞父母""自己对父母态度过于蛮横""撒谎"。女生因此受体罚比例为57.1%，男生因此受体罚比例为54.4%。

"因生活上的原因"而受体罚排在第三位，包括"擅自拿家里的钱""不按时回家""乱花钱""弄脏衣服""与人打架""贪玩"等行为描述，占比32.3%。其中男生因此而受罚比例43.0%，男生因此受罚比例为26.9%。

"因学习上的原因"受体罚与"因其他原因受体罚"占比相同，都是26.6%。"因生活上的原因"行为描述包括"学习成绩下降""老师向家长告状""逃学、旷课""不完成作业""上课违反课堂纪律"，这类中女生受体罚比例为22.0%，男生受体罚比例为36.8%。"因其他原因"受体罚包括"自己行为被父母误解""没有理由，父亲/母亲性格暴躁""不知何故"等行为或状态描述，女生此项受罚比例42.8%，男生此项受罚28.1%。

基于性别的考虑，女生受罚不同类型原因占比由高到低排序依次为"因自己个性""因违反道德规范""因其他原因""因生活上的原因""因学习上的原因"；男生受罚不同类型原因占比由高到低排序依次为"因自己个性""因违反道德规范""因生活上的原因""因学习上的原因""因其他原因"。无论是男生还是女生，"因自己个性"和"因违反道德规范"而受体罚都是居于前两位的，这两个原因的共同点在于，它们比其他选项更倾向于受体罚者对自己行为的主观判断，说明受体罚者对体罚行为有较大的容忍度。对比男生受体罚排名第一的原因和女生受体罚排名第一的原因，我们发现，男生更倾向于将其归于自己的"个性"，而女生更倾向于归于"道德规范"，而这两项下的行为描述并没有质的差别，最大的差别在于前者包括的行为描述（"自己太调皮""不听父母话""自己任性"）更概括、更笼统，而后者（"用语言顶撞父母""对父母态度过于蛮横""撒谎"）更具体。女生们这种"道德"因素认同可能会造成她们受体罚后的羞耻感，因而对她们成长过程中的自信心有一定影响。

男生"因生活上原因""因学习上原因"受罚比例远超女生，在15个百分点以上，在"因自己个性"上超过女生7个百分点，女生则在"其他原因"上反超男生15个百分点。根据不同类型下的行为描述可见，"其他原因"主要是与被体罚对象无涉的行为与超出被体罚对象理解的行为。以上分析可见，男生女生都被打，被打原因大不同。

（三）被体罚的年龄段或时期

被体罚时期主要根据生活和学习的阶段分为"上小学以前""上小学时期""上中学时期""整个未成年时期""不记得什么时期"五个分类。从大学生曾被体罚的年龄段或时期分析，"小学时期"是其被惩罚的最高峰阶段，比例高达79.8%，居各时期第一位，其次是"小学以前"，比例为32.5%，居第二位，"中学时期"被体罚比例为19.9%，居第三位，"整个未成年时期"占比4.6%，为第四位，对被打时期记忆"模糊不清"的比例为 2.2%，居第五位。

就被体罚时期的性别比来看，"小学以前"女生受罚比例为 18.4%，男生受罚比例为 16.9%；"小学时期"女生受罚比例 38.9%，男生受罚比例 58.1%；中学时期女生受罚比例 10.4%，男生 12.8%；"整个未成年时期"女生受罚比例 2.3%，男生也是 2.3%；对被打时期记忆"模糊不清"的比例女生为 0.8%，男生为 2.3%。除了"整个未成年时期"男女生受罚比例一样，男生在"小学时期""中学时期"受罚比例都比女生高，尤其是"小学时期"，男生受罚比例比女生高了近 20 个百分点。而唯一的一个女生受罚比例比男生高的时期为"小学以前"，这是值得深思的事情。

（四）被体罚的频率、程度及身体部位

1. 被体罚的频率。研究对被调查者体罚的频率由高到低依次设定了"一周一次以上""一个月一次以上""一年一次以上""被体罚过，但记不清次数""偶尔一两次"五个选项。

总体来看，被体罚频率最低的选项"偶尔一两次"占有过体罚经历的被调查人数的 73.7%，其次为"一年一次以上"，比例为 17.7%，居第三位的是"被体罚过，但记不清"，比例为 3.5%，并列居于第四位的是"一个月一次以上"和"一周一次以上"，所以，有过体罚经历的人受体罚频率较低的占多数，而"一周一次以上""一月一次以上"的情况更不容忽视。

从被体罚的频率的性别比来看，"偶尔一两次"频率中女生被体罚的比例为 37.3%，男生为 50%；受体罚"一年一次以上"的女生比例 10.1%，男生为 8.7%，；"记不清"自己小时候被体罚的频率的男生比例 4%，女生 1%；被体罚"一月一次以上"女生比例为 3.5%，男生为 1.6%；"一周一次以上"的女生为 1.7%，男生为 1.6%。所以，男生在受罚频率较低的"偶尔一两次"和"记不清"两项上比例比女生高，而女生在受罚频率较高的"一周一次以上""一月一次以上""一年一次以上"的比例都比男生高。

2. 被体罚的程度。关于体罚的程度的调查，我们设定了"轻微"

"较重，难以忍受""严重，造成一定后果"几个选项。

父母体罚的程度，排在首位的是"轻微"，比例为82.0%，其次是"较重，难以忍受"，为15.3%，再次是"严重，造成一定后果"，比例为0.5%。可以看出，各项调查比例是随着严重程度的增加而递减的。而"造成一定后果"的体罚虽然比例较小，但仍是存在的。

从被体罚程度的性别比来看，受过"轻微"体罚的男生占有体罚经历男生总数的50.6%，女生相同项下的比例为42.8%；"较重，难以忍受"的男生比例为12.7%，女生为6.8%；"严重，造成一定后果"的男生比例为1.8%，女生为0。由此可见，男生在各个程度上的体罚所占比例都比女生高。

3. 关于体罚的身体部位。关于体罚的身体部位，我们列举了未成年人受体罚时主要可能被打击的部位，如"臀部""肢体""面颊""背部""头部""浑身上下"等，有身体的非要害部位，也有要害部位。

受体罚部位比例最高的是"臀部"，比例为62.4%，其次为"肢体"比例34.9%，再次是"面颊"，比例为26.1%，然后是"背部"，比例为11.6%，这些被体罚比例较高的部位多是身体的非要害部位，而且随着要害程度的增加被体罚的比例递减，这说明一般父母体罚还是会注重分寸。然而，也有一定比例的要害部位被体罚的情况，如"头部"被体罚的比例为8.3%，"浑身上下"被体罚的比例为5.6%，"胸腹部"被体罚比例为1.6%，这说明并不是所有的父母体罚教育孩子时都"知轻重"。

男生在"臀部""肢体""面颊""浑身上下"等非要害部位被体罚的比例略高于女生，女生在"头部"这一要害部位的被体罚比例却略高于男生，在"背部"和"不知道"两个非要害项上女生比例也超过男生。总体而言，男女生各部位被体罚的比例相差不是太大，然而通过细微的差距，我们可以看出，女生略高于男生的部位在性别敏感性上相对较弱，如"头部"相比"臀部"、"背部"相比"胸腹部"、"不知道"相比"浑身上下"，它们承载的性别文化和性别敏感性较弱一些。

表2　男女生受体罚部位比较

受罚部位	面颊	肢体	头部	臀部	浑身上下	胸腹部	背部	不知道
男生受罚比例（%）	27.2	36.0	7.0	66.7	7.9	2.6	7.9	4.4
女生受罚比例（%）	24.1	33.5	8.1	60.0	4.5	1.2	13.5	7.3

（五）受体罚所受身体创伤

关于被体罚所受身体创伤，我们列举了九项常见的情况。由轻到重依次是"无明显创伤""皮肤青紫或瘀血""头晕""头疼""五官出血""昏迷""耳膜穿孔""骨折""不知道"。

64.2%的受过体罚的人身体"无明显创伤"，居身体创伤首位的是"皮肤青紫或瘀血"，占比30.6%，致"头晕、眼冒金星"者5.1%，"头痛"者2.2%，有较重的身体创伤状况如"昏迷""耳膜穿孔""骨折"者占比均为0.8%，"不知道"自己受到何种身体创伤的占到7%。这说明体罚多数情况下不会出现身体上的伤害，而极个别的情况也不容忽视。

表3　身体创伤男女比

身体创伤	无明显创伤	皮肤青紫或瘀血	头晕	头疼	五官出血	昏迷	耳膜穿孔	骨折	不知道
男生比例（%）	61.4	32.5	7.9	3.5	3.5	0.8	0.8	0.8	7.0
女生比例（%）	65.3	29.8	3.6	1.2	0.8	0.4	0	0	6.9

（六）父母体罚造成的其他伤害后果

父母体罚不仅会造成身体上的损害，还可能造成精神等方面的损害。调查显示37.1%的人会因体罚而变得"紧张",26.9%的人会变得"胆小、害怕",16.4%的人会感到"孤独、绝望",因而怀疑"自己不是亲生的"比例占到12.1%,"做恶梦""睡觉困难""自残""精神恍惚""溺床"等也有一定比例的发生率。而体罚给孩子造成的损害并不限于列出的选项,有35.5%的被调查者认为自己受到了"其他"伤害,但未详细列明(也有可能是没有精神伤害)。

表4 精神伤害男女比

精神损害	紧张	害怕、胆小	溺床	做噩梦	睡觉困难	精神恍惚	记忆力减退	孤独、绝望	怀疑自己不是亲生的	自残	其他后果
男生比例(%)	48.2	28.1	0	2.6	3.5	1.8	0	21.1	11.4	1.8	28.1
女生比例(%)	32.7	26.1	0.4	4.5	2.4	1.2	0.8	13.9	13.1	2.4	38.4

男生在"紧张""变得胆小、害怕""睡觉困难""精神恍惚""孤独、绝望"这几项上高出女生,女生则在"溺床""做噩梦""怀疑自己不是亲生的"等项上高于男生。

(七)父母体罚子女的方式

父母殴打子女身体的方式中,用自己的肢体拳打脚踢子女身体的比例占被体罚总数的83.9%,居各类方式的首位。其次是借助危险性的工具、物品的方式,如用树枝、扫帚、皮带、鞭子、板凳等体罚,比例为39.8%。父母没有实施直接的打击,用"隔离和控制"手段,如"罚跪""罚站""逐出家门""关禁闭"等方式的比例也较高,占被体罚总数的34.4%。而"恐吓、语言威胁""辱骂"等精神虐待的方式也占到了23.9%。

表 5　受体罚方式性别比

方　式	肢体	工具	隔离与控制	精神暴力	其他
男生比例（%）	84.2	44.7	36.8	22.8	2.6
女生比例（%）	82.3	37.9	33.1	23.3	2.8

（八）受体罚时的心理感受

被体罚后感到"既疼痛，又害怕"的比例最高，占到 40.6%，"心理恐惧、无助"居第二位，为 22.6%，"只是疼痛，不害怕"的居第三位，占被体罚总数的 21.5%，"想离家出走"的占 19.9%，"憎恨父母"的占到 17.7%，"长大后报仇""想要断绝父母子女关系"的也有一定比例，分别是 6.2%、4.8%，11.8%的人心理上"无所谓"。

表 6　心理伤害男女比

心理感受	只是疼痛，不感到害怕	既疼痛又害怕	心理恐惧、无助	憎恨父母	想长大后报仇	想离家出走	想断绝父母子女关系	心里无所谓	其他
男生（%）	17.5	46.5	28.1	11.4	6.1	14.0	3.5	15.8	1.8
女生（%）	23.7	37.6	20.4	20.4	6.1	22.1	5.7	10.2	5.7

受体罚后的心理感受，男生女生有较大的差别，有个项目上差了近 10 个百分点。男生感到"既疼痛，又害怕""心理上恐惧、无助""无所谓"的比例高于女生，而女生在"只是疼痛，不感到害怕""憎恨父母""想离家出走""想断绝父母子女关系"几项上所占比例超过了男生。由此可见，女生对体罚的心理感受上强于男生，行动性指导的心理普遍比男生强烈。

（九）希望采取什么措施阻止父母体罚

对受到父母体罚的时候，希望有什么样的措施阻止父母体罚的调查显示，52.2%的受体罚者"不希望外界介入"，认为这是家内私事，25.3%的人希望邻居等外人能够制止，希望拨打"110"向警察求助的比例仅为8.9%，另有一些人希望有其他亲属介入等措施制止体罚。

表7　制止措施期待性别比

希望得到的求助方式	拨打"110"让警察制止父母体罚	邻居等外人制止父母体罚	属于家庭私事，不希望外人介入	其他
男生（%）	7.0	32.5	53.5	13.2
女生（%）	9.3	21.2	51.8	20.4

认为"体罚属于家事，不希望外界介入"的比例男生高于女生，相应地男生选择"希望邻居等外人介入"的比例高于女生，而"希望拨打'110'让警察制止父母"的比例低于女生，在"其他"项下的选择，女生高于男生，说明女生更积极主动寻求制止父母体罚的方法。

三、被调查者对儿童受虐问题的关注和判断

"九零后"群体，一方面刚刚经历过（自己或他人）被体罚的体验，另一方面又面临着进入婚姻，养育后代的生活，鉴于人类生活的习得性，人们往往会无意识习得前人的行为模式。因此，对九零后关于儿童受虐问题的关注和判断也纳入本调查的范围。

（一）对正在发生的体罚的态度或采取的行动

关于"听到邻居家打骂孩子，传出孩子惨叫的声音"被调查者可能作出的行动的调查，30.3%的人选择"与我无关"，选择上门制止、谴责施暴者的人有25.1%，"向居委会报告情况"的人为33.2%，选择"报告公安机关"的人为21.5%，11.3%的人采取其他措施。

对正在发生的体罚的态度或行动，男女生有着明显的性别差异，认为"与我无关"的女生比例为27.3%，男生为37.8%；"向居委会反映情况"的女生为34.5%，男生为28.5%；"向公安机关报告"的女生为

23.2%，女生为19.2%；"上门制止，谴责施暴者"的女生为24.8%，男生为25.6%。可以看出，女生对正在发生的体罚的干预表现出更积极的态度和行动，男生积极性相对低一些，但是"自力"（上门谴责制止）的救助比例比女生高。

关于被调查者见闻的被打孩子的性别，49.1%的人看到或者听到男孩、女孩都被打的情况，25.8%的人见闻过孩子被打，但是并没有分清楚孩子的性别，明确男孩见闻被打的比例为16.5%，女孩的相对较低，为3.4%。

（二）对虐待子女的父母的处理

对父母严重虐待子女的处理，59.2%的人认为应该剥夺父母的监护权，但仍由父母承担监护费，53%的人认为应该中止父母的监护权，由子女的其他近亲属抚养，21.15%的人认为应该剥夺父母监护权，将子女送给有爱心的人抚养，9.2%的人认为应直接剥夺父母监护权，将子女送给社会福利院抚养，另有10.5%的人给出其他措施，比如由第三方监督父母的抚养等。可见对于虐待，多数人持否定的态度。

（三）对路遇流浪儿童的态度或采取的行动

"给点食品或钱物"的人排在第一位，占66.9%，排在第二的是"管不了那么多"，占比21.8%，19.3%的人选择报警，排在第三位，16.3%的人会将孩子送到有关部门，排在第四，1.6%的人会采取帮助孩子找家人等措施。对于在街上发现流浪儿童，选择人数最多的是"给点食品或钱物"，说明多数人会对处于困境的孩子施以援手，但是一般采取较直接简单的方式，选择"报警""送相关部门"等花费较多时间和精力的便少了许多，而选择视而不见的人也不在少数。从分性别的数据来看，"给点食品和钱物"的女生比例为70.0%，男生比例60.5%，选择这种方式的女生比男生高了近10个百分点；"报警""送相关部门"的女生比例分别为18.8%、15.3%，男生比例分别为20.3%、27.6%，这两项上男生比例都超过女生；"管不了那么多"的女生比例为18.8%，男生为28.5%，所以视而不见的男生比女生也高了近10个百分点。

（四）恶性事件可能的原因

关于近年来"南京饿死女童案""毕节男童垃圾桶取暖死亡案"等儿童死亡恶性事件的原因调查，"国家干预不到位"被认为是最集中的原因，74.5%的人选择此项，位居第一，排在第二的是"未成年人监护制度不完善"（70.6%），接下来是"父母监护不力"（69.3%），除了选择国家和家庭方面的原因，有53.7%的人认为当前社会"人际关系冷漠"，这也成为此类恶性事件发生的重要原因。

（五）哪些组织对未成年人负有责任

对未成年人应该负有具体职责的组织的认知调查显示，83.4%的人认为村、居委会应负有保护未成年人的责任，排在第二位的高期待机构是民政部门，占比80.3%，59.1%的人认为妇联也该承担具体的责任，不到3.7%的人认为应有其他机构来分担此项责任，3.6%的人选择了不清楚哪些机构应负责任。

（六）哪些机构最适合承担抚养责任

对于失去家庭监护的孩子，哪些机构最适合承担抚养责任？在给出的选项中，54.9%的人认为应该设定专门的监护机构抚养这些孩子，12%的人认为民政部门最适合，认为妇联组织，村、居委会最适合抚养孩子的比例分别为5.5%和8%，不到1%的人认为共青团中央最适合抚养这些孩子。另外，有19%的人没有对该题目作出回应。

（七）民政部门是否有能力和条件承担补充监护责任

对父母监护失职的孩子，民政部门是否有能力和条件承担起补充监护责任的主观性调查显示，59.5%的人认为目前民政部门尚不具备这样的能力和条件，26%的人表示他们对这样的主观性调查不敢作出明确判断，仅有12%的人认为目前民政部门的条件和能力足以保障父母监护失职孩子的权利，约2%的被调查者放弃此项回答。

四、发现与启示

（一）经历过体罚的孩子与父母互动交流的质量偏低

数据显示，与整体样本相比，经历过体罚的孩子与父母交流频率更低，"每周与父、母互动交流"的比例为61.8%、84.4%，比总体样本低了 3~5 个百分点。选择在"在家的任何时间"（60.8%）、"吃饭时"（59.1%）、"看电视时"（42.2%）、"临睡前"（21.8%）几个比较亲密的场合与父母谈话的比例都比总样本低 1~3 个百分点。

（二）体罚造成了身体和精神上的后果

有约 16% 的受体罚者回忆自己所受体罚达到了"较重"或者"严重"的后果。关于被体罚时的心理状态，约 40% 的人选择了"疼痛、害怕"，约 22% 的人选择了"心理无助、恐惧"，17% 的人选择则了"憎恨父母"。被体罚后，约 7% 的人曾经有过"五官出血""昏迷""耳膜穿孔""骨折"的严重伤害，约 17% 的人感到"孤独、绝望"，12% 的人"怀疑自己不是亲生的"。所以，体罚的后果不容忽视，无论是受罚时还是受罚后，它不仅给受罚者的心理、身体和精神带来极大的伤害，而且也对父母子女间的亲情关系造成一定的伤害，这种伤害可能是互动交流不畅和体罚行为间恶性循环的原因。

（三）经历过体罚的孩子对体罚的认识不够充分

从体罚原因的自认上来看，不管是男生认为的"个性"原因，还是女生认为的"道德规范"原因，受体罚者多将原因归结为自身原因，另外，在受罚时求助方式的选择上，52.2% 的受体罚者"不希望外界介入"，以上两点说明体罚在经受过体罚的"九零后"们间是存在某种内在认同的。

这种对体罚的内在认同揭示出"九零后"对体罚认识不充分，而缺乏反思的认同很可能被他们继受下去，成为代际传承的教养子女方式。

（四）期待国家社会对儿童恶性事件负责

对儿童虐待事件，多数人认为应该"剥夺父母监护权"，而儿童的后续监护，显然需要呼唤国家制度更细致的安排。对恶性事件发生原因的主观性调查中，近 75% 的人认为"国家干预不到位"，居第一位，而"民政部门目前尚不具备能力和条件承担父母监护失职的孩子"成为多数人的共识。所以，国家承担更多对儿童的责任成为很多人的期待。

（五）体罚中的性别差异明显

体罚活动存在明显的性别差异，男生遭受父亲体罚比重比母亲高，女生遭受母亲体罚比例比父亲高。遭受过其他亲属体罚的比例相对较低，女生受罚比例较男生低。总体而言，不管是对男生还是对女生，母亲实施的体罚多于父亲，有意思的是，男生、女生与母亲的互动交流频率和亲密程度都高于父亲，这仿佛在道理上说不通。然而回归生活观察，可以看到母亲一般比父亲承担了更多的情感交流与教育指导活动，母亲也因此负担了更多的摩擦和压力，这也呼唤父母共同而均衡的承担教养子女的责任。

体罚原因上，男生更倾向于将其归于自己的"个性"，而女生更倾向于归于"道德规范"，女生们这种"道德"因素认同可能会造成她们受体罚后的羞耻感，因而对她们成长过程中的自信心有一定影响。

受罚频率上，虽然女生整体受罚比例低于男生，但在受体罚女生的频率高于男生，受罚时期上，小学以后男生受罚比例高于女生，小学以前女生受罚比例高于男生，除了男孩女孩成长发育阶段的差异，社会原因（男孩偏好导致的对男孩的体罚多是矫正行为的目的，对女孩体罚可能掺杂父母的厌女情绪）可能是其中的原因之一。

因体罚而受到身体创伤的男生各项比例均高于女生，这说明父母实施体罚时对男生"下手"更重一些。具体受体罚方式上，男生各种方式受体罚的比例基本都高于女生，然而精神暴力的方式，女生比例高于男生。

五、立法建议

人权视角下儿童国家监护制度的构建

夏吟兰[1]　林建军[2]

一、儿童国家监护的理论基础及其逻辑展开

理论是制度得以创设的根源性思想支撑。人权保护理论、儿童权利视角和国家对儿童人权的保障义务等理念共同作用，奠基了儿童国家监护的制度大厦，对这些理论的推演是证成国家介入儿童监护事务履行对儿童作为"人"同时作为"儿童"的人权保障义务的正当性基础。

（一）儿童人权——国家介入监护的基础与目的

儿童国家监护制度从根本上由人权理念孕育而生，是人人享有人权、人权应被保护的理念在儿童监护事务中的具体体现。

1. 儿童地位：从人权的客体到人权的主体。人权"包含着'是人的权利''是人作为人的权利''是使人成为人的权利''是使人成为有尊严的人的权利'等多个层次"。[3] 人权观念使人性被解放，"让人成为平等自足的主体"[4]，获得了人的完整意义，被赋予人的地位。但人权概念诞生之初，人权主体是有限的，儿童并非人权主体，人格不独立，法律上没地位，被视为父母附属，所有事务由父母包办。同时，传统的公私二元结构论将家庭视为对外封闭的私的自治系统，家庭秩序先由家长继而由父母维持，儿童监护事务属家庭自治范畴完全由家庭承

---

[1] 夏吟兰，女，中国政法大学人权研究院教授，博士生导师，法学博士。
[2] 林建军，女，中国政法大学人权研究院人权专业博士研究生，中华女子学院教授。
[3] 徐显明主编：《人权法原理》，中国政法大学出版社 2008 年版，第 79 页。
[4] 齐延平等：《人权观念的演进》，山东大学出版社 2015 年版，第 63 页。

担，"法不入家门"，国家无权干涉。

随着人权思想的不断深化，"人权主体理论在历史前进的脚步中，逐渐扩展为普遍人权主体观念"[1]，"人权概念中的普遍性范畴正是由《世界人权宣言》及其后的一些国际人权文件共同确立起来的"。[2] 儿童逐渐被视为与成年人一样的人权主体，而不是家庭或父母的附属和财产，儿童享有基本人权和自由，具有独立的人格尊严，拥有独立的利益，应给予其"人"的保护，不得对儿童人格进行贬损、歧视，不得因儿童所处场域不同而有所区别，即使在家庭的场域，儿童人权同样受保护。

作为客观价值秩序的人权是国家权力运行的出发点和目的。当人权理论逐步上升为一种人类和谐共处的"价值取向"或"终极目标"时，这种人权理念客观上就成了所有人应遵行的"基本规范"、一切权力运行的"基本准则"，成为客观价值秩序。在这种意义上，人权使国家义务的存在成为必然，人权不仅成为国家存在的目的，更是国家义务产生的逻辑前提。"从法哲学的权利理论来说，是权利产生了对国家义务的需要，为满足这一需要才进一步产生国家权力。简言之，权利的存在创设了国家义务"。[3]

这一国际共识推动国家打破公私藩篱，进入传统的私领域家庭，儿童监护事务也不再仅仅被视为家庭内部事务，国家为保障家庭中儿童的人权，弥补儿童因身心不成熟而致行为能力之不足，并防范父母权力滥用而积极介入干预儿童监护事务。显然，人权理念的深化推动了儿童国家监护逐步合法化的进程；反之，儿童国家监护制度的创立突显了国家保护儿童作为人所享有的人权的基本立场。

2. 儿童权利——从为"人"的权利到为"儿童"的权利。人权理念使儿童被当作与成人一样独立平等的"人"对待，而从儿童权利视

---

〔1〕 徐显明主编：《人权法原理》，中国政法大学出版社 2008 年版，第 87 页。

〔2〕 徐显明主编：《人权法原理》，中国政法大学出版社 2008 年版，第 85 页。

〔3〕 杜承铭："论基本权利之国家义务：理论基础、结构形式与中国实践"，载《法学评论》2011 年第 2 期。

角出发，儿童不仅是"人"，还是"儿童"。儿童享有"人"的主体地位只是审视儿童地位的认识基点，但不是全部。

基于人权理念之上的儿童权利视角，更进一步地认识到儿童还是"儿童"，充分肯定了儿童这一特定人生发展阶段所具有的不可替代、独立存在的价值，而非基于成人视角狭隘地将儿童的存在价值狭义地定义为成年的准备阶段、人生的前奏，而抹杀儿童作为人的独立价值，抹杀儿童成长期本身的价值。基于儿童权利视角保护儿童，仅仅因为儿童是"儿童"而给予其"儿童"的保护，而不是因为儿童将成为父母的延续、家庭的希望、国家的未来而保护。再者，从儿童权利视角出发，应科学理性地审视儿童身心尚未发育成熟的客观现实。基于此，尽管在法律地位上儿童与成人应被等同视之，但具体到所采取的保护措施，应与儿童身心成长阶段身心成熟状况相适应，提供满足儿童发展需要的符合儿童特点的特殊保护。易言之，对待儿童，与成人等者等同对待，与成人不等者则不等同对待，儿童因身心尚未发育成熟，须给予有别于成人的差别待遇。

（二）国家对儿童人权的保障义务

儿童享有人权，人权需要保障，儿童得以人权主体身份请求保障，承担这一保障义务的最主要主体为国家。国家的义务是满足人权需求，儿童人权所涉内容决定国家履行儿童人权保障义务的内容。"国家权力是人民赋予的。按社会契约论的观点，是人民让渡一部分或全部自然权利给政府，使之转化为国家权力，人民再依靠国家权力反过来保护自己的人权和其他权利。这是国家存在的价值所在。所以社会契约理论是国家作为保障人权的基本义务主体的理论渊源。"[1]

人权内在结构的开放性决定了国家义务内容结构的变动性。正如科学"是一种由具有不同程度可能性的观念所组成的一个总是处在变化之中的体系"[2]一样，人权概念从来都不是一个封闭的系统，其内容随

---

〔1〕 郭道晖："人权的国家保障义务"，载《河北法学》2009 年第 8 期。

〔2〕 〔美〕伯尔曼：《法律与革命》（第一卷），贺卫方等译，法律出版社 2008 年版，第 156 页。

着社会的发展及人权研究的深入而不断发展丰富。而人权内容的不断扩展必然驱动国家义务内容的不断扩张。现代国家兴起的社会权利理论使人权的内容由消极人权——公民权利政治权利扩展到积极人权——经济、社会和文化权利。与"消极人权"与"积极人权"相对应，国家应履行"消极义务"与"积极义务"。国家对于消极人权"负有不加侵犯与防止侵犯的义务"[1]；对于积极人权负有采取积极措施满足公众需要促使人权实现的义务，公权力在提供福利方面应有更大作为，"服务"与"生存照顾"是社会法治国或福利国家的重要理念。"与近代权利理论强调消极的权利——自由权相对应的是在国家的义务方面强调'国家的主要的——如果不是说唯一的——任务是关心公民的'负面的福利'，即保障公民的权利不受外敌的侵犯和不受公民之间的相互侵犯。'这种自由主义守夜人政府的国家观强调'国家对公民正面的，尤其是物质的福利的关心是有害的。'但随着现代国家福利主义社会权利理论的兴起，基本权利向社会权的扩张使国家义务内容也进一步扩展，要求运用国家权力为公民提供福利"[2]"基本权利作为客观价值秩序不仅要求国家承担消极义务，还要求国家承担保护义务，即通过设立完善的制度、组织、程序实现对基本权利的制度保障（Institutsgarantie）。第一层次的保护义务源于人性尊严的宪法建构原则，要求国家积极保障自由权不受其他私人侵犯，而不限于国家的消极尊重义务。第二层次的保护义务则针对第二代人权即社会权，细化为国家的积极给付义务，'制度保障'的客体从单一的自由权拓展至自由权与社会权并立的局面。无论哪个层次的保护义务，都要求国家创造和维持有利于基本权利实现的各项条件。这主要是通过立法实现的。保护义务的射程不仅及于国家，也及于私人领域的第三人。"[3]

国家在儿童照料方面的介入在二战后被合法化。福利国家干涉主义

---

〔1〕 王世杰、钱端升：《比较宪法》，中国政法大学出版社1997年版，第61页。

〔2〕 郭道晖："人权的国家保障义务"，载《河北法学》2009年第8期。

〔3〕 谢鸿飞："中国民法典的宪法功能——超越宪法施行法与民法帝国主义"，载《国家检察官学院学报》2016年第6期。

认为，国家有积极保障人权义务，为防止家庭中的权力滥用，应对家庭进行积极监督和必要规范，既要排除家庭中的侵害，对儿童进行及时有效救助，还应通过法律和积极的社会福利、社会救助等福利措施为儿童提供完备支持。"国家监护是二战后特别是在 20 世纪 60 年代后，随着福利国家的发展而提出来的。福利国家理念下，国家有保障公民生存权实现的义务。公民依法有从社会获得基本生活条件的权利，当公民不能从社会获得基本生活条件时，有权依法要求国家提供基本生活条件，这是国家为保障公民的生存权所应承担的给付义务。国家监护是福利国家理念在儿童保护领域的具体体现，其目的在于明确未成年人的监护不仅是个人或家庭的责任，而是父母、社会和国家三者共同的责任。国家通过运用各种公权手段和社会公共机制干预和介入未成年人监护领域，实践其保护未成年人合法权益的职责。公权力介入监护领域是各国未成年人监护制度改革的趋势，也是履行《联合国儿童权利公约》要求各国承担的给予'暂时或永久脱离家庭环境的儿童，或为其最大利益不得在这种环境中继续生活的儿童'特别保护和协助的义务。"[1]

二、国家介入儿童监护的限度

(一) 国家介入儿童监护的生成条件

儿童监护中，父母或其他监护人并不必然维护儿童利益，为了儿童最大利益，公权力机关理应介入。然而，国家干预是否必然实现儿童最大利益？目的正当不能成为国家干预成立的充分条件，国家干预不仅应以维护儿童最大利益的正当目的为前提，还应对强势的国家干预设置必要的前提条件，应以可被证明适当有效的方式进行，否则，国家公权力不得随意越界干预个人和家庭私生活。这些条件须以立法的形式加以明确。

"黑格尔曾提出了国家干预市民社会为正当的两个条件：一是当市民中出现非正义或不平等现象（如一个阶层对另一个阶层的支配，等等）时，国家就可以透过干预予以救济；二是为了保护国家自己界定的

---

〔1〕 陈翰丹、陈伯礼："论未成年人国家监护制度中的政府主导责任"，载《社会科学研究》第 2014 年第 2 期。

人民普遍利益时，国家也可以直接干预市民社会的事务。"〔1〕以黑格尔的理论为依凭，在监护事务中，当出现父母或其他监护人滥用权利，出现虐待、遗弃等侵害儿童权利的非正义现象，使儿童处于危险境地的，国家应及时介入采取惩戒性措施；另一方面，当父母或其他监护人客观上监护能力不足而非主观过错难以胜任履行照护儿童义务时，即监护人欠缺履行监护的生活条件或能力，国家为了儿童利益，同样应及时介入，补足家庭所欠缺的能力，为家庭监护提供相应的支持，为儿童提供不间断的监护。

（二）国家介入儿童监护的比例原则

国家发动公权力介入儿童监护事务，其具体手段的选择，应在符合目的正当性的前提下，遵循国家公权力选择介入手段的比例原则。"国家虽然有权基于保护理念介入婚姻家庭关系，依法保障弱者权益，但仍应尊重个人对家庭生活事务的自我决定权，实施的干预必须适度。国家干预必须遵循两个原则：一是法律保留原则，即国家对家庭生活事务干预须具有法律上的依据，以法律手段进行，不能非法干预；二是比例原则，即国家干预在时机、方式与程度上须与保护弱者权益的需要相对称，不能过度干预。"〔2〕

"比例原则最早是德国行政法的原则，强调国家在作出行政行为时，必须在目的与手段之间作出均衡的选择，……这一原则逐渐转化为公法的共通原则，也就是所有公权力的运作都必须保证手段和目的相互协调。"〔3〕该原则又内涵三个子原则，"大多数学者们也基本都是将比例原则分为三个子原则。例如，1973 年，德国学者埃贝哈德·格拉比茨（Eberhard Grabeitz）在《联邦宪法法院中的比例原则》一文中认为，广义的比例原则包括适当性原则（Geeignetheit）、必要性原则（Erforderlichkeit）、狭义比例原则（Verhltnismigkeit im engeren Sinne）"。"适当性

---

〔1〕 邓正来：《国家与社会——中国市民社会研究》，四川人民出版社 1997 年版，第 41 页。

〔2〕 马忆南："婚姻家庭法领域的个人自由与国家干预"，载《文化纵横》2011 年第 2 期。

〔3〕 徐显明主编：《人权法原理》，中国政法大学出版社 2008 年版，第 180 页。

原则，又称为妥当性原则，它是指公权力行为的手段必须具有适当性，能够促进所追求的目的的实现；必要性原则，又称为最小损害原则，它要求公权力行为者所运用的手段是必要的，手段造成的损害应当最小；均衡性原则，又称为狭义比例原则，它要求公权力行为的手段所增进的公共利益与其所造成的损害成比例"。[1] 具体到儿童监护事务，国家在选择公权力介入手段时，应在保障儿童人权实现儿童最大利益目的之下，采取具有适当性、必要性和均衡性的公权力手段。易言之，应根据儿童权益受损的不同原因、后果及程度，也即适用条件的不同，决定国家介入手段的方式、程度及持续时间等。

三、儿童国家监护的价值取向及其位阶定序

儿童监护面临多元权利主体的利益碰撞以及多方关系的重合交织。厘定调和利益、厘清衡平关系，需要判断价值进而取舍，并对多重价值的位阶进行定序，从而确定优先保护的权利主体，优先保护的权利/利益，使儿童权利于法秩序中获得最大实现的可能。

儿童监护牵涉儿童、父母、其他近亲属等自然人监护人、国家监护人等不同权利/利益主体，随之涉及儿童作为被监护人得被保护的人身权利、财产权利等权利、父母及其他监护人得以代理儿童的代理权等权利。这其中，监护人权利更主要的是职责均源自于监护儿童的终极目标。也必然地，所有的权利中，儿童权利才是终极关怀；所有的利益中，儿童利益才是最大利益；所有的权利主体中，儿童才是优先保护的主体。鉴于此，从儿童权利视角出发，儿童监护的价值取向应以遵循儿童最大利益为先，优先实现儿童的权利。

儿童监护是父母等近亲属的义务，也是国家的责任，涉及父母、近亲属、社会、国家等多个义务/责任主体，这些义务/责任主体与儿童之间以及各义务/责任主体相互之间交织着多重关系。衡平多重关系，各义务/责任主体的角色定位应准确、分工应明确、边界应清晰，使这一监护责任机制形成闭合的链条，有机配合、无缝连接。为此，一方面，

---

[1] 刘权："目的正当性与比例原则的重构"，载《中国法学》2014 年第 4 期。

应强调多主体合力监护原则，所有与儿童有关的责任主体应充分担当、不可缺位。另一方面，应清晰准确定位各自角色，各主体各安其位，不可错位，也不可越位。其中，家庭监护为基础，社会监护为辅助，国家终极负责，是儿童的最终监护人，承担兜底责任。

儿童监护中，为确保国家公权力的干预介入符合儿童利益，制约国家机关的自由裁量权以避免国家机关作出错误判断，有必要对国家干预加以必要的限制，这一限制体现在：国家干预的目的必须具有正当性，国家干预的手段即采取的各项监护措施必须遵循比例原则。

（一）儿童监护的核心价值——儿童最大利益

儿童最大利益原则（The Child's Best Interests）被联合国 1959 年《儿童权利宣言》、1989 年《儿童权利公约》等人权文书所确立，是处理儿童监护事务最具普遍性、支配性的审酌标准和最高准则。

儿童最大利益原则，即《儿童权利公约》第 3 条规定的"①关于儿童的一切行动，不论是由公私社会福利机构、法院、行政当局或立法机构执行，均应以儿童的最大利益为一种首要考虑。②缔约国承担确保儿童享有幸福所必需的保护和照料，考虑到其父母、法定监护人或任何对其负有法律责任的个人的权利和义务，并为此采取一切适当的立法和行政措施"。[1] 第 27 条第 1 款规定，"缔约国确认每个儿童均有权享有足以促进其生理、心理、精神、道德和社会发展的生活水平"。[2]

儿童最大利益意涵丰富，有多个维度，要旨是将儿童视为有独立人格的个体，所有和儿童有关的面向都充分考虑儿童利益。当然，儿童最大利益原则并非将儿童利益作为诸多利益中的唯一权衡考虑要素，而只是诸要素中的首要要素而已。儿童监护事务的儿童最大利益，意味着监护主体、监护类型、监护职责、监护终止等制度内容的安排均应以"对儿童最为有利"为要义，儿童监护所涉不同权利主体不同利益制衡时，

---

〔1〕《儿童权利公约》，访问网址：http：//www. un. org/Docs/asp/ws. asp？m = A/RES/44/25，访问时间：2017 年 8 月 16 日。

〔2〕《儿童权利公约》，访问网址：http：//www. un. org/Docs/asp/ws. asp？m = A/RES/44/25，访问时间：2017 年 8 月 16 日。

应以儿童最大利益为首要考虑。

（二）衡平国家与其他监护责任主体关系的原则——合力监护、父母首要责任、国家兜底责任

1. 合力监护。儿童在成长过程中，生活需求涉及方方面面，权利保障需求涉及人身照护、财产照护及其他权益保障等多项事务，全面回应儿童健康成长中的各种需求，充分实现儿童监护的功能，满足儿童最大利益，既需要父母尽职尽责，也需要社会辅助，更需要充分发挥国家在人财物等资源占有方面的优势和作用，从而使家庭监护、国家监护形成合力，有机衔接，紧密配合，形成周延闭合的监护链条。

在负有监护法定职责的诸主体中，家庭、国家扮演的角色不尽相同，家庭优先，家庭监护为基础；社会监护辅助；国家兜底，国家终极负责。

2. 父母——首要责任。家庭对儿童而言，是覆盖出生伊始到成长全程的最基本的生存和社会化场域，也是最合乎儿童成长发展天然本性和人性需求的自然环境。和谐美满的家庭环境对实现儿童最佳利益具有无可替代的作用，具有天然血缘联系和亲情的父母理应成为儿童的主要监护人选、最主要的监护职责实施者。有鉴于此，儿童监护制度的设计安排应以家庭监护为基点，主要依托家庭履行儿童监护职责。只有在家庭监护缺位或因主客观原因不能履行监护职责时，方有必要考虑其他使儿童与原生家庭分离的替代方案，且所有替代方案须满足儿童最大利益及必要时仍应促成儿童回归家庭。

3. 国家——兜底责任。现代儿童监护制度确立了国家终极监护的理念与国家监护的制度格局，国家监护成为家庭监护的一种必要补充和补救。

监护儿童首先是家庭的责任，但家庭自治与自主不应绝对化，对因各种原因处于监护困境的儿童，制度设计须为儿童提供连贯不间断的照顾方案，在儿童因多种原因处于困境时，国家应以监护人的身份及时介入，行使监护职责，履行国家责任，成为儿童的最终/最高监护人。这种国家监护不是家庭监护的完全取代，监护的主体依然以亲属关系为

主，只是为了更好地保障儿童权益，弥补亲属监护的不足，强化了儿童监护中的国家责任，加大对儿童监护的国家公权力干预力度，国家作为监护的监督者以及最后责任的承担者，确保儿童处于国家的严格保护之下，从而得到不间断的监护。

四、我国儿童国家监护的立法模式选择

（一）儿童监护制度的各国立法例

"关于监护制度的立法模式，各国设置各有不同，大体可以分为三种。第一种是将监护制度与婚姻家庭等法律并列于一部法律中，如苏俄1922 年《婚姻、家庭和监护法典》；第二种设置是将监护纳入民法典亲属编，将监护制度视作亲权制度的扩张，例如德国、日本等；第三种设置是对监护制定单独法，主要有英美法系国家和南斯拉夫等。"[1]

第一种模式中，监护制度的内容与婚姻家庭的内容并列规定于单一法典中，如俄罗斯。[2] 第三种模式则将监护制度单独立法。

第二种模式中，监护被规定于民法典亲属编或人法中。如日本、德国，日本将监护置于民法典第四编"亲属"一编，作为第五章的内容分布于第四章亲权之后。在德国，监护制度主要规定于德国《民法典》第四编亲属编的第三章中，[3] 但其中"官方监护"[4] 的具体内容则置于德国《社会法典》之中，《民法典》仅规定了官方监护在何种情况下发生的内容。《民法典》第 1791c 条（青少年福利局的法定官方监护）规定："①子女的惯常居所在本法适用范围以内的，在其父母未相互结婚且需要监护人的子女出生时，青少年福利局成为监护人；监护人在子女出生前就已被选任的，不适用前半句的规定。第 1592 条第 1 项或第 2 项所规定的父亲身份因撤销而被除去，且子女需要监护人的，青

---

〔1〕 李洪祥：《我国民法典立法之亲属法体系研究》，中国法制出版社 2014 年版，第266 页。

〔2〕 参见中国法学会婚姻法学研究会编：《外国婚姻家庭法汇编》，群众出版社 2000 年版，第 518 页。

〔3〕 参见陈卫佐译注：《德国民法典》，法律出版社 2015 年版。

〔4〕 为准确了解德国官方监护的做法，笔者特别致信求教研究翻译德国家庭法的学者湖南师范大学王葆莳副教授，得到全面严谨回复，在此特别鸣谢王葆莳副教授。

少年福利局在裁判发生既判力时成为监护人。②青少年福利局曾是其父母未相互结婚的子女的保佐人，而保佐依法律规定而终止，且子女需要监护人的，原来是保佐人的青少年福利局即成为监护人。③家庭法院必须不迟延地向青少年福利局发给关于监护开始的证明：第1791条不得予以适用。"[1] 此种法定监护不需要剥夺原有的父母照顾权。此外，《民法典》第1779条规定了家庭法院可以在没有其他适宜监护人的情况下裁定进行官方监护："①监护不能被托付给依第1776条有资格的人的，家庭法院必须在听取青少年福利局的意见后，挑选监护人。②家庭法院应挑选依其个人状况和其财产状况以及依其他情事而适合于执行监护的人。在两个以上合适的人选中挑选时，必须考虑父母可推知的意思、被监护人的个人联系、与被监护人的血统关系或姻亲关系，以及被监护人的宗教教派。③家庭法院应在挑选监护人时听取被监护人的血亲或姻亲的意见，但以无须显著迟延和过巨费用即可这样做为前提。血亲和姻亲可以向被监护人请求偿还他们的垫付款；垫付款数额由家庭法院确定。"[2] 除此之外的官方监护的具体内容和范围主要由《德国社会法典》第八章第55条规定，如"在官方监护中也由青少年局指定具体的工作人员或雇员来执行监护，这些人对被监护人有法定代理权（《社会法典》第八章第55条第2款第3句）"。[3] 可见，在德国，《民法典》和《社会法典》成为儿童国家监护的共同法源，居于德国私法体系中心的《民法典》规定监护制度中所有私法规范（官方监护除外），规范公法范畴的官方监护的使命则由《社会法典》承担。这种立法体例的安排，既符合民法和社会法的各自性质和功能定位，又保证了监护制度的完整性、全面性。

（二）我国儿童国家监护的立法模式

1. 我国现行儿童监护立法的模式。目前，从国家法律层面看，我

---

〔1〕 陈卫佐译注：《德国民法典》，法律出版社2015年版，第534~535页。

〔2〕 陈卫佐译注：《德国民法典》，法律出版社2015年版，第531~532页。

〔3〕 ［德］迪特尔·施瓦布：《德国家庭法》，王葆莳译，法律出版社2010年版，第447页。

国监护制度以民法为主要规范基础，现行《民法总则》从民事私法的视野确立了监护制度包括儿童监护制度的基本法律框架。民事法律之外，《未成年人保护法》和《反家庭暴力法》两部综合性社会立法对监护制度作出了补充规定。其中《未成年人保护法》立足于全面保护儿童权益的社会法的定位对国家临时监护责任作出补充规定；《反家庭暴力法》对包括儿童在内的家庭成员遭受家庭暴力的防治作出了明确规定。

在民事法律体系内部，全部监护制度的内容集中规定于2017年3月通过的《民法总则》中，《民法总则》用专节共14个条文确立了我国监护制度的基本格局。其中涉及国家监护的相关规定共6条，分别是第31条第3款临时监护的情形及临时监护人，第32条没有具有监护资格的人时的国家监护，第34条监护人（包括国家监护人）的职责与权利，第35条监护人（包括国家监护人）履行职责的原则与要求，第36条撤销监护人资格的情形及申请主体，第39条监护关系终止的情形。条文涉及国家临时监护，监护人的担任、职责及其履行职责的原则，监护人资格的撤销，监护的终止等内容，涵盖儿童国家监护的内容，这意味着我国从民事法律规范层面确立了儿童国家监护制度，使之有所遵从。与之前的《民法通则》相比，《民法总则》较全面地涵盖了国家监护的设立、职责、终止以及临时监护等内容，其中增设了国家临时监护、监护终止等内容，制度安排更周延全面、更具操作性；对国家监护责任主体、撤销监护资格的规定也更科学合理明确。

民事法律之外，我国《未成年人保护法》有3个条文直接指向监护制度，分别是第43条社会保护中关于国家临时监护和收留抚养的规定，第53条司法保护中关于撤销父母监护资格的规定，第62条法律责任中的相关主体不履行监护职责承担责任的规定。[1] 其中，第 43 条第 1 款规定了国家机关的临时监护责任，将民政部门等设立救助场所对流浪乞讨儿童的救助明确为临时监护；第 2 款虽然将民政部门设立儿童福利机构对孤儿、无法查明其父母或者其他监护人及其他生活无着儿童定性为收留抚养，但个人认为，这种收留抚养虽无监护之名，但有监护之实。《反家庭暴力法》直接规定监护事项的有 3 个条文，分别是第 12 条未成年人监护人依法履行监护职责，第 15 条公安机关的出警、安置受害人临时庇护等职责，第 21 条撤销监护人资格。[2] 还有部分条文可间接适用于儿童国家监护。

2. 我国儿童监护立法模式的不足。

第一，从法律体系的宏观视角检视，儿童监护立法的体系性缺失突出，国家监护的内容几近空白。

健全的儿童监护制度，家庭、社会和国家三者的监护责任缺一不可，三者应有机配合衔接。国家监护与依托父母等自然人的家庭监护相

---

〔1〕《未成年人保护法》第 43 条规定：县级以上人民政府及其民政部门应当根据需要设立救助场所，对流浪乞讨等生活无着未成年人实施救助，承担临时监护责任；公安部门或者其他有关部门应当护送流浪乞讨或者离家出走的未成年人到救助场所，由救助场所予以救助和妥善照顾，并及时通知其父母或者其他监护人领回。对孤儿、无法查明其父母或者其他监护人的以及其他生活无着的未成年人，由民政部门设立的儿童福利机构收留抚养。未成年人救助机构、儿童福利机构及其工作人员应当依法履行职责，不得虐待、歧视未成年人；不得在办理收留抚养工作中牟取利益。第 53 条规定：父母或者其他监护人不履行监护职责或者侵害被监护的未成年人的合法权益，经教育不改的，人民法院可以根据有关人员或者有关单位的申请，撤销其监护人的资格，依法另行指定监护人。被撤销监护资格的父母应当依法继续负担抚养费用。第 62 条规定：父母或者其他监护人不依法履行监护职责，或者侵害未成年人合法权益的，由其所在单位或者居民委员会、村民委员会予以劝诫、制止；构成违反治安管理行为的，由公安机关依法给予行政处罚。

〔2〕《反家庭暴力法》第 12 条规定：未成年人的监护人应当以文明的方式进行家庭教育，依法履行监护和教育职责，不得实施家庭暴力。第 15 条规定：公安机关接到家庭暴力报案后应当及时出警，制止家庭暴力，按照有关规定调查取证，协助受害人就医、鉴定伤情。无民事行为能力人、限制民事行为能力人因家庭暴力身体受到严重伤害、面临人身安全威胁或者处于无人照料等危险状态的，公安机关应当通知并协助民政部门将其安置到临时庇护场所、救助管理机构或者福利机构。第 21 条规定：监护人实施家庭暴力严重侵害被监护人合法权益的，人民法院可以根据被监护人的近亲属、居民委员会、村民委员会、县级人民政府民政部门等有关人员或者单位的申请，依法撤销其监护人资格，另行指定监护人。被撤销监护人资格的加害人，应当继续负担相应的赡养、扶养、抚养费用。

比，同属法定的监护类型，其监护的基本原则相同，可采同一监护规则；但两者存在主体性质、与被监护儿童关系等诸多不同：家庭监护的主体是自然人，是私法主体；国家监护的主体是国家机关，是公权力机关。自然人与被监护的儿童之间属私法关系，相关规定属私法范畴；而国家监护人与儿童则属公法关系，儿童国家监护规范理应属于公法范畴。为此，两者在监护的设立、监护职责及违反监护职责的法律责任等方面的相应规则必然不同，制度安排也理应区分。

目前，我国家庭监护的内容集中规定于《民法总则》和《婚姻法》，制度内容相对完备。而社会监护、国家监护体系严重缺失，几近空白。仅在《民法总则》中有 2 条关于国家临时监护和国家监护适用条件的规定。民法之外，全面担负儿童保护立法重任的《未成年人保护法》虽然在第 43 条规定了国家临时监护的内容，但仅规定了救助场所对流浪乞讨儿童的临时监护，主体、范围过窄，也过于粗疏，缺乏系统性。上述《未成年人保护法》的规定，对国家监护的制度创新科学推进不足，对民法框架的因循墨守有余，难以发挥全面保障儿童权益的社会法的功能。显然，我国主要依托民法私法规范规制监护事务包括国家担任儿童监护人这一公法事务，与国家监护之性质相悖，出现制度错位。立法过分倚重家庭监护，重私法领域对监护人的规制，轻公法领域对权力主体的责任施加。

第二，从民法典内部的视角检视，目前在《民法总则》中集中规定监护制度的全部内容，缺乏科学性、协调性。

在民法典内部，我国目前集中于《民法总则》中规定监护制度的内容，偏离了《民法总则》本来的定位，《民法总则》本应定位于民法典的概括性普遍性原则性规定，而非某项具体民事法律制度的展开，将监护制度的全部内容悉数规定于《民法总则》之中，既有悖于《民法总则》的基本属性和定位，又必然制约监护制度的全面充分构建，不尽合理。

3. 我国儿童国家监护立法模式选择。

第一，儿童监护在法律体系中的立法体例。现代意义上的儿童监护法律规范体系既包括私法规范，也无法剥离公法规范。其中，儿童国家监护之外的监护制度属私法规范，宜在民事法律中加以调整。

儿童国家监护的内容则显属公法规范，不可混同于私法规范，宜通过社会法立法加以规制。在我国现行法律体系框架下，儿童国家监护的内容可主要依托《未成年人保护法》得以实现。《未成年人保护法》作为全面保障儿童权利的社会立法，基于实现儿童最大利益的理念以及儿童群体范围广泛性复杂性、权益诉求多样性分化性的特性，在制度层面全面覆盖了履行儿童权利保障义务的所有主体包括国家机关。对家庭监护出现问题使儿童陷于困境的，国家及时行使公权力加以干预，是国家保障儿童人权义务的题中之意，故可在《未成年人保护法》中规定。

为此，全面回应儿童健康成长的各种需求，构建《未成年人保护法》为主体，包括《民法》《婚姻法》等相关法律，以家庭监护为基础、社会监护补充、国家终极负责的儿童监护法律体系。儿童监护，需要父母尽责，社会辅助，更需要国家充分履职，家庭、社会、国家形成合力。其中，家庭是最合乎儿童成长发展天然本性需求的自然环境，具有天然血缘联系的父母是最主要的监护实施者；国家作为儿童的最终监护人，在家庭监护失当或缺位时，应承担终极负责，确保儿童得到良好的不间断的监护。

第二，儿童监护在民法典中的立法体例。就民法典内部监护制度包括儿童监护制度的立法而言，从立法的科学性、体系化出发，宜由民法总则对监护（除国家监护）作原则性规定，在婚姻家庭编中作专章规定。首先，这种体例符合民法典的总分体例及总则自身的定位。民法典的总则统领分则，旨在抽象、概括民法典中具有总括性、普遍性的原则。从体系化的视角分析，监护作为弥补法律主体行为能力的一项具体制度，可在总则中作原则性规定，而将相关具体内容规定在婚姻家庭编中。[1] 这样既保留了监护制度的独立性，又维持了民法典的整体性和协同性。其次，符合大陆法系民法典的体系化传统。大陆法系的大多数

---

〔1〕 李霞：《民法典成年保护制度》，山东大学出版社 2007 年版，第 275 页。

国家均将监护制度置于亲属编或人法中，如《德国民法典》《日本民法典》。基于体系化考虑，监护制度与亲属制度具有高关联度，监护制度是传统的亲权制度的延伸，与亲属制度密切相关，将监护制度置于婚姻家庭法中，符合大陆法系民法典逻辑严密、体例完整的特点。最后，符合监护制度的法律属性，有助于制度内容的完善。监护制度兼具私法和公法属性，除国家监护本属公法的内容不宜由民事法律加以规范外，私法范畴具体制度的展开均可规定于婚姻家庭法中，因家庭是自然人生活的最好环境，亲属是主要监护人选，是监护职责的主要实施者。而且将监护制度置于婚姻家庭编中单设一章，可以克服目前民法总则中监护制度过于简约、原则的不足。监护制度内容庞杂，涉及监护人的设立、监护人的范围、监护的类型与方式、监护人的权利与义务、监护的执行、监护人的变更、监护监督人的设立以及监护的撤销、中止、恢复等具体的监护事务，绝非在总则中规定若干个条款即可实现完善监护制度的设想，应当在婚姻家庭编中专设一章，有利于构建内容完整、体系完备的监护制度，避免民法总则过于原则、不利于操作的弊端。鉴于儿童监护与成年人监护在理念和具体监护事务中的不同，可将儿童监护与成年人监护分别规定。[1]

五、我国儿童国家监护的制度构想

《未成年人保护法》作为全面保障儿童权利的社会立法，兼具公法、私法双重属性，其内容涵盖了儿童权利保障的主要义务主体及其职责。该法应全面系统规定国家监护的主体及其职责、各类国家监护措施、法律责任等内容，并确立儿童监护的国家监督制度，对监护人的行为进行监督和约束，以更好地保护被监护人的利益。

（一）确立儿童国家监护的主体制度

确立国家监护的适格主体是构建儿童国家监护制度的重要因素，法律授予哪些主体代表国家行使公权力，有必要加以探究。

从域外做法看，国家监护机构的主体主要集中于未成年人保护机

---

〔1〕 梁慧星：《中国民法典草案建议稿附理由·亲属编》，法律出版社 2006 年版，第 223~273 页。

构、社会福利机构、检察机关/官等几类主体。例如在日本，"儿童福利机关就是担当儿童福利法所规定的儿童福利业务的机关，其核心为儿童咨询所。儿童咨询所设置专门的儿童福利司，这是专门处理有关儿童福利的个案工作者"。[1] 美国《密歇根州儿童保护法》则规定了比较宽泛的主体，第 2 节（u）规定："'对儿童健康或福利负有义务之人'系指父母、法定监护人、与儿童共同居住的已满 18 周岁之人，或非父母成年人；或以下任意机构之所有人、经营者、志愿者或雇员：（i）经许可或注册登记的儿童照管组织。（ii）《成年寄养之家许可法》第 3 节定义之经许可或未经许可的成年人寄养之家或成年人寄养小组。（iii）《社会福利法》准许之法庭运行机构。"[2] 域外考察比较发现，履行国家监护职责的通常是该国与儿童利益最密切相关的公权力机关。借鉴域外经验，我国判别国家监护适格主体的主要标准宜主要考虑身份要件、职能要件。身份要件主要从该主体是否属于国家机关进行判断；职能要件主要通过该国家机关是否承担监护儿童的相应职能以及是否有利于儿童最大利益实现两方面考察。

基于此，同时鉴于我国没有专门的未成年人保护政府机构，仅在县级以上各级政府设有妇女儿童工作委员会这一协调议事机构的现状，建议我国主要由民政部门承担代位监护职责，同时规定政府相关部门履行协助家庭监护儿童的责任。我国的民政部门是主管社会行政事务工作的政府职能部门（国家机关），其数项职能都与儿童监护事务密切相关，包括承担老年人、孤儿、五保户等特殊困难群体权益保护的行政管理工作，指导残疾人的权益保障工作；拟定儿童收养管理的方针、政策；指导国内及涉外收养工作；拟定和监督实施城市生活无着的流浪乞讨人员救助管理的方针、政策；指导全国救助管理站的工作等。我国《民法总则》第 32 条明确规定："没有依法具有监护资格的人的，监护人由民政部门担任，也可以由具备履行监护职责条件的被监护人住所地的居民委

〔1〕 尹琳:《日本少年法研究》，中国人民公安大学出版社 2005 年版，第 97 页。
〔2〕 张鸿巍、闫晓玥、江勇等译:《美国未成年人法译评》，中国民主法制出版社 2018年版，第 161 页。

员会、村民委员会担任。"

（二）明确儿童国家监护的主要措施

儿童监护以家庭承担为主，家庭监护一旦出现监护人履行不能、缺位、不适格、侵害儿童人身或财产权益等问题，国家须及时应对，使儿童在家庭之外获得支持并得到不间断的监护。面对各类监护困境，国家的应对措施应是全方位的，既应包括立足于即时补救的支持性措施，也应包括旨在教育惩戒的惩罚性措施，还应包括将家庭取而代之的替代性措施。这些措施，可根据持续时间划分为临时性措施和长期性措施；也可根据监护措施的性质分为支持性措施、惩戒性措施、替代性措施；还可根据监护手段分为协助保护措施、批评警示措施、中止监护资格、剥夺监护资格、临时代位监护、永久代位监护等措施。具体采取何种措施、持续时间多长等，应视儿童权益受损的原因、后果及程度而定。根本上，国家干预手段应本着实现儿童最大利益这一根本目的，遵循比例原则。

基于此，同样因为监护人的原因导致儿童处于监护困境，但其中监护人履行不能、缺位与监护人不适格、侵害被监护人权益的情况显然不同，采取措施当然不同，前两者监护人履行不能和缺位并非法定义务的违反，只是主体不存在或能力欠缺，不宜适用惩戒性措施，而更应立足及时补主体之位或补主体能力之不足；而监护人怠于履行职责甚至侵害被监护人权益则不然，这两类情形均属监护人违反法定监护义务之举，既存在主观过错，又有行为恶果，应采取惩戒性措施，且必要时取而代之。具体而言，笔者认为国家采取的监护手段可分如下情况：

表 1　我国儿童国家监护的适用条件及其措施

适用条件	监护措施的性质	监护措施的类别
监护不能（事实不能）	支持性	必要支持/协助保护
监护不能（法律不能）	替代性	临时或永久代位监护
监护缺位（失踪、不明）	替代性（暂时）	临时代位监护
监护缺位（死亡）	替代性（永久）	永久代位监护

适用条件	监护措施的性质	监护措施的类别
怠于监护（较轻）	惩戒性（较轻）	批评教育警示
怠于监护（较重）	1. 惩戒性（较重） 2. 替代性	1. 中止监护资格 2. 临时代位监护
怠于监护（严重）	1. 惩戒性（严重） 2. 替代性	1. 剥夺监护资格 2. 临时或永久代位监护
监护侵害（较轻、较重）	1. 惩戒性（较重） 2. 替代性	1. 中止监护资格 2. 临时代位监护
监护侵害（严重）	1. 惩戒性（严重） 2. 替代性	1. 剥夺监护资格 2. 临时或永久代位监护

1. 必要协助保护——支持性监护措施。当父母或其他监护人客观上监护能力不足而非主观过错难以胜任履行照护儿童义务时，即监护人履行不能（事实不能、法律不能），如果监护人出现事实不能包括监狱服刑、患病、年事高、经济困难等状况，欠缺履行监护的生活条件或能力，国家不宜适用具有惩戒性质的中止甚或是剥夺父母监护权的措施，而应立足于补足家庭所欠缺的能力，为家庭监护提供相应的支持，使之得以继续履行监护职责。

支持性措施的具体方式主要涉及生活、医疗、就学、托育及其他必要协助保护措施。联合国《儿童权利公约》第 27 条规定对国家提供协助救济作出了原则性规定："……②父母或其他负责照顾儿童的人负有在其能力和经济条件许可范围内确保儿童发展所需生活条件的首要责任。③缔约国按照本国条件并在其能力范围内，应采取适当措施帮助父母或其他负责照顾儿童的人实现此项权利，并在需要时提供物质援助和支助方案，特别是在营养、衣着和住房方面。"[1]

---

〔1〕《儿童权利公约》，访问网址：http://www.un.org/Docs/asp/ws.asp? m = A/RES/44/25，访问时间：2017 年 8 月 16 日。

2. 批评教育警示——惩戒性措施（较轻）。当父母或其他监护人完全具备监护能力但主观上消极怠于履行监护职责，情节轻微，后果轻微的，既不可放任不管，避免事态恶性演变发展，也不可惩戒过当，避免过犹不及。"虽然监护不力没有对家庭的法定义务构成根本性违反，但是履行存在瑕疵，如果放任这种轻微的错误可能会导致更严重的状态发生或者扩大危险发生的可能性。因此，对于监护不力的情形，国家仍有必要适当地介入。"[1]

对父母或其他监护人怠于尽职尽责，情节轻微未造成较大后果的，应批评教育警示。我国《反家庭暴力法》第 16 条对父母实施家庭暴力未造成严重后果的作出明确规定："家庭暴力情节较轻，依法不给予治安管理处罚的，由公安机关对加害人给予批评教育或者出具告诫书。"第 17 条规定："公安机关应当将告诫书送交加害人、受害人，并通知居民委员会、村民委员会。居民委员会、村民委员会、公安派出所应当对收到告诫书的加害人、受害人进行查访，监督加害人不再实施家庭暴力。"

3. 中止监护资格——惩戒性措施（较重）。当父母或其他监护人完全具备监护能力但主观上消极怠于履行监护职责，或者侵害子女权益，造成一定后果但未造成严重后果的，有必要及时阻止危害后果的发生，中止父母或其他监护人的监护资格。

中止监护资格主要采取暂时将监护人与儿童隔离，摆脱目前状况的紧急保护、安置和其他必要安置措施。我国《反家庭暴力法》规定，对实施家庭暴力侵害儿童人身权的父母，法院可以核发"禁止接触令""迁出令"，第 29 条规定："人身安全保护令可以包括下列措施：……②禁止被申请人骚扰、跟踪、接触申请人及其相关近亲属；③责令被申请人迁出申请人住所；……"这两类人身安全保护令客观上都中止了父母对子女的监护权。依《反家庭暴力法》，人身保护令的有效期为 6 个月，这种中止是暂时的。

---

〔1〕 福建省三明市中级人民法院课题组：《困境未成年人国家监护制度的健全》，法律出版社 2016 年版，第 45 页。

4. 剥夺父母监护资格——惩戒性措施（严重）。剥夺父母监护资格，也即撤销父母监护资格，父母或其他监护人怠于履行监护职责或违反法定监护义务侵害儿童权益造成严重后果使儿童处于危险境地的，法院依申请按照法定程序撤销父母或其他监护人的监护资格，并由国家代位行使监护职责。

我国《民法总则》和《反家庭暴力法》均对撤销监护资格作出明确规定，《民法总则》第 36 条规定："监护人有下列情形之一的，人民法院根据有关个人或者组织的申请，撤销其监护人资格，安排必要的临时监护措施，并按照最有利于被监护人的原则依法指定监护人：①实施严重损害被监护人身心健康行为的；②怠于履行监护职责，或者无法履行监护职责并且拒绝将监护职责部分或者全部委托给他人，导致被监护人处于危困状态的；③实施严重侵害被监护人合法权益的其他行为的。"《反家庭暴力法》第 21 条规定："监护人实施家庭暴力严重侵害被监护人合法权益的，人民法院可以根据被监护人的近亲属、居民委员会、村民委员会、县级人民政府民政部门等有关人员或者单位的申请，依法撤销其监护人资格，另行指定监护人。"被撤销监护人资格的加害人，应当继续负担相应的赡养、扶养、抚养费用。

5. 代位监护——替代性措施。国家代位监护，又称国家直接监护，是有关机关代表国家承担监护职责，直接补位对儿童进行监护，儿童监护权将发生暂时性或者永久性转移。

代位监护是最终的、不得已而为之的监护措施，国家代位监护仅在父母或其他监护人已经严重危害儿童利益，无其他更能顾及儿童利益的措施时方可选择；对父母或其他监护人的权利滥用行为，也再无由法秩序保护之必要时，始得采取。

国家代位监护的职责主要包括：其一，法定代理权。被监护人无行为能力，所为行为无效，须监护人为其法定代理人。监护人有权以被代理人名义或以自己名义实施民事法律行为。其二，财产管理权。监护人对被监护人全部财产拥有管理权。在监护开始阶段，造具被监护人财产清单；妥善管理被监护人财产，未经监护监督人同意，不得处分；禁止监护人受让、承租被监护人的财产或接受该财产的抵押、质押；定期向监护监督人报告被监护人的财产状况；当被监护人恢复行为能力时向其移交财产。其三，撤销权。监护人可撤销被监护人单独实施的行为，但购买日用品及与日常生活相关的、纯获利的行为除外。

代位监护又分为临时代位监护和永久代位监护。其一，临时代位监护。临时代位监护是儿童监护权临时转移，转由国家承担监护责任。我国《民法总则》第31条第3款规定："依照本条第1款规定指定监护人前，被监护人的人身权利、财产权利以及其他合法权益处于无人保护状态的，由被监护人住所地的居民委员会、村民委员会、法律规定的有关组织或者民政部门担任临时监护人。"第36条规定："监护人有下列情形之一的，人民法院根据有关个人或者组织的申请，撤销其监护人资格，安排必要的临时监护措施，并按照最有利于被监护人的原则依法指定监护人：①实施严重损害被监护人身心健康行为的；②怠于履行监护职责，或者无法履行监护职责并且拒绝将监护职责部分或者全部委托给他人，导致被监护人处于危困状态的；③实施严重侵害被监护人合法权益的其他行为的。"《反家庭暴力法》第15条明确规定："公安机关接到家庭暴力报案后应当及时出警，制止家庭暴力，按照有关规定调查取证，协助受害人就医、鉴定伤情。无民事行为能力人、限制民事行为能力人因家庭暴力身体受到严重伤害、面临人身安全威胁或者处于无人照料等危险状态的，公安机关应当通知并协助民政部门将其安置到临时庇护场所、救助管理机构或者福利机构。"关于国家临时代位监护的终止及监护人法定监护权的恢复。国家代位监护期间，如法定监护人具备提供恰当适宜的监护条件或者已有的侵害被监护人权益的因素消失时，经当事人申请法院核实，法定监护权可以恢复。"在临时监护期限内，导致未成年人陷入困境的原因消失后，或者有新的监护人要求履行监护责任的，临时监护机关在对相关情况进行核实，认为可以对未成年人进行监护的，临时监护终止。"[1]我国《民法总则》第38条规定："被监护

---

〔1〕 福建省三明市中级人民法院课题组：《困境未成年人国家监护制度的健全》，法律出版社2016年版，第51页。

人的父母或者子女被人民法院撤销监护人资格后，除对被监护人实施故意犯罪的外，确有悔改表现的，经其申请，人民法院可以在尊重被监护人真实意愿的前提下，视情况恢复其监护人资格，人民法院指定的监护人与被监护人的监护关系同时终止。"其二，永久代位监护。我国《民法总则》第21条规定："没有依法具有监护资格的人的，监护人由民政部门担任，也可以由具备履行监护职责条件的被监护人住所地居民委员会、村民委员会担任。"如《法国民法典》第433条："如无人监护，在监护涉及成年人时，监护法官得将其交由国家负担，或者在涉及未成年人是，交由社会援助儿童部门。"[1]

（三）确立儿童监护的监护监督制度

监护监督是指由监护监督人监督监护人依法履行监护职责，对监护人危害被监护人人身、财产权益的行为以及监护人的监护能力等事项进行监督。现行法律无监护监督制度，被监护人难以内部监督，监护人监护不能监护不力甚至侵害被监护人权益，难以及时发现。我国应确立监护监督制度，通过对监护人的行为进行监督和约束，更好地保护被监护人的利益。

监护监督职责主要包括人身监护的监督和财产监护的监督两方面。人身监护监督方面：监督监护人有无侵犯被监护人人身权益，监护人对被监护人人身自由的限制是否超过必要程度等，在日常生活、就医等方面保障被监护人的身心健康。财产监护监督方面：监护人处分被监护人的不动产等重大事项应经监护监督人同意，监督监护人是否侵害被监护人财产等。在监护人缺位时，请求重新选任监护人。发现监护人违反监护义务时，及时申请撤销监护人等。

监护监督的主体，首先可以在被监护人的近亲属或关系密切的朋友（如邻居）中指定监护监督人，发挥他们关心被监护人的利益、距离近、熟悉情况的优势。其次，可以由特定机构担任监护人，如居（村）委会对于其区域内的监护人和被监护人的情况较为了解，可以担任监督

---

〔1〕 罗结珍译：《法国民法典》，中国法制出版社1999年版，第146页。

人。再次设立专门的行政监督机构，对监护人履行职责的情况进行必要的监督。在我国现有行政框架下，民政部门担任行政监督机构较为适宜。

结　语

国家有责任采取一切适当立法、行政和其他措施为儿童提供所需支持和保护。国家应当全面回应儿童健康成长的各种需求，构建《未成年人保护法》为主体，包括《民法总则》《婚姻法》等相关法律，以家庭监护为基础、社会监护补充、国家终极负责的儿童监护法律体系。针对儿童面临的多种家庭监护困境，国家应采取全方位的监护措施，包括及时补救的支持性措施、教育惩戒的惩罚性措施、代位实施的替代性措施。采取何种措施，应以实现儿童最大利益为原则，视儿童权益受损的原因、后果及程度而定。

针对监护人监护能力不足的，如患严重疾病、陷入经济困境的，应采取支持性监护措施，补足监护人的能力，提供相应的生活、医疗、托育及其他必要协助支持。

针对监护人丧失监护能力以及缺位的，国家应采取替代性监护措施，及时填补监护人的空缺，代位行使监护职责。

针对监护人怠于监护或者侵害儿童权益，情节较重或严重的，应采取惩罚性监护措施，及时阻止危害后果发生，中止或剥夺监护人的监护资格。可暂时将监护人与儿童隔离，实行紧急安置和其他必要安置，必要时，法院依申请按照法定程序撤销父母或其他监护人的监护资格。中止或撤销监护人监护资格后，通过儿童福利机构或者寄养家庭等方式由国家代位行使监护职责。

图书在版编目（ＣＩＰ）数据

从父母责任到国家监护：以保障儿童人权为视角/夏吟兰主编. —北京：中国政法大学出版社，2018.10
ISBN 978-7-5620-8621-5

Ⅰ. ①从… Ⅱ. ①夏… Ⅲ. ①未成年人保护法－研究－中国 Ⅳ. ①922.74

中国版本图书馆CIP数据核字(2018)第234581号

书　　名	从父母责任到国家监护：以保障儿童人权为视角
	Cong Fumu Zeren Dao Guojia Jianhu Yi Baozhang Ertong Renquan Wei Shijiao
出 版 者	中国政法大学出版社
地　　址	北京市海淀区西土城路25号
邮　　箱	fadapress@163.com
网　　址	http://www.cuplpress.com（网络实名：中国政法大学出版社）
电　　话	010-58908435（第一编辑部）　58908334（邮购部）
承　　印	北京中科印刷有限公司
开　　本	650mm×960mm　1/16
印　　张	23
字　　数	331千字
版　　次	2018年10月第1版
印　　次	2018年10月第1次印刷
定　　价	66.00元